近代日本演劇の記憶と文化 3

ステージ・ショウの時代

中野正昭［編］

森話社

［カバー図版］（出典等がないものは本書該当頁を参照）
右上・宝塚パラダイス（一〇六頁）、右中・額縁ショウ（二一九頁）、右下・帝劇女優劇『ケーキウォーク』（三〇頁）、左上・松竹少女歌劇『親父教育』浅草松竹座（編者蔵）、左下・松竹少女歌劇脚本集・楽譜集、浅草松竹座（同）

ステージ・ショウの時代　［目次］

［凡例］引用文等の旧字は、原則として現行の字体に改めた。ただし、一部の固有名詞や役者の代数、年号などの表記は、各論者の判断にまかせている。また、引用文中の〔　〕は引用者による注記である。

I 総論

第1章 ステージ・ショウの二十世紀

中野正昭

一　映画『ムーラン・ルージュ』と〈メロドラマ〉〈スペクタクル〉

フランス語で「赤い風車」を意味するムーラン・ルージュ［図①］は、一八八九年にパリのモンマルトルに開場し、現在もモンマルトルの代名詞的存在として人気を誇っているナイトクラブだ。これまで多くの小説や映画の題材になってきたが、二〇〇一年に公開されたミュージカル映画『ムーラン・ルージュ』（バズ・ラーマン監督、アメリカ・オーストラリア映画）は、そうした中でも二十世紀の文化史とステージ・ショウの関係を考える上で示唆的な作品になっている。そこでまずは、本書では直接取り上げなかったパリのステージ・ショウ、特にレヴューを中心に、映画『ムーラン・ルージュ』を横目に見つつ簡単に記してみたい。

映画『ムーラン・ルージュ』は一九〇〇年の現在から一年前を振り返る回想形式で始まる。一八九九年、英国の上流階級出身で作家志望の青年クリスチャンは、父親の反対を押し切り、憧れのパリのモンマルトルへとやって来る。厳格な父はモンマルトルをアヘン中毒者と売春婦の巣窟だと罵るが、若いクリスチャンにとって、そこは芸術の理想に燃える革命的ボヘミアンたちが暮らす聖地だった。

粗末なアパルトマンの一室を借りたクリスチャンは、偶然、階上にたむろする画家のロートレックを中心とするボヘミアン芸術家のグループと知り合う。音楽家のサティやナルコレプシーのアルゼンチン人ダンサーなど多彩な顔ぶれからなるグループは、モンマルトル名物のムーラン・ルージュで〝革命的ボヘミアン・ショウ『スペクタキュラー・スペクタキュラー』〃の上演を計画していた。

クリスチャンに詩人の才能があることを見抜いたロートレックが、仲間に入らないかと誘う。しかし、クリスチャンは自分にボヘミアンたる資格があるのか自信がない。そこでロートレックが質問する。「自由、美、真実、愛を信じるかい？　それこそがボヘミアンの唯一の条件だ」と。クリスチャンは瞳を輝かせて答える。「愛こそはすべてさ」。――こうしてボヘミアン芸術家の仲間入りをしたクリスチャンは、やがてムーラン・ルージュのスターにして高級娼婦のサティーンと運命的な恋に落ち、そしてショウのパトロンにして恋敵でもある公爵と対立することになるのだった。

図①　1900 年頃のムーラン・ルージュの外観（絵葉書。個人蔵）

映画の中でボヘミアン芸術家たちが集う場所として描かれるモンマルトルは、元々はパリ市の外側に位置する農地で、ブドウ畑や風車小屋が昔ながらの「パリ郊外」の風景をなす場所だった。十九世紀半ばの第二帝政からパリの都市化が進むと、パリ外縁のモンマルトルは土地や市税が安かったことから大勢の人々が移住して来るようになり、居酒屋やダンスホール、娼館が軒を連ねる歓楽街として発展した。

ムーラン・ルージュもそうした娯楽施設の一つで、一八八九年にダンスホールとして開場した。映画は開場から約十年経った頃が舞台になっている。ムーラン・ルージュは興行師だったシャルル・ジ

図②　ムーラン・ルージュの中庭（鹿島茂『モンマルトル風俗事典』白水社、2009年）

ドレール（映画では英語風に「ジドラー」と発音）が経営したこともあり、建物の屋上では店名通り赤い四枚羽根の風車が廻り、緑豊かな中庭——宣伝文句を信じれば六千人が収容可能の広さ——にはパリ万国博覧会から払い下げられた巨大なゾウのハリボテが置かれるなど実に遊び心にあふれたダンスホールだった（図②）。屋内のフロアーでは踊り子たちがフレンチカンカンを踊り、他にも諷刺にとんだシャンソン、曲芸師のアクロバット、クラウンの寸劇など多種多様な余興が繰り広げられた。自慢の中庭にも舞台が備え付けてあり、ここでも様々な余興が披露されたが、なかでもカンカンに負けず話題を呼んだのは異国情緒濃厚なベリーダンスだった。こうした余興を客は酒を飲み煙草を吸いながら楽しむことができ、踊り子がチラリと見せる太ももに拍手喝采し、気に入らない出しものには手厳しい野次とブーイングで応えた。

一口にモンマルトルのダンスホールといっても、「ムーラン・ド・ラ・ギャレット」から「エリゼ＝モンマルトル」までの時代（いずれも十九世紀初めに開場し、一八五〇～八〇年代に全盛を迎える）と、「ムーラン・ルージュ」登場以後では、その内容が大きく違ってくる。つまり、前者ではダンスを踊りたい男女がフロアーに出ることを許される〈参加型〉のダンスホールだったのが、後者だと、フロアーで踊るプロのダンサーたちを眺める〈鑑賞型〉のダンスホールに変化したのである。いや、もはや、ダンスホールという言葉を使うべきではない。むしろ、ショーを見せるだけで参加させないという意味で、「ムーラン・ルージュ」はミュージックホールといったほうが適当なのである。
（鹿島茂『モンマルトル風俗事典』白水社、二〇〇九年）[1]

ムーラン・ルージュの画期的なところは、ダンスホールに劇場的要素を多分に取り込み、ダンスをショウ化し、娯楽的鑑賞物にしてみせた点にあった。引用中の「ミュージックホール」とは、やはり十九世紀後半のロンドンを中心に流行した娯楽施設で、日本では普通「演芸場」と訳されることが多い。後述のように、演芸場といっても、その規模は大きく、客席数千を誇るミュージックホールも珍しくなかった。

モンマルトルの住人で異彩を放っていたのが、「ボヘミアン」に擬えられた貧しい（自称・他称の）芸術家たちだ。演劇人、文学者、彫刻家、音楽家などその種類は様々だったが、特に多かったのが画家だ。トゥールーズ＝ロートレックがムーラン・ルージュのポスターを担当して、店と画家の名前を有名にしたのはよく知られているが、他にもドガ、ピサロ、ゴッホ、ユトリロ、モディリアーニらがここにアトリエを構えている。若く貧しい芸術家たちは、年中陽の当たらない安部屋や屋根裏部屋を借り、なかには狭い一室で共同生活を送る者も少なくなかった。家賃を滞納し、毎日のパンにさえ苦労したが、それでも彼らは自由な精神を愛し、芸術への情熱に溢れていた——現在、私たちが思い描くこんなボヘミアンな芸術家のイメージは、この十九世紀のモンマルトルを舞台に形成されたものである。パリのカルチェ・ラタンのボヘミアン芸術家たちを主人公としたプッチーニのイタリア・オペラ『ラ・ボエーム』（一八九六年。カルチェ・ラタンはモンマルトル以前にボヘミアン芸術家が集った場所で、『ラ・ボエーム』は一八四九年刊行のアンリ・ミュルジェールの小説『ボヘミアンの生活情景』が原作）の登場でも分かるように、ボヘミアン芸術家たちの存在は早くから一種の神話的な色彩を帯びて広く流布されていた。[2]

史実に従えば、映画の舞台から三年後の一九〇二年にジドレールが没すると、ムーラン・ルージュは大改装を行い、営業形態をさらに劇場的なものへと変更する。ダンスフロアーを上演向きのスペクタクル・フロアーに改造し、本格的なステージ・ショウを見ながら食事ができる豪華なレストラン・シアターとなる。その後、二つの世界大戦下でも営業をつづけ、現在もパリの観光スポットとして賑わっている。

映画『ムーラン・ルージュ』は、こうした歴史的背景を踏まえながら、完全なフィクションとして創作されている。貧しいながらも夢と才能にあふれたボヘミアン芸術家たち。純朴な青年と美しい日蔭の花の愛の物語。それを邪魔する現実世界の権力や経済力。そして「結核」による避けられない人生の終末。映画『ムーラン・ルージュ』の物語は、オペラ『ラ・ボエーム』や『椿姫』など十九世紀後半に流行した〈メロドラマ〉のモチーフを組み合わせたものだ。

ただし、これは単なる懐古趣味やラブロマンスを盛り上げるお涙頂戴の効果を狙った訳ではないだろう。というのも、地位、名誉、経済力などを誇る公爵と、「自由、美、真実、愛」を信条とする貧しいボヘミアン芸術家や純朴な青年の対立、その間で揺れるヒロインの葛藤というメロドラマの典型的モチーフは、十九世紀から二十世紀初頭にかけて、近代社会の主要な担い手となった市民が抱えていた現実的葛藤を物語上に置き換えたものだからである。ピーター・ブルックスがメロドラマ研究の古典とも呼ぶべき『メロドラマ的想像力』[3]（一九七六年）で記したように、〈メロドラマ〉とは、悪徳が支配する怖ろしい社会に対して美徳の勝利を説くことで倫理の回復を促す近代的な道徳律の装置であり、道徳的想像力の文学形式なのである。フランス革命やイギリス産業革命を経た「神なき時代」の人々が、実利的価値と非実利的価値のどちらを人生の歓びの礎とすべきかに悩み苦しむ時、神に代わって一つの道徳的解決を提示してみせたのがメロドラマだった。

こうしたメロドラマの道徳的機能は、十九世紀的な市民から二十世紀的な大衆へも引き継がれ、ハリウッド映画など、予定調和な物語展開とハッピーエンドを大量生産することとなる。つまり、どれも似た内容と安易な結末だと揶揄されるハリウッド映画だが、実際には予定調和と美徳の勝利という結末の繰り返しこそが倫理の回復を図る上では正しいのである。人間心理の深さを描く文学性や社会矛盾を告発する批評性よりも、道徳的な機能性こそが大衆的なメロドラマが担う芸術的役割なのである。『ムーラン・ルージュ』の主役二人の名前がクリスチャンとサティーン、つまりキリストとサタンを捩《もじ》っているのも、そのためだ。

物語が古風な一方で、『ムーラン・ルージュ』の映像と音楽はとても現代的な〈スペクタクル〉の演出がされている。原色を中心とした衣装や照明等の色彩設定、最新のCGを駆使して目まぐるしい変わる派手な場面演出。クリスチャンが『サウンド・オブ・ミュージック』のナンバーやビートルズの歌詞を口ずさみ、エルトン・ジョンの歌で愛を告白したかと思えば、サティーンはマリリン・モンローやマドンナの歌や姿で、典型的なセックス・シンボルを演じてみせる。ムーラン・ルージュで披露されるフレンチカンカンの音楽はオッフェンバックの『地獄のオルフェ』（日本では『天国と地獄』の邦題でも有名）ではなく、クラブ・ミュージシャンのノーマン・クックが一九八〇年代、九〇年代の様々なロックやポップスをサンプリングして手掛けたものだ。時代考証などおよそお構いなしに、主に二十世紀後半を飾ったミュージカルのナンバー、ロック、ポップスが歌として台詞として全編にわたって引用され、コラージュされているのである。

ギー・ドゥボールが『スペクタクルの社会』（一九六七年）で指摘するように、〈スペクタクル〉とは「物質的に翻訳され、実効性を有するようになった一つの世界観」であり、「客観化されてしまった世界についての一つのヴィジョン」である。[4] 映画『ムーラン・ルージュ』で提示される「一つの世界観」とは、二十世紀に本格化した大衆文化、すなわち大量生産・大量消費の豊かさが可能にし、肯定した歓楽とエンターテイメントの欲望であり、芸術か娯楽かの二項対立ではなく、芸術であり娯楽であるような（あるいは娯楽であり芸術であるような）民主主義が理想とする美的様式である。

映画の冒頭を飾る悲しげなメロディと歌詞「人がこの世で知る最高の幸せ、それは誰かを愛し、その人から愛されること」――ナット・キング・コールの有名な『ネイチャー・ボーイ』（一九四八年）に導かれてはじまる古風な物語と現代的な演出の映画『ムーラン・ルージュ』は、私たちが生きる二十世紀末の原像を十九世紀末に探り、十九世紀末の〈メロドラマ〉を二十世紀末の〈スペクタクル〉の意匠で再生させ、さらに二十世紀全体を華やかに彩った大衆的文化の名作とそれを生んだ時代精神へのオマージュをたっぷりと盛り込むことで、二十世紀という時代を大衆文化の視点で総括してみせた作品である。さらに心憎いのは、これが映画という二十世紀に発明された最大の大衆娯楽装置である点だ。

二　ロートレックとムーラン・ルージュの世紀末／新世紀

留意しておきたいのは、ムーラン・ルージュのようなミュージックホールやボヘミアン芸術家を二十世紀の大衆文化の象徴として肯定的に捉える考え方が定着したのは、比較的最近のものだということだ。それは映画の中でボヘミアン芸術家の代表として扱われるロートレックの描かれ方によく表れている。ロートレックの手掛けたムーラン・ルージュのポスター〔図③〕は、商業的宣伝物に過ぎなかったポスターを芸術品にまで高めることに成功し、今日、ロートレックといえば、まず商業美術の先駆者として知られている。が、そうした時代の先駆者的な芸術家像が広く一般に定着するのは二十世紀後半のことである。

元々ロートレックは南フランスの伯爵家の跡取りに生まれながれも、子ども時代に両太腿を骨折したために脚の発達が止まり、小男とならざるを得なかった不遇な生い立ちの男だった。伯爵である父親から疎まれながらも、母親の援助によって絵画の才能を延ばす機会に恵まれたロートレックは、画家を目指してパリに出る。しかし、その生活はモンマルトルのムーラン・ルージュや酒場、娼館に入り浸る日々で、史実の上では、映画の舞台となった一八九九年には飲酒と梅毒から譫妄《せんもう》状態となり精神病院に強制入院させられている。そして二年後の一九〇一年、ロートレックは三十六歳の若さで衰弱死する。

　今日の私たちは、ロートレックがこの一見頽廃的な生活の中に人間の生の輝きを見出し、画家としての豊かな画風を確立したことを知っている。しかし、興味深いことに一九五二年のロートレックの評伝映画『赤い風車』（ジョン・ヒューストン監督、アメリカ映画。原題はバズ・ラーマン監督の映画『ムーラン・ルージュ』と同じ Moulin Rouge だ）では、ロートレックは十九世紀的な貴族社会から没落した不幸な男として描かれている。時代考証も確かで、画家の才能をムーラン・ルージュやモンマルトルの頽廃した生活の中で発揮せざるを得なかった、〈世紀末〉らしい陰鬱さがフィルム全体に漂っている。それはムーラン・ルージュも同様で、モンマルトルという魔窟にあり、娼婦が出入りした〝不健全〟なムーラン・ルージュは、必ずしも二十世紀の大衆文化のスタートを象徴する名誉ある地位に置かれるような存在ではない。同じ原題のアメリカ映画ながら、『ムーラン・ルージュ』と『赤い風車』では、ロートレックやムーラン・ルージュの評価は実に対照的だ。

　この違いは、それぞれの製作年と関係があるだろう。一九五二年の『赤い風車』は、二十世紀前半までの文化的視点でつくられた。ここでは大衆社会と大衆文化の意味はまだ小さい。それらが時代の大きな意味を持つようになるのは第二次世界大戦後、二十世紀後半のことだ。映画からテレビへ、ロックとポップスがクラ

図③　ロートレックが手掛けたムーラン・ルージュのポスター

シックを凌駕し、ハーレクイン小説やソープドラマが「ロマンス」「メロドラマ」の代名詞となる。ハイカルチャーに対するロウカルチャーがポピュラーカルチャーへ、さらにカウンターカルチャーと呼ばれるようになる。安っぽいがエネルギッシュで広範な広がりをみせる大衆文化が勝利宣言を告げる時代だ。二〇〇一年の『ムーラン・ルージュ』はこうした二十世紀後半の文化的視点の上につくられている。一九五二年の『赤い風車』までの二十世紀前半と、二〇〇一年の『ムーラン・ルージュ』までの二十世紀後半は、決して同じ二十世紀ではない。「一八九九年」や「一九〇〇年」という年は、『赤い風車』にとっては時代の終わりを告げる〈世紀末〉だが、『ムーラン・ルージュ』では新しい時代の到来を予感させる〈新世紀〉の訪れなのである。そしてロートレックやムーラン・ルージュと同じく、映画の中で象徴的に描かれるステージ・ショウの文化史的意味もまた、二十世紀を総括した際にようやく発見されたものだと言ってよい。

三　革命的ボヘミアン・ショウと万国博覧会

映画『ムーラン・ルージュ』の場合、作品内で上演される〝革命的ボヘミアン・ショウ『スペクタキュラー・スペクタキュラー』〟もまた重要な要素となっている。劇中のロートレックやサティたちが、これを「革命的ボヘミアン」の舞台だと胸を張ってみせる理由はどこにあるのだろう。

一つはコラボレーションである。たとえばモダンダンスの基礎を築いたセルゲイ・ディアギレフ率いるバレエ・リュス（ロシアバレエ団）は、異なる分野の才能に共同製作させることで歴史的名作を次々と世に送り出すことに成功した。バレエ『パラード』（一九一七年）では、脚本のジャン・コクトー、音楽のエリック・サティ、美術・衣裳のパブロ・ピカソ、振付のレオニード・マシーンが互いの才能を競い合うことで、キュビズム・バレエとも呼ぶべき前衛的な作品が誕生した。まだ若く生意気で、最初は乗り気ではなかったコクトーにディアギレフが放った殺し文句が「さあ、ジャン。私を驚かせてごらん」[5]だったことを考えれば、新聞の劇評に酷評が並び、批判と賞讃の議論が起きたことはむしろ成功の証だったといえる。私たちは、オペラを作曲家の作品として覚えるが、ミュージカルだと作曲家、作詞家、振付家、演出家、プロデューサーなど複数の作者で記憶されることが多い。演劇であれば劇作家だけでなく、演出家や俳優が舞台芸術創造の重要な担い手として意識されるようになる。コラボレーションは実に二十世紀的な舞台製作の方法である。

『スペクタキュラー・スペクタキュラー』の内容にも革命的な要素がうかがえる。〈スペクタクル〉そのものを意味するこのショウは、インドを舞台としながら、若いシタール奏者の青年と高級娼婦の恋、それを邪魔するマハラジャという、クリスチャンら作中人物の三角関係をなぞった絢爛豪華なミュージカル・レヴューになっている。ムーラン・ルージュが若いダンサーの群舞を舞台で見せるようになるのは開場から三年程経ってからで、これが後にレヴュー(revue)と呼ばれるスペクタクルなステージ・ショウになる。「revueというフランス語はもともと軍隊の閲兵式における分列行進を意味していたが、最初頃の「ムーラン・ルージュ」のレビューはその命名の仕方において、元の軍隊的なニュアンスを残して」[6]おり、映画に登場するようなオリエント趣味のエキゾチックなレヴューを上演するようになるのは、一九〇〇年の第五回パリ万博以後のことだ。

荒俣宏が『万博とストリップ——知られざる二十世紀文化史』[7](二〇〇〇年)で記すように、機械と産業の国際的イベントと美女の舞う官能的なストリップ・ショウの間には密接な関係があった。一八五一年のロンドン万国博覧会に刺激されて、一八五五年には第一回のパリ万国博覧会が開催される。ロンドン万博が最新の工業技術の祭典だったのに対し、パリ万博では工業だけでなく美術品も展示対象となった。この時、万博以上の呼び物となったのが、音楽家のジャック・オッフェンバックが産業宮に隣接する空き地を借り上げて開場させたオペレッタ劇場「ブッフ・パリジャン」だ。万博の観客を当て込んで開場させたにわか仕立ての劇場だったが、その狙いは見事に的中し、同年のうちに場所を移設して本格的な劇場として再開場を果たした。一八五八年にはフレンチカンカンのテーマ曲とも言うべきオペレッタ『地獄のオルフェ』が上演される。もともとカンカンはパリの労働者階級のダンスホールで生まれたダンスで、『地獄のオルフェ』はそれを一躍フランスの国民的流行物へと押し上げた。

一八六七年の第二回パリ万博では、サン＝シモン主義者たちが総合企画を担当し、会場内に庭園、遊園地、見世物小屋の娯楽施設の設置が許可された。一八八九年の第四回パリ万博では、エッフェル塔が建てられ、会場内には娯楽興行地区「カイロ通り」が設置された。この「カイロ通り」最大の呼び物がベリーダンスで、パリっ子は教育的な異文化理解の名の下に異国情緒たっぷりのセクシーダンスを享受したのであった。ムーラン・ルージュの中庭の巨大なゾウの張りぼては、この時にチュニジア館にあったものの払下げである。

そして一九〇〇年の第五回パリ万博ではアメリカの女性ダンサー、ロイ・フラーと、彼女の招きで日本人の川上音二郎・貞奴の一座が参加した。ロイ・フラーのダンスは、まさしく新時代を飾るに相応しいものだった。薄くてぶかぶかの衣裳を纏ったフラーが袖を大きく振ったり、回転すると、衣裳の端が波のように弧を描く。フラーの後方からは赤や青の照明が当てられ、衣裳が作り出す不思議な流線型を幻想的なものに変えると同時に、薄衣の下の彼女の身体の曲線を透かして見せた。十九世紀末に流行したアールデコ洋式は、植物がもつ自然の流線型を、金属やガラスを加工して人工的な装飾品として再現してみせたが、フラーのダンスもまた新時代のテクノロジーが生み出した自然と機械技術の魔術的な融合だった。

こうして人々はパリ万博を介して古き良きヨーロッパの〈世紀末〉から二十世紀の〈新世紀〉への移行を実感することができた。パリ万博というスペクタクルが示した「世界観」は大きく三つある。一つ目は、労働者階級のダンスが国民的なフレンチカンカンへと発展するような力をもった大衆の社会と文化。二つ目は、オリエンタリズムに代表されるエキゾチシズム。三つ目は、近代的産業社会を支える機械だ。いずれもが、それまでのヨーロッパ文化からすれば一種の異文化ともいうべきものであった。そして大規模で絢爛豪華なレヴューは、これらを総合した舞台形式であった。

四　レヴュー時代

レヴューとよく似た舞台形式にオペラ、オペレッタ、そしてミュージカルがあるが、それぞれの特徴を大別すると、先行するオペラとオペレッタが音楽性を重視するのに対し、レヴューは構成による集団美、舞踊性を重視するといえる。ミュージカルの場合、初期はレヴュー同様に構成的な演出が少なくなかったが、『ショウ・ボート』(一九二七年)以降のミュージカル・プレイでは一貫した物語による文学性が重視されるようになり、やがて民族や国民統合の機能を果たす文化的装置の側面が強くなる。

レヴューが二十世紀の都市文化を象徴する舞台芸術として黄金時代を迎えるのは、第一次世界大戦後の一九二〇〜三〇年代のことだ。そして各国の大都市で盛んに上演されながらも、第二次世界大戦前後にはほとんどの劇団が解散し、新作も乏しくなる。その意味でレヴューは、モダン都市の心性や時代性と最も尖端的な結びつきを持った舞台形式だったということができるだろう。

第一次世界大戦の影響による大きな変化として、ヴァルター・ベンヤミンは「物語る技術の終焉」、すなわち「経験を交換するという能力の喪失」をあげている。

経験の相場が下落してしまったのだ。そして、この下落には底がないように見える。新聞に目を通すたび、経験が新しい底値に達したこと、そしてたんに外的な世界の像ばかりでなく、倫理的な世界の像までもが、かつてはとても可能だとは思えなかったほどの変化を一夜にして被ってしまったことが、明らかになる。〔第一次〕世界大戦とともに、ある成り行きが露わになってきた。この成り行きは以後とどまるところを知らない。戦争が終わったとき、私たちは気づかなかっただろうか、戦場から帰還してくる兵士らが押し黙ったままであることを？ 伝達可能な経験が豊かになって、ではなく、それがいっそう乏しくなって、彼らは帰ってきたのだ。〔略〕というのも、あの戦争にまつわる出来事においてほど徹底的に、経験というものの虚偽が暴かれたことはなかったからだ。

（ヴァルター・ベンヤミン「物語作者」[8]）

最初の近代戦争である第一次世界大戦は、勇敢な英雄の戦いを物量戦へ、経済的苦境を単純な数字が示すインフレーションへと、即物的な事実の差異に変えてしまった。結果として、経験によって出来事の全体性を把握し、その意味を物語によって理解し、共有することが効力を失っていった。物語に代わる新しい伝達形式としてあらわれたのは情報である。新聞がそうであるように、情報は時系列の因果関係や体系的な秩序に従った意味ではなく、速報性とそれ自体で意味を持つことが重視されるのである。

そして出来事にまつわる経験の価値の下落は、世界大戦に留まらず、モダン都市の生活にも影響を及ぼすようになった。戦場さながらにあらゆる出来事がいたるところで同時多発的に起き、目まぐるしく変化するモダン都市では、物事の結果がでるのを悠長に待ってなどいられない。都市のスピードやテンポについていくには、理性をはたらかせて客観的に考察するよりも、感覚を研ぎ澄まして主観的に捉える方が有利である。そして軍隊の分列行進にはじまるレヴューは、こうした時代状況の中で、〈構成〉による集団美の舞台芸術へと発展する。同時代に流行ったコラージュ写真と同じく、情報によって断片的に伝達される現象の全体像を把握するには、時間という縦軸の線を持つ物語ではなく、空間を横断的に点と点で繋いでいく構成の方が適している。物事を横へ横へと自由に連鎖させることで捉えられる直感的な世界の像だ。

さて、一九二〇〜三〇年代は先の万博スペクタクルの「世界観」をミスタンゲット、ジョセフィン・ベーカー、フローレンツ・ジーグフェルド・ジュニアの三者がそれぞれにレヴューのスタンダードとして確立し、世界中にレヴュー旋風を巻き起こした。

まず、パリの大衆文化を洗練させフランス式レヴューへと高めたのが、「お嬢さんのタンゲット」という意味の芸名を持つミスタンゲット（一八七三〜一九五六）だ〔図④〕。彼女は、一八九五年、十二歳の時にムーラン・ルージュと並ぶパリの三大ミュージックホールのひとつ、カジノ・ド・パリでデビューした。しかし生憎とこの時は、特に世間の注目を集めることはなかった。

図④　ミスタンゲット（Robert Baral, *REVUE: A Nostalgic Reprise of the Great Broadway Period*, Fleet Publishing Corporation, 1962）

彼女の名前が知られるようになるのは、約十年後の一九〇八年にブッフ・パリジャンのオペレッタ『小さなフローラ』の主役に抜擢されてからで、翌年にはムーラン・ルージュでマックス・ディアリーと踊ったアパッシュ・ダンス『ラ・シャルペ』が空前の大ヒットとなり、一躍ムーラン・ルージュのスターの座につく。背が低く、ファニーフェイスだった彼女は、必ずしも美人とは言い難かったが、その少年風の気

図⑤　ジョセフィン・ベーカーのダンス・ソヴァージュ、1925年（猪俣良樹『黒いヴィーナス　ジョセフィン・ベーカー』青土社、2006年）

さくな風貌と抜群の脚線美、豪華な衣裳で一九二〇年代には「パリのミュージックホールの女王」「レヴューの女王」と賞讃された。

彼女の選ぶコスチュームは、つねに観客のど肝を抜いた。パリジェンヌのセックスアピールは、長くてしなやかな脚にある、という定説をつくりだした本人は、このミスタンゲットであった。また、日本の宝塚歌劇やＳＫＤにまで影響を与えたレヴューの基本形を決定したのも、ミスタンゲトだったといってよい。お尻に羽根飾りをつけ、頭に大きな冠をいただき、ぴっちりしたボディースーツの下から長い脚が伸びる――このイメージは、まさしくミスタンゲットが開拓したものである。

（荒俣宏『万博とストリップ』集英社新書、二〇〇〇年）

ミスタンゲットのフランス式レヴューに対し、喧噪的なジャズと野性的なダンスにのせた黒人レヴューで、レヴューの新境地を開拓したのがジョセフィン・ベーカー（一九〇六～一九七五）だ[9]［図⑤］。アメリカのミズーリ州セントルイスに、ユダヤ系スペイン人でドラム奏者の父と、アフリカ系アメリカ人で洗濯婦の母の間に私生児として誕生したジョセフィンは、一九一八年、十二歳の時にセントルイスの黒人専門劇場で初舞台を踏んだ。一九二一年、黒人ミュージカルの最初のヒット作『シャッフル・アロング』の付き人兼コーラス・ガールでニューヨークへ進出、ハーレムのナイトクラブ「プランテーション・クラブ」出演などを経て、欧州巡業用に組織された一座「ルヴュ・ネーグル（黒人レヴュー）」に参加する。一九二五年十月、パリのシャンゼリゼ劇場でルヴュ・

ネーグルが開幕すると、すぐさま爆発的な人気を誇るようになった。
女性ジャーナリストの草分の一人、ジャネット・フラナーは、雑誌『ニューヨーカー』に連載した「パリ便り」の第一回で、黒人レヴューの初日の様子を記事にしたが、その舞台の興奮は後年まで色褪せなることはなかったようだ。五十年近く経った後、彼女はその時の様子を回想して、次のように生き生きと綴っている。

ジョセフィン・ベーカーは両脚のあいだにピンクのフラミンゴの羽飾りをつけただけのヌードで舞台に登場した。開脚した姿勢で、黒人の大男の肩に逆さまにかつがれて。男は舞台中央で立ち止まり、その長い指をウエストに回して彼女を支え、ゆっくり回る荷車の車輪のように彼女をくるっと回転させて舞台上に降ろした。男が荷物のように降ろしたすばらし肢体ですっくと立ったベーカーに、劇場は一瞬しーんと静まり返った。その漆黒の女性彫刻像のような姿が目に焼きついて忘れられない。劇場に喝采の声が広がった。そのあとに起こったことなど取るに足らない。なにしろこの瞬間に、このレビューの二つの特異性が不動のものとなり、忘れられないものになったからだ。それは、彼女の見事な黒い肢体（黒人は美しいということをフランス人に初めて証明してみせた）と、ヨーロッパの快楽主義の都パリの白人男性客が示した鋭敏な反応であった。

初日の夜の幕が下りてから半時間もたたないうちに、ジョセフィン・ベーカーの公演のニュースとその公演のもつ意義が、口コミでシャンゼリゼのカフェへと広まっていた。カフェでは彼女の大成功を目のあたりにした連中が、飲み物を片手に興奮した口調で、今その目で見てきたばかりのことを何度も繰り返し語った――話し手は何度語っても飽きたらず、聴き手は迫真の話をもっともっと聞きたがったからだ。
（ジャネット・フラナー『パリ点描』吉岡晶子訳、講談社学術文庫、二〇〇三年）

ジョセフィン・ベーカーの魅力は、ベリーダンス同様に非ヨーロッパ的なエキゾチシズムにあった。が、彼女に与えられた「ジャズ・クレオパトラ」「黒いヴィーナス」「人間性のゴム」等々の賞讃の言葉からもわかるように、そのエキゾチシズムの眼差しは純粋にアフリカ大陸や黒人へ向けられたものではなく、摩天楼とジャングルが共存する都市マンハッタン、野生と文明が同居するアフリカ系アメリカ人の身体に向けられたものだ。それはアフリカの音楽をヨーロッパの楽器で奏でることで誕生したジャズの魅力とも共通している。ジャズはストリングスからリズムへ、五線譜から即興へと、西洋楽器による演奏の可能性を広げてみせた。第一次世界大戦の戦火に見舞われたパリの人々にとって、ジョセフィン・ベーカーの存在は疲弊したヨーロッパに新しい文化の血を注ぎ込み、芸術の都としてのパリの存在意義を更新する可能性を秘めていたのである。

一九三五年、ジョセフィン・ベーカーは十年ぶりに故郷アメリカへ戻る。この時、彼女の凱旋公演を手掛けたのが、ブロードウェイの大興行師フローレンツ・ジーグフェルド・ジュニア（一八六七～一九三二）だ。一八九三年、怪力男の見世物で興行師としてのキャリアをスタートしたジーグフェルドは、やがてフランス人女優アンナ・ヘルドと出会い、巧みな宣伝術で彼女をセクシーなスター女優に育て上げることに成功、一九〇七年にはブロードウェイで自分の名前を冠したレヴュー『ジーグフェルド・フォーリーズ』を毎年上演するまでになる。ジーグフェルドの考案したレヴューは、過剰なまでに巨大な舞台規模と出演者数を誇るものだった［図⑥］。「パリのレヴューでは豪華な衣裳をまとったスターは一人しか舞台に登場しないが、自分はそれ以上に豪華な衣裳を百人の美女に着せて舞台にあげてみせる」が彼の自慢で、それは第一次世界大戦で没落していくヨーロッパと入れ替わるように、機械技術の革新と流れ作業による大量生産システムによって次の世界の覇者へとのし上がった新興国アメリカの勢いを体現するものでもあった。

図⑥　映画『巨星ジーグフェルド』（1936年）で再現された豪華なジーグフェルド・フォーリーズの舞台（Howard Mandelbaum and Eric Myers, *Screen Deco: A Celebration of High Style in Hollywood*, Columbus Books,1985）

一九三五年、アメリカに戻ったジョセフィン・ベーカーは、コメディ歌手のファニー・ブライスが主演するレヴューにゲスト出演した。地方公演からはじまり最後にブロードウェイで本公演を行ったが、新聞の劇評はベーカーに厳しく、なかでもブロードウェイ公演では酷評が並んだ。多くのアメリカ人にとって、ジョセフィン・ベーカーは「レヴューの女王」ではなく、黒人奴隷の末裔でしかなかった。映画『キングコング』（一九三三年）で、白人女性の美しさに魅了されたキングコングが、最後は飛行機――第一次世界大戦で初投入された新兵器だ――の機銃攻撃によってエンパイア・ステート・ビルの頂上から転落死させられるように、当時のアメリカ、特にマンハッタンの人々は、野蛮な黒人が洗練された白人に憧れ、アメリカ文化・文明の頂点に立つことを許そうとはしなかった。

五　各国のステージ・ショウ

フランスやアメリカ以外の国でも、十九世紀末から二十世紀前半にかけてステージ・ショウはそれぞれのお国柄と社会状勢を反映した特徴ある発展をとげた。レヴュー、キャバレー、ヴァラエティ、バーレスク、ヴォードビル等々、類似した形式の舞台が異口同音のごとく存在し、その違いを詳細に論じることは内容的にも紙幅の上からも不可能だ。ここではレヴューという言葉で表せるものについて、ごく簡単に記しておこう。

イギリスでは、一八四三年に劇場統制法が施行され、劇場内での飲食が禁止されると、これに代わってアルコールと軽い余興を提供していたパブが本格的な舞台機構を備えた娯楽施設のミュージックホールへと発展した。十九世紀末には、その数はグレーター・ロンドン内だけで四百を超え、大きなものでは収容数二万人というミュージックホールまであった。一方の劇場側も娯楽施設化を進め、こちらはヴァラエティ・シアターを名乗るようになった。法律の足枷が、新しい文化を生む契機となった好例である(10)。

アメリカのレヴューが巨大で大衆的なスペクタクルの方向へ発展したのに対し、同じ英語圏のイギリスでは、興行師のチャールズ・コクラン（一八七二～一九五一）やアンドレ・シャルロ（一八八二～一九五六）、彼らと仕事をすることの多かった劇作家ノエル・カワード（一八九九～一九七三）らの活躍によって、逆に小規模な中に舞台と客席の親密さを感じさせたり、知的なウィットやユーモアを売りにした作品が発展した。

ドイツ・オーストリアでは、もっぱら諷刺性と実験性にあふれた「芸術キャバレー」が発展した。演劇的なレヴューとしては、作曲家のルドルフ・ネルゾン（一八七八～一九六〇）や演出家のマックス・ラインハルト（一八七三～一九四三）の仕事が早くからレヴューの質と結びつき、後継に影響力を与えた。特に興味深いレヴューの取り入れ方をしたのが、ラインハルト門下の演出家エルヴィン・ピスカートア（一八九三～一九六六。日本では「ピスカートル」と表記されることも多い）だ。ピスカートアは政治的でプロレタリア風の芝居の中に音楽、歌、アクロバット、スポーツ、フィルム、統計数字、演説などを盛り込み、労働者向けのアジプロを意図した「赤色レヴュー」を考案した(11)。

ロシアでは、モスクワ芸術座の写実主義的演劇論に飽き足らないものを覚え退座した演出家のフセヴォロド・メイエルホリド（一八七四～一九四〇）が、見世物やサーカス等の要素を取り入れた革新的な演出で「演劇の革命」を展開したことがよく知られている。ただし、たとえば「政治レヴュー」と銘打った『トラストＤ・Ｅ』（一九二四年、イリヤ・エレンブルク原作）では、西側の堕落した世界をグロテスクの手法で否定的に描き、これに対する社会主義陣営の場面ではビオメハニカやアクロバットを駆使して天使のようなプロレタリアートを登場させたものの、観客の興味は、ショウ・ガールに象徴される腐敗したブルジョワ世界や、ロシア初の本物の黒人ジャズ・バンド演奏（サックス奏者のシドニー・ベシェが率いたヨーロッパ・ツアー・バンド）に釘づけとなり、エンターテイメントが政治的な正しさを超えるといった皮肉な失敗もあった。

ロシアではニキータ・バリエフ（一八七七～一九三六）率いる蝙蝠座の存在を忘れてはならない［図⑦］。初め蝙蝠座は一九〇八年にモスクワ芸術座の看板俳優と芸術家たちが親睦を深める会員制のクラブ、洒脱な俳優たちの隠し芸の披露会として始まったが、やがて

図⑦　蝙蝠座プログラム　1925 年（東京都庭園美術館ほか主催『舞台芸術の世界』展図録、2007 年）

その面白さが評判を呼び、一九一二年には入場料制のヴァラエティ・シアターとなった。ロシア革命に伴い亡命し、以後はパリに拠点を移して欧米で公演活動をつづける。ディアギレフのロシア・バレエ団がBallets Russesと名乗ったように、蝙蝠座もChauve-Sourisとフランス語をもって座名とし、両劇団ともにロシアのというよりはコスモポリタンな演劇集団といった趣がある。(12)

フィリッポ・トンマーゾ・マリネッティ（一八七六〜一九四四）が主宰したイタリア未来派の「ヴァラエティ・シアター宣言」（一九一三年）は、こうした二十世紀初めに隆盛をみせたステージ・ショウの芸術的意味づけを積極的に行った点で重要である。この中でマリネッティは、未来派が唯一賞讃する演劇形式は、いかなる教養も持たず、常に新鮮な驚きを発明しつづけ、観客に物静かな鑑賞者であることを許さないヴァラエティ・シアターだと宣言した。ヴァラエティ・シアターは、驚異と興奮によって人々の既成概念を打ち破る創造的破壊者だというわけである。

六　日本のステージ・ショウ

1　洋式劇場と舞台娯楽

最後に日本の歴史にも簡単にふれておこう。欧米のミュージックホール等で上演されていた簡単な演芸については、既に江戸末期から横浜の外国人居留地などで観ることができた。巡業団の来日公演や居留地外国人（多くは兵士）によるアマチュア劇団の活動ではあったが、公演は盛んで、軽い芝居や音楽演奏の他にミンストレル・ショウ、メロドラマ、オペレッタ、ダンス、マジックなど様々な演目が上演されている。

一八七〇（明治三）年には横浜本町通りに外国人専用の新劇場「ゲーテ座」が開場、こけら落としではイギリス系のアマチュア劇団がバーレスク『アラディン Aladdin, or, The Wonderful Scamp』（ヘンリー・ジェイムス・バイロン作）とファース『可愛い坊や Little Toddlekins』（チャールズ・マシューズ作）の二作品を上演し、幕間にはイギリスの軍楽隊による演奏も行われた。イギリスでの『アラディン』の初演は一八六一年、『可愛い坊や』は一八五二年だから、当時の感覚で考えれば決して古い作品ではない。ゲーテ座を調査した升本匡彦によれば「上演作品の内容からのみ言えば――舞台の質はさておくとして――ゲーテ座は一九世紀ロンドンの大衆劇場あるいはイギリス地方都市の小劇場によく似ていた[13]」という。つまり外国人居留地に限定すれば、日本でも、ほぼ同時代的に欧米の舞台娯楽が享受されていたわけである。日本人の観劇が禁止されていたわけではないが、言葉の問題からその数は僅かだったとされる。ただ、その僅かな常連の中には坪内逍遙、北村透谷、小山内薫、谷崎潤一郎ら日本の新劇史を牽引した人々も少なくなく、彼らがゲーテ座を介して初めて西洋人の生の舞台に触れたことは留意しておくべきだろう。

日本人向けの洋式劇場としては、一九〇八（明治四十一）年に有楽座が、一九一一（明治四十四）年に帝国劇場が開場した。有楽座は、演劇史的には小山内薫と市川左団次の自由劇場が第一回公演『ジョン・ガブリエル・ボルクマン』を上演して以来、多くの新劇団が利用したため、なんとなく新劇に相応しい近代的劇場だった印象があるが、元々はロンドンのミュージックホールをモデルに「華族紳士連の発起にて高等演芸場の目的で建築されたもの[14]」で、開場当初は邦楽名人会やお伽芝居など演芸場らしい公演が中心だった。高浜虚子《きよし》によれば、「〔建物の〕表に勘亭流の字で書かれた有楽座という小さい漆塗りの看板が掛ってい」て、洋風建築と江戸の芝居小屋や寄席を想わせる勘亭流の組み合わせに「奇異の眼をみはった事があった」という[15]。

一九二〇（大正九）年から始まる『有楽座ヴァラエティー』は、有楽座が本来の姿を取り戻すための企画だっ

図⑧　帝国劇場の女優劇、ミス・ミクス振付の西洋舞踊『ケーキウォーク』舞台写真、1911 年（『帝国劇場写真帖』高尚堂出版部、1911 年）

たといえる。第一回では、豊田旭穣《きょくじょう》の筑前琵琶、三代目常磐津松尾太夫の常磐津、帝劇女優の舞踊、柳家小さんの落語、錦城斎典山《てんざん》の講談、岡安会と杵勝《きねかつ》会の長唄、藤間勘寿郎と花《はな》柳寿輔《やぎじゅすけ》の日本舞踊、黒人合唱団のジャズソングが、それぞれ毎日の演目を替えながら一週間行われている。これだけでも充分にヴァラエティ豊かだが、その後回を重ねるに従って、活動写真、人情劇、海外劇団による曲芸、ダンス、オペレッタ、大魔術等々と演目は多種多様になっていく。芸能や娯楽に関する当時の観客の知識と興味の広さに驚かされる。

　ミュージックホールをモデルにしたという点では一九一一（明治四十四）年開場の帝国劇場も同様だった。一般に帝国劇場は、渋沢栄一をはじめとする政財界人が、海外貴賓の接待用に、また日本演劇を向上させる目的でパリのオペラ座を模して建設されたとされている。しかしその最初期の設計計画によれば、帝劇はロンドンのヴァラエティ・シアターをモデルに構想されたという。[16] 芸術的な理想を掲げるだけでなく、現実的な収益を考える財界人ならではの構想である。事実、帝劇の主催公演には女優劇〔図⑧〕の演目（益田太郎冠者の喜劇、西洋ダンス）などにヴァラエティ・シアターを意識したものが少なくなく、劇評家の評判はあまり良くなかったが、観客にはいずれも好評だった。こうしたヴァラエティ・シアターとの接点は、日本オペラ史の草創期を飾る存在として知られる帝国劇場附属歌劇部（のち洋劇部）にも通じる。

歌劇部の指導者として知られるイタリア人のジョヴァンニ・ヴィットーリオ・ローシー（一八六七～？）だが、彼はミラノのスカラ座附属バレエ学校で学んだ後、一九〇一年にロンドンに渡り、ミュージックホールやヴァラエティー・シアターで活躍をした。帝劇でも上演されたローシーの代表作のバレエ『コルネヴィーユの鐘』（『古城の鐘』［図⑨］）や『クレプトメーニア』も、元はロンドンのヴァラエティ・シアターで好評を博したものだ。歌劇部を指導したことで勘違いされやすいが、ローシーの正式な肩書きは振付師で、帝劇でも舞踊教師ミス・ミクスの後任として招かれており、ローシー門下からも石井漠《ばく》、沢モリノ、岸田辰彌《たつや》、高田雅夫・せい子夫妻など、声楽家よりも舞踊家を多く世に出している［図⑩］。帝劇歌劇部の演目は、オペラよりもオペレッタが多く、その理由は歌劇部員の技術力の低さや当時の観客の嗜好にあったとされる。もちろん、それらも大きかっただろうが、それとは別にここには振付師ローシーによるミュージックホールやヴァラエティ・シアター移入という意図も働いていたように思われる。指導者として、日本人によるオペラの原語上演をひとつの理想に掲げていたのは確かだが、

図⑨　喜歌劇『コルネヴィーユの鐘』舞台写真（絵葉書）、1911年、アルハンブラ劇場。右がローシー（個人蔵）

図⑩　帝国劇場でのローシー指導のバレエ『生ける立像』舞台写真（絵葉書）、1913年（個人蔵）

彼の経歴をみた場合、果たして前時代的なオペラ公演ばかりを最終目的にしていたとは考えにくい。

2　少女歌劇からレヴューへ——演劇としての歌劇

通常、「歌劇」は「オペラ」の翻訳語と理解されているが、お伽歌劇や少女歌劇を中心に当時の歌劇を考えた場合、その関係者が意図していた歌劇は音楽を主体とした西洋オペラとは必ずしも一致しなかった。それは一九一三（大正二）年に宝塚少女歌劇を興し、「少女歌劇」というジャンルを築いた小林一三《いちぞう》の歌劇観によくあらわれている。

小林は宝塚少女歌劇を最終的には「国民劇」へと発展させる構想を持っており、そのひとつの方法として歌舞伎の歌劇化を唱えた。小林は西洋のオペラが「唄と音楽と背景舞台等に重きを置くのみ」なのに対して、歌舞伎は「唄と音楽とはこれを利用するのみ」で「劇の要素たる筋書や、人情や、舞踊や、絵画や、対話や、動作や、その他あらゆるものは、とても比較に出来ぬほど進歩してゐる」とし、音楽の下に物語や舞踊が従属するのではなく、音楽を含め多様な演劇性を備える歌舞伎の延長に日本の歌劇はつくられるべきだと主張した。ただし、民衆に開かれた近代国家にあって、玄人好みで花柳《かりゅう》文化と近しい三弦楽や日舞は適切とは言い難く、西洋音楽の導入とそれに応じた新しい舞踊の構築——西洋音楽を基調とした歌舞伎の改良――こそが急務だとした[17]。

重要なのは、小林が、西洋のオペラよりも歌舞伎の方が〈演劇〉として優れていると考えていることだ。小林と宝塚少女歌劇が目標とする歌劇は、〈歌〉ではなく〈劇〉に比重があった。一九二七（昭和二）年の『モン・パリ』（岸田辰彌作）以降、宝塚少女歌劇はレヴュー路線へと移っていくが、〈演劇〉としての発展を目指すという意味では、構成による舞踊の集団美への傾斜は自然なことだったといえる。

洋舞ではなく、日舞によるレヴューとしては、宝塚の『モン・パリ』より早い一九二六（大正十五）年に大阪の松竹楽劇部（のち大阪松竹歌劇団ＯＳＫ）が『春のおどり　花ごよみ』を上演し、成功させている。関西名物の「都踊り」「浪花踊り」に負けない舞踊ショウを目指して、日本初の本格的レヴューが少女歌劇の中から誕生したことからも、少女歌劇における舞踊や演劇の意味は再考される必要があるだろう。

3　浅草と丸の内

帝劇歌劇部解散後、元部員の多くが当時東洋一の歓楽街を誇った浅草へと移り、一九一七（大正六）年から一九二三（大正十二）年頃にかけて「浅草オペラ」を興した。浅草オペラの演目もまた、オペラの名に反して、オペラ、オペレッタ、ダンス、台詞劇など、実際にはミュージックホールやヴァラエティ・シアターを踏襲したかのような多様な演目が上演された。そもそも浅草オペラの開祖とされる高木徳子《とくこ》その人が、アメリカのショウ・ビジネスで修業を積み、トゥ・ダンスとアメリカ流のショウ演出で人気を博したダンサーだった。

浅草オペラでは演者のことを「歌手」ではなく「俳優」と呼んでいたが、そのことからも浅草オペラが体現したオペラが、小林一三の考える歌劇に近いものだったことがうかがえる。当時、旧制中学に通う学生だった古川緑波は、帝劇で来日公演を行ったロシア歌劇団と浅草オペラを比べ、雑誌に「露国グランドオペラ罵倒」と題する投書をしている。

我国のオペラと比較して考へてみると、先づ外国人は生理的に我国の俳優よりも優れてゐることが第一であらう。あの声量の豊富さは何うだ。とてもすばらしいぢやないか。然しそれだけだ。今度のロシヤオペラの連中にはまるつきり芝居と云ふものが無い。

（古川緑波「露国グランドオペラ罵倒」、『オペラ』一九二一年九月号）

大正期の浅草オペラの人々は、昭和期になると浅草式レヴューを興すことになる。宝塚や松竹の少女歌劇が若いレヴュー・ガールたちの豪華な舞踊を売りとした大レヴューへと発展したのに対し、浅草式レヴューは男性演者の活躍、ナンセンスやユーモアに溢れた脚本を売りにすることが多かった。宝塚などの本格的レヴューとは別物という意味で、「変格的レヴュー」「インチキ・レヴュー」という呼称もあった。後に、いわゆる「軽演劇」がここから派生していることからも、舞踊よりは芝居（喜劇）に比重が置かれていた。

浅草式レヴューの最初とされるのが、一九二九（昭和四）年、浅草水族館の二階附属演芸場で旗揚げした「カジノ・フォーリー」だ［図⑪］。カジノ・フォーリーは興行会社の経営ではなく、本郷の資産家の息子の画家・内海正性《うつみまさなり》と音楽愛好家・行貴《ゆきたか》の兄弟が、水族館の所有者だった義兄の協力を得ながら、親の遺産金をつぎ込んだ素人経営の組織である。アマチュアの身の軽さを活かし、南天堂のアナキズム関係者や文学の新興芸術派の作家らと手を組んでダダイズム風の作品を上演したり、喜劇スターの榎本健一を輩出するなど、実験性と娯楽性を兼ね備えた稀有な存在である。しかしそれだけに劇団全体の統率者が不在で、経営も杜撰だったため、開場の翌年には榎本ら人気俳優の一部が給与の不満から脱退、さらにその翌年にも文芸部員が大挙して脱退するなど組織的には落ちつかず、四年足らずで事実上の解散となった。欧米のステージ・ショウに興行主、劇場主、プロデューサーといった製作者が重要な役割を担ったように、日本においても企画・製作者と資本力の問題は大きかった。

カジノ・フォーリー誕生以後、浅草では同種の劇団が多数登場したが、基本的にそれらは松竹や吉本興業など一定の資本力を誇る興行会社の傘下で運営された。しかし一九三三（昭和八）年にやはり浅草を拠点とする松竹楽劇部（のち松竹歌劇団SKD）が、楽士の待遇問題に端を発し、多数のレヴュー・ガールをも巻き込んだ「桃色争議」へと拡大したことからもわかるように、興行界の労働環境は苛酷なものがあった。

図⑪　カジノ・フォーリーの『ニグロダンス』舞台写真。左端の黒人に扮した人物が榎本健一（個人蔵）

そもそも小林一三が宝塚少女歌劇のモットーに「清く正しく美しく」を掲げ、良家の子女を集めた宝塚音楽学校の生徒たちによる発表会の延長に宝塚少女歌劇の公演を位置づけたのは、世間が〈興行界〉や〈女優〉から敏感に嗅ぎ取ろうとするスキャンダルの匂いを消し去るためでもあった。弁護士で衆院議員を父に持つ森律子が帝劇の女優養成所に入り、第一期生としてデビューしたのは、宝塚結成の二年前のことである。晴れて女優となった森律子は母校の跡見高等女学校の同窓会から除名され、旧制一高に通っていた弟は姉を恥じて自殺する。プロの〈女優〉か、アマチュアの〈少女〉かの違いがもつ意味は今日想像する以上に大きかった。

さて、関西資本の松竹は、関東大震災で弱体化した浅草の劇場や興行会社を吸収合併する形で、東京での勢力を拡大したが、同じ関西系で一九三三（昭和八）年に設立された東宝（東京宝塚）は、小林一三が浅草の土地獲得に失敗したこともあり、日比谷・有楽町を中心とした「丸の内アミューズメント化」の路線をとった。歌舞伎を擁する松竹に対し、東宝は丸の内のサラリーマンとその家族を観客層とみなし、日本興行界のプロデューサーに秦豊吉《はたとよきち》や森岩雄といった人材をヘッドハントしつつ、宝塚少女歌劇、日劇ダンシングチーム、古川ロッパ一座などの大規模なステージ・ショウを提供しながら演劇を近代的な娯楽産業へと発展させることに成功する。有楽座や帝国劇場の設立目的や歴史を考え合わせると、財界人の小林が主導した丸の内アミューズメント化とステージ・ショウという商品戦略は、四半世紀の時を経て本来収まるべき場所で生み出されたということができる。

家庭向きの宝塚少女歌劇や日劇ダンシングチームの場合、ムーラン・ルージュ、ミスタンゲット、ジョセフィン・ベーカーなど本場パリの大人向けのレヴューに不可欠のエロチシズムが不足していることが、早くから識者によって指摘されていた。この点に関して小林と東宝は、第二次世界大戦後に新宿の帝都座五階劇場や有楽町の日劇ミュージックホールを配することで和製ナイトクラブ実現への目配せも怠ってはない。

帝都座五階劇場は日本のストリップの原点である「額縁ショウ」や、SM的なリンチ場面のある『肉体の門』で戦後のエロ風俗に名を刻んだが、たとえば額縁ショウが戦前・戦中には不可能だったエロチシズムをようやく日本でも試みるべく入念に準備されたショウの一部だったことは忘れられがちだ。実際に舞台を見た吉行淳之介が「現在だったら、客の呼べるショーではないが、観客はみな満足して帰っていった。私も個人的には女の裸は見ていたが、舞台の上のものははじめてで充分満足した(18)」と記すように、それは裸そのものではなく、照明や音楽によって演出された舞台上の裸であることに多くの意味があった。

以上、ステージ・ショウの歴史のごく一部を概観してみたが、こうしたステージ・ショウの隆盛は現代的な大衆社会と大衆文化の成立過程につきもののようだ。一九五〇年代以降、欧米や日本ではステージ・ショウの冒険が一段落を迎える。レヴューの人気は色褪せ、ミュージカルは洗練と成熟を深めていき、やがて一九六〇年代後半の政治の季節にはミュージカルも徐々に衰退の気配をみせるようになる。すると、これと入れ替わるように東アジアでは少女歌劇やレヴューが大衆的な舞台娯楽として盛り上がりをみせる。

およそ世界中のどの国でも、歌と踊りと物語の三要素を持った芸能が必ず存在する。各国が歴史の中に「ステージ・ショウの時代」を持つのは、何も不思議なことではないのかもしれない。

（1）鹿島茂『モンマルトル風俗事典』白水社、二〇〇九年。同書では、「ムーラン・ルージュ」「フォリ＝ベルジェール」「カジノ・ド・パリ」のパリの三大ミュージックホールのほか、チヴォリ遊園地、ダンスホール、文芸キャバレー、サーカス、ナイトクラブなど十九世紀末から二十世紀初頭のモンマルトル界隈の多彩な娯楽施設が詳細に記されている。

（2）ボヘミアン芸術家については今橋映子『異都憧憬——日本人のパリ』（平凡社ライブラリー、二〇〇一年）が、その神話と実像、日本人の事例などを精緻に論じている。

（3）ピーター・ブルックス『メロドラマ的想像力』四方田犬彦・木村慧子訳、産業図書、二〇〇二年。

（4）ギー・ドゥボール『スペクタクルの社会』木下誠訳、ちくま学芸文庫、二〇〇三年。

（5）ジャン＝ジャック・キム、エリザベス・スプリッジ、アンリ・C・ベアール『評伝　ジャン・コクトー』秋山和夫訳、筑摩書房、一九九五年。

（6）鹿島茂、前掲書。

（7）荒俣宏『万博とストリップ——知られざる二十世紀文化史』集英社新書、二〇〇〇年。

(8)ヴァルター・ベンヤミン「物語作者」、『ベンヤミン・コレクション2　エッセイの思想』浅井健二郎編訳、三宅晶子ほか訳、ちくま学芸文庫、一九九六年。

(9)日本語で読めるジョセフィン・ベーカーの評伝にフィリス・ローズ『ジャズ・クレオパトラ――パリのジョゼフィン・ベーカー』(野中邦子訳、平凡社、一九九一年)、猪俣良樹『黒いヴィーナス　ジョセフィン・ベーカー――狂乱の1920年代、パリ』(青土社、二〇〇六年)、荒このみ『歌姫あるいは闘士ジョセフィン・ベーカー』(講談社、二〇〇七年)、また晩年に焦点をあてたものとして高山文彦『孤児たちの城――ジョセフィン・ベーカーと囚われた13人』(新潮社、二〇〇八年)がある。

(10)イギリスのミュージックホールの歴史については、井野瀬久美恵『大英帝国はミュージック・ホールから』(朝日選書、一九九〇年)が詳しい。

(11)ドイツの芸術キャバレーとレヴューについては、リサ・アピニャネジ『キャバレー――ヨーロッパ世紀末の飲酒文化』(上・下、菊谷匡祐訳、サントリー博物館文庫、一九八八年)、ハインツ・グロイル『キャバレーの文化史1』(平井正・田辺秀樹訳、ありな書房、一九八三年)、同『キャバレーの文化史2』(岩淵達治ほか訳、同、一九八八年)が詳しい。

(12)蝙蝠座については、武田清「ロシア・キャバレー演劇の研究　1908―1924」(『文芸研究』第四六号、一九八一年十月)、村田真一「知られざる演劇文化」(近藤昌夫ほか『都市と芸術の「ロシア」――ペテルブルク、モスクワ、オデッサ巡遊』水声社、二〇〇五年)のほか、実際に舞台を観た岩田豊雄「蝙蝠座の回顧」(『近代劇以後――紹介と随筆』河出書房、一九四〇年)が詳しい。

(13)升本匡彦『横浜ゲーテ座――明治・大正の西洋劇場』第二版、岩崎博物館出版局、一九八六年。

(14)岡本綺堂「明治演劇年表」、『明治劇談――ランプの下にて』岩波文庫、一九九三年。

(15)高浜虚子「丸の内」、『大東京繁昌記』毎日新聞社、一九九九年。

(16)星野高「帝劇の時代」、神山彰編『商業演劇の光芒』森話社、二〇一四年。

(17)小林一三『日本歌劇概論』宝塚少女歌劇団出版部、一九二三年。

(18)橋本与志夫『ヌードさん――ストリップ黄金時代』筑摩書房、一九九五年。

Ⅱ　少女歌劇という近代

第2章　宝塚歌劇と歌舞伎

少女歌劇の頃を中心に

吉田弥生

一　男役と女形

女性だけで演じられる宝塚歌劇と男性だけで演じられる歌舞伎。この対照的な二つの演劇が、今ではともに誰もが認める日本の演劇文化を代表する存在であることは、日本文化そのものを考える上でも非常に面白い問題である。本章では「少女歌劇」時代の宝塚歌劇を中心に二つの演劇の交流点を見出し、主として歌舞伎が宝塚歌劇にもたらしたものを考察する。

宝塚歌劇の成立は近代だが、まずは歌舞伎が成立した近世期へ演劇史を遡りたい。

歌舞伎が産声を上げたのは慶長八年（一六〇三）四月、出雲の巫女・御国《おくに》（阿国）が京の四条河原に現われ、「歌舞伎踊」を始めた時とされている。女性である御国は当時流行の「かぶき者」の風俗を模した男装で、男性の役者が演じる茶屋女に恋をしかける様子を表現した。男装の麗人による美しい踊りで描く恋模様――観衆たちが熱狂した御国歌舞伎とは、まさに現代の宝塚歌劇ファンが求める舞台表現に通じるものだったと想像できる。

御国が始めた歌舞伎のあまりの人気ぶりは、追随する女性芸能者たちを増やし、やがて流行した遊女歌舞伎の売色との結びつきから幕府が禁止（寛永六年〔一六二九〕）、女性が舞台に上がれなくなった。これに代わるように美しい少年ばかりの若衆歌舞伎が興きたが、これも風俗を乱す理由から幕府が承応元年（一六五二）に禁止令を出す。女性芸能者も若衆の興行も禁じられ、歌舞伎は成人男性による、演劇性を高めた創作を始め、これが現代まで男性のみで演じられる歌舞伎の基礎となる。歌舞伎が演劇性を高めていく過程で、女性の役を演じる女形《おんながた》（正しくは「女方」）芸が形成され、技芸として洗練されて大きな特色となり、今日に至っている。

宝塚歌劇の大きな特色の一つに、女性が演じる男役が挙げられよう。歴史の中で一時的に男性の在籍があったことは、舞台『宝塚ＢＯＹＳ』（鈴木裕美作、二〇〇七年シアタークリエ初演）などでも知られるところだが、大正三年（一九一四）四月に創立し、高峰妙子が桃太郎を演じた第一回公演の歌劇『ドンブラコ』より、女性が男性主人公を演じる現在のスタイルは創成されていた。このスタイルが定着し、やがて宝塚歌劇の最大の魅力とさえ言われるようになった。

宝塚歌劇創立者の小林一三《いちぞう》は宝塚歌劇の男役と歌舞伎の女形について次のように語り遺している。

歌舞伎の女形も、男の見る一番いい女である。性格なり、スタイルなり、行動なり、すべてにおいて一番いい女の典型なのである。だから歌舞伎の女形はほんとうの女以上に色気があり、それこそ女以上の女なんだ。そういう一つの、女ではできない女形の色気で歌舞伎が成り立っていると同じように、宝塚歌劇の男役も男以上の魅力を持った男性なのである。

（「歌劇の男役と歌舞伎の女形」、『宝塚漫筆』実業之日本社、昭和三十年〔一九五五〕）

だが、御存知のように、歌舞伎役者の場合には家という制度があり、芸を伝統的に受け継ぐ使命を持って生まれた役者が演じ、そのニン（役者が持つ芸風や持ち味、容貌や体格に関わる傾向）を超えて家の芸を継承しなければならない。歴史的に見れば女形芸もそうして継承される。一方、宝塚歌劇の男役芸は一代限り。先輩に学び倣うことから始め、その時代の女性から見た男性美を研究してそれぞれの男役を作り上げている。これは歌舞伎の女形と宝塚の男役の大いなる違い、隔たりである。

しかしながら、演劇としての今日の在り方を平たく見れば、歌舞伎と宝塚歌劇は、特定の性の俳優によって演じられるという点で共通している。一般的には、その方向性も印象も異なった別々の道を歩んだ演劇との認識が定着しているものと考えられている。だが、実に宝塚歌劇は歌舞伎を意識して発祥し、創造されてきた、歌舞伎の影響を最も色濃く持つ日本演劇と指摘でき、少女歌劇時代にはなお、その関わりを密にする歩みがあったのである。

二　小林一三の理想モデル

創立者・小林一三（以下、一三とする）が宝塚歌劇を創設した最初の目的が阪急電鉄沿線の活性化であり、三越がＰＲ作戦として少年唱歌隊を使ったのをヒントに、少女歌唱隊を編成したという過程はよく知られている。きっかけは現在の阪急・東宝グループの礎を築いた経営者らしい発想だった。そこへ、その一三自身の芝居嗜好が深く関与し、まもなく宝塚少女歌劇として「新興芸術」[1]創造の道を歩んでいったのである。

そして一三は「新興芸術」の到達目標を、当時「国劇」と呼ばれた歌舞伎と見据え、そのモデルとしたことが宝塚歌劇草創期に書いた手記「国劇と歌劇との関係」[2]から見えてくる（旧字は筆者訂正、読点は原文のまま）。


国劇とは、日本国民の人情風俗に立脚して表現せられた劇、民衆の思想に共適するところの劇、即ち俗に言ふ旧芝居である、若き新しき諸君は、一口に旧芝居と蔑視するけれど、現在に於て、日本の国劇と言ひ得るものは、所謂壮士役者の創始した新派の芝居でもなければ、文芸協会の芸術座などで公演した翻訳劇近代思想劇でもなく、又私共の試みつゝある歌劇でもない〔略〕単に旧劇と言へば二百年来依然として旧態を固守せるものと思ふは間違である。〔略〕或点に於ては、近代人から見ると、余りに、馬鹿らしき、不自然な、そうして淫靡なる到底識者の寛裕を許さざる維新前の旧劇が、今尚ほ国民劇として繁盛しつゝある其特色を数えて見る方が近径であらう

「国劇」と書き出し、その現況を見つめた結果に「国民劇」と位置づけるところに注目したい。旧芝居を蔑視しては近代に新興した他の演劇同様、民衆の思想に共鳴できず、斜陽の時を迎えてしまう。数百年の間、依然として国民に愛される演劇を創造するには「其特色を数えて見る方が近径」という姿勢が述べられている。実際に一三は、旧劇の「七長点」を次のように分析した[3]。

図①　宝塚少女歌劇団発行の雑誌『歌劇』第1号の表紙（大正7年〔1918〕8月）

（一）音楽を伴ふこと
（二）唄ひものに伴ふこと
（三）踊のあること
（四）セリフが一種の謡物的であること
（五）粉粧、動作及場面が絵画的であること
（六）二千五百年の長い歴史を材料とすること即ち世界が広きこと
（七）役者と観客と共通して娯楽的雰囲気にあること

そうして次のように宣言したのである。

国民の趣味に共鳴しつゝある旧劇の七長点を活かして、現代の機運に適応し得る芸術は差当り何であるかといふ問題に漂着する時、私は大胆に我歌劇であると主張したい

（前出「国劇と歌劇との関係」）

それでは、いかにして歌舞伎の長所を宝塚歌劇に「活かして」いったものか。

一三には「七長点」に基づくことはもちろん、この分析に表現されていなかった「歌舞伎の手法」にも倣いつつ、次第に当時の歌舞伎短所を世間に認知させ、これを超える国民劇を創り出そうとする意志があったこと、結局は歌舞伎に対する相当な意識のあったことが他の手記よりわかる。(4)

歌舞伎劇はかうして、極めて融通性に富んだ精神で、作られてゐることを、われわれはまづ忘れてはならない。〔略〕今日の歌舞伎劇は過去の名優たちがいろんなものを周囲から逞しく取入れて、変化して来たほど今日では変化されてゐない。むしろ変化されてゐなさすぎると思ふ。〔略〕歌舞伎劇はそれがさかんに書下された当時の精神に則して、もっと融通無碍に扱はれなければ面白くないと思ふ。

一三の親しんだ明治東京の歌舞伎といえば、まだ江戸以来の生産力の衰えていない、変化に富んだ歌舞伎であった。江戸歌舞伎とは、人形浄瑠璃のヒット作を見れば人間の役者で演じる作品に書替え、歴史上の御家騒動から心中事件などをニュース的に取材し、人気小説や大衆に人気のある講談・落語を脚色し、果敢に大胆に摂取をした制作を行い、それに応じて役者たちも工夫を重ねていた。明治東京の歌舞伎はいまだその生産力と変化に富

んだ状態、流動性や摂取の多様さを創造の手法としたものだった。そして、一三自身が当時の「変化されてゐなさすぎ」てしまった歌舞伎に刺激を与える興行主となり、将来的に競合できる夢を見たことを推測するのは簡単だ。六代目尾上菊五郎率いる菊五郎劇団への、周囲の反対[5]を押し切って宝塚中劇場を提供した一件（大正十三年二月・四月）などを見てもそう考えさせられる。中劇場提供以降、宝塚歌劇は東京の市村座で公演し、東京進出を推し進める一つのきっかけ作りとなっている。そのような歌舞伎界との交流の側で生徒たちや演出家たちを歌舞伎に学ばせようとの目的もあったか。一三はかつての歌舞伎の理想的な状態を自らの宝塚歌劇で再び興そうとしたのではないだろうか。一三にとって歌舞伎は決して単純な理想モデルではなく、反面教師的な見方も含めて、いかにして国民的演劇を創りあげるか、日本を代表する国民劇に成り代わるためにはどのような要素が必要かを考えるための最高のモデルだったと考えられる。

三　歌舞伎から歌劇を創る

さて、一三は「宝塚の生命」をどのように創出したかといえば、歌劇の制作においてそれを開花させようと努めたのであった。歌舞伎をモデルとしつつも、歌舞伎に成り代わる国民劇としての特色を、一三は歌劇という形態、特に洋楽を用いることに非常な情熱を注いで進めた。

外国人ばかりではない。これからの日本の若い人々も、芸のしっかりとした俳優を揃へて私共の作り出した新しい歌舞劇をやって見せれば、旧式な歌舞伎よりは数倍の興味を持つに相違ない。早い例が音楽一つにしても、長唄や常磐津、清元、一中と云っても分かる人は次第次第に減ってゆく。ああした物は研究者や好事家の間にのみ愛玩される運命に追い込まれつつある。却って、洋楽は若い日本人も小学校時代から馴れ親しんでゐるし、東亜の諸国民も充分理解する力を持ってゐる。

(「映画演劇の進むべき道」、『芝居ざんげ』昭和十七年〔一九四二〕八月)

確かに、明治四十三年(一九一〇)に編まれた『尋常小学読本唱歌』以来、日本人は小学生から洋楽に親しむようになったのであり、新しい世代の日本人にとっては、洋楽のほうがいわゆる三味線音楽と呼ばれる邦楽よりも好ましい音色になっていた。だが、数百年も大衆の目を楽しませてきた歌舞伎にも長所が大いにある。そこで考案されたのが、和洋折衷、歌舞伎の作品世界に基づいて、洋楽で綴る歌劇作品であった。歌舞伎を現代的にアレンジした作品を制作し、視覚的にも聴覚的にも親しみやすい作品を次々と生み出したのであった。

宝塚少女歌劇時代の脚本を調査すると、歌舞伎作品を明らかに下敷きにしたと銘打つレベルで創作が行われたとみなせる上演作品が幾つも見出せる。特に大正期において「歌劇」と銘打つ作品には『紅葉狩』(大正三年〔一九一四〕十月)や『女曾我』(大正六年〔一九一七〕七月)、『道成寺』(大正十年〔一九二一〕一月)、宝塚歌劇の立ち上げから参加し、第一回公演の振付も担当した当時の主力作家・久松一声の最高傑作と称された『お夏笠物狂』(大正九年〔一九二〇〕一月)、『政岡の局』(大正十三年〔一九二四〕三月)など、女性主人公が描かれる作品を選んでいることに一つの傾向が見出せる。

現在の宝塚歌劇のスターシステムは、男役トップスターをピラミッドの頂点とする「男社会」といえるが、少女歌劇時代においては男性役も重要でありながら、なお娘役スターの芸も現代よりも大事にされていた。女形において培わせた魅力のある歌舞伎作品をベースにした歌劇作品で娘役の魅力を発揮させていた。そして、宝塚歌劇の男役芸に磨きがかかる大正末期になると、歌舞伎作品でも男性主人公が活躍する作品を歌劇化するようになっていく。「忠臣蔵」（大正十五年六月、喜歌劇『ハラキリの稽古』が最初）も「義経記」（大正十五年九月、古典劇『鞍馬山』が最初）も歌劇化された。

歌舞伎の作品には〈世界〉（作品の骨格となる題材。源義経や曾我兄弟など観客にも馴染み深い登場人物が活躍する説話伝説、文学作品、能などの先行芸能から成る。新作を作る際にはこの〈世界〉に基づいて時代・場所・登場人物名・人物の関係・筋などを規定する。なお、複数の〈世界〉が組み合わされる手法を〈綯交《ないま》ぜ〉とよぶ）というものがある。こうした歌劇作品化においてなんらかの傾向があるかも検討したが、そこに偏りは見られないようであった。だが、(1)〈世界〉の大きさや知名度があること、(2)男役・娘役それぞれが演じて効果的な主人公が活躍すること、といった独特な傾向は感じられる。

歌舞伎には「三大名作」と呼ばれる作品があり、それは『菅原伝授手習鑑』『義経千本桜』『仮名手本忠臣蔵』である。それぞれ人形浄瑠璃（文楽）で初演、歌舞伎化（丸本歌舞伎）され、江戸時代より繰り返し上演され続けてきた人気作品である。なかでも「義経記」の世界に属する『義経千本桜』と元禄赤穂事件を脚色した『仮名手本忠臣蔵』を代表とする「忠臣蔵」の物語世界は[6]、歌舞伎以外にも幾度も演劇化、映画化、NHK大河ドラマをはじめとしたテレビドラマ化もされ、様々なアレンジの中でヒット作品も生まれている。そして、宝塚歌劇も『義経千本桜』『仮名手本忠臣蔵』のアレンジ作品を創造した。この創造を、一連の「物語の利用」に乗っ取ったものとみなすことも可能であるが、幾度となく、しかも大胆なアレンジを加えながら挑戦的に脚色しており、そこには先に挙げた(1)(2)の傾向が関わるものと考えられる。

宝塚歌劇としての「忠臣蔵」脚色の最初は、大正十五年（一九二六）六月上演『喜歌劇　ハラキリの稽古』である。翌月の『歌劇』誌に「第一幕は外国で日本劇を演じてゐる気持よく現れ、桂よし子のキラと千早多津子のアサノとの立廻で拳闘式の振や、盾を矢庭に持出す所等面白い」と劇評が載るものの実際の上演内容の正確な様子を知るのは難しいが、同誌に掲載の舞台写真も併せて見れば、つまりは『仮名手本忠臣蔵』の三段目「刃傷」から四段目「判官切腹」のパロディであることがわかる。

作者の竹原光三《みつぞう》は同年五月花組公演演にも『喜歌劇　三人片輪』を創作している。こちらは竹原の師・二世花《はな》柳寿輔《やぎじゅすけ》の案とある。竹原光三に限らず、当時「喜歌劇」と冠した作品が毎公演のように上演され、レビューを得意とした白井鐵造《てつぞう》さえも大正十五年には『煙草から』（三月、大劇場花組公演）、『セビラの理髪師』（九月、大劇場花組公演）と続けて喜歌劇を書いていた。喜劇性ある歌劇作品を望んだのは小林一三らしく、同年十一月の『歌劇』誌に小林一三が「よき喜劇を俟つ」を書いていることには、イギリスのチャールズ・チャップリン、アメリカのハロルド・ロイドやバスター・キートンといった「世界の三大喜劇王」が活躍した時代であることも影響が大きい。つまり『喜歌劇　ハラキリの稽古』上演とは、「忠臣蔵」世界の歌劇化とともに西洋における喜劇流行を取り入れた試みだったと見ることもできる。

「忠臣蔵」の脚色は昭和初期にも再度試みている。昭和七年（一九三二）三月上演『歌舞伎レビュウ　忠臣蔵』である。昭和七年は、先に書いたように、昭和二年に日本初のオリジナル・レビューが上演され、宝塚歌劇の一上演ジャンルとしてレビューを定着させようとした時期である。そうした時期にあって、なお歌舞伎の名作を下敷きに創作しようとの発想、実現化だった。その創作について作者の坪内士行は「元来、誰しもが考へられる通り「忠臣蔵」にしても、「千本桜」にしても、其他「菅原」や「国性爺」等の浄瑠璃物には、今のレビュウそっくりの組立ての物が沢山あります。〔略〕近代人の生活様式の変化、又、情趣の変化、其等にピッタリ適させ得たら、歌舞伎そのものの再生ともなれば、将来の新しい演劇形式の発展ともなる」と上演翌月の『歌劇』誌上で述べている。その手法については「原作の短縮とモダン化と云ふ事に心を専らにしました」とし、一時間半の上演時間に合わせて「大部分はダンスが、つた舞踊で〔略〕スペイン曲に合せての四つ竹踊を振付けられ、なほ義士等と師直方の武士との大立廻りも、一切ダンス式」に構成したという。この創作を士行自身は「ここに全く鮮新なレビュウ味が充溢するであらう事は疑ひなし」と自信をのぞかせた。

レビュー形式の「忠臣蔵」は、昭和十二年四月にも『歌舞伎レビュウ　忠臣蔵』月組での上演がある。作者は久松一声《いっせい》、振付は前作と同じ水田茂。配役は、現代まで名を馳せるスター・小夜福子の勘平、天津乙女のおかる・由良之助など。振付の水野茂は「忠臣蔵は渋くなり易いもので、皆が知ってゐるだけにやり難い、余りくだけることも出来ないが、成可く明るく、テンポを早く、解り易い様にやり度いと思ってゐます。忠臣蔵はこれからも、行き方を変へて何回も出して見たいと思ひます」と「忠臣蔵」の創意工夫について意欲を持っていたようである。

時代を経て誕生した〝宝塚の忠臣蔵〟の集大成的作品が平成四年（一九九二）十月、雪組公演、柴田侑宏《ゆきひろ》作『グランド・ミュージカル　忠臣蔵～花に散り、雪に散り～』である。この作品は本拠地である宝塚大劇場の再建のための閉場と当時の雪組トップスター・杜けあきの退団という、宝塚歌劇にとって大きな節目での上演だった。作・演出は柴田侑宏。上演プログラムに綴った「大劇場のファイナルに宝塚の『忠臣蔵』」の文章には「大きな『忠臣蔵』の流れに棹さして「国民劇」の旗印の下に進み、来年からの新劇場へ、しっかりした橋を架けることができれば」と綴られる。歌舞伎の〈三大名作〉の一つ「忠臣蔵」を、「国民劇」のモデルだった歌舞伎そのものに置き替えて（「忠臣蔵」には置き替えられるだけのスケールがある〈世界〉ということになり、先に挙げた「⑴〈世界〉の大きさや知名度があること」の傾向を表している）、それをまた新時代への橋掛かりとした、そうした意図を明かすようでもある。「国民劇」の夢を現実のものとした記念碑的作品という自負でもあるだろう。そのように宝塚歌劇は、既成の伝統演劇の上に橋を架け、新しい日本の伝統演劇としての道を歩んでいる。

四　歌舞伎界との密なる交流と相反する方向性

「義経記」もまた、歌舞伎三大名作では「忠臣蔵」以上に、しかも非常に豊かなアレンジをほどこされ宝塚歌劇として再生した〈世界〉(7)ということができる。源義経は「判官びいき」の言葉が生まれるほどに、国民的に支持される悲劇のヒーロー。「国民劇」を目指すには国民的感情にうったえる作品が必要だ。

大正十五年、宝塚歌劇も鞍馬山で天狗から秘術を授かる牛若丸の件を所作事にした歌舞伎『鞍馬山』を歌劇化した『歌劇　鞍馬山』を上演しているが、その後も義経を主人公とする逸品が幾つか誕生している。それは先に挙げた二つの傾向の(1)はもちろんのこと、「(2)男役・娘役それぞれが演じて効果的な主人公が活躍すること」に相当する作例と考えられる。

義経は武勇に優れた「好漢」でありながら、恋人と離別、流浪しなければならない悲運の男性であり、その悲劇性が同情を、贔屓をひきつける。恋、流浪、影のある美男子――宝塚歌劇の男役で演じて効果的な要素が三拍子揃っているようなキャラクターであるし、当然ながらそれに応えるように義経が活躍する作品として制作された。

逸品の例として『宝塚グランドロマン　この恋は雲の涯《はて》まで』（昭和四十八年〔一九七三〕八月、花組公演初演）を挙げたい。作・演出は植田紳爾《しんじ》、演出・振付は尾上松緑（二代目）である。歌舞伎役者・尾上松緑が宝塚歌劇と深い縁を持ったのは、「宝塚義太夫歌舞伎研究会」が宝塚歌劇五十周年記念公演（昭和三十九年）として上演した際に、演技指導として加わったのがきっかけであった。以降、本公演においても演出・振付を行い、宝塚歌劇の生徒に東京（江戸）の歌舞伎演技の要素を学ばせる交流をもったのである。

ここで少し、宝塚歌劇の特に日本物作品創造に大きな影響を与えたと考えられる「宝塚義太夫歌舞伎研究会」について紹介したい。

宝塚音楽学校の教科の一つに日本舞踊があり、宝塚舞踊を形作った貢献者といえば楳茂都陸平《うめもとりくへい》、花柳禄寿《ろくじゅ》の名が挙げられるだろう。一三の要請で、昭和八年より宝塚歌劇団に招聘された禄寿の舞踊指導のもと、大正・昭和を代表する娘義太夫・竹本三蝶《さんちょう》一座を招致しての〝自主公演〟「義太夫と舞踊の会」が昭和二十六年三月より催され、冨士野高嶺・玉野ひか留・藤波洸子らが出演。この開催をきっかけとして、昭和二十八年八月、「第一回宝塚義太夫歌舞伎研究会」公演がスタートする。第一回公演は『朝顔日記』（朝倉道子の深雪、壬生桜子の阿曾次郎、沖ゆき子の吉兵衛、深山さくらの徳右衛門）と『お染久松　野崎村』（故里明美の久松、畷克美の久作、筑紫まりのお光竹屋みゆきのお染）。

図②　昭和36年度芸術祭で受賞した『加賀見山旧錦絵』。神代錦の局岩藤（右）、天津乙女の召使お初

第二回公演より演技指導・演出に上方歌舞伎の二代目林又一郎が招かれ、さらに本格的な活動となっていった。第三回公演（昭和二十九年八月）『加賀見山旧錦絵《こきようのにしきえ》』（天津乙女のお初、南悠子の尾上、神代《かみよ》錦の岩藤）と『大江山酒呑童子』の上演に際し、一三は同年十月の『歌劇』に「この義太夫劇の研究は私が考えている宝塚歌舞伎に寄与すること大なるものありと期待していたものである。〔略〕「鏡山」の通し狂言は、これをレビュー化することも可能であると思う」と「忠臣蔵」レビュー化に続き、構想したらしいことが述べられている。

〝自主公演〟をきっかけとして次第に本格化した「宝塚義太夫歌舞伎

研究会」は昭和三十五年十一月の第九回公演で上演した『壺坂観音霊験記』（天津乙女のお里、春日野八千代の沢市）が芸術祭奨励賞を獲得。初めて外部評価を得ることとなった。続く昭和三十六年十一月の第十一回公演で上演した『加賀見山旧錦絵』では岩藤を演じた神代錦が芸術祭演技奨励賞を受賞している［図②］。

これまでは本拠地・関西の指導者による「研究会」であったが、宝塚歌劇団五十周年記念公演（昭和三十九年六月。上演は『菅原伝授手習鑑（加茂堤、車引き、賀の祝）』『雪月花三枚綴（団子売り、新口村、連獅子）』）では、八代目松本幸四郎、二代目尾上松緑、二代目中村又五郎、といった東京の歌舞伎役者に指導を受けることとなった。引き続いて昭和四十年六月の第十八回公演では『菅原伝授手習鑑（筆法伝授、築地、寺入り、寺子屋）』を十一代目市川團十郎（同年の十一月に亡くなる）に指導を受けた。いよいよ江戸歌舞伎の演技を学ぶこととなったと思われた昭和四十一年（一九六六）十二月に研究会開始以来の指導者・林又一郎が急逝した。昭和四十年七月の第二十二回では十三代目片岡仁左衛門の指導によって『志度寺縁起』と片岡家に伝わる『桜鍔恨鮫鞘《さくらつばうらみのさめざや》（鰻谷《うなぎや》の段）』を上演した。

昭和四十三年で研究会は休止となっている。研究会公演を通じて、演技の間など、本格的な上方の古典歌舞伎を、後半では東京に伝わる江戸歌舞伎を学ぶ重要な価値を持ったと考えられる。「宝塚義太夫歌舞伎研究会」の時代があってこそ、後代における宝塚歌劇の日本物の輝きがあったといえる。

さて、『宝塚グランドロマン　この恋は雲の涯まで』についてであるが、初演時のプログラムに掲載された松緑の「演出者のことば」には次のようにある。

演出の面では、今回で私も三度目ともなりますので、宝塚という世界の雰囲気なり、特長を生かした上でと思っております。役者というものは、役者としてそれぞれの演技の主張というものがあります。私自身も役者ですので、私の主張ということはさけ、自分が受けてきた教育法なりを加味した上で、個々の役々への助言をすることによって、芝居作りの上で何らかの成果があればというつもりでやっております。

（尾上松緑「演出者のことば」）

松緑が加味する「自分が受けてきた教育法」といえば、六代目尾上菊五郎の教育が想像され、つまりは一三が贔屓とし、草創期に交流した六代目菊五郎の芸を継承する松緑による指導となり、ここにおいても歌舞伎と宝塚歌劇に流れる水脈の、まさに一貫性を思わせるのである。

さて『この恋は雲の涯まで』の物語は、兄・頼朝に追われ、宋へ落ちのびようとした義経が恋人・静《しずか》を海上で失い、モンゴルへ渡って成吉思汗《ジンギスカン》となり、奴隷のカンと名乗る静と再びめぐり合うというもの。作者の植田紳爾は高木彬光『成吉思汗の秘密』にヒントを得、松緑は川端龍子の絵画『源義経』に着想を得たと、先に引いた「演出家のことば」に明かしている。作品世界としては、いうまでもなく基底は「義経記」であるが、舞台を蝦夷、金国、モンゴルへと広げ、源義経＝ジンギスカン説をモチーフとしたのには、宝塚歌劇が目指してきた近代化、国際化の路線に適った方向性を示すといえるだろう。それを、『義経千本桜』などの「義経記」物を演じてきた歌舞伎役者の松緑の身体を通して動きをつけていったことになる。この作品も確実に、日本演劇の伝統と革新的なアレンジを織りなした一作と見ることができそうである。

なお本作は、現在の東京宝塚劇場支配人、当時の花組トップスター・甲にしきの退団公演だった。好評につき、翌月には星組で鳳蘭のトップお披露目公演として、別作品が用意されていたのを取り止めて、本作を続演することに至った。本作の成功を物語る出来事といえる。

「義経記」の世界を基にした逸品をもう一作取り上げたい。『宝塚グランドロマン　我が愛は山の彼方に』（昭和四十六年（一九七一）九月、星組初演）である。この作品には「義経記」の部分的活用が見られ、また歌舞伎の「義経記」物と比較して中心軸の違いが見て取れ、宝塚歌劇という演劇の在り方がここにおいて確立したことをも考えさせられる。

物語は十世紀中葉の朝鮮半島を舞台とし、高麗と女真が争いをおこす中、高麗の武将・秀民の婚約者・万姫が女真軍にさらわれてしまった。しかし、女真の武将・チャムガは捕われた万姫を思いやり、二人の間に愛が芽生える。高麗が女真を破り、万姫は帰国が許されるが、万姫は戦いの勝者・秀民ではなく、敗北して死を選んだチャムガの残した剣で胸を刺し、後を追う悲劇。

そのように、『我が愛は山の彼方に』とは、物語を見る限りは「義経記」とはまったく異なる、関連性のない作品のようである。だが、共通点・相違点含めて比較考察に価するものが随所に挙げられる。まずは、物語の背景と主人公。「義経記」は源氏・平家の争いが背景にあり、そこに登場する武勇者として最たる義経が主人公であるのに対して、やはり『我が愛』は高麗・女真の争いを背景とし、武勇者が主人公である。

そして、舞台装置では、『我が愛』の「第十五場・別れ」は枯れ蔦のからまる崖が置かれる。この崖の上で秀民とチャムガの一騎打ちの決着がつき、チャムガが自死を選んで落ち、追いかけてきた万姫もこの崖から飛び降り、最後は一人残された秀民が万姫を追って頂に上り（崖の装置は回転）、恩讐の彼方を想い、万姫を想って山に向かって歌う、という作品中でも非常に意味を持った装置となっている。この装置の形と使われ方が「義経記」の世界に属する歌舞伎作品『平家女護島』のうち「鬼界ヶ島の場」（通称「俊寛」の幕切れ）に使われる装置とほぼ同一なのである。そして、物語のクライマックスに用いられる点と、さらには〈他の男性と何らか関わりのある妻を失って一人取り残された主人公が、昔日の思い出と別離の悲しみに涙し、孤独を叫ぶ〉というシチュエーションが共通するのである。(8) 東屋が清盛を拒んだ点が、チャムガを愛して後まで追った万姫とは大いに違いがあるが、秀民・俊寛〈シュウミン・シュンカンという音も類似するのは取り上げないとする〉からすれば、〈横恋慕が入った後、婚約者・妻を失う〉という点は共通となる。

また、チャムガの最期は『義経千本桜』「大物浦」の平知盛を彷彿とさせる。戦いに敗れ、秀民との一騎打ちで傷つき追い込まれたチャムガは自刃後に崖上から身を投じる。この時、手にしていた刀を崖に突き刺して去る。「大物浦」の知盛は刀を海に捨ててから身体に巻き付けた碇《いかり》の綱に引かせて海に身を投じる。敗れ傷ついた勇者が、自らの最期を自らで決めるというクライマックスが場面の中心として描かれているのは共通している。だが、ここにこそ大きな違いが含まれており、その相違は歌舞伎と宝塚歌劇の方向性の違いを如実に表すといえる。

知盛が海に刀を捨てるのは、いうなれば棺に刀を入れる意味で、来世にも刀を持っていく心と考えられる。一方のチャムガは、崖に刀を突き立て、置いて去る。つまり、戦のために愛する万姫に愛を告げられない悲運に遭った、来世こそはそのような身の上に生まれたくない、という心ではないだろうか。歌舞伎の知盛には、武勇者としての心しか描かれていないが、宝塚歌劇のチャムガには、武勇者としての自らよりも恋愛に生きる自らこそを認める心が描かれるのである。さらに、「大物浦」知盛はたった一人で死んでいくのであるが、チャムガには後を追う万姫の存在がある。そうして万姫は、崖上に残されたチャムガの刀を抜き、それを抱いて後を追って崖から飛び下りる。そこには万姫が来世ではチャムガの妻となる女性心理が描かれ、武勇者の夫のために刀を届ける意味が込められていると見る。

歌舞伎も宝塚歌劇も同じ日本において生まれ出た演劇であり、大衆娯楽性を重んじて発展し、歌舞伎は国劇と呼ばれ、宝塚歌劇は国民劇を目指した。近代に成立した宝塚歌劇は先行芸能の歌舞伎を大いに意識して創造を行い、興行において、演技・演出の上において交流を持って歩んできた。だが、演者も女性、鑑賞者の多くも女性で歴史を刻んできた宝塚歌劇の作品には、歌舞伎とはまったく違った方向性が熟成されたものと考えられる。恋愛と女性心理を中心軸とし、最大の価値を見るという方向性である。先行芸能を大いに素材としながら、宝塚歌劇は女性心理を軸とする独自の方向性に舵を定めたところに、日本演劇史上初（あるいは世界演劇史上初）という最大の特色を持っているのではないだろうか。

五　「宝塚歌舞伎」に見る少女歌劇の残照

『我が愛は山の彼方に』の演出は長谷川一夫である。長谷川一夫といえば、昭和の銀幕を彩った大スターであり、「国民栄誉賞を受賞した永遠の二枚目」として知られる俳優であるが、京都伏見の芝居小屋に生まれ育ち、初代中村鴈治郎の長男・林長三郎のもとで歌舞伎役者として活躍、映画の世界で一世を風靡したのはその後であった。昭和三十年（一九五五）七月には東京宝塚劇場を恒例に「東宝歌舞伎」公演を座長としてスタートさせ、第一回には六代目中村歌右衛門、十七代目中村勘三郎、二代目中村扇雀（現・四代目坂田藤十郎）ら人気絶頂の役者たちを含む六十九名の「松竹」所属歌舞伎俳優が参加するという演劇界でも異例な公演の実現だった。

そのように、大スターであり、なお演劇界にセンセーショナルな風を起こしてきた長谷川は昭和四十四年（一九六九）年から宝塚歌劇の創造に参加、そして昭和四十六年八月、一大ブームとなった、池田理代子原作『ベルサイユのばら』の演出を担当した。初演の月組公演プログラムに掲載された長谷川自身の言葉から演出方針などをさぐろうと思う。

まず第一に十巻からあります大長編の原作を、短時間にどうまとめあげるか、また大勢の熱烈な愛読者が持っている各役のイメージを出演者がどこまで具象化出来るか、物語の底に流れるフランス大革命を舞台でどういう形で表現出来るものか、今一つ、悲劇の主人公の王妃マリー・アントワネットについて見る人にどのように強く同情を惹くことが出来るか〔略〕大変苦心したところです。長谷川一夫が赤毛の外国からの題材をなぜするんだという声も聞えておりますが、私はあくまでも夢のように美しく、楽しい明るい作品にしようと努めて来ました。そのために稽古も特に厳しく細かい演技指導をしながら演出して来ました。

（長谷川一夫「『ベルサイユのばら』演出について」）

現在まで『ベルサイユのばら』は再演を重ねているが、演じる生徒たちがよくこの作品を「「宝塚歌舞伎」と呼ばれている」あるいは「「型」を大切にして」と語っている。幾度も上演を繰り返している点や大河的題材のために歌舞伎の時代物に通じるような古典味があることから「宝塚歌舞伎」なる造語が発生したと思われるが、その「型」を大事とする演技にも「歌舞伎」と呼ぶ理由があるのだろう。しかし、当の演出者からすれば、長編の作品を上演時間内に収めることや革命の表現に苦心したというばかりで、何も「型」を残そうとは考えもしなかったらしい。「あくまでも夢のように美しく」が主眼で、悲劇を「楽しい明るい作品に」作り上げることに努力したとある。「夢のように」は〈宝塚らしく〉と変換でき、「楽しい」は〈大衆娯楽として〉と変換できるのではないだろうか。

かくして『ベルサイユのばら』は、稀代の大スターの手で宝塚歌劇の本質を具象化した作品として世に送り出された。決して原作の力だけが〈宝塚史上空前の大ヒット〉ではなかったと考えられるのである。そして、初演時点の宝塚歌劇に何が必要で、何を表現すべきかを捉え実現できたのは、長谷川の大スターこその感性だったと思われる。

「長谷川一夫が赤毛の外国からの題材をなぜするんだ」と自身の言葉にあり、宝塚歌劇の創造に参加したこと自体を意外な結びつきと見られる方もいるかと思われるが、実は長谷川も一三との関わりを深く持っていた。昭和三十六年（一九六一）九月に刊行された『小林一三翁の追想』（阪急電鉄）に、松竹との契約が切れ、東宝に移って第一作の映画『源九郎義経』の撮影中に暴漢に襲われて顔を切られ、林長二郎の名の返上を求めらる窮地に陥った時に一三に会い、「『芸は名でなく人だ！』この鮮烈な一言は、あの先生の温顔とともに終生私の忘れることの出来ない貴重な想い出です。そして、今後も私を励まし、力づけてくれることを深く信じます」と綴っている。

一三の言葉に窮地を救われた長谷川の手によって、かの『ベルサイユのばら』が誕生したのである。百年のターニングポイントとなった作品を創造した原動力は、やはり創立者・一三と繋がっていたのであった。[9]

不動の人気作でもあり、宝塚歌劇を観劇したことのない人々にも「『ベルばら』なら観たい」と言わせる認知度の高い作品だが、今日の新しい作品傾向に照らせば、いかにも「少女趣味」とオールド・ファンの間で意外にも評価が高くないのも事実だ。しかし、その「少女趣味」こそは少女歌劇の名残ではなかろうか。宝塚歌劇百年のターニングポイント『ベルサイユのばら』は少女歌劇の残照として見ることもできるのである。

（1）小林一三「日本歌劇の第一歩」（『歌劇』第一号、大正七年〔一九一八〕八月〔図①〕）にて一三自身が宝塚歌劇を「新興芸術」と称したのによる。
（2）小林一三「国劇と歌劇との関係」、『歌劇』第二号、大正八年（一九一九）一月。
（3）小林一三「歌舞伎劇の改善と松竹の運命」、『小林一三全集』第六巻、ダイヤモンド社、一九六二年。
（4）小林一三「歌舞伎今昔」、『芝居ざんげ』三田文學出版部、昭和十七年（一九四二）。
（5）大正十二年（一九二三）十一月、一三が六代目尾上菊五郎に宝塚大劇場を貸す約束をしたことを公表したところ、ファンに猛反発され、翌年に中劇場を貸した。

（6）十一段から構成される時代物浄瑠璃『仮名手本忠臣蔵』の初演は、寛延元年（一七四八）八月十四日、大坂道頓堀の竹本座。作者は二世竹田出雲・三好松洛・並木千柳である。歌舞伎に移入された初演は寛延元年十二月、大坂の角座。翌年には江戸三座において競演となった。以来、今日まで歌舞伎作品中の最多上演回数を保持し続ける不動の人気作であり、「歌舞伎の独参湯」（起死回生の妙薬）とも称される。「忠臣蔵」の題材は、元禄十五年（一七〇二）十二月十四日、大石内蔵助良雄を首領とする赤穂浪士四十七名が亡君・浅野内匠頭長矩《たくみのかみながのり》の遺恨を晴らすべく、吉良上野介義央《こうずけのすけよしひさ》の屋敷へ討ち入った復讐事件である。事件後、大石以下の四十七名は諸侯に預けられ、元禄十六年二月に切腹を命じられた。切腹命令が下るまでの時間等から、幕府もその処遇に論議を要したと推される。太平の世を過ごしていた当時の民衆へ大きな衝撃を与えたであろうこと、赤穂浪士たちに対しての感銘などが想像できる。人々へのそうした衝撃や感銘が劇化を誘致したはずである。だが事件後、「忠臣蔵」が興行界に義士劇として登場するには四十七年の時を要した。それでも赤穂事件の脚色とすぐにわかる作品は幕府の取り締まりによって上演が難しく、宝永三年（一七〇六）六月竹本座、近松門左衛門作『碁盤太平記』が用いたのと同じ足利時代を襲用し、役名も借りて成立した。『仮名手本忠臣蔵』成立以降には多くの書き替え作品が上演され、近代に入ってからも『元禄忠臣蔵』などの義士劇が生まれ、数々の演劇・映像以外にも、講談・浪曲などの諸芸や、海外への影響としてフランスの振付家モーリス・ベジャールによるバレエ化もあり、日本の近世演劇において成立した「忠臣蔵」世界の演劇史上に与えた影響とその功績は計り知れない。

（7）飯塚友一郎『歌舞伎細見』（第一書房、大正十五年（一九二六））「義経記」の項に次のように紹介される。

世に判官贔屓といふ言葉がある。何となく九郎判官義経に同情し、贔屓してやり度い我が国民的感情を言ふのである。といふのは、あれほど勇敢に平家と戦った好漢義経の生涯が全く悲劇に始まり悲劇に終わってゐるからである。まだ乳呑子牛若丸時代から既に母常磐の懐に抱かれて雪の伏見に難義（ママ）し、ついで鞍馬山へ預けられての苦学、やがて金売吉次について奥州路へ流浪し、後兄頼朝の旗揚げに参加して漸く芽をふき、宇治川の合戦から一谷、屋島、壇ノ浦と花々しい武功を立てたがさて源氏の天下となると、梶原景時の讒言やらで兄頼朝と不和を生じ、鎌倉へも入れず腰越で追い返され、あまつさへ堀川御所は夜討にあい、吉野へ落ちて愛妾静ともはかなく別れ、僅かに弁慶ら数人の従者をつれて山伏姿に安宅関をのがれ、遂に陸奥国に姿を晦ますまで、あまりに悲惨な生涯である。

（8）『平家女護島』では、俊寛僧都が流島になっている間に、都に残された妻・東屋は平清盛から愛妾になるよう求められて拒否し、殺された。都からの迎えの船が着き、これを知った俊寛は東屋を手にかけた妹尾を切り捨てて乗船せず、島で共に暮らした成経らと別れた後、岩に上って「おーい、おーい」と涙を流して絶叫する。

（9）筆者は「宝塚歌劇百年史」を次の時期区分で捉えている（吉田弥生『歌舞伎と宝塚歌劇――相反する、密なる百年』開成出版、二〇一四年）。

［草創期］　大正三年（一九一四）～昭和十五年（一九四〇）　誕生から「宝塚歌劇団」改称まで

［発展期］　～昭和四十九年（一九七四）『ベルばら』ブームまで

［定着期］　～平成十三年（二〇〇一）　二十一世紀の幕明けまで

［新創成期］　平成十四年（二〇〇二）～　CS放送開始

II 少女歌劇という近代

第3章 宝塚歌劇の日本舞踊とその周辺

濱口久仁子

はじめに

宝塚歌劇団は、自国の芸能〈日本舞踊〉をそのレパートリーとして取り入れている。上演頻度は減少傾向にあるものの、日本を舞台とした〈日本物〉といわれるジャンルと共にそれは十分に定着し、宝塚における日本舞踊は、本来の古典的日本舞踊を基礎としながらも独自の芸能といっても良い特性を備えている。それは宝塚歌劇団の百年の歴史をかけて練り上げられた結果で、もはや劇団の財産であり、現状およびその将来を見据える価値が十分にあると思われる。

そこで宝塚歌劇団における日本舞踊をいくつかの方向から見ていき、検証・考察を加え、願わくば少女歌劇の中の大切な一要素であることを再確認したいと思う。なおここでは宝塚における日本舞踊を〈宝塚舞踊〉という呼称で論じていく。

宝塚舞踊の歴史的資料は、既に研究を含めて多くが公開されている。そこで今回は今まであまり目を向けられなかった上演作品や、周辺文化などを取り上げ、その中で現在の宝塚舞踊の原点と推察される部分や、影響を及ぼしたと考えられる部分を見つけていきたと思う。また、最後に二〇一四年一月の劇文化研究会主催の公開研究会「宝塚歌劇考」で行われたシンポジウムを抄録し終章とした。

一　坪内逍遙作舞踊『初夢』の上演

文学者であり劇作家・舞踊作家でもあった坪内逍遙（一八五九〜一九三四）は、意外と思われるかもしれないが、宝塚歌劇に深い関わりをもっている。逍遙自身はもとより、甥で一時養子であった坪内士行(1)を通しての繋がりもまた見逃せない。しかし、士行の宝塚歌劇および宝塚国民座での活動や作品上演などは数多くあるが、舞踊となると思いのほか少ない。

しかし逍遙と舞踊との関わりは強く、かつての振事《ふりごと》という言葉で呼ばれていた芸能が〈舞踊〉という言葉で表現されるようになったのは、坪内逍遙がその舞踊論『新楽劇論』(2)で多用したことから広まったと言われている。本来はdanceの翻訳語で、やがて我が国固有の方は「日本舞踊」として区別されるようになった。図らずも宝塚ではdanceと振事の融合が日常的に上演されているのだから、逍遙もわが意を得たりと喜んでいるのではないだろうか。

さて今回取り上げるのは逍遙の舞踊作品『初夢』である。実は初演を含め、ほとんど上演されたことはなく、『坪内逍遙事典』(3)の上演年表には初演のみが記載されている有様である。明治四十一年（一九〇八）一月『早稲田文学』に発表され、翌年一月有楽座で初演された。

『坪内逍遙事典』によれば詳細は左記の通りである。

作曲〔常磐津〕＝四世岸沢仲助　振付＝二世藤間勘右衛門

〔配役〕隠居＝市川新十郎　太郎冠者・座頭＝七世坂東三津五郎　大黒・ロミオ＝六世尾上栄三郎　夷・ジ

図①　坪内逍遙作舞踊『初夢』（早稲田大学演劇博物館所蔵）

ユリエット＝一三世守田勘弥　勝頼＝中村駒助
八重垣姫＝五世岩井粂三郎　藤娘＝尾上芙雀　白鼠・キューピット＝春駒・朝太郎

梗概は、ある家の隠居が初夢を見ようと床の間に二枚の大羽子板を飾ると、その夜そこから八重垣姫に勝頼、藤娘に仙台座頭のカップルが押絵から抜け出し踊り出す。さらに大黒・恵比寿、ロミオ・ジュリエットなどが加わり、最後は春を祝いの浮かれ舞い、とめでたく舞い納める。そこで唐突にポルカが演奏され、現れたキューピットによって登場人物たちはロミオと藤娘など、ちぐはぐに結び付けられ、皆で面白おかしく踊る［図①］、というものだ。

その時の感想を逍遙は「「初夢」の曲と振」[4]と題して綴っているが、それによれば逍遙はこの有楽座での初演が意に染まなかったようである。その作意に沿わなかった点をいくつか挙げてまとめてみる。

(1)間口五間半限りという此座（有楽座）では引き立たない。

(2)それに花道がないため藤娘や座頭の出処が作意と違ってしまった。工夫さえすれば狭い舞台は狭いなりにまた別の方法もあるのだが……。

(3)謡い手や踊子との打合わせに骨を折らぬようでは迚も迚も知識の上流を喜ばすことは難しいと思う。登場以前に実演の練習を重ねていないのが今の俳優……。

(4)西洋楽への移りも作意通りでない。

このうち(4)に関しては、台本のト書きによれば先に記した最後の詞章〈春を祝いの浮れ舞い〉の後、

と総踊りになりて、文句いっぱいに収まると、唐突にけたゝましくポルカを奏し始める。大黒も鼠も夷おどろき恐れるこなしにて、あわてゝ宮に逃げ入り、内より扉を閉じる。鼠ども、宮の後へかくれる。一くさりしてポルカ止む。

といった具合で、これがスムーズに運ばなかったようだ。

確かにこの作品の特異性は高く、通常の舞踊家や歌舞伎役者に全く不向きであるとわかる。逍遥自身も「従来有りふれたものからあれでも大ぶ変わってるところがある(5)」と述べているし、これが明治期に発表されたことを考えると、いかに上演していいかわからなかったのもうなずけるし、逍遥の作意が反映されなかったのも仕方ないことに思える。

この時期の逍遥の舞踊理念の標本として作られているのは確かだが、常磐津とポルカの組み合わせでは、現代でも難しいだろう。

ところで逍遥は舞踊と音楽、殊に西洋音楽の導入についてどう考えていたのだろうか。これについて逍遥は

「舞踊劇に対する予が作意」[6]の中で次のように述べている。

さてこの西洋音楽の用い方に就いては自分の宿論があるから聞いてください。自分は彼の「京鹿子」[7]にピヤノを導入するとか「越後獅子」をヴァイオリンで合奏するとかいう方法は、単に試て見るまでという趣意以上には賛成しない。〔略〕西洋音楽を用うるなら用うるように内容即ち題材に伴わせて貰いたい。題もなく詞章も無い只の器楽なら格別、苟も意味を有する文句があって又其文句に伴う振もあって、種々の連想や解釈を引出し来る力のある曲に至っては、是非とも内外の調和と言う事を考えて貰いたいものだ。とは言え、西洋音楽の応用とか和洋楽の合奏とか言う事は至極面白くもあり、また必要でもある。早暁楽器を改めると同時に旋律をも拍子をも改修するところが無くては、迚も迚も将来の日本国民楽というようなものは出来そうにない。随って自分が望むような新舞踊劇が出来よう筈が無い。

この文章は宝塚の舞踊構成に非常によく当てはまるのではないか。
さらに「日本舞踊の行くべき道」[8]でその方向を八つの章に分けて述べている。

一、非外国模倣的
二、非小規模的
三、非狭斜趣味的
四、非能、狂言改作的
五、非支離滅裂的
六、非骨董趣味的、非好事家的

七、舞踊本位的
八、器楽主位的

また同じ文章の中で、逍遙はそれまでの舞踊に関して決して頼もしいものではなかったとし、「所謂新曲には其形式にも、内容にも、其着想にも、詞藻にも、どういう清新味も含んでいなかった。大阪の楳茂都陸平氏の「春から秋へ(9)」及びそれに似た市川猿之助丈の「虫(10)」だけを除外例とすると、「振」の上にも、どう在来のを飛び離れた工夫もなかったようだ」としている。

逍遙の示した舞踊の将来の指針、それまでの舞踊には不足・欠落していた要素を挙げ、但し書として市川猿之助の舞踊と共に、宝塚舞踊におけるエポックメイキング的位置づけの作品「春から秋へ」を除くとしている。言い換えれば、この二つには逍遙の示した指針の要素を含んでいるということであり、将来の新しい舞踊のあり方が示されているといってよいのではないか。

その一つに宝塚における作品があげられたことに、私は宝塚の舞踊および日本物に大いに発展性を感じる。坪内士行が「叔父逍遙博士に見せた少女歌劇(11)」の中でも逍遙は「なんにしても上手になったものだうむ？「春から秋へ」？ 左様、あれは面白い大胆な試みだったね。猿之助も今度「虫」と云のをやるようだが、宝塚に先鞭をつけられた形なのは損だ、何でも人のやった後を真似てくのは私は感心しない。それから、感心したのは日本物の衣裳の色どりのよいことだ」と褒めている。

二　宝塚版『初夢』とその系譜

さて件の『初夢』であるが、大正十一年（一九二二）一月に宝塚でも上演されている。上演の詳細は左記の通

りである。(12)

大正十一年一月公演　歌劇『初夢』
春の屋主人(13)三春和気作曲、坪内士行振付
女学生乙（住江岸子）、婆さん（若菜君子）、通行人学生（和田久子）、商人三番叟（天津乙女）、老爺（初瀬音羽子）、学生乙（有明月子）、女学生甲（笹原いな子）、学生甲浦島（桂芳子）、角兵衛（門田芦子）、恵比寿（秋野玉子）、二重廻しの紳士学生（奥山秋子）、鳥追（春野若子）、通行人女学生（尾上咲子）、鼠一（淡島千鳥）、万歳（小野信夫）、シルクハット紳士学生（美山小夜子）、通行人令嬢（千早多津子）、鼠二（瀧野久子）、令嬢（夢路すみ子）、女中女学生（瀧緋紗子）、大黒（滋賀立子）、通行人学生（嵐雪子）、才蔵（若沼月香）

梗概を読んでみると、かなりドタバタ喜劇で明確なストーリーではない。

第一場は、公園のベンチで女学生二人が正月につきものの恵比寿大黒や宝船を手に入れる話をしているが、なぜかほろ酔い機嫌である。そこに老紳士や商人・令嬢などが入れ替わり登場する。第二場は大座敷が舞台、老夫婦が登場してセリ下がり、続いて老いた浦島太郎が出てきて玉手箱を開けると伝説とは逆に若返る［図②］。そこへ三番叟や恵比寿大黒、鳥追いなどが出て踊る。さらに女学生たちが大合唱すると、先ほどの老夫婦が目を覚まし、「さては初夢でしたか」という筋立てである。夢という設定であるから、あえて非合理な筋にしたのであろう。

この配役と梗概からわかることは、逍遙の『初夢』の意趣を借りて換骨奪胎し、完全に宝塚版に再構築したことである。

(1)西洋および現代の風俗や人物と日本古来の民俗芸能に由来する人物双方の登場。

(2)初夢という非現実の世界を背景とする。
(3)初春らしいめでたさを称えていることが正月公演にふさわしい。

大まかに挙げれば右の三つの点を共通項として、作品を作り上げている。この上演に関しては、「坪内逍遙日記」[14]や『坪内逍遙書簡集』[15]にも全く触れられていない。振付である士行を信頼して全面的に任せていたのか、そのあたりは定かでない。しかし、宝塚風にアレンジしたものの、逍遙作品を原拠としていることも確かである。逍遙の『初夢』のエッセンス——右に挙げた三点の共通項——を中心に、宝塚歌劇ならば上演が可能だと考えたのではないだろうか。また先の一文にもみられるように逍遙が宝塚歌劇を評価していることも、作品上演に味方したのかもしれない。

さてその評判はどうだったのだろうか。『歌劇』(大正十一年二月)にいくつかの感想や公演評が掲載されているので、その中から一部を記してみる。

図② 宝塚歌劇団上演『初夢』(宝塚歌劇団『歌劇』大正11年1月)

○公演批評

春の屋主人逍遙博士の「初夢」だが、新春劈頭の上演演目として、最もふさわしいものであろう、と私は思うのである。笑いの中に、老いは老い、若さは若さの思想が、何の嫌味もなく現れている。有難いことである。役々に就いては、皆々上出来と云っても差支えはあるまい。殊に、第一場の若菜の老婆、初瀬の老人、天津の商人、笹原、住江の女学生、有明、桂に学生等は、憎らしい気さえするのである。

○高声低声

・「初夢」此れは又変わったもので、〔略〕第一場では其の劇の筋と云よりは服装で見物を笑わせ、二場では舞台の美しいので観客を喜ばしたらしい。煤烟小路と比べてよほど良ろしい。初瀬に若菜は軽い振りでよくやって居ました。

・住江岸子君、「初夢」の女学生は実に素的〔ママ〕だ、僕は最初あの脚本を見て、毎もしとやかな娘役ばかりして居る君には何うか？と案じて居たのだがほんに巧く演ろうとは実に思わざったぞよ。

○花形鑑

天津乙女「初夢」の三番叟の舞踊はなかなか結構、そうして此う上手なのだろうと感心せずにはいられません。

数少ない感想ではあるが、かなり好評であったようだ。新春らしい明るさと理屈抜きで楽しませる、生徒個々の魅力が発揮された舞台だったのではないか。逍遙の『初夢』に見られる和洋の融合、夢の中での出来事をテーマとしていることなど、作意が垣間見える点でも成功といえるように思える。また一般舞踊家ではなしえなかった作意の体現が、再構築の上での上演とはいえ一応の好評を得ていることも、宝塚歌劇の持つ性格が上手く適合したのではないか。

図③　1992年2月、宝塚歌劇団花組公演『白扇花集　白井鐵造作品集より』（宝塚歌劇団公演プログラム）

洋の東西を同時に作品の中に盛り込み上演するという形式は、最近の舞台でも行なわれた。一九九二年花組で上演された宝塚舞踊詩『白扇花集　白井鐵造作品集より』[16]〔図③〕は、宝塚レビューの育ての親というべき巨匠白井鐵造《てつぞう》作の名場面を綴った作品である。白井は洋物のテクニックを取り入れた新しい日本物を作り発展させた功労者であった。白井の遺作群を元に作られた『白扇花集』には、その遺志が感じられ、この『初夢』を彷彿させる場面がある。現在の宝塚舞踊では、西洋風の味わいはあっても、日本舞踊は日本舞踊であり、そこに完全な〈西洋〉を加えることはほとんどない。しかしこの作品の「第十二場すみれ」ではその手法がとられている。

公演プログラムによれば場面詳細は左記の通りである。

第十二場すみれA
音楽・編曲中元清純、編曲小高根凡平、振付山田卓、振付協力花柳錦吾
白扇のバック前を振袖の女が出て「すみれの花咲く頃」を歌う。

すみれの若衆愛華みれ、すみれの歌手峰丘奈知、すみれ娘舞央つばさ他全八名
第十三場すみれB
音楽中元清純、編曲羽田健太郎、振付山田卓
「すみれの花咲く頃」のシンフォニックなアレンジにより洋物のバレエ・バリエーションとなる。
すみれの青年S真琴つばさ、すみれの踊り子S詩乃優花、すみれの青年紫吹淳
他全六名、すみれ（トウ）萌水せりか他六名、コールドバレエ翔つかさ他全十六名
第十四場花のボレロ
作曲・編曲は第十二場に同じ、振付花柳寿楽花のボレロの曲にのせて花のボレロの男S安寿ミラ、花のボレロ真矢みき・華陽子・森奈みはる
第十五場フィナーレ
音楽・編曲・振付は第十四場に同じ
回り舞台にて全員が活人画で登場し、グランド・ポーズにて幕となる。
新三郎春日野八千代、鷺娘松本悠里、他全員

以上のように振袖の女と若衆が歌い踊る。続くBではすみれの踊り子たちが完全なクラシックバレエを踊り、やがて全員が集ってフィナーレとなる。前場面「白蓮記」（第八場〜第十一場）に出演していた新三郎（春日野）と鷺娘（松本）も合流しての幕切れである。これまでの出演者が筋立にかかわらず勢揃いし、顔を見せて活人画よろしく決まる。

つまり理屈抜きに西洋と東洋の踊り手たちが共に舞台を構築するのである。これは最近ではめったに見られな

い趣向で、演出の横澤秀雄も「日本物のショーの中に西洋物のクラッシクバレエを如何にスムーズに入れるかということを課題にすみれの場面を作っています」と述べている。現在の宝塚舞踊には見られない趣向をオマージュとして挿入した、その違和感をなくすことにも腐心している。しかし白井演出全盛時には、行われていた趣向であり、これも宝塚の歴史のなかで生きていた演出であったのだ。その源流に『初夢』が存在していたことに、私は大河の源流を作ったその一滴の存在を感じないわけにはいかない。西洋と日本の共存がやがて融合し混沌として、宝塚舞踊という独自の舞踊形態を創り出した過程にそうした試みがあったこと、その必然を認識することも必要なことに思われる。

三　京阪の花街と宝塚舞踊

坪内逍遙や小山内薫らの手によって日本舞踊の改革運動がおこったことは、舞踊史上、画期的なことであった。坪内逍遙の舞踊論『新楽劇論』に端を発したこの運動は志の高いものであり、大正期に入って徐々にその実を結び始める。歌舞伎に隷属していたような存在だった舞踊は独立し、役者や振付師などのお師匠さんたちが独自に公演をするようになる。やがて西洋舞踊の刺激を受けて飛躍的に成長し、多くの新作品が生まれるようになった。

宝塚歌劇も例外ではなく、その風潮を受けて新たな舞踊を生み出していく。最も有名なのは楳茂都《うめもと》陸平《りくへい》の『春から秋へ』であろう。楳茂都流は関西における上方舞四流のひとつで、陸平の父二代目扇性《せんしょう》は大阪新町の「浪花踊」に関わっており、やはり従来の舞踊にはない手法を用いて観客の目を見張らせたといわれている。浪花踊とは大阪曾根崎新地で行われていた芸妓の舞踊会である。大阪には、江戸時代から新町、堀江、北新地、南地（現在のミナミ）の四つの大きな花街があり、昭和初期まで隆盛を極めていた。

そして息子陸平も大正六年（一九一七）に発表した処女作『八島物語』で海女や漁師の群舞にオーケストラを導入する。さらに彼の相棒となった作曲家原田潤は、かつて石井獏《ばく》や岸田辰弥《たつや》と同門でクラシックバレエの心得があったことも幸いしたのであろう。それから四年後の大正十年（一九二一）三月の春季公演で『春から秋へ』が発表された。これはその後の宝塚舞踊の方向性を示唆したエポックメイキング的作品であった。この作品についてては様々に論じられているので、ここで作品そのものについて論じることは控えるが、京阪の花街と宝塚舞踊の関係とその周辺について少し考えてみたい。

宝塚舞踊の性質の主たる特徴に関して、明治期から上演され続けている京都祇園の井上流振付「都をどり」をはじめとする舞踊にいくつかの共通性がみられる。というのも宝塚歌劇の創始者・小林一三《いちぞう》は、若い頃京都の花街で遊興していた。そこで目にした芸舞妓の技能育生学校、祇園甲部の八坂女紅場学園・先斗町の鴨川学園・宮川町の東山女子学園の三つを、宝塚歌劇の生徒を育てる機関設立に際して参考にしたことはよく知られている。同じく日本物レビューを上演していた松竹では「第一回春のおどり」で「都をどり」をはじめ各地の廓の踊りを範にとったという記録(18)が残されている。同じ関西圏で大正期に創立された宝塚歌劇が、その舞台を大いに参考にして取り入れたことは明白であろう。もちろん、祇園の「都をどり」だけではなく、京阪の様々な花街の組織・形態・環境も参考となっただろうが、現在環境としても舞踊（芸）としても優れていることから、ここでは祇園および井上流「都をどり」を取り上げたい。

「都をどり」は、明治に入って首都が東京に移ったため、寂れていく京都に何とかかつての活気を取り戻そうと思案された試みの一つである。明治五年（一八七二）の第一回以来、脈々と受け継がれてきた京都の春の風物詩であり、振付には井上流の片山春子（三代目井上八千代）に白羽の矢が立ち、彼女もそれに心血を注いだ。〈舞〉の流派である井上流に踊りの振付が託されたのは、おそらく純粋な京舞の上品で品格がある芸風も大きな要素だったのだろう。春子に依頼した京都「萬亭《まんてい》」の主人は、以前見物した伊勢古市の亀の子踊りを心に描いていた。伊勢踊りの故郷であり周辺文化も様々存在していたが、その一種であろう亀の子踊りは今ではすっかり絶えてしまった。しかし当時の写真や刷り物をみると「都をどり」の総踊りそのもので、レビュー形式の揃いの着物に同じ振りをしている〔図④⑤〕。「伊勢古市考」[19]によれば「踊り手―娼妓二十人（左右十人ずつ）、舞台は正面より左右に折れ、正面はせり上げになっている。踊り手は拍子木の合図で、左右より十名ずつ「よいよいよいやな」と掛け声をかけて踊りながら、中央で行き違いになり、反対側の通路へ消えてゆく」とある。これなどはまさに「都をどり」の総踊りの動きである。また片山博通「京舞井上流史」[20]の中に「京都で初めて集団で踊る形式を考えだしたのです。〔略〕都をどりの第一の特長としているのは両花道からの出と引っ込みです。柳桜の枝団扇を衣の形式もそのまま使ってきましたし、これが看板とさえいえます。〔略〕今日の言葉でいえば一種のラインダンスではあります」という一文がある。これはそのまま宝塚の総踊りに当てはまりそうである。

さて舞踊以外にも、「都をどり」の周辺にも宝塚歌劇との共通項がいくつかみられる。すなわち、

(1)踊り手が女性だけで構成されていること。

(2)初舞台を踏む劇場（歌舞練場）が目の前にある学校（女紅場）であり、そこに入学し、舞踊・三味線・お茶など様々な芸事を習得できること。

彼女たちの将来や環境に違いはあるが、いずれも学校で厳しく芸と礼儀を仕込まれながら、至近距離にある劇場で初舞台を踏むことを夢見る若い女性たちの集団である。宝塚歌劇団には「清く正しく美しく」という有名な校訓がある。正月に生徒が袴姿で一同に会して行われる拝賀式[21]でも、たびたび披露される。

祇園でも女紅場学園の一月の始業式では、黒に五つ紋の本衣裳を着た芸舞妓たちが集まる。この時、誓いの言葉が斉唱される。

図④　伊勢古市「備前屋桜花楼之図」亀の子踊り（正脇良平氏蔵）

図⑤　伊勢古市の踊り（正脇良平氏蔵）

一、私たちは常に美しく優しく親切にいたしましょう。一、私たちは祇園の伝統を誇りとし、心の修養につとめ技芸の習得に励みましょう。一、私たちは善良な風俗をみださない、清潔でありましょう。一、私たちは京都の国際的地位を認識し、新知識の吸収に意を用い、視野を広くしましょう。一、私たちは常に良き風習を作り、皆さんから愛されましょう。[22]

学校という組織が根幹にある芸能集団としての規律、その類似性がここにも見られる。

「都をどり」の総踊りに戻ると、こちらにはかなりの共通性がある。「都をどりはヨーイヤサア」という掛け声とともに東西の花道から登場する踊り手たち、その華やかな出は観客の目を見張らせる。宝塚の「春のおどり」の幕開き「春のおどりはヨーイヤサア」と共にチョンパ（チョンという拍子木の音で舞台照明が一斉に点灯する手法）といわれる強い照明の点灯は、同じ効果をもたらす。揃いの衣裳に手に持つ扇や桜の枝なども同じ、振りも同様で華やかさがいや増す。また二人組になって対称で踊る振りや、左右に分かれての大きなフォーメーションによるマッス（塊り）としての視覚的効果は、群舞ならでは美しさである。また振りの性格にも、井上流の特徴と共通する特徴が散見される。片山慶次郎は「京舞井上流の流れ――その特色をたどって[23]」のなかで、井上流の特徴として、

一、人形振りの導入
二、金剛流の能の摂取

を挙げ、さらに具体的に次のように記している。

一、おいど〔尻〕を下ろすこと
二、指は親指を折って、しかも手の甲の側から五本並んで見えるようにすること
三、目―視線の移り行きを大切にし、端から端へと顔の動きにつれて通るようにすること
四、歩む動作につれて肩を下ろし、肩を操って出るようにすること
五、顔の動作のひとつの基本として顎の動きを大切にすること
六、足の運び方

これらを総合して、宝塚舞踊、ことに群舞と比較してみると、その動きに合致する部分が多く見られる。また揃えるという点から、これらの特徴が結果としてもたらされているともいえよう。跳躍や足拍子（縦の動き）を極力減らし、摺り足に近い歩行（横の動き）が多いことも共通していると思われる。上半身の動きは、たとえば全員で右手を横に出すといった、同時に同方向に出すことよって、大勢が横並びに隙間なく並んでいても問題なく、むしろそれが集団の美となって効果をあげているようだ。またフィナーレでは、揃いの衣裳の若い踊り手たちが最初に登場し、順にキャリアのあるスター級の踊り手が登場して前列に並び、最後に全員揃って三方礼をする。これも宝塚歌劇の幕切れを思わせる。

教育から実際の舞台まで、京阪に生まれた宝塚歌劇と井上流による「都をどり」、その共通性と特異性、また相違点など、実技として具体的に比較検討してみたとき、新たな発見があると思われる。

四　宝塚舞踊と音楽

「都をどり」では、地方（伴奏）は、むろん純邦楽である。地方も芸妓・舞妓が勤めることも多い。しかし宝塚舞踊は、基本的にオーケストラ（洋楽）で踊る。

改めて考えてみれば、日本舞踊は元々個人の芸であり、通常一人立ちまたは少人数での上演である。基本的に伴奏音楽（地方）が演者（立方）に合わせてくれる日本舞踊では、大人数で同じ振りを上演するにはあまり適していない。また指揮者のいない邦楽では、タテといわれる演奏者のリーダーが立方の動きを見ながらすべての間合いやきっかけを決定する。地方も立方もいわば察し合いの連続である。その日本舞踊を鮮やかに揃った群舞に適するジャンルとして軌道修正していった道程には、並々ならぬ努力があったことは想像に難くない。ここでそれらの歴史や功労者を紹介することは省くが、そうした積み重ねの結果、宝塚舞踊の特異性が生まれたのであろう。

この時期の宝塚舞踊を見た七世松本幸四郎は、「宝塚のは作曲も歌詞も純日本式の創作ですから非常に振に合っていますし、振もまた腰から下の運動はオーケストラとよく合い、腰から上の運動は日本の舞踊を器用に取入れて此二つが目立たないやう混和されてあるのは実に感心です」と評している[24]。

この言葉を読み解いてみると、宝塚舞踊と音楽の関係が見えてくる。まず作曲が日本式というのは、既成の西洋音楽に頼らず宝塚舞踊にふさわしい音楽を作り出したということであろう。日本舞踊の地方（伴奏）である邦楽は、基本的に二拍（表間・裏間）である。その組み合わせの連続で拍が構成されているため、三拍子のワルツなどは日本舞踊の所作や足の運びで踊るのは難しい。加えて間の取り方は個々のイキ（呼吸）によって微妙に異なるので、拍子が整然としている純粋な西洋音楽で踊ればズレが生じる。

その点、宝塚で舞踊を上演するときは、新たに作曲がなされる。作者の意図・振付家の構想・演奏者の工夫と三者の歩み寄りが上手に宝塚舞踊を構築していくのである。作者の題意を作曲者と振付家が舞台で的確に表現できるよう、そして演者がそれを体現できるように細部にわたって工夫が凝らされている。基本的に振りが音とずれないように合わせていくのは、舞踊を上演するうえで西洋も日本も同じであろう。そして洋の東西が出会う宝塚の舞踊では、それは殊に重要なことと思われる。宝塚歌劇の舞台では、洋楽の旋律と日本舞踊の振りが乖離せず滑らかに運ぶように、さらに宝塚舞踊として創造性に富んだ魅力ある作品に仕上がるよう演出される。そこに舞踊創作における宝塚メソードが確立されているからこそ、先の幸四郎の言葉のように音曲の拍を下半身で運んでいき、上半身で日本舞踊の所作を体現しているという感想をもたらしたのだろう。それが常に行われているとは限らないが、そのスタンスは宝塚舞踊を実現するために編み出した手法のひとつといえよう。また宝塚舞踊は和洋の折衷ではなく調和と融合であり、何より西洋舞踊と日本舞踊の双方を稽古してきた生徒の集団だからこそ、自らの身体で表現できるのだと考える。一対一の稽古が基本の日本舞踊にあってイレギュラーな総踊りも柔軟な対応が望める。また西洋舞踊（バレエ・ダンス）にも長けラインダンスなど同一性の高い振りを体現する技術は、他に類をみない。

五　シンポジウム「宝塚歌劇考」より——宝塚舞踊考

宝塚の舞踊がどのように構築されて舞台で披露されるのか、二〇一四年一月十一日に行われた劇文化研究会による公開研究会「宝塚歌劇考」(25)（於・早稲田大学大隈小講堂）において、実際に宝塚舞踊の振付を担当している西川箕乃助《みのすけ》[26]・山村若[27]（現・山村友五郎）の両氏によるお話で、その答えのいくつかが語られている。さらに二〇一三年に宝塚歌劇団を退団したばかりの磯野千尋[28]氏も加わって、振付を受け実際に舞台に立つ側としての意見も述べられた。その対談の抄録を最後にご紹介したい。シンポジウムの司会は筆者が勤めた。ここではいくつかのテーマに分けてまとめ、再構成して抄録し、解説を加えた。実際の進行とは異なるが、内容的な変更はないことをご了解いただきたい。

カウントで日本舞踊

西川箕乃助　実は、宝塚の作品は一つしか関わっておりませんで、花組の『あさきゆめみし[29]』という今お話があった『源氏物語』を題材にした作品だったんですね。演出家の草野旦《あきら》先生が脚本を書かれました。先生はショー作家でしたが、日本物のショー的な芝居を書かれるのは初めてでした。（山村）若さんは最初のプロローグの群舞のところを、私が小人数の振付をさせていただいたんですけれども、草野旦先生は、具体的な動き、人の導線とかそういうものはほぼ我々に任され、作曲の先生が作られた曲と五線譜が一緒に送られてきて、それを見ながら振付をするということでした。ただ、私は五線譜がちゃんと読めるわけではないのですが、一二三四、二二三四ぐらいのことはだいたい見当がつきますので、そのレベルのことで譜面を見ながら、あとは実際の音を聞いて、どういうふうに振りを構成していこうか考える感じですね。その時には音は別にCD、MDで送られてきました。

濱口久仁子　音楽は五線譜で来るということは、洋楽でございますよね。箕乃助先生は最初に振付なさったときは、やはり洋楽でのお振付にはご苦労なさったこともおありではないですか。

西川　そうですね。我々が普段聞いている、使っている音楽というのは、純邦楽で三味線を主体とした音楽で、なかなか四拍子とか小節で区切りようがない音楽を使って踊ったり振りを考えたりしているものですから、きっぱりと四拍子とか三拍子とかそういう形で、日本独特の間《ま》というのを洋楽で表わすことが難しいですよね。もっとも、宝塚に限ると歌劇はそれを求めているわけではないので、それはそれでいいのですけれどもね。そのあたりの難しさがありますね。

濱口　舞踊というのは、カウントで割り切れない間がありますね。舞踊学会のワークショップで経験したのですが、いわゆる決まりをもってくる間というのが、宝塚舞踊の場合ないように思いました。

西川　音のとりかたでね、我々は一・二・三・四の一二三で決まって四を待つんですよ。それが、日本的な音の取り方なんですけれども、そういう認識のない方だったとすると、一二三四に決まりを持ってくることもありうるわけですよね。そうすると、見た印象が全然変わってしまうわけですよね。必然的に〈日本舞踊風ダンス〉になるんではないですかね。

濱口　純粋な日本舞踊的ではないような印象が？

山村若　そうですね、日本舞踊はいわゆるチントンシャン。チントンシャンですけど、四つ目にちゃんと「ン」があるんですよ。

（＊日本舞踊の間と洋楽を伴奏として踊る宝塚舞踊。五線譜で書かれた音楽を、振付を担当する舞踊家が苦労して振り付ける。それを踊る劇団の生徒たちは振付から一日で揃えて覚えてくるという。濱口筆、以下同）

生徒の自主稽古による成果

濱口　宝塚の群舞が非常に揃っているのは、振付の先生方も揃えるために何か工夫をされているんでしょうか。

山村　それはですね、まず振付をするじゃないですか、そうすると基本午後一時くらいから稽古で振りを渡すでしょ。するとですね、自主練習を経て次の日には揃えてきてくれるんです。

濱口　生徒のほうでですか。

山村　はい。ということは、もしかしたらまったく違うものになっている可能性もあるんです。先ほどから話題になっているリズムの感じ方というのが、我々が普段から持っている日本舞踊のリズムと違うものである可能性もあるじゃないですか。でも、揃っているんです。となると、どっちを取るかとなるというところで、振付師の葛藤が生まれるわけですね。

濱口　どっちをとるかですね。

山村　まあ、でも揃っているからいいかということと、でもここだけは許せないということ、両方ありますよね。そこを主張したがために、すべてが揃わなくなることもあるのでね。しかしすごいですよ。徹底してますね。いわゆる上下関係もしっかりしているので、ちゃんと上に見る人がいるということ。もう、上げ下げから、顔の向きからすべて揃えてくれるのでね、それは楽なんですけどね。

磯野千尋　さっきから、おっしゃっているように、やはり、一二三四での振付、私たちはそちらの方が慣れているのですごく受け取りやすく覚えやすい、揃えやすいのです。ちんとんしゃんだと、どこのちんとんしゃんかなと思うくらい難しいものがあって、独特の間があるので、ちんとんしゃんじゃない一二三四だと、音楽のメロディラインとかリズムとその辺を、先生方が振付けてくださった振りに対して、一二三四の四でアクセントをとるか、三でとるかとか、自分たちで自主稽古しながら考えて、なるべく先生方の振付けなさるフィーリングをとろうと、自主稽古の間に先生と違わないようにと努力はしていました。そして振付の持つ雰囲気とか、その先生方の雰囲気が出るようなところでアクセントを揃えるように一生懸命していました。そして日本の伝統的な部分ではないかもしれないですけど、ダンスの要素を加えて、華やかに見せるというのをちょっとやっていました。

西川　あの辺のプロ意識はすごいなと思ったんですよ。前の日に振りを渡した翌日には、上手い下手とか全然別問題として、自分たちなりに消化をしてくる。訓練されているからだと思うのですけれども。覚えるのは早いですね。だから、その中には、厳しい自主訓練があるのでしょうね。誰も知らない、ね。

山村　誰も知らない。

磯野　そこは、見せられないです。やっぱり、自分たちで恥かきながら、先生のおっしゃったことをやろう、次の日までにはなんとかしたいという意識が強いのです。日舞は得意な人も不得意な人もいるわけです。その中でどういう風に持っていくか揃えていくか、自分たちで消化していかないと次に続かないので、そういうのはよくやりましたね。

（＊生徒以外には見ることのできない自主稽古、カウントという方法を用いて、日本舞踊さえ一日で揃えてしまう宝塚マジックとでもいう稽古のやり方は、ほぼ謎のままである。しかし集団での稽古という方向性を身につけた彼女たちは、ダンスであろうと何であろうと振りをもらった時からそれを自分のものにし、かつ共演者と揃えるという技を体得しているのであろう。次いで、宝塚歌劇には忘れてはならないスターシステムというものがある。日本物、宝塚舞踊も例外ではない。ここでは先に登場した『あさきゆめみし』の一場面を例にあげて検証した）

宝塚舞踊におけるスターシステム

濱口　この作品（『あさきゆめみし』）は非常に豪華な平安朝の衣裳を着て、大勢出てくるという醍醐味があるかと思うんですけれども、ここにもスターシステムというのがあって、微妙にみなさんの色合いと装飾にランクがあるというコアな見どころがあります。

西川　この場面は源氏と頭中将が昔を思い出して〈青海波《せいがいは》〉を踊ろうということになる。ここで思ったのが、今おっしゃったスターシステムというのがある振付なんて初めてで、分かっているようで分かっていなかった。僕はシン割で二人を振付けたつもりだったんですけれども、この時のトップの愛華みれさんが真ん中のゼロ番(29)のところに自然に行っちゃうんですよ。ちょっと場所が違うのですけれどと言ったら、あれゼロじゃないんですか、と言われて、ああそういうものなんだなと僕も勉強しました。

濱口　シンメトリーな振りというのではなく、必ずトップの人がゼロ番の方へ行くということですね

西川　そうですね、本来の舞踊的な振付師の意図とは違ったところは、やはりスターシステムというのがありますのでね。

濱口　やはり、宝塚であって商業演劇でもあるというところがありますね。

西川　舞踊作品ありきではないということですね。スターありき作品だということですね。その時つくづくと思いました。

（＊エピソードではあるが、宝塚歌劇には不動のスターシステムがあり、振付にも何よりもそれが優先されるということだろう。最後に宝塚歌劇の日本物・日本舞踊に対しての全般的な意見を伺った）

宝塚と日本物

山村　宝塚が世界に向けて発信するとき、絶対に日本物は得なんだから、それを分かってやるべきだとは思うんですよね。海外公演に行ったら、絶対に日本物を持っていくわけだしね。ただ、その時大事なのはリズム感・テンポ感だと思います。同じ宝塚舞踊でも十年前とは明らかにテンポが早くなっている。ただ、ニーズに対して迎合しちゃうと、結局はただ着物を着たショーにしかならない可能性があるので難しいところです。日本物は面白くないとか、なんだか分からないとか言われるものがだんだん多くなってきている、そういう文化が普段周り

にないからだと思うんです。見るときにちょっとだけ勉強していただくと、もっと面白くなると思うんですよね。そこは、お互いに少しずつ歩み寄っていただければ、もう少し宝塚における日本物はできるんじゃないかなとは思っております。

西川　日本の古典芸能と言われるものが、これだけ日常から離れてしまった今の時代の中で、日本物がいかに宝塚の中で生きていくのかは非常に難しいと思うんですね。商業演劇ですからお客様が入らなければ成立しないというのが大前提ですから、それじゃあお客様に喜んでもらう日本物を作っていくにはどうしたらいいのかを演出の作家の先生方にお考えいただかなくてはいけないし、そのスタッフとして呼ばれた場合は、我々もそれをどういう風にしてやるか、ということ。私が考えるに、たぶん一番の問題はテンポ感でしょうね。僕らが本来持っている日本舞踊のテンポ感を押し付けたところで、現代の方にはなかなかついていけるものではない。やはり宝塚だからこそできるアップテンポな日本舞踊、日本舞踊風ダンスになってしまうのだろうけれども、それでも僕はいいと思うんですよ。宝塚だからいいのであってね、そういうところをどんどんやっていただきたい。やっぱり、今周りを見て、一般の商業演劇でも、日本物は経費もかかるんです。宝塚のスタッフの方ともお話ししたこともあるんですけど、鬘《かつら》もかぶらなければいけない、衣裳も普段の洋服と違う、そこそこお金のかかるもの。それに対してお客様があんまり評判よくないとなると、どうしても人気のものに流れていってしまうのは仕方ないことだと思うんですけどね、そこをなんとかこっちに引き戻すにはどうしたらいいのかというのが課題ですね。

（＊宝塚歌劇の財産となりつつある〈洋楽で踊る日本舞踊〉が、年々上演回数が減少していることに危機感を感じつつも、商業演劇の宿命からは逃れられないジレンマがある。しかし、この財産は上演してこそ生きるものだ。演出家・振付家・生徒の意識と努力によって、その伝統が守られることを切に願うものであり、このシンポジウムの中に問題提起や解決のヒントが散見されるように思われる）

（1）坪内士行（一八八七～一九八六）は演劇評論家、早稲田大学教授、戯曲家、振付師。小林一三による宝塚音楽学校創立に関わり、その後も宝塚歌劇団、東宝劇団などで演出・運営などに携わった。
（2）坪内逍遙『新楽劇論』早稲田大学出版部、一九〇四年。
（3）『坪内逍遙事典』平凡社、一九八六年。
（4）坪内逍遙「「初夢」の曲と振」、『趣味』一九〇九年所載。
（5）坪内逍遙「舞踊劇に対する予が作意」、『新小説』一九〇九年所載。
（6）同右。
（7）舞踊『京鹿子娘道成寺』の略。
（8）坪内逍遙「日本舞踊の行くべき道」、『演芸画報』一九二二年所載。
（9）『春から秋へ』一九二一年、宝塚新歌劇場にて上演。
（10）『虫』一九二一年、明治座にて上演。
（11）坪内士行「叔父逍遙博士に見せた少女歌劇」、『歌劇』一九二二年所載。
（12）『初夢』の配役・梗概ともに『歌劇』一九二二年一月掲載。
（13）坪内逍遙の号のひとつ。
（14）「坪内逍遙日記」は『坪内逍遙研究資料』第一号～第一六号、一九六九～九八年、『未完・坪内逍遙資料集』第一号～第六号、一九九九～二〇〇三年（いずれも財団法人逍遙協会刊）に順次翻刻掲載されている。
（15）『坪内逍遙書簡集』早稲田大学出版部、二〇一三年。
（16）『白扇花集　白井鐵造作品集より』一九九二年二月、宝塚歌劇団花組により上演。
（17）西尾久美子『京都花街の経営学』東洋経済新報社、二〇〇七年。
（18）『松竹七十年史』松竹株式会社、一九六四年。
（19）野村可通『伊勢古市考』三重県郷土資料刊行会、一九七一年。
（20）片山博通「京舞井上流史」、『ぎをん』一九六〇年所載。
（21）毎年一月一日に、東京公演中の生徒以外は、歌劇団理事長以下役員も劇団に集合し、新年を祝う行事を行う。
（22）濱岡昇撮影『京舞妓』京都書院、一九八七年。

（23）片山慶次郎「京舞井上流の流れ――その特色をたどって」、『京舞――井上流写真集』歩書房、一九八四年。
（24）西形節子『近代日本舞踊史』演劇出版社、二〇〇六年。
（25）二〇一四年一月十一日、劇文化研究会主催公開研究会。ＪＳＰＳ科研費助成研究課題「日本演劇史における歌舞伎と宝塚歌劇の影響研究」および早稲田大学演劇博物館演劇映像連携研究拠点公募研究課題「一九～二〇世紀アジアの舞台娯楽における西洋演劇の影響に関する研究――宝塚歌劇・中国越劇・台湾歌舞劇」成果報告会。
（26）西川箕乃助は日本舞踊家。西川流宗家西川扇蔵の長男。宝塚歌劇をはじめ、映画・テレビの振付も数多く手がける。
（27）山村若は日本舞踊家。宝塚歌劇団元理事長で演出家植田紳爾《しんじ》と山村流五世宗家山村糸《いと》の子息。宝塚歌劇団で日本舞踊を指導、振付を手がける。二〇一四年、山村友五郎を襲名。
（28）磯野千尋は元宝塚歌劇団男役。一九七四年初舞台を踏む。花組で長く活躍し組長を務めた後、専科に異動し二〇一三年退団。
（29）『あさきゆめみし』二〇〇〇年四～五月、宝塚大劇場花組公演。演出草野旦、主演愛華みれ。原作は『源氏物語』をテーマにした大和和紀の漫画。
（30）宝塚大劇場および東京宝塚劇場の舞台は、中央をゼロ番として左右の位置が決められている。

II 少女歌劇という近代

第4章 神戸・聚楽館の女優生徒と宝塚パラダイス

草創期の明暗

倉橋滋樹

はじめに

大正元年（一九一二）十月一日の『大阪朝日新聞』に、女優に関する広告が二つ並んで載った。一つは大阪松竹合名社の「女優生徒募集」であり、もう一つは宝塚パラダイス（後述）での東京女優による「パラダイス美人劇」である。

当時女優が時代の寵児として世間の注目を集めており、松竹合名社はこの潮流に乗り女優の育成に乗り出した(1)。同じ時、箕面《みのお》有馬電気軌道（現・阪急電鉄）は、オープンしたパラダイスの初舞台に女優を乗せた。

大正元年秋のこの二つの出来事は、翌二年に大きく動き、女優は一時の光を発したものの消えていく。一方、パラダイスの舞台では少女歌劇の胎動が始まる。

兵庫県神戸の、西の帝国劇場といわれた聚楽館《じゅらくかん》(2)で育成しようとした女優生徒の顚末と、パラダイスの利用状況から、いくつかのことを考察したい。

一　聚楽館の女優生徒顚末記

明治が終わり、大正が始まる頃、「女優」が時代の花形として登場する。

図①　帝国劇場

明治四十四年（一九一一）三月に開場した帝国劇場［図①］が帝国劇場養成所を設け、女優を輩出した。これが世間に広まり、女優が突如ブームとなったのである。翌年の大正元年九月には、松竹合名社は大阪笠屋町に女優養成所を設立、前述の女優生徒募集の広告を出した。

この女優熱は周辺に伝播し、当時大阪にあった遊園地ルナパークでも同年十二月に女優を募集し[3]、お隣の兵庫県神戸市で翌大正二年九月に開業を目指していた聚楽館も、同年二月に女優生徒の募集を始めた。

聚楽館は、日本のマッチ王といわれた瀧川辨三《べんぞう》ら神戸の財界人が、東京の帝国劇場の向こうを張って、西の帝国劇場をめざし明治四十五年から建設にかかっていた西洋式劇場で、当初は帝国劇場の座付きの女優を聚楽館の舞台に乗せる計画だったが、帝国劇場側との調整がうまくいかず、自前の女優を養成することになった。しかし、女優の養成は失敗し、募集の始まった大正二年二月から一年三カ月後の三年四月には、女優の卵たちは巣立つことなく養成は廃止となった。

この聚楽館の女優生徒の募集から養成所の解散までの十五ヵ月間の動きを、『神戸新聞』を中心に、当時の新聞各紙から追ってみた。

なお、大阪で松竹が養成した女優の方も、浪花座や南座で試演を行って、当時の新聞などに大いに取り上げられたが、第一回卒業生を出したあと二期生は育たず、やがて消えていった(4)。

二　女優生徒の募集から始業式まで

まず、聚楽館女優の胎動期について当時の新聞紙面から見ていくことにする。

東京の帝国劇場では、日本の女優第一号といわれる貞奴《さだやっこ》が作った女優養成所を引き継ぎ、女優の養成が行われていた。

前述のように、大正元年、女優の育成を目指し、松竹合名社が『大阪朝日新聞』などに出した広告〔図②〕では、「我が大阪女優養成所は時代の要求に促され創立せるものなれり」と、時代のトレンドを先取りしており、同年十二月には大阪のルナパークも同様に専属女優を募集している。

当時の様子を、大正二年二月二十四日の『大阪朝日新聞』は、次のように記している。

「女優時代来る」の見出しで、「帝劇の女優養成に続いて松竹の女優養成、神戸でも二十五日を〆切に女優養成、千日前のルナパークでも近く女優を募集して工事中の一年間に養成して開場と共に売り出す算段、今に女優ブローカー、女優紹介所、女優養成株式会社などというのもできるだろう」とある。

こうした背景の中、聚楽館でも女優生徒の募集が始まる。募集記事が初めて掲載されたのは、大正二年二月五日の『神戸新聞』である。

見出しは「聚楽館内に女優養成所　人員二十名募集期限二十日」で、概要は、聚楽館は開場に先立ち、会社の一事業として今回芸術編集部を設置し、帝国劇場や大阪松竹の例にならい女優養成することになった。初めの予定では、聚楽館会社創立の当時、会社の関係者に東京帝国劇場支配人・西野恵之助氏と昵懇の人がいて、会社で「万一出演者に困難を生じたる場合、帝劇はいつでも女優を始めその他の芸人を繰り回す」との内約が西野氏との間にできていたので楽観していたが、同氏が帝劇を退き、芸人借り入れの内約も消滅することになった。このため会社は万一の場合を予期し、座付き俳優を設けることになり、女優養成所を設置することにした。

図② 『大阪朝日新聞』大正元年10月1日の広告

募集対象は年齢十六歳以上二十二歳以下で、義務教育を修了、監督者の下より通勤し得る者。定員は二十名とし、試験の上、合格者を採用し、練習中は毎日手当を支給する予定であった。規則書その他の方法は帝国劇場や松竹等の例を勘案して草案中だが、八、九日頃にはできる予定で、できあがったものを、十日頃に株主総会を開き一般株主に相談する手順となっている。教室も株主の了解を見越して、聚楽館の裏手に建てる予定だが、教師などは全く未定で他の地方より招聘すれば経費を要するので、当地に求める方針であった。なお女優の募集締め切りは、来る二月二十日であった。

翌二月六日の『神戸新聞』には「進捗せる聚楽館女優養成所　来月より三科目の授業を開始」の見出しで、養成所の概要について、教室の場所や広さ、竣工時期とともに、授業の開始時期や養成に当たる教師の人選、教科の準備状況を伝えている。また、授業の時間帯や教授方法などの詳細が決まっていない一方で、寄宿舎を設けないことや、二年間の修業中、毎月の給金を七円とすること、途中で養成所を退所した場合、月十五円の弁償を求める予定など、応募も始まっていないのに途中退所の場合の罰金を決めるといった、ちぐはぐなものであった。

こうして募集が始まった女優生徒の募集に対する応募者の反応はどうだったのだろうか。

二月七日の『神戸新聞』には「女優募集の景況　聚楽館発表の第一日」の記事が載る。女優熱が盛んで、記事掲載の翌日の六日までに七人の問い合わせがあったこと、しかし応募者は、名前を聞かれても姓名を答えないなど、応募に躊躇している様子であった。この日の記事には、ほかに大阪に受付のための事務所を設けること、また教授科目は歌舞音曲、新派劇のほか、化粧術や旧劇（歌舞伎）、絵画、院本（脚本）講義、扮装術、薙刀《なぎなた》術、作法、茶の湯と、多彩な科目が予定されていることを記している。

二月十日の『神戸新聞』には「女優の応募者　京都方面の照会多し」の中で、募集中の女優応募者は募集の発表後、日が浅く、また大阪方面は連絡所を置いたためこの方面よりの照会はいたって少ないが、京都方面の志望者が多い。九日までの照会者は既に数十人に及ぶが、そのうち九分は神戸市の居住者で、本人直接の照会はなく、大抵は人を介してか、電話でする様子であり、目下のところ当市以西の志望者は皆無である。しかし、正式に申し込みを行った者は、八日は神戸市荒田町に一人、九日には同楠町に一人あった。いずれも、年齢は十六、七歳で親戚に伴われて同館にきていることなどが記されていた。

また、この記事の後半に女優に求められる資質について、次のように記している。

女優に求められる資質として、女優を志願する者はどちらかといえば勝ち気な者でなければならないのに、一人では事務所に入れず、志願者らしき女が事務所の前を往来する者が多々ある。また女優となるべき資格についても、色の黒い者は化粧を施してその欠点を補えるので差し支えないが、足が短い者は資格に乏しく、顔の道具はすべて大きいほうが良い。ことに眼の大きい者はいっそう良い。なお技芸が上手でも、内気の者は舞台で気後れし、せっかくの技量を発揮できないのでこれも採用されない。ことに風紀場の取り締まりは最も厳重とする方針で、自然、芸者出身者は避ける方針である、と。

募集は二月二十五日までであったが、二月二十四日の『神戸新聞』は、「女優募集の成績」記事で、二十五日の締め切りを前に、応募者が手続き中の者を含め百数十名に達する予定と、好成績であったことを記している。しかし、締め切りを一両日延長し、少しでも多くの人から選抜したい、との声が会社側から出るなど、明示した期限を厳格に守らない、事業に対する会社の考えの甘さがのぞく。また、応募した女優を教える教師も決まっておらず、泥縄的な対応が見え隠れする。

応募者を締め切った後の概況が二月二十七日の『神戸新聞』に載る。見出しは「女優募集の締切　受験の資格者八十四名」と、二月二十五日で締め切った女優の応募状況を記している。採用二十人に対して申し込みは百名を超えたが、受験資格を審査したところ、有資格者は八十四名。内訳は、神戸三十二、大阪二十七、京都八、奈良五、岡山四、大分二、福岡三、石川二、広島一（二十五日四国より申込みありたれど採用せず」）で、年齢は十六歳以上二十二歳までの範囲だが、大部分が十八、十九歳で、飛び抜けた美人もなく十人並で、芸者や芸人といった玄人もいなかった。

こうして集まった応募者に対する採用試験は、三月七、八、九日の三日間行われている。『神戸新聞』の三月十日には、「聚楽館女優試験　神戸の分は昨日終了」と、試験状況が載る。募集中の女優志願者の採用試験は神戸地在住者に限り七日から三日間行われた。初日はわずか八名だったが、二日目は十五名、三日目は八名の合計三十一名が受験した。また試験は聚楽館事務所楼上の芸術練習場で行ったが、受験者が女性なので、一時には行わず一人ずつ行った。

また選定に当たって、容貌は最大の要素ではあるが、教育面も舞台上の活躍に大きな関係があるので、学術試験としては樋口一葉の小説の一・二節を素読させたり、「春の日」などを課題に作文も課した。

三月七日から九日までの三日間にわたって行われた試験も終わり、二十六日には結果が掲載される。三月二十六日の『神戸新聞』には「女優合格十八名　聚楽館の募集試験終わる」とあり、女優試験の受験者は、申し込みの約七割、神戸三十一名、大阪二十二名、播州、奈良、岡山、京都各三名、京都市四名、滋賀県二名、九州二名の合計七十一名、と記事にあるが、数えてみると七十三名になる。計算が合わない。京都のダブルカウントと思われる。

それはさておき、記事上の受験生七十一人に対し、ほとんどを合格者にしている。しかし、受験者の家族や親戚などから申し込みに対する取り消しの声が上がり、結局、問題なく合格と認めた者は十八人となった。初めの予定には二名足りなかったが、ほかに二名有望な者があり、これを加えて人数を確定することにした。このため、当初四月一日に予定していた始業式を十日に延期することになった。

三　養成の進捗と劇場オープン

採用した女優生徒を対象とした育成が四月になり始まる。女優生徒の始業式は、大正二年四月十二日に行われているが、『神戸新聞』にその記載を見つけることができなかったので、『大阪毎日新聞』と『大阪朝日新聞』の掲載分を利用する。

まず四月十三日の『大阪毎日新聞』は、「神戸女優の始業式　速成で九月から見せる」の見出しで、八十名を超した女優応募者のうち、合格者は当初の募集人員二十名を超したが、実際に授業の始業式に臨んだのは十名という有り様だった。式に臨んだ生徒たちは派手な子もいるが質素な感じの子が多く、生徒総代の答辞は「私たちの前面には芸術と言う扉が立っているのであります、我々の繊手《せんしゅ》（かぼそい、しなやかな手）能く之を開得るでありましょうか」という意気込みにあふれたものであった。出身地は、大阪四名、神戸三名、岡山、大分、京都各一名で、さしあたり新派劇を速成的に仕込んで九月の開場式から舞台に上げる予定であった。

『大阪朝日新聞』も、四月十三日に「聚楽館の女優」の見出しで、女優志願者は八十二名あったが、試験の結果、合格採用したのは十名で、次のように合格者の名前と年齢、出身地を列挙している。

岡山市大橋美子（二十二年）、大阪市山本操（十九年）、同清田幸枝（二十年）、同横田指栄子（二十年）、同黒田たみ（二十三年）、大分県安藤斐子（二十一年）、新舞鶴町西村梅子（二十年）、神戸楠町六丁目井上福彌（十五年）、同仲道通三丁目廣瀬夏子（十六年）、同下山手通一丁目吉野たま（二十二年） （読点を補った）

また、始業式場は聚楽館の楼上の一室で、滝川辨三社長の挨拶、大阪お伽倶楽部[5]の高尾楓蔭《ふういん》（本名亮雄《あきお》）氏の訓話「女優に対する希望」、女優総代大橋美子の答辞、舞の師匠小西春雨の舞「鴛鴦」と続いた。

これら合格した女優生徒たちの個人プロフィールについて、『神戸新聞』は四月十四日から「新女優」のコーナーで、一人ずつ写真入りで掲載している（前記と名前の表記が異なる者もいるが、記事の通り）。

（四月十四日）　新女優（一）　最年少者井上福弥子　兄は俳優姉は左褄
（四月十五日）　新女優（二）　音楽家横田指栄子　貞奴を偲ばす面影
（四月十六日）　新女優（三）　乙女振の西村梅子　何の気なしの女優

（四月十七日）　新女優（四）　覇気ある清田幸枝　踊好きで女優志願
（四月十八日）　新女優（五）　瞳の大きい黒田たみ子　一家十三人の大兄妹
（四月十九日）　新女優（六）　廣瀬夏子　妾は活弁士の娘ですよ　励め健気なる女優の卵
（四月二十日）　新女優（七）　箱入娘の吉野たま子　苦しいのは覚悟の前
（四月二十一日）　新女優（八）　第一の美人山本操子　資産ある鹿の子屋の娘
（四月二十二日）　新女優（九）　座頭格の大橋美子　宗教と芸術の調和

と九名までの紹介はあったが、十人目の安藤斐子が出てこない。五月十三日の『神戸新聞』は「聚楽館の開場期　付けたり女優の昨今」の中で、大分県から参加の安藤斐子は実家に呼び戻され、九名に減ってしまったことを記している。

聚楽館はもともと二十人の女優生徒を募集していたが、結果としてはたった十名での養成が始まり、さらに欠員が出たため聚楽館は増員を目指し、欠員補充を何回も繰り返すことになる。そして五月二十九日には、補充第一号として、堀江かよ子こと芸名「葉澤香鶴子」が加わったことを載せている。しかし、後述するが、葉澤香鶴子は、九月二十九日に病死する。

六月二十一日には、少しでも増やしたいと補欠試験を実施したが、申し込みの五名は力不足もあり、全員不合格となった。七月三日にも再度試験を行い、申し込みは十一名あったが、実際に来たのは三名で、結果的にこの二回目の補充試験も合格者を出していない。

七月二十三日の「声楽家と新女優　開場準備の聚楽館」の記事の中で、七月三日の選考状況が思わしくなかったので、東京出身の「遠山小菊」という者を採用したこと、生徒数はこれで十一名となったが、予定数にはなお不足しており、近々また募集をする予定であることが記されている。また西洋音楽の講師として「四年前東京音楽学校を卒業せし声音家安藤千笑子女史を聘することとなり」と、宝塚少女歌劇を指導した安藤弘の夫人、安藤千笑子《ちえこ》を女優生徒の教授陣に招いている。

大正二年の五月から七月にかけて、女優生徒の補充に向けた採用試験が幾度となく行われる一方、試演という形で、女優生徒の日ごろの学習成果を披露する場が設けられた。六月二十八日に行われた聚楽館の株主総会の席での試演の様子について、『神戸新聞』の記者は、「兎に角、兵式体操でも角力ダンスでも乃至は柴田環そこのけのコーラスでも、これでも芸術よ、イヤサ女優ですよと臆面もなく、人前に演ってのける勇気は臆し豪い」と、彼女らの初舞台が散々の出来であったことを伝えている。

女優生徒の養成と合わせ、明治四十五年五月から工事にかかっていた聚楽館は、大正二年八月に完成し、同三十一日に開場式を挙行した。こけら落としは九月一日、帝国劇場の松本幸四郎ら男女優の手により、狂言『茨木』『名和長年』『日の出』、喜劇『三太郎』『西洋舞踊』が演じられた。

これに先立ち、帝国劇場の男女優一行は、八月二十八日、三宮駅に到着し、駅から新開地の聚楽館まで自動車を列ねて乗り込んだ。この一行を一目見ようと、駅や聚楽館、通りには神戸っ子があふれた。聚楽館の女優生徒たち十一人も、一行到着前の八月二十六日に神戸市内を自動車二台に分乗して、呼び込みの番組案内を配って回った。

四　育たない女優生徒

八月三十一日に開場式を行ったばかりの聚楽館〔図③〕の舞台で、養成中の女優生徒の初舞台の時が来た。大正二年四月十二日の始業式の日から練習に励んできた成果を試演という形で披露。九月十四日から喜劇『女文

図③　神戸・聚楽館

士』で、様々な役を演じた。しかし評価は散々で、九月十五日の『神戸新聞』は「お添物の女優喜劇　まだまだお座には出せぬ」の見出しで、「女優の喜劇で候と真面目にお座に出せる代物ではない」と酷評している。

　この女優生徒たちの出来について、東京の有楽座から聚楽館に移った俳優の栗嶋狭衣《さごろも》は、九月十六日の『神戸新聞』で、どの女優も皆色気がたっぷりすぎかえって技量を発揮できていない、今回は第一回の試演としてあれだけ演じられたらは成功に近いが、まだまだ練習が必要である、今後も毎月一、二回ずつ試演をしていく方針らしいが、今のところ決して一人前の女優とは言えず、二年間は一層勉強しないと成功が覚束ないと評している。

　また、この試演の結果、女優と女優の卵たちを一緒にして舞台に出すことは無理であり、かといって座付きの女優がいないのも困るので、聚楽館側が栗嶋狭衣に声をかけ、栗嶋一派が聚楽館の座付きになることが内定。そして栗嶋狭衣が近々上京して既成女優を集める方針であることを記している。初舞台の文士劇まで女優生徒を指導したのは高尾楓蔭であったが、楓蔭はこの後聚楽館を去り、後を継いだのであった。

東京の有楽座にいた栗嶋狭衣は、聚楽館の招きで座付きの指導者として来神するが、前任の高尾と同様に児童劇にも理解があり、富田博之は「子供デーのリーダーの一人として活躍する栗島《〔ママ〕》狭衣は、栗島すみ子の父で、東京朝日新聞の相撲記者をしており、文士劇の組織者であり、神戸聚楽館に出かけて「栗島劇」を始めるというような、エネルギッシュな、終生のディレッタントであった」とその人間像を記している[6]。

なお、栗嶋狭衣は、大正二年九月に聚楽館に招かれたが、この五カ月前の四月に宝塚のパラダイスで女優家庭劇に出演している。

女優生徒が女優としての稽古に励む中、悲劇が訪れる。途中から加わった葉澤香鶴子が九月二十九日に病死する。『神戸新聞』の九月三十日の記事の見出しは「女優香鶴子死す　聚楽館生徒泣く」で、八月二十九日、腸潰瘍に子宮の病気を併発し亡くなったが、九月十四日からの試演に向けての練習が暑い最中続いたことと、練習後寄宿舎で冷たいものをとり過ぎて腸を痛めたことによるものであった。

秋になると、悲しみの記事に続いて、女優生徒の不行跡が記事になる。十月十五日の『神戸新聞』に「女優五人の足抜　聚楽館襤褸《ぼろ》を出す」の記事が出る。内容は、聚楽館女優生徒七人の中の横田指采子、山本操子、西村梅子、清田幸枝、黒田たみ子の五人は去る十一日寄宿所を逃亡、行方不明となったので、聚楽館寄宿舎監督の神戸氏が捜索の結果、京都にいるのをつきとめ、十四日に取りあえず五名を神戸に連れ帰った。彼女らの逃走の原因は、彼女らを指導していた教師の解雇と、活動写真の余興に出演させられたことへの抗議であった。

指導にあたっていた教師の解雇はともかく、彼女らは高等女優を目指していたのに「所謂高等女優になる目的にして何れも天晴れ天下の芸術家として立つべき抱負なるに六箇月の辛苦を経し今日　活動写真の余興に活用さるるは心外千万にして　この後活動写真以下の劣等なる興行をなすやも図られぬ同館にありて　その都度劣等なことに我々を利用されては堪ったものにあらず」と鼻息も荒く憤っていた。

『大阪毎日新聞』も十四日の記事で「聚楽館女優の脱走」の見出しで取り上げ、こちらでは、栗嶋狭衣が座付きになり、自分たち聚楽館女優を度外視して公演するのは失敬千万と、生徒たちへの取り扱いへの不満が原因としている。

いずれの記事からも彼女らの慢心があふれている。栗嶋狭衣が「二年間は一層勉強しないと成功が覚束ない」と語っているのに、半年程度の練習で本物の女優になったつもりの彼女たちの行く末は破滅しかなかった。

十一月、十二月と彼女らに関する新聞記事は見当たらず、年明けの一月になり、『神戸新聞』に連載記事が載る。大正三年一月二十一日から二十九日まで、七回にわたり聚楽館の女優生徒たちが紙面を賑わす。「凋落せんとする聚楽館」の見出しで、第一回の二十一日は「女優山本操突然出奔す」。二十二日は「大橋、山本両女優の睨み合い」、二十三日「地下で立ち話の美子さん」、二十四日「男に出刃包丁で脅迫された」、二十五日「山本操不品行の強意見」、二十七日「か弱い大橋女優が殴られる」、二十九日「どうすれば発達するか」と、連日のように女優生徒たちの派閥争いや、男女関係について暴き立てた。

これまで問題に目をつむり、その日暮らしの経営を続けてきた聚楽館も、開業から五カ月経った一月二十九日に役員が集まり、今後の経営方針を協議した。人事のことはもちろんであったが、女優生徒に関しても寄宿舎や食堂の廃止のことなどが話し合われ、大改革が始まろうとしていた。

二月に記事はなく、三月二十四日の『神戸新聞』に「末路に近づける聚楽館女優　横田、西村両女優の首切り=結局は酒場女か=寄宿舎も廃止さる」の見出しで、聚楽館の女優二名が退社を願い出たが放逐することとなった、とある。

詳細は、三月九日にこの二人が帰郷を申し出たので、これを許し田舎に帰ると思っていたら帰郷しないで大阪にいて、聚楽館でかつて彼女たちを教えていた元教師高尾楓蔭に相談に赴いていた。相談内容は「交際費が嵩み聚楽館の手当だけではやっていけない」ということだった。高尾は、自分が出演している演劇で女優を必要としているので、それへの出演を勧めたところ二人は喜んで承諾した。

しかし、聚楽館の義務年限中は勝手に他の演劇に出ることは禁止であるため、高尾は翌十日に、神戸に住む同僚であった聚楽館の舞台監督を務める瀧川英一宅を訪れ、女優生徒の貸し出しの許可を求めた。しかし瀧川はこれを拒絶した。

その十日の夜、女優生徒の中の一人、西村が聚楽館に帰ってきたので、瀧川が説諭したが、横田にも会社の意思を伝えるといって立ち去った。これと入れ替わりに横田が寄宿所に帰ってきたので、寄宿舎監督の神戸が説諭したが、回答せずに立ち去り行方不明となった。調べたところ二人が神戸駅前の旅館にいることが分かり、瀧川が訪ねると、二人は女優の廃業を申し出たので、また瀧川が不心得を諭し、二人に陳謝させ、寄宿舎に連れ戻した。

しかし、十三日に神戸監督に再び退社を願い出たので、神戸監督は重役に二人のことを報告した。その結果、十五日に瀧川らは二人を聚楽館に呼びつけ説諭し、二人も再び決心を翻し、元のように稽古に出ていた。そして、二十日に瀧川らが女優たちに聚楽館の営業方針を伝える中、三月いっぱいで寄宿舎制度を廃止することを申し渡した。

これを聞き、横田、西村の両人は、すぐに独立を、と酒屋の二階に引き移り聚楽館に通った。しかし、二十二日になると二人は突然欠席した。このため、また両人を呼んで問いただすと、芸術の実地練習と女優としての人気を集める必要から、神戸でやっていたイベント会場の酒場で働きたい、と答えた。

ところが、二十九日の『神戸新聞』には「放逐女優の詫び言　元の鞘へと泣きを入れる」で、酒場で働きたいと退社を申し出た西村と横田に加え、他の理由で退社を申し出ていた大橋の三人が詫びを入れてきた。改心したかの様子を見せる女優生徒たち。しかし、時すでに遅し、であった。

四月二十三日の『神戸新聞』に「座付女優の首切　聚楽館の改革行わる」の見出しで記事が載る。四月二十二日に聚楽館女優生徒の養成の幕が下りた。会社は新体制になり、各種経費の削減に努めてきたが、削減対象に女優養成所があがった。すでに解職した女優はともかく、残った五人について、教師の日本舞踊の師匠に、俳優はともかく余興舞踊での技量の見込みを尋ねたところ、「到底お座敷の素人芸に過ぎず」との答えであった。養成所を廃止することは、座付きとして教師役を勤める栗嶋狭衣も不要になるため、こちらにも相談したところ、離職を快諾したので、結局、聚楽館（会社）は、四月二十二日に「女優生徒養成」と「座付き俳優」を全廃し、聚楽館の女優養成事業は終わった。

解散の翌年、大正四年（一九一五）七月二十三日の『大阪朝日新聞』に、「女優の末路」の見出しで、女優の卵たちのその後の消息が掲載されている。結婚して所帯を持った者や芸者になった者、行方の分からない者も当然いるが、横田指采子と吉野たま子は女優の道を追いかけていることを伝えている。

そして解散から三年経った大正六年（一九一七）五月十二日の『大阪毎日新聞』の演芸欄に、横田指采子が新日本劇団の女優「三笠万里子」と改名して、育った聚楽館で公演することを「神戸には縁故深し」と、伝えている。

三笠万里子（芸名）は、佐藤紅緑《こうろく》の妻で、作家佐藤愛子の母。佐藤愛子は聚楽館の女優生徒の顚末について、その母横田シナ（指采子）が聚楽館女優の一人であったことから、彼女を主人公にした小説『女優万里子』の中で取り上げている。聚楽館女優生徒の顚末については、この小説がイメージしやすい。

基礎もできていないのに、プライドだけは高い女優生徒。確かに彼女たちにとって到達目標が曖昧な八カ月は長かったかもしれないが、技能・技芸の習得プログラムを詳細に規定し、到達度をチェックして積み上げながら次に進むには短い。教育制度のように、一年とか二年のように年単位の目標を提示し、それまでは舞台に立てない、立たせない、といったことが必要であり、中途半端に試演という形で舞台に立たせたことが大きな間違いであった。

これに比べ、宝塚に音楽歌劇学校ができたとき、予科一年、本科一年と最低二年の教育を義務づけ、研究科には年限を定めていない。宝塚大劇場の舞台に立つという大きな目標に向かって、科目の修得目標を具体的に提示し、到達度を細かくチェックする体制の確立にとって、宝塚音楽歌劇学校は最適な教育機関であった。

五　パラダイスの利用状況と少女歌劇の伸張

聚楽館で女優生徒たちが育成されていたころ、宝塚新温泉の娯楽施設として出発した宝塚のパラダイス［図④］は、どのような利用状況だったのだろうか。

大正二年（一九一三）九月の聚楽館の開場と比べ、一年あまり早く明治四十五年（一九一二）七月にオープンした娯楽場パラダイスは、初めは室内水泳場として始まり、(7)秋になって演芸場に切り替わり、(8)女優劇などが上演される。

明治四十三年の箕面有馬電気軌道の開業から三年経った大正二年になると、宝塚は遊覧地として飽きられ、街全体が閑散から寂寥といった雰囲気に変わっていった。そうした中、パラダイスでは、集客の増加を目指し、箕面有馬電気軌道が必死に各種の演芸を上演する。しかし、婦人博覧会の開催期を除き状況は好転せず、博覧会の開催や余興の上演など、年間を通じて集客できるものが求められた。

図④　宝塚パラダイス

　なお、この年の四月に有楽座の一行が栗嶋狭衣に連れられて来宝（「有楽座女優来阪」、『大阪毎日新聞』大正二年四月十八日）、パラダイスで女優家庭劇を上演した。そして九月に神戸を訪れ、聚楽館に落ち着いている[9]（「聚楽館の栗嶋劇」、『大阪毎日新聞』大正二年十月十六日）。

　大正二年七月に宝塚唱歌隊として始まった宝塚少女歌劇は、十二月に宝塚少女歌劇養成会と名称を変更する。唱歌だけでなく動きのある歌劇に変更する中、十一月に振付教師として、大阪日報社で同僚であった高尾楓蔭と久松一声《いっせい》に声がかかる[10]。

　高尾楓蔭[11]は、大正二年当時は新聞記者であり、大阪お伽倶楽部の幹事も務めていた。同年の春には聚楽館女優生徒の始業式に出席、挨拶しているし、その後秋までは同館で女優生徒たちの指導に当たっていた。

　それが十一月には久松一声とともに宝塚歌劇団に招聘されていた。当時、ある劇団が宝塚パラダイスでの旗揚げ興行を計画。それを前に大阪市内で講演会が行われた。高尾楓蔭はその席に宝塚少女歌劇の生徒を引き連れて出席し、参加者に少女歌劇の意義について、「少女歌劇とは如何なるものか、諸君にも想像がつきますまい、これこそ新しく生まれ出る、我が国独特のオペラであります。蓋を開けるのも近いうちです。目下練習と準備に奮迅しているのであります」と熱弁を振るっている。

大正三年四月に少女歌劇が博覧会の余興として始まる。少女歌劇は想像以上の反響があったが、いかんせん年間を通じて集客できる作品の提供やそれを支える体制もなく、一時のものでしかなかった。また、六月に第一次世界大戦が始まり、不況が日本を覆い集客は難しかった。しかし、十二月に大阪で慈善興行を行い、千人以上の収容力のある会場でも集客があることが分かり、大正四年から公演回数の増加や歌劇生徒の募集など整備に取り組む。こうした中で、大戦不況も収まり、同五年になると少女歌劇の開演時には客が殺到するようになり(12)、人出も戻ってきた。

少女歌劇は宝塚新温泉入場者への余興であり、観覧は無料であったが、六年になると新温泉の入場料そのものを、これまでの五銭を倍額の十銭に値上げしている。それでも客は増え続け、四月頃の入浴者は一日平均三千人を下らない盛況で、日曜日等には五千人以上になってきている(13)。

大正七年になって好況はますます著しくなり、少女歌劇の客は四季を通じて満員で、宝塚を訪れる客も年中絶え間ない。米騒動の起こったこの年の夏、「米が高かろうが世間が騒がしかろうが　名物の少女歌劇は目下夏期公演中にて相変わらず毎日大入り満員を呈しおり候」(『大阪毎日新聞兵庫県付録』大正七年八月十九日)といった状況であった。

その後も少女歌劇を目当てにした来場者の増加に対応するため、施設の整備や上演者の育成が必要であり、施設としては大正八年三月二十日、これまでのパラダイス劇場の三倍の定員を誇る公会堂劇場が宝塚にオープン。またこれに先立ち、座付きの上演者の育成体制として、同年一月六日付けで宝塚音楽歌劇学校が創られた。

終わりに——聚楽館と宝塚の明暗を分けたもの

大正の初め、女性の職業の一つとして舞台人にスポットが集まり、まず東京では「女優」が世間の注目を集めた。しかし関西では、女優は一瞬のアワとして消え去り、「少女歌劇」が時代の花形になり一世を風靡するようになる。しかし、すぐに取って代わったのではなく、大正二年から五年にかけて数年の雌伏のときがあった。

聚楽館の女優生徒の顛末と、パラダイスの歌劇生徒の伸張を比較すると、時代の潮流を見極める力、辛抱強く育てる力、経営的に持続してバックアップできる力などが必要であることが見えてくる。

聚楽館のように、神戸の財界人が道楽で始めた女優生徒たちの育成事業が解散に至った過程には、彼女らに責任の一端はあるとしても、会社側がしっかりとした育成方針と組織を体制として組み込んでいたら、結果は変わっていただろう。

宝塚少女歌劇は、パラダイスの余興の唱歌隊として始まったが、歌劇に変更し、練習に明け暮れて大正三年四月に登場した。だが、パラダイスの舞台でも過大な期待を背負わせて登場させていない。しかし、小林一三《いちぞう》の少女たちに対する愛情と、育成方針としての教育機関の設置や施設の整備など、経営的なバックアップ体制の構想と計画的な具体化が「少女歌劇百年」に繋がっていった。

調べた中で、印象に残っていることの一つは、聚楽館の女優生徒が小林一三の経営する箕面動物園の舞台に立っていたことで、大正二年十月三十一日の『大阪時事新報』の広告に、十月三十一日から十一月二日の三日間、もみじの箕面公園で東京有楽座、神戸聚楽館合併女優劇とある。大都会神戸の聚楽館で舞台を踏んだ彼女たちは、行楽地とはいえ鄙びた箕面動物園で何を思っただろうか。前月の九月四日に、前座とはいえ、聚楽館の舞台を踏んだ彼女たちにとって、箕面での舞台が喜ばしいものでなかったことは容易に想像できる。まして、十月半ばには活動写真の余興に出されたことなどで、足抜けをするような彼女らにとって屈辱的だったのではないか、とさえ思える。

このころ、宝塚パラダイスでは、連日、東京女優による「宝塚名物美人劇」が上演されているが、宝塚少女歌劇の前身である宝塚唱歌隊の生徒たち（十二月に宝塚歌劇養成会に改称）は、舞台袖から美人劇を見たのであろうか。自分たちより年長の女性たちの舞台から何を学び取っていたのだろうか。

少なくとも小林一三は、この聚楽館女優生徒の女優劇を参考に、観客の求める上演内容や演じる女性の舞台人としての育成、そして劇場経営について具体的に考えたのではないか。パラダイスの舞台では、大正元年の十月に、東京の女優による美人劇『幻』が上演され、十一月から十二月一日まで、再度上演されている。また、翌二年四月には、有楽座の女優が来阪し、開催中の宝塚の婦人博覧会において家庭劇を上演している。夏場は室内水泳場に戻ったが、十月になると、前年と同じ美人劇を宝塚名物として再演している。パラダイスで幾度となく女優劇の内容や女優陣の演技力、また観客の反応を見る中、女優というだけでは観客を呼び込めないことを思い、また聚楽館の女優生徒たちから舞台人育成の難しさを感じ、芸道へのひたむきさを求める生徒を育てようと、教育機関設立への思いを抱いたのではないだろうか。この考えは、大正八年に宝塚音楽歌劇学校の設立で結実したといえる。

神戸の実業家たちが、小林一三が電鉄経営の一助として少女歌劇を育てたように、神戸の街の発展の一助として、また自分たちの事業の展開として聚楽館と女優生徒を育てていたなら、現在の神戸の演劇状況は全く異なっていたであろう。

印象に残っていることのもう一つは、高尾楓蔭と栗嶋狭衣の二人の役割である。両人はどちらも新聞記者という職業をへて、お伽芝居を、狭衣は東京有楽座で、楓蔭は大阪帝国座で上演している。両人とも、子どもたちを対象とした演劇活動の先駆者であった。大阪郊外の宝塚の地に、女性や子どもといった家族連れをターゲットにして、パラダイスを利用した女優による家庭劇や少女歌劇の上演に加わっている。

それよりも前、楓蔭は、大阪帝国座が開業した明治四十三年（一九一〇）から四十四年（一九一一）にかけて、同劇場で毎週日曜（後に土曜日も）に「子供デー」として市内の小学生を無料招待してお伽芝居を上演している。大正三年（一九一四）に、宝塚少女歌劇はこの帝国座で大阪毎日新聞社主催の慈善興行を行っている。「ドンブラコ」と「浦島太郎」など、お伽噺が題材で大入りの観客であったが、三年前の「子供デー」の楽しさを知っている子どもたちが、お伽芝居の進化形として宝塚少女歌劇を捉え、訪れたのではないだろうか。

また、栗嶋狭衣についても東京有楽座で女優劇や「有楽座子供日」を支えており、聚楽館の座付き生活が続けば、お伽劇や家庭劇などを神戸の地に浸透させていくことができたのでないかと思う。

『日本児童演劇史』の中で、筆者の富田博之は神戸の町について、次のように記している。

大正九年（一九二〇）二月に民衆座が『青い鳥』を東京の有楽座で一週間上演している。同年三月に神戸の聚楽座（館）でも同様に一週間上演しており、地方公演は神戸だけで、同じ一週間分の観客がある。「それだけの客が神戸には存在した。そういう町が神戸だった」と。

神戸のこうしたお伽芝居や童話劇の観客が宝塚へと流れていったのであろう。

（1）『松竹七十年史』（松竹株式会社、一九六四年）の一〇四頁に、「明治四十五年（大正元年）は、突然におこった女優ブームのため、東西松竹とも、その対策に大童の年であった」とある。前年帝国劇場が開場し、同劇場で女優劇も始まっている。

（2）聚楽館は、神戸新開地（神戸市兵庫区水木通）に大正二年（一九一三）八月に竣工した鉄筋三階、地下一階の四階建ての建物で、観客席はすべて椅子席、定員は千六百三名。本格的な西洋建築で、新開地がもっとも華やかであった頃に存在していた建物である。名称は豊臣秀吉が贅を尽くした聚楽第にちなんで名付けられた。建物の間口三十二メートル、奥行き四十五メートル、軒の高さが十五メートル。舞台は幅、奥行きとも一四・四メートル、両袖各七・二メートルの巨大な劇場。地元では「しゅうらくかん」といって親しまれた。建物に十五万円、内部の設備に七万円を要したという。設計者は初代の通天閣を設計した設楽貞雄。西の帝国劇場といわれ、帝国劇場（明治四十四年二月竣工、五階建て、定員千七百名）は渋沢栄一など東京の名士が造ったように、武岡豊太（新開地を開発した実業家）や小曾根喜一郎（神戸の財閥）、瀧川辨三（東洋燐寸株式会社社長、日本のマッチ王）、鈴木岩次郎（鈴木商店二代目店主）、神田兵右衛門（神戸商業会議所〔現神戸商工会議所〕初代頭取）ら、神戸の名士が、建物から経営まで帝国劇場を真似て出発した。昭和二年には映画の常設館になり、昭和四年には松竹に売却された。昭和九年に全面改装。戦後は米軍に接収され、昭和二十七年まで進駐軍専用の劇場として使用されていた。昭和五十三年に閉館し、現在跡地にはラウンドワン新開地店がある。

（3）『大阪朝日新聞』大正元年十二月四日。

（4）前掲『松竹七十年史』の一〇五頁に「第一回卒業生を出したまま、やがて有名無実の状態になった」。

（5）お伽倶楽部は、子供のための文化運動を推進するため、明治三十九年に東京で結成された団体で、その一つとして明治四十年、大阪に組織されたのが大阪お伽倶楽部である（武内善信「高尾楓蔭小論――初期社会主義とお伽芝居」、『ヒストリア』第一五〇号、一九九六年、一七一頁）。

（6）富田博之『日本児童演劇史』東京書籍、一九七六年、七〇頁。

（7）「宝塚の屋内水泳場」、『大阪朝日新聞』明治四十五年六月三十日。

（8）「宝塚の演舞台」、『大阪朝日新聞神戸付録』大正元年十月一日。

（9）「聚楽館の栗嶋劇」、『大阪毎日新聞』大正二年十月十六日。

（10）高尾と久松が宝塚に入った経緯については、久松一声「久松一声の壮年時代――蓆つくりの百姓見習をやめて宝塚へ」（『歌劇』第一二五号、昭和五年八月号、二九頁）に詳しい

（11）川原蓬「宝塚今は昔物語」、『歌劇』第八〇号、大正十五年十一月、三五頁。高尾楓蔭の宝塚での活動は短く、大正三年四

月の初演の出し物の一つであるダンス「胡蝶」の振付にしか、名前を残していない。久松が宝塚の水に合い、長く勤めたのに比べ、すぐ辞めたようである。高尾については、新聞記者以外の経歴が数多く、前掲の武内善信「高尾楓蔭小論――初期社会主義とお伽芝居」が詳しい。

（12）「宝塚の新年」、『大阪朝日新聞神戸付録』大正五年一月五日。

（13）「宝塚より啓上」、『大阪毎日新聞兵庫県付録』大正六年四月十八日。

（参考文献）

帝劇史編纂委員会編『帝劇の五十年』東宝株式会社、一九六六年

のじぎく文庫編『神戸新開地物語』のじぎく文庫、一九七三年

嶺隆『帝国劇場開幕――「今日は帝劇明日は三越」』中央公論社、一九九六年

神戸新聞出版センター編『兵庫県大百科事典』上巻、神戸新聞出版センター、一九八三年

落合重信・有井基『神戸史話』創元社、一九六七年

佐藤愛子『女優万里子』文藝春秋、一九七四年

林靖治編『女優事始め――栗島すみ子・岡田嘉子・夏川静枝』平凡社、一九八六年

上田善次『宝塚音楽学校』読宣「読売ライフ」、一九七六年

宝塚歌劇団『宝塚歌劇四十年史』宝塚歌劇団出版部、一九五四年

Ⅲ 浅草の興亡、丸の内の光芒

第5章 ベテランVS少女

一九二〇年代浅草という舞台で輝いた女性たち

杉山千鶴

はじめに

昭和初期までの浅草は、浅草寺、六区興行街、吉原が三位一体となった、一大繁華街であった。特に六区興行街は多様なジャンルを流動的に提供していた。中でも多くの人々を集めたのが、近代的な技術による〝新〟文化である活動写真・映画であり、新着の洋画をいち早く上映するなど常に時代をリードしていた。一方で歌舞伎や安来節《やすぎぶし》等の民謡など、〝旧〟来のものもあった。このようにこの時期の浅草の興行街は、「内外新旧文化のメルティング・ポット(1)」状態にあったのである。

その浅草で、大正期にあでやかに開花した「浅草式オペラ」すなわち浅草オペラは、西洋人を演じ纏う身体・西洋の舞踊・西洋の音楽が揃い、浅草の大衆にとっては活動写真以外で西洋を、しかもライブ感たっぷりに紹介するものであった。その後、昭和に入ると映画館でアトラクションとしてレヴューや舞踊が演じられるようになり、さらにはこれが独立した興行となった「浅草式レヴュー」すなわち浅草レヴューが、テンポのよい音楽・舞踊・作品展開で、新たな西洋を見せた。両者はともに上記の「外」「新」に該当するものであるが、実はいずれも外来のものが「浅草式」に味付けされたものであった。

本章ではこの浅草オペラと浅草レヴューの女性に注目したい。大正期の浅草オペラでは、一九二三年九月一日の関東大震災以前には、帝国劇場（以下「帝劇」と表記）歌劇部（一九一四年五月に〝洋劇部〟に改称。本章では一貫して〝歌劇部〟と表記する）やローヤル館出身者など、当該領域の基礎教育を受け豊富な舞台経験を有した人々の他に、少女歌劇のメンバーやオペラ女優に憧れて参加した人々がおり、震災後には震災以前から活動しているオペラ女優がベテランとなる一方で、新たなアイドルが誕生している。また昭和期の浅草レヴューでは、かつてのオペラ女優が活動を続ける一方で、レヴュー劇団では十代の少女たちが爽やかなお色気を振り撒いた。そこで本章では、震災以前の浅草オペラ（第二節）、震災以後の浅草オペラ（第三節）、浅草レヴュー（第四節）の三期に分けて、当時の雑誌・新聞・文献等に描かれたベテラン女優と新人の少女を見ていく。

なお本章では、浅草オペラ、浅草レヴューともに、浅草で上演されたものと限定し、本文中、資料等からの引用には「」を、作品名には『』を付すこととする。

一　貫禄VS新鮮さ――関東大震災以前の浅草オペラ

1　関東大震災以前の浅草オペラ

一九一六年五月、六区興行街のキネマ倶楽部に、アメリカ帰りで本邦初のトウダンサー・高木徳子《とくこ》（一八九一―一九一九）が一座を率いて登場した。(2)この時に楽劇『音楽の力』（作・尾上新兵衛）が上演されたが、おそらくこの公演が浅草でオペラの上演されたごく初期に相当すると言える。翌一九一七年一月下旬からは高木徳子一座が再登場し喜歌劇等を上演し（於・常盤座）、続いて西本朝春《あさはる》（生没年不詳）の率いる少女歌劇・日本歌劇協会が同年四月から六月まで御国座で、七月から八月と十月末から年末までを三友館で公演している。また同年十月には、帝国劇場歌劇部出身の石井漠《ばく》（一八八六―一九六二）と沢モリノ（一八九〇―一九三三）を中心とする東京歌劇座が日本館で旗揚げし、小柄でキュートな沢と、妖艶さを振り撒いたコーラスガールの河合澄子（一八九八？—？）が集客に大いに貢献し、浅草オペラのブレイクを招くに至った。日本歌劇協会は同月末に浅草に戻ってくるも、東京歌劇座に太刀打ちできず、同年末には解散した。[3] これ以後、浅草オペラでは多くの歌劇団が乱立するが、そこには帝国劇場歌劇部出身者を主軸とする歌劇団や少女歌劇団の活動が認められる。一九一八年三月には『歌舞』、同年四月には『オペラ』と専門誌が発刊され、また各歌劇団も地方巡業を行ったため、浅草オペラは一地域のローカル文化から全国区へと広まり、第一次世界大戦後の好況に同期した華やかさを呈した。

しかし一転して一九二〇年三月に経済恐慌に陥ると、これに呼応するかのように、同年九月にはオペラ役者らの引き抜きによって、浅草オペラは根岸歌劇団（於・金龍館）に集約された。そしてこれに所属しないオペラ役者はそれぞれに一座を組織して地方巡業に出た。

2　ベテラン・帝劇歌劇部出身者

帝国劇場は政財界人によって設立された株式会社組織であり、⑴日本独自の文化を諸外国に紹介する国際的な文化施設、⑵帝都の模範劇場、⑶在来その他の舞台芸術を発展向上させる本拠となることを目指して設立された[4]、このうち⑶の一環として一九一一年八月に歌劇部が設置された。歌劇部の研修期間は三年間であり、カリキュラムには声楽、舞踊（西洋舞踊と日本舞踊）と演技が含まれていた。声楽を含めた音楽は東京音楽学校（現・東京芸術大学）の現職教員が指導に当たり、西洋舞踊は当初はミス・ミックス（Miss Mix 生没年不詳）が、彼女の帰国後はG・V・ローシー（Rosi,Giovanni Vittrio 一八六七—？）が指導した。[5] 歌劇部員は研修修了前から帝劇本興行の歌劇にコーラスとして出演し[6]、次第に主役や準主役を演じるようになった。このように帝劇歌劇部出身者は、丸の内に聳え立つ帝劇という大舞台への出演経験を数多く有していた。帝劇歌劇部は一九一六年五月の公演をもって、第三期生の研修期間中ながら解散した。ローシーは私財を投じて赤坂の映画館を改装しローヤル館と名付け、同年よりオペレッタの全幕公演を行いつつメンバーの教育に励んだが、同館は一九一八年二月末をもって閉館した。

帝劇歌劇部の解散後、歌劇部員の多くは直接、あるいはローヤル館や何らかの活動を経由して浅草に集まった。その第一陣が、先述の東京歌劇座の石井漠と沢モリノ［図①］であった。その後、歌劇部の指導者であった原信子（一八九三―一九七九）が一九一八年三月に原信子歌劇団を旗揚げし（於・観音劇場）、井上起久子（一八九二―？）がこれに参加している。これに続いて清水金太郎（一八八九―一九三二）・静子（一八九六―一九七三）夫妻、高田雅夫（一八九五―一九二九）・原せい子（一八九五―一九七七［図②］）夫妻、第三期生だった木村時子（一八九七―一九六二）等が浅草に登場した。

原信子は帝劇歌劇部の指導者かつプリマドンナであり、その細身の体型から冷たい印象を与えつつも、ソプラノ歌手として日本随一と評されていた。

図①　沢モリノ（歌劇の絵葉書）。軸脚が伸び、トウシューズの尖端で立っている

井上起久子は女子音楽学校出身、小学校の音楽教員というキャリアを有し、[7]信子の一座では脇役を務め、アルト歌手としてその音量の豊かさと音程の正確さを評価されている。一方、沢モリノはローシーが見込んで芸名を授けた[8]というエピソードを持つだけに、ダンスの第一人者とされた。原せい子は東京音楽学校出身であるが、夫の高田雅夫が創作した舞踊作

品で常にパートナーを務め、後に高田と共に我が国のモダンダンスの草創となる。このようにこの四名は声楽やダンスにそれぞれ特化して高く評価されていたが、そこには音楽学校出身あるいは歌劇部で教育を受けたという輝かしいキャリアの裏付けが、実質的にも印象的にも影響したであろう。彼女らはいずれも二十代後半であり、詰めかける観客よりも一世代近く年上であった。おそらく大舞台に立った経験を豊富に有する彼女らには、貫禄が備わっていたであろう。

木村時子〔図③〕は帝劇歌劇部の解散時は研修中であり、舞台経験を持たず、また解散後は芸術座で活動していた。当初は軽快な演技による明るい舞台面、容貌を評価された。図③は木村のブロマイド（歌劇の絵葉書）である。細面に切れ長の目、通った鼻筋と薄い唇は、「整った顔」[9]とされた。木村は歌劇団の乱立がひと段落ついた一九一九年頃から、美声と老練な演技を評価されるようになった。その後、根岸歌劇団では一座を代表するスターとなり、この時点の浅草オペラでは代表的オペラ女優と言える存在であった。一方で夫・笹本甲午《こうご》（?—一

図②　原せい子（歌劇の絵葉書）

図③　木村時子（歌劇の絵葉書）

九二一）との夫婦ネタや恋愛ゴシップを常に提供していた。

震災前の浅草オペラにおいてその中心となる女優は、沢や原信子らの際立った実力派から木村へと移行したと言える。そして木村の断続的な恋愛ゴシップは、帝劇歌劇部の先輩たちと比較して不足している部分を補うかのように、木村の名をアピールしたのである。

3　少女歌劇団

西本朝春率いる少女歌劇・日本歌劇協会について、増井敬二は「宝塚の少女歌劇の東京公演もまだ無い時代」であり、また宝塚少女歌劇と「混同されてかなり評判になったらしい」としている。[10]西本の創作した歌劇『ヴェニスの夕』は、宝塚少女歌劇の一九一六年七月下旬〜八月末の公演で初演されているが、日本歌劇協会でもたびたび上演された。「家族同伴で、一夕の遊楽をするには、お誂え向き」[11]との批評からは、宝塚と類似した一座と見做されていたことがわかる。しかし東京音楽学校というアカデミズムの関係者には、日本歌劇協会による『ヴェニスの夕』は、「如何にも感興を破壊するやうな淫卑な声」で「最も驚嘆すべき非道徳的な歌詞、即ち女性が男性を性欲的に嘲弄したる非文学的の歌詞」を合唱し、「赤や白や脂粉を不自然に粧ひ、名状すべからざる装ひをなして、舞台の上を無遠慮に飛廻り」「飽くまで聴者の心を卑俗の方面に堕落の方面に淫猥な方面にと導かんとする」[12]ような、オペラとして認め難いものと映った。日本歌劇協会の『ヴェニスの夕』が宝塚少女歌劇のものと同一かどうかは不明だが、このような批評には、アカデミズムにおける浅草という興行街の位置付けが影響したと思われる。

日本歌劇協会の解散後は、西本は鈴木康義（生没年不詳）とともにアサヒ歌劇団を率い、一九一八年四月から日本館で公演した。後に西本は脱退するが、この歌劇団は未成年の多い、いわば少女歌劇団であった。この後も

図④　白川澄子（歌劇の絵葉書）

浅草ではアサヒ少女歌劇、東京少女歌劇団等が活動するが、いずれもメンバーに多くの重複が認められる。一條久子（一九〇四―二〇）はぱっちりとした眼で幼さを残し、無邪気で軽やかな舞台振りと〝チャボ〟の愛称で人気を集め、将来を嘱望されたものの、若くして亡くなっている。白川澄子（一九〇三？―？〔図④〕）は高木徳子の門下であるだけに特にダンスを得意としたが、歌唱も演技もソツなくこなした。また瓜実型で舞台人らしいスラリとした体型であった。やはり細身の貴島田鶴子《きじまたづこ》（一八九九―？）も軽快な演技で好評を博した。この三名はいずれも若々しく潑剌とした身体によるダンスが注目され、一座の「三つの光」[13]と評された。対照的に、明石須磨子（一九〇一―？）は豊満な体型で、特に声楽に優れ将来を嘱望されていた。このように、音楽学校や帝劇歌劇部の出身というベテランのような保証を持たず、未だ十代であるものの、彼女たちはオペラ女優として評価を得ていた。同時に彼女たちには発展女優[14]やこれを裏付けるような噂[15]もあり、宝塚少女歌劇の「清く正しく美し」い少女とは異なっていたようである。

4　新人たち

帝劇歌劇部出身者が幹部となる歌劇団は、彼らの他、コーラスガールやコーラスボーイによって組織された。彼らは新聞広告を見て応募したり家出同然に地方から上京した、素人であった。しかし、素人にオペラ役者となるべく教育を施すために必要な空間は、興行の場である観物場にはなく、必要な時間も連日の公演と十日毎の演目替りによりなく、それゆえに彼らは入団と同時に舞台に立ち、実践を積みながら学習することとなった。しかし舞台のまん中は帝劇歌劇部出身者のものであり、当然コーラスガールがそこに立つ余地はなかった。ギャラもランクごとに異なり、彼女らにとって充分とは言い難かった。このような状況の中で日々真面目に舞台を務める者がいる一方で、ファンを増やすことや別途収入の確保に余念のない者が出るようになった。舞台上では媚びるような演技をし、客席に向けて流し目を送ったり、連絡先を明記した名刺を撒くなどの努力を惜しまず、食事会を通してパトロンを獲得するなど、倫理・風紀上問題となる行動をとる者もあった。また歌劇団内の他、ファンやカフェーの店員らと恋愛関係になることも多く、時には無断で舞台を休むこともあった。舞台上の恋愛物語ではコーラスガールにとどまった彼女たちが、現実には恋愛の主人公となることができたのである。

その代表的な例が河合澄子［図⑤］であった。東京歌劇座では帝劇歌劇部出身の沢モリノと人気を二分していたが、自ら謙虚に「歌劇役者としての修養は絶無」[16]と語った通りの評価を受けたが、河合は舞台から積極的に働きかけることでファンを増やしていった。一九一八年末にはオペラ女優の後援会の学生が多数検挙される事件が生じ、これが全国紙・地方紙に掲載されたが、その際に特に多くの検挙者を出した後援会として河合の名が記された。これを機に河合は注目されるようになり、「発展女優」という称号を獲得し、その名を全国に広く知らしめた。そして以後、河合の活動を報じる誌紙には「あの河合澄子」と記され、それを補強するような話題が提供された。そして河合のように舞台外の活動に励むオペラ女優にも

図⑤　河合澄子（小生夢坊編『紅刷毛の舞踏』活動倶楽部社、1922年）

「発展女優」の称号が付与されたが、河合はその元祖とされ、別格に位置付けられた。

二 ベテランと新たなアイドル――関東大震災以後の浅草オペラ

1 関東大震災以後の浅草オペラ

一九二三年九月一日に発生した関東大震災は、六区興行街を一掃するかのように壊滅させた。活動場所を失った根岸歌劇団は、一部が脱退して同年十一月に日本歌劇座を旗揚げし（於・岡山劇場、のちにミカゲ喜歌劇座に改称）、残るメンバーは地方巡業に出るも巡業先で解散し、そのほとんどが翌年四月に森歌劇団を旗揚げする（於・オペラ館）[17]。ミカゲ喜歌劇座は二四年七月末から浅草で興行（於・金龍館）した後に地方巡業に出、巡業先で解散した。たった一ヶ月強とはいえ、浅草で二つの歌劇団が競演したという状況は、震災前の状況を想起させる。ミカゲ喜歌劇座が浅草を去った後は森歌劇団の独壇場となるが、森歌劇団も二ヶ月半後の同年十一月下旬より地方巡業に出、同様に巡業先で解散した。この経緯は、まさに震災前の浅草オペラが歌劇団乱立ののちに根岸歌劇団に集約へと辿った経緯を、規模を小さくし短期間のうちに再現したかのようであった。森歌劇団には帝劇歌劇部出身者を含め、根岸歌劇団の主要メンバーが集まり、一方のミカゲ喜歌劇座は、根岸歌劇団では幹部だった杉《すぎ》寛《ひろし》（一八八九―一九七四）や町田金嶺《きんれい》（?―一九八二）以外には浅草で育ったオペラ役者を揃え、震災前には新人だった相良愛子（一九〇六―?）がアイドル的スターであった。

その後は、震災以前から地方巡業に出ていた歌劇団が浅草で興行したり、上述の二歌劇団の団員などによる小規模な歌劇団が活動した。一九二七年一月末には相良をメインに据えた更生歌劇団が旗揚げし（於・道頓堀松竹座）、同年四月に浅草に登場する（於・浅草遊園第一劇場）が、同年八月下旬から関西方面に巡業に出る。また新聞資料を見ると、一九二七年になると複数の演芸を興行する劇場の公演案内に「森歌劇団」「歌劇民衆座」と記載されているが、出演者名は非常に少なく、有志が集まって名乗ったものと思われる。こうした動きは、彼らが浅草という場と舞台という空間にいかに魅せられ、そこから離れ難かったかを物語る。

しかし震災後の浅草オペラは、相良という新しいスターが登場したものの、依然として震災前と同じ作品をお馴染みの顔ぶれで上演していた。それは新作を創ることができなかったことによるのかもしれないし、あるいは浅草オペラという花の咲き誇る時期を再現しようとの意図があったのかもしれない。しかし震災により大打撃を受けた浅草の興行街は復興を遂げたものの、浅草オペラは復活することなく衰退していった。[18]

2　ベテランの活動

先述の木村時子は震災後、根岸歌劇団の一員として地方巡業に出、一九二四年四月の森歌劇団の旗揚げに参加するが、同年六月にはミカゲ喜歌劇座に移り、かつてはスターと崇められた金龍館の舞台に再び立つこととなった。その後は元・根岸歌劇団のメンバーらと共に活動を続けた。

震災後に上演された作品は、木村にとっては手馴れたものばかりであった。批評文を見ると木村の演じた役のほとんどは好意的に受け入れられているが、喜歌劇『カフェーの夜』のおてくさん役や同『嘘の世の中』の新十郎役等、いずれも震災以前に何度も演じ、一定の評価を得ていた自家薬籠中のものであった。それだけに観客にとって安心して見ることのできるものであったが、それは浅草オペラの復活ではなく、もはや過去のものとなったそれを懐かしむことを意味した。木村は浅草オペラの衰退を敏感に感じ取ったのかのように、一九二六年二月には喜劇春秋座（於・金龍館）に加入し、浅草オペラを卒業する。

3　新たなアイドルの登場

相良愛子は震災前、十三歳の時に浅草オペラに参加した。[19]常に年長の宮城信子（生没年不詳）と活動を共にしたためにより幼さを感じさせ、愛らしさと舞台上で元気いっぱいにふるまう初々しい姿で前途を有望視されていた。震災後には十代後半となり、次第に大人の女性らしくなりつつも、可憐さは変わらなかった。図⑥と⑦は相良のブロマイドである。撮影時期は不明であるが、図⑥からはプロポーションの良さ、ふっくらした頬と適度に丸みのある体型から清潔な色気が感じられる。図⑦は十代ならではの素朴な愛らしさを湛えている。帝劇歌劇部出身者よりも一世代若い相良が、ミカゲ喜歌劇座とこれに続く更生歌劇団でスターであったということは、震災を機に浅草オペラが世代交代の時期を迎えたということを示す。

図⑥　相良愛子（歌劇の絵葉書）

図⑦　素顔の相良愛子（歌劇の絵葉書）

東洋音楽学校に通い声楽を学び、舞踊は高田雅夫に師事した相良は、[20]「芝居と唄と踊も相当にやりこなすことのできる木村時子第二世」[21]と評された。この評価からは、相良が演技と声楽と舞踊の全てを器用にこなすこと、帝劇歌劇部で研修を受け芸術座では脇役として評価された[22]木村のような実力派となることを期待されたことがわかる。相良は震災後の浅草オペラを担うホープだったのである。

三　熟女と少女――浅草レヴュー

1　浅草レヴュー

一九二〇年代の浅草において最も観客を動員した活動写真・映画は、一九二七年の金融恐慌と一九三〇年の昭和恐慌によりフィルム不足という状況に陥ったが、活動写真館ではこれにアトラクションの上演で対応した。特に一九二九年から一九三一年の間には舞踊の他、ボードビル、レヴュー、バラエティなど、歌唱・舞踊・演技の三要素を含むものが多く上演されたが、それら映画館のアトラクションは活動場所を失ったオペラ役者を受け入れることになった。一九二九年二月には電気館で電気館レヴューと銘打ったアトラクションが上演されたが、それは浅草オペラ全盛期の再現を意図しただけに、脚本・演出や編曲指揮、出演者はいずれも浅草オペラのメンバーであり(23)、木村時子を主役に据えていた。スタッフの一人・内山惣十郎によれば、衣装が間に合わなかったことをきっかけに「ズロースと乳隠しだけで」踊る「ハダカ・ダンス」によって観客を動員したという(24)。この電気館レヴューは一九二九年七月までの活動を確認できる。

そして電気館レヴューと入れ替わるように、一九二九年七月には六区興行街の外れにある水族館二階の演芸場でカジノ・フォーリー［図⑧］が旗揚げした。しかし立地条件により観客を動員できず、同年九月には一度解散し、一新して同年十月に再度旗揚げする。相変わらず観客動員に苦しむものの、同年十二月から『朝日新聞』夕刊で始まった川端康成（一八九九―一九七二）の連載小説『浅草紅団』の中で紹介されたり、カジノの踊り子は

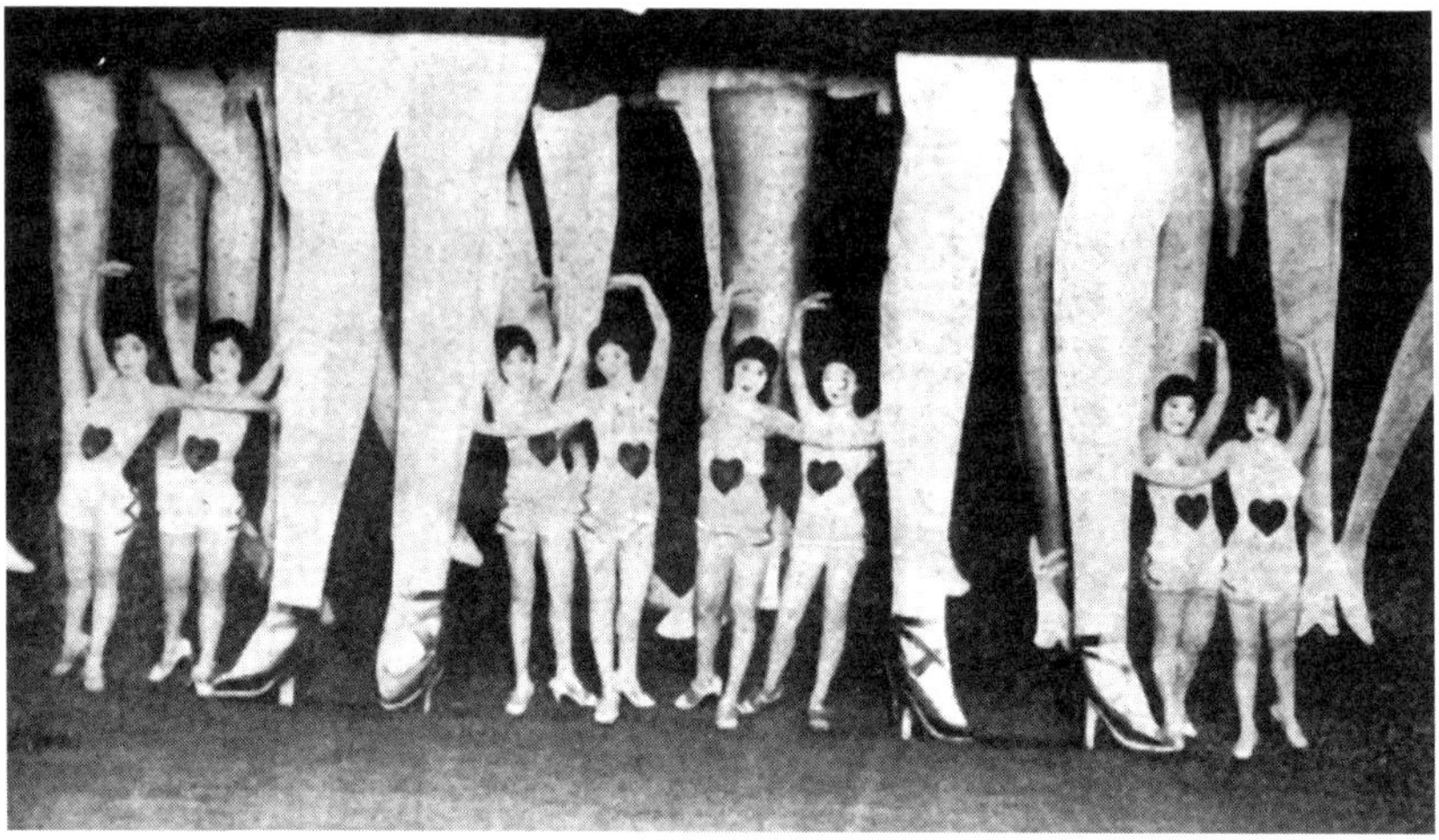

図⑧　カジノ・フォーリーのスレンダーなレヴューガールたち（カジノ・フォーリー第26回公演プログラムより）

ズロースを落とすとの噂、エノケンこと榎本健一（一九〇四—七〇）という個性的なスターの存在もあり、学生や作家などのインテリ層を多く集めた。その後エノケンは一九三〇年八月には新カジノ・フォーリー（於・観音劇場）、同年十一月にはプペ・ダンサント（於・玉木座）、一九三一年十二月にはピエル・ブリヤント（於・オペラ館）と、脱退しては新たなレヴュー劇団の旗揚げを繰り返した。榎本は元は根岸歌劇団のコーラスボーイであり、彼のレヴュー劇団には師の柳田貞《てい》一《いち》（一八九五—一九四七）などオペラ役者も所属する一方、特にカジノ・フォーリーでは十代半ば以降のレヴュー〝ガール〟が人気を博していた。ノースリーブに短パンという露出の多い衣装を着用して「発達せる肉体[25]」を強調させた彼女たち〔図⑧〕は舞台上で整列し、ナマ脚をめまぐるしく上下させて潑剌と踊ったが、それは観客を「百パーセントのエロ気分[26]」に浸らせた。

一九三〇年十一月に浅草象潟《きさかた》警察署が所轄管内のレヴュー劇団にエロ演芸取締標準を通達した[27]。その内容からは衣装や舞踊運動、照明効果によってエロすなわちエロチシズムが醸成されたこと、そのエロはレヴューガールや女優の身体が担っていたことがわかる。

一方、浅草オペラの役者はグループを組んだり舞踊団を組織してアトラクションに出演したり、集結してレヴュー劇団を旗揚げしたが、そのほとんどが短期間の活動に終わった。

2 「エロ」というオトナの魅力

オペラ役者の中には相良愛子のように銀幕へと活動の場を移した者もいたが、浅草にこだわり続けた者も多くいた。たとえば河合澄子は自らの名を冠した舞踊団を率い、映画館のアトラクションや元・オペラ役者らとの合同公演に出演し、木村時子は喜劇一座から先述の電気館レヴューに参加して主役を務め、その後は一座を率いて活動し、一九三一年一月にはプペ・ダンサントに参加した。この両者は依然として現役として活動していた。河合は浅草オペラ時の路線の延長であるかのように「エロ」をキャッチコピーとしていた。[28] 木村は電気館レヴューへの参加により、エロの担い手と見做されたようである［図⑨］。浅草オペラの頃から浅草に棲息しているかのような二人は、「浅草の両エロ[29]」と並び称された。河合と木村は共に三十代であるが、レヴューガールに負けじとばかりに露出の多い衣装を着用した。「がっちりして、なめし皮の様[30]」な木村と濃艶なまでに豊満な河合の姿［図⑩］は、それはそれで年齢相応に熟女ならではの魅力を発散した。河合は自らエロ

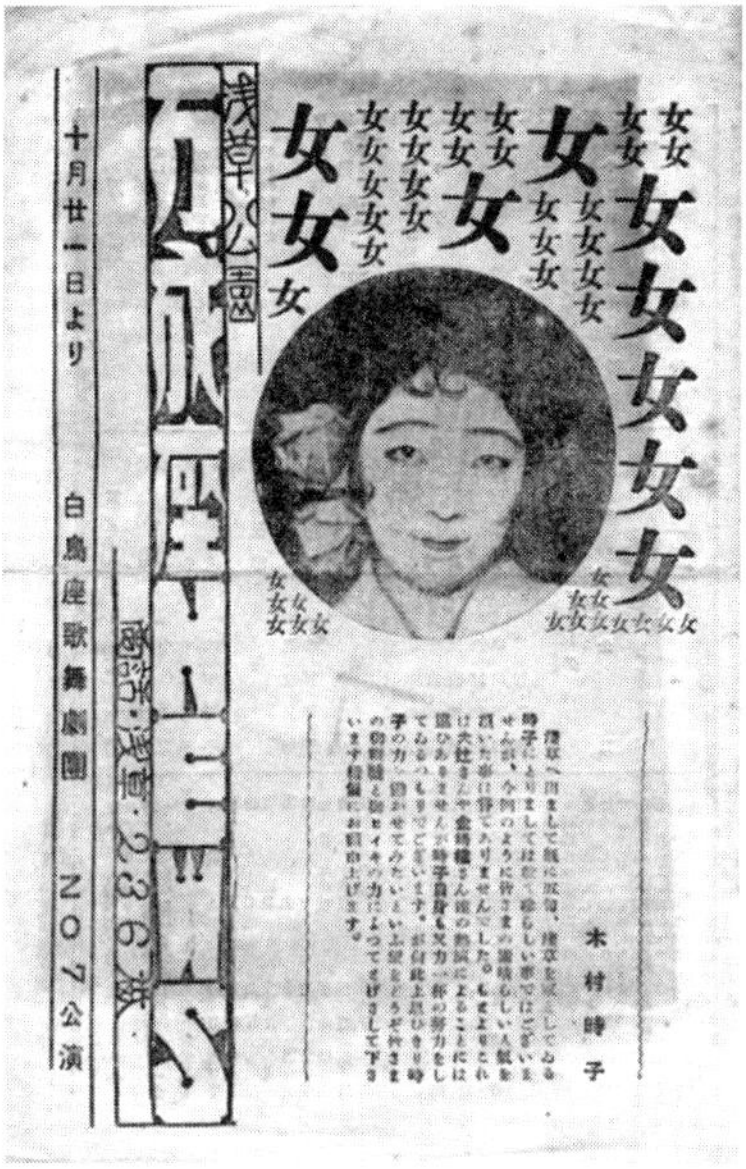

図⑨ 『妖艶レヴュー女・女・女』上演時の「万成座 NEWS」(1930年10月)。図③に比べ木村の顔はふっくら

図⑩　河合澄子舞踊団、中央は河合澄子。全身にむっちり感がある（『音楽舞踊グラフ』1930年8月号）

について語ることもあり、浅草オペラ以来仕込み続けてきた濃厚なエロを振り撒いた。一方の木村は「腋の下」[31]を新しいエロに指定するなど、河合に比較するとやや薄味のエロであったが、そして相変わらずの恋愛ゴシップによってそれを補強した。

レヴューガールと比較されようと、三十路の容貌を非難されようと、二人はキラキラと輝いていたに違いない。かつて自分をスターにした浅草という舞台に立っているのであり、非難は注目を意味するのであるから。

3　十代の初々しさ

カジノ・フォーリーのレヴューガールの年齢層は十代後半であった。舞台上では露出の多い衣装で踊り「エロダンス」[32]と評されたが、実際は色気よりも食い気が勝り、[33]浅草という興行街でしのぎを削りながらも、「芸人根性のな」[34]いフツーの少女たちであった。その代表的存在が梅園龍子（一九一五―九三〔図⑪〕）であった。誰よりも活発に楽しそうに踊るその姿には、〝踊ることが大好き！〟という思いが溢れていた。愛らしい笑顔も初々しく、連日の公演でパワフルに踊るため体型はスレンダーであり、およそエロと結びつけることは難しいであろう。梅園はカジノ・フォーリーのアイドルスターだったが、川端康成の支援を受けて舞踊を本格的に勉強すべく、短期間のうちに浅草を去った。[35]花島喜世子（一九一〇

―?）は梅園の祖母に日本舞踊を師事し、レヴューガールになるべくしてなったかのように、スタイルのよさと一座ではナンバーワンの脚線美を有し、梅園と共に一座の人気者であった。

十代のレヴューガールたちの踊る姿は溌剌かつ颯爽としていた。しかし半裸状態で、狭い劇場内であるがゆえに客席からは目と鼻の先で、剝き出しの上肢と下肢をダイナミックに動かす姿は、細身であろうと無邪気に楽しんでいようと、それは間もなくオトナになろうとする女性の身体であり、そこからは「エロ」が振り撒かれたのである。

図⑪　梅園龍子

おわりに

震災前の浅草オペラのベテランは観客よりも一世代上の年代であり、帝劇という特別な場所や音楽学校というアカデミズムの香りをまとったオトナであった。一方、震災前の新人たちはオペラ女優としては未熟であった。少女歌劇では、個人は評価を受けつつもアカデミズムからは蔑視され、それを裏付けるかのように〝場外活動〟の噂のある者がいた。震災後は、震災前のスターや新人がベテランあるいは新しいスターとして浅草オペラを担った。浅草レヴューでは、オペラ女優がベテランとして浅草から離れ難く活動する一方で、十代のレヴューガールが人気を集めたが、しかし両者共に半裸で踊っていた。

ベテランは、浅草オペラでは舞台人として、浅草レヴューでは浅草歴においてというように、質は異なるが豊富なキャリアを有していた。対する少女は、震災前の浅草オペラでは〝場外活動〟によって、震災後では学びによってその差を埋めるべく努力した。しかし浅草レヴューでは、女性の身体から意識的であろうと無自覚であろうと「エロ」を発散したという点において、ベテランと少女は等しい立場にあったと言えよう。

（1）千葉伸夫「モダナイゼーション序曲」、岩本憲児編『日本映画とモダニズム 1920-1930』リブロポート、一九九一年、四七―四八頁。
（2）徳子の得意とする舞踊の他、合唱や松井松葉の脚色による『恐ろしき一夜』、尾上新兵衛作の楽劇『音楽の力』が上演された（「徳子一座の舞踏」、『読売新聞』一九一六年五月三十一日付朝刊）。
（3）増井敬二『日本のオペラ――明治から大正へ』民音音楽資料館、一九八四年、三四七頁。
（4）帝劇史編纂委員会『帝劇の五十年』東宝、一九六六年、一五三頁。
（5）ローシーの西洋舞踊指導については以下を参照。拙稿「新しい舞踊を求めて――帝劇歌劇部から生まれたモダンダンス草創たち」、遠藤・細川・高野・打越編著『舞踊学の現在――芸術・民族・教育からのアプローチ』文理閣、二〇一一年、三七―三八頁。
（6）歌劇部員のデビューは、女性は一九一一年十二月の『カバレリア・ルスチカーナ』の合唱、男性は一九一二年二月の『熊野』の従者役であった。
（7）きし子「女優の巣・世話女房の井上起久子」、『花形』一九一九年十二月号、一五四頁。
（8）片瀬眞砂雄「澤モリノといふ女」、『舞踊藝術』第二巻第一号、一九三六年一月、四三頁。
（9）佐々木そで子「クレオパトラと赤毛布――ある日の金龍館」、『花形』一九二〇年一月号、一七七頁。
（10）増井前掲書、三四六頁。
（11）金色鳥「有楽座の少女歌劇」、『読売新聞』一九一七年九月十八日付朝刊。本記事は有楽座公演の批評文であるが、浅草で上演された同名の作品内容が著しく異なることはないものと思われるため、ここに引用した。
（12）小川友吉「俗悪音楽の取締に就て（一）」、『音楽』一九一九年一月、四五頁。
（13）「歌劇の楽屋から（三）一條、白川、貴島」、『東京毎日新聞』一九一九年八月二十三日付。

(14)「歌劇ロマンス　九、カフエーの女」、『都新聞』一九一九年二月十四日付。
(15)佐藤鳴皐「一條チャボさんがお職」、『花形』一九一九年九月号、一六四頁。
(16)河合澄子「歌劇と妾」、『女の世界』一九一八年十一月号、三八頁。
(17)拙稿「関東大震災後の浅草オペラ――歌劇団の地方巡業と上演された舞踊」、『舞踊學』第二五号、二〇〇二年、九頁。
(18)『都新聞』案内遊覧案内欄を元に震災後の浅草で上演された作品の上演のべ日数を数えたところ、歌劇『カルメン』と喜歌劇『カフェーの夜』が九十日弱、次いで同『マスコッテ』七十日弱、以下は五十日以下となるが同『古城の鐘』、同『新家庭』と震災前にも上演された作品が続き、新作は入っていない。
(19)「新しい女花形づくし（十六）　浅草第一の人気もの相良愛子さん」、『読売新聞』一九二三年五月三日付。
(20)前掲注19。
(21)原比露志『寝室の美学』風俗資料刊行会、一九二六年、二七三頁。
(22)青柳有美「大正六年女の世界回顧」、『女の世界』一九一七年十二月号、九頁。
(23)内山惣十郎『浅草オペラの生活』雄山閣、一九六七年、一三八頁。
(24)前掲注23、一四一頁。
(25)陶山密「モダン流言蜚語集録」、『新青年』一九三一年一月号、二三五頁。
(26)「浅草エロの殿堂・レヴユー座の楽屋」、西尾信治編『東京エロ・オン・パレード』昭文閣書房、一九三一年、八九頁。
(27)浅草象潟署によるエロ演芸取締標準は八ヶ条から成り、舞踊運動では⑴腰を前後左右に振る・腰の運動を主とする、⑵客席に向けて継続的に股を露出する、衣装では⑶肉色の猿股の着用、⑷上体の半分以上に相当する背中の露出、⑸乳房以下の胸部の露出、照明効果では⑹衣装を照明で肉色に見せること、等が禁止され、また肉襦袢を着用しての静物は腰部を必ず覆うなどの規制があった（「エロ百パーセント、遂に五十に低下」、『都新聞』一九三〇年十一月五日付）。
(28)拙稿「文字の世界で踊り続ける――一九二〇年代浅草の女王　河合澄子」、瀬戸邦弘・杉山千鶴編『近代日本の身体表象』森話社、二〇一三年、七八―八二頁。
(29)「エロ時代」、『読売新聞』一九三〇年八月三日付。
(30)前掲注29。
(31)前掲注26、八七頁。

(32)『東京毎日新聞』一九三〇年九月二十七日付、同紙一九三〇年十一月三日付。
(33) 楢崎勤・龍胆寺雄「カジノフォーリー探訪記」、『近代生活』一九三〇年五月号、七九—八〇頁。
(34) 川端康成「序に代へる手紙」、『カヂノフオーリー脚本集』内外社、一九三一年、一頁。
(35) その後は本格的にバレエを学び、パイオニアクインテットを経て、一九三四年には益田隆・東勇作と共に「益田トリオ」を結成して活躍し、益田・東とともに結成した川奈楽劇団の活動をもって引退する(「元浅草踊り子告知板」、『アサヒグラフ』一九四八年五月一九日号、一四頁)。

(付記) 本稿は、日本学術振興会科学研究費補助金基盤(C)(課題番号二四五二〇一八三、研究代表者:杉山千鶴)の研究成果の一部である。なお本稿に用いた図版は全て筆者の所蔵である。

III 浅草の興亡、丸の内の光芒

第6章 森岩雄とピー・シー・エル映画の二つの路線

原健太郎

トーキー独自の表現

サイレントからトーキーへの過渡期にのぞみ、新たな投資に耐え得ない中小映画会社が表舞台から消えていく中、昭和八年（一九三三）十二月、株式会社ピー・シー・エル映画製作所が設立された。昭和四年（一九二九）、トーキーの録音・現像とスタジオのレンタルを主業務に、東京府北多摩郡砧《きぬた》村（現・東京都世田谷区成城）に創業した株式会社写真化学研究所（Photo Chemical Laboratory／略称P・C・L）の子会社としてであった。

昭和六年（一九三一）八月に、国産初のオール・トーキー『マダムと女房』（松竹蒲田、監督五所平之助、出演渡辺篤、田中絹代、伊達里子）が公開されるまで、日本映画のトーキー化は実験段階でとどまっており、製作される映画の多くはサイレントだった。せっかく資本を投じて建てた巨大なスタジオにも借り手はつかず、写真化学研究所は、やむなくトーキーの自主製作を開始した。スタジオを遊ばせることなく、かつ、トーキーの魅力を示して需要を掘り起こそうと考えたのである。

こうした経緯で生まれたピー・シー・エル映画製作所が、トーキー独自の表現力を生かせる作品の製作に重点を置いたのは当然であった。新興勢力としても、日活や松竹等、既存の映画会社の作風とは異なる路線を創出しなければならなかった。

手始めに独立プロと提携し、『昭和新撰組』（新映画社、昭和七年十二月、監督村田實、田坂具隆、出演小杉勇、島耕二）、『河向ふの青春』（音画芸術研究所、昭和八年六月、監督木村荘十二《そとじ》、出演菊池のり子、滝沢修）などを製作。『昭和新撰組』は、企画者、脚本家として日活で活躍していた、森岩雄の斡旋によるものだった。『河向ふの青春』の関係者には、プロレタリア芸術に傾倒する者が多かったが、この作品を機縁に、木村荘十二とその同志は写真科学研究所に入社することになる。

写真化学研究所から発展したピー・シー・エル映画製作所は、自主製作に乗り出すにあたり、以下の二つの路線を敷いた。一つが、「音楽映画」。もう一つが、映画界の外側で活躍していた喜劇俳優、寄席芸人主演による「喜劇映画」だった。

第一の路線は、アメリカにおける初めてのトーキーといわれる『ジャズ・シンガー』(一九二七年、監督アラン・クロスランド、出演アル・ジョルスン)が、ミュージカル映画であったことからも理解できよう。黎明期の映画が、水を撒き散らしながら動く一本のホースに「動き」を見出したように、「音」を手に入れた映画が、音楽や歌唱の魅力を最大限に活かそうと考えたのは自然である。

第二の路線は、既存の喜劇俳優に頼らず、喜劇ができる俳優を自分たちで見つけ、育てようという試みである。新しい時代にふさわしい喜劇映画をつくるための方策であり、これは俳優だけではなく、監督をはじめとするスタッフについてもいえた。

ほかにも、名作小説を原作とする文芸ものや、新派的なドラマなども製作されたが、新しい映画会社のカラーを打ち出し得たのが、この二つの路線であり、結果的に会社を安定に導くこととなった。

ピー・シー・エル映画の二つの路線について、あらましを辿る前に、これにさきがけて写真化学研究所が自主製作した、二本のトーキー作品を紹介しておきたい。

昭和八年八月十日公開の第一作『音楽喜劇　ほろよひ人生』〔図①〕と、同年十一月二十三日公開の第二作『純情の都』〔図②〕は、ともに都会的な味わいをもつ音楽映画だった。

『音楽喜劇　ほろよひ人生』

駅でビールの売り子をするエミ子（千葉早智子）を中心に、同じ駅でアイスクリームを売るトク吉（藤原釜足）と音楽学校生のアサオ（大川平八郎）の恋愛模様を描いた青春ものである。エミ子のことが気になるトク吉は、将来はビアホールを経営したいなどと夢を聞かせるが、エミ子にはアサオという恋人がいる。アサオがエミ子のために作った歌「恋は魔術師」が、レコードになって売り出されると、これが大ヒット。しかし、流行歌に手を染めるとは何事かと、アサオは退学処分を受け、郷里に帰ることになる。ある日、失せ物の宝石を見つけ、謝礼の大金を手に入れたトク吉は、時至れりとエミ子に求婚するが……。

ラストシーンは、トク吉が開業したビアホールでの大合唱。ボーイに扮した丸山定夫も歌っている。古川緑波が夜の公園で、レヴュー・ガールを歌声で口説く場面など、物語とは無関係に音楽があふれている。

構成森岩雄、監督木村荘十二、音楽兼常清佐《かねつねきよすけ》、紙恭輔《かみきょうすけ》、奥田良三。徳川夢声が、厳格な音楽学校の校長とレコード会社社長を演じているが、ラストシーンで歌われる「ビールの唄」——「それ人類は　大別す／飲まぬ阿呆に　飲む阿呆／同じ阿呆なら　飲むがよい」は、森から依頼されて夢声が作詞したものである（作曲は紙恭輔）。経営陣のひとり、植村澄三郎《ちょうざぶろう》が大日本麦酒株式会社（現・アサヒグループホールディングス株式会社、現・サッポロビールホールディングス株式会社の前身）の取締役を兼ねていたことから、スポンサード映画として製作された。

配給は、ヨーロッパ映画の輸入・配給で定評のあった東和商事合資会社（現・東宝東和株式会社）が請け負い、八月十日、大阪松竹座で封切ったのち、十七日に有楽町の邦楽座で上映。サミュエル・ゴールドウィン製作のアメリカ映画『仰言ひましたわネ』（一九三二年、監督ローウェル・シャーマン）との併映であった。昭和ヒトケタの後期までは、日本映画と外国映画の併立番組が盛んに組まれていたが、邦楽座は、当時、東京を代表する外国映画封切館のひとつだった。

『純情の都』

東京のアパートで同居生活を送る道子（千葉早智子）と喬子（竹久千恵子）は、恋人同士かと想わせるほど仲のよい友だちだ。勤め先も同じ雑誌社である。だが、当世流行のモガ・スタイルで決め、仲間たちと遊び歩いている喬子とは対照的に、道子は絵に描いたような大和撫子。真面目で純情であることがコンプレックスにもなっている。雑誌社の社長（徳川夢声）や同僚の長谷（島耕二）に、道子はしつこく口説かれるが、向かいのアパートに住む画家の卵、大川（大川平八郎）にひそかにあこがれているため、いずれをもやんわりと撥ねつける。

実は、大川の方も道子が好きだった。ところが、道子にもまして純情で、「一度モデルになっていただけないか」と言うのが精一杯。そんな大川の気持ちを察したレヴュー・ガールの淳子（堤眞佐子）は、自分が出演するキャバレーのオープン当日に道子を客席へ誘い、大川に想いを打ち明けさせようと計画する。大川は道子が現れるのを待っているが、いっこうにやってこない。この日、道子は、長谷の強引な誘いを断り切れず、つかのまの恋人気分を味わっていたのである。夜半、アパートまで道子を送り届けた長谷が、その本性を現した……。

図①　『音楽喜劇　ほろよひ人生』雑誌広告（『キネマ旬報』第479号、昭和8年8月）

図②　『純情の都』雑誌広告（『キネマ旬報』第489号、昭和8年11月）

原作は新宿のムーラン・ルージュで活躍した作家、島村龍三の『恋愛都市東京』。昭和八年（一九三三）一月、本拠のムーラン・ルージュ新宿座で上演され、評判を呼んだ作品である。構成森岩雄、監督木村荘十二、音楽紙恭輔、奥田良三。

夜明け時分のニコライ堂の全景を映したカメラは、俯瞰して東京の街並みを一望する。ライトを灯して走る二両連結の電車が行き交うと、ガード下に暮らす人々も、通勤する人々も、みな静かに動き出す……。冒頭のこの場面に流れるテーマ曲が、青春の何とも言いがたい危うさを象徴する。また、美酒に酔って夜の街を闊歩する、レヴュー演出家の藤木（藤原釜足）や友だちの青木（岸井明）、レヴューの踊り子たちの高らかな歌声は、直後におとずれる道子の悲劇に効果をもたらしている。キャバレーの支配人に古川緑波、移動式パン屋に丸山定夫が扮しているが、前作のように歌い出したりはしない。それでも見る者は、この作品に音楽の快さを感じる。

『純情の都』も東和商事が配給を担当し、邦楽座で封切られた。やはり外国映画との併立興行で、二本のドイツ映画『秋の女性』（一九三二年、監督エリッヒ・ワシュネック）と『クウレ・ワムペ』（一九三二年、監督テオドル・デュドゥ）が同時に上映されている。前者は人情劇、後者は『三文オペラ』で知られるベルトルト・ブレヒトが製作にあたった、ドイツ初のプロレタリア映画である。

子会社として出発

『純情の都』封切りの翌月、昭和八年十二月五日に株式会社ピー・シー・エル映画製所は設立された。写真化学研究所の映画製作事業を、組織から切り分けた独立子会社で、写真化学研究所が所有する撮影所や撮影機材等を一定の料金で借り受け、固定資産を最小限に抑えるのが狙いだった。だが何より、自主製作した二本のトーキーの出来栄えが、事業の拡大と強化を、首脳部に決断させたものと思われる。

この新しい会社は、経理第一主義、予算制度、合理的な雇用制度を採用し、これまで映画界に横たわっていた、家族主義、人情主義にもとづく封建的体質を、運営面でも打破しようという意思をもっていた。それにともない導入されたのが、プロデューサー・システムである。前記二本の映画に、「構成」としてクレジットされている森岩雄が、ゼネラル・プロデューサーとなり、その下に、監督やスタッフ、配役等の決定権をもった複数のプロデューサーを配し、結果についての責任も負わせる仕組みである。

昭和九年（一九三四）三月時点のピー・シー・エル映画製作所の主な顔ぶれは、次のとおり（『キネマ旬報』昭和九年四月一日号所収「日本撮影所録」より）。

取締役会長　山本留次《とめじ》
取締役所長　植村泰二《やすじ》
取締役支配人　森　岩雄
相談役　小林一三《いちぞう》
　　　　相馬半治
　　　　植村澄三郎
企画部　江口春雄
脚本部　松崎啓次
監督部　木村荘十二
　　　　矢倉茂雄
　　　　山本嘉次郎
音楽部　紙　恭輔

独立第一回作品は、昭和九年（一九三四）一月十三日に、有楽町の日本劇場と大阪東洋劇場で封切られた『只野凡児　人生勉強』だった。原作は、『東京朝日新聞』『大阪朝日新聞』夕刊に連載された、麻生豊の四コマ漫画『只野凡児・人生勉強』。監督は、『音楽喜劇　ほろよひ人生』『純情の都』と同じ木村荘十二。松崎啓次と伊馬鵜《いま う》平《へい》（のち春部《はるべ》。この頃はムーラン・ルージュ新宿座に所属。翌十年、ピー・シー・エル映画製作所の文芸課嘱託となる）が脚本を担当。藤原釜足、堤眞佐子、竹久千恵子、丸山定夫、嵯峨善兵《さがぜんべい》、清川虹子らが出演した。

履歴書を何枚も書きつぶすことが日課となっている青年、只野凡児（藤原釜足）を主人公とする青春もので、未曾有の失業時代を背景に、ひとりの平凡な青年の求職活動や恋愛模様が描かれる。「就職運動の巻」「家庭教師の巻」「社員入門の巻」の三部から成る。作詞サトウハチロー、作曲紙恭輔、演奏P・C・L管弦楽団の主題歌（ルンバ曲）が、青年の悲哀をユーモラスに彩っている。日劇では、チャールズ・チャップリンが放った初のサウンド版（音楽だけで台詞が語られないもの）『街の灯』との併立興行となり、大ヒットとなった（配給は東和商事）。

この好評を受けて、半年後の七月十二日に、『続篇只野凡児　人生勉強』が封切られる。スタッフとキャストは正篇とほぼ同じ。有馬是馬《ありまこれま》が凡児の父親を怪演。徳川夢声が凡児の就職先の課長役を、コメディリリーフさながらに演じている。これも、「非常時の巻」「トウサン入来の巻」「らくだの巻」の三部構成である。

オープン・セツトで、五階のビルの表側一面だけが作られ、これが地上四十五度ぐらゐの角度で斜めに立つてゐる。この五階の窓から凡児が飛び出すところを、課長が両足を捕へて危ふく助ける、という景を撮つた。カメラが、線路に乗つて、その四十五度の坂を上つたり下りたりする。この撮影、一カットで一日つぶれた。「ヘエエエ、たつたワン・カツトで五百円！」と皆が舌を捲いたのは、そのビルのセツト建造費のことであつた。

（徳川夢声『あかるみ十五年』世界社、一九四八年）

ちなみに同書には、本作の撮影日数が三十七日間であったと記されている。昭和八年（一九三三）頃の東京市の一戸建て家賃は、十二円ほどだったようだから、夢声が感じたとおり、豪気な金の使いっぷりである。「らくだの巻」では、伊豆大島でのロケーションを敢行している。

松竹少女歌劇団出身の歌手弥生ひばりが、アパートの窓辺で流麗に主題歌（作詞松崎流子、作曲紙恭輔）を歌う場面があるが、登場人物が歌うのはここのみ。印象に残るのは、タイトルバックやラストシーンで流れる、作曲紙恭輔、演奏P・C・L管弦楽団によるインストゥルメンタル（器楽曲）である。

紙恭輔は、東京帝大在学中、新交響楽団（NHK交響楽団の前身）に参加してコントラバスを担当。のち、黎明期のジャズに転身し、東京ブロードキャスターズを結成。日本で最初のジャズ・レコードといわれた二村定一の『青空』『アラビヤの唄』で伴奏をつとめる。アメリカ留学をへて、松竹少女歌劇団の音楽監督に就任。昭和八年、森岩雄からの招聘を受け、『音楽喜劇　ほろよひ人生』の音楽を担当。ピー・シー・エル映画製作所設立の際、初代音楽部長に迎えられる。戦後は、GHQの支配下、アーニー・パイル劇場（東京宝塚劇場）専属オーケストラで指揮をとるなど、ジャズ・ブームを牽引した。

「さくら音頭」の狂騒

『只野凡児　人生勉強』正続篇が完結するまでの半年の間に、ピー・シー・エル映画は、『さくら音頭　涙の母』（三月八日、日比谷映画劇場、武蔵野館、大勝館）、『踊り子日記』（三月十五日、大阪東洋劇場）、『エノケンの青春酔虎伝』（五月三日、日比谷映画劇場）、『浪子の一生』（六月二十八日、同）の四作品を封切っている。

この春、ピー・シー・エル映画を含め、五本の『さくら音頭』が封切られているが、これは、レコード会社と映画会社が手を組み、「さくら音頭」なる楽曲を大いに盛り上げようと目論んだ結果である。

・ピー・シー・エル『さくら音頭　涙の母』（三月八日、日比谷映画劇場、武蔵野館、大勝館、監督木村荘十二、出演英百合子《はなぶさゆりこ》、千葉早智子、丸山定夫）……提携ビクターレコード／日本ビクター蓄音器株式会社

・大都『さくら音頭』（三月八日、河合キネマ、監督根岸東一郎、出演琴糸路、佐久間妙子、南部章三）……提携ニットーレコード／日東蓄音器株式会社

・新興『さくら音頭』（三月十四日、電気館、監督清涼卓明、出演見明凡太郎、由利健次、中野かほる）……提携テイチクレコード／帝國蓄音器株式会社

・日活太秦『さくら音頭』（三月二十二日、富士館、監督渡辺邦男、出演五月潤子、市川春代、夏川大二郎）……提携ポリドールレコード／株式会社日本ポリドール蓄音器商会

・松竹蒲田『さくら音頭』（四月十五日、邦楽座、監督五所平之助、出演坂東好太郎、田中絹代、川崎弘子）……提携コロムビアレコード／株式会社日本蓄音器商会

前年に発表され、盆踊りの季節に大流行した「東京音頭」（作詞西条八十、作曲中山晋平）の、二匹目の泥鰌を狙ったものだった。それぞれの映画に、作詞・作曲の異なる流行歌が備えられているが、共通するのは、「さくら」をテーマにした「音頭」が織り込まれていることだけで、物語も違えば、作品のカラーもさまざまである。二つの業界を挙げての試みは功を奏し、桜の花のあるところ、ないところ、日本各地で「さくら音頭」にのせて踊る人々の姿が見られたという。レコードも映画も大いに注目を集め、総体としての「さくら音頭」は、まぎれもなく流行現象となった。昭和七年（一九三二）の五・一五事件以降、国家によって「非常時」の輪郭が鮮やかになる中、国民の精一杯の反抗が、歌と踊りで現実を遮断することだったのかもしれない。

同じ頃、ピー・シー・エル映画製作所の相談役の一人、阪神急行電鉄株式会社（現・阪急電鉄株式会社）の小

林一三が設立した東京宝塚劇場（昭和九年一月開場）の舞台にも、『さくら音頭』は登場している［図③］。三月三日初日の十三景からなるヴァラエティーで、作東宝（東京宝塚劇場の略）文芸部、演出島村龍三、出演伏見信子、澤蘭子、徳川夢声、大辻司郎のほか、ビクター専属歌手らが出演した。実際の演出は、同劇場の支配人秦豊吉《はたとよきち》（戦後、新宿帝都座で「額縁ショウ」をプロデュース。のち、帝劇社長となり「帝劇ミュージカルス」を上演）がおこなったようだ。ただし、この公演の看板は、川島芳子の半生を描いた『男装の麗人』五幕九場（原作村松梢風、脚色豊田豊、演出水谷竹紫、主演水谷八重子（初代））で、『さくら音頭』は添えものだった。また、松竹経営の東京劇場では新派大合同と松竹少女歌劇団が、さらに浅草でも、古川緑波らの劇団笑《わらい》の王国《おうこく》（後述）が、『さくら音頭』名義の公演をそれぞれおこなっている。

図③　東京宝塚劇場『さくら音頭』公演チラシ（昭和9年3月）

ピー・シー・エルの『さくら音頭　涙の母』は、貧困と病気に苦しむ家族の情愛を描いた悲劇である。ダンスホールで働く娘（千葉早智子）が、いまわの際にある母（英百合子）の枕元で、『勧進帳』よろしく、出奔した兄（丸山定夫）からの手紙（実は弟の中学合格通知）を、そらで読み上げるクライマックスシーンは印象的だ。タッグを組んだビクターレコードの主題歌（作詞佐伯孝夫、作曲中山晋平、歌唱小唄勝太郎、三島一声、徳山璉）が挿入されている。

映画の興行、レコードの売り上げともに、他社を圧する好成績を収めたようだが、映画に関しては、陽気な主題歌とのギャップが大きく、違和感がぬぐえない。脚本がすでにあったところへ、「さくら音頭」とのコラボ企画が持ち上がったのだろうか。

『踊り子日記』〔図④〕は、『純情の都』同様、島村龍三の原作である（脚色小林勝）。監督矢倉茂雄、音楽紙恭輔。矢倉は松竹蒲田の助監督をへて、昭和八年（一九三三）にピー・シー・エル映画製作所に入社。本作が監督デビュー作である。

図④　『踊り子日記』雑誌広告（『キネマ旬報』第495号、昭和9年2月）

昭和初期の浅草を舞台に、音楽家を目指すサキソフォン吹きの青年謙二（大川平八郎）と、ふとしたことから踊り子になった玲子（千葉早智子）の恋の行方を、すれちがいの面白さを軸に描く。脇を固める藤原釜足も岸井明も、ピー・シー・エル映画のお馴染みだ。ダンスの稽古や衣裳替えの場面、楽屋での踊り子たちのおしゃべりなどが小気味よい。カジノ・フォーリー、ムーラン・ルージュをへて、東宝入りした島村龍三の原作に、幕内のリアリティがあるからだろう。

劇中劇として、大辻司郎による月形半平太の珍場面や、古川緑波による「声帯模写」（二村定一、藤原義江、榎本健一の声色で歌う「すととん節」）、ベティ稲田と淡谷のり子の独唱などが披露されている。出演者の顔ぶれからして、これは、笑の王国で演じられた喜劇やヴァラエティーのミニチュア版といってよい。恋人を想いながら、青年がサキソフォンで奏でる「恋人よ我に帰れ」は、無骨だが優しい響きで胸を打つ。

エノケン登場

『踊り子日記』から二か月後の昭和九年（一九三四）五月三日に封切られたのが、『エノケンの青春酔虎伝』である（クレジット・タイトルは『エノケン主演　青春酔虎伝』）。監督は、日活の現代劇部から移籍してきた山本嘉次《かじ》郎《ろう》。映画には端役で出演したことはあったが、エノケンこと榎本健一にとっても、オール・トーキーの、しかも音楽映画は初めてだった。「音楽喜劇映画」をいっしょに撮りたいというエノケンの熱望に応え、山本は日活に比べて月給が安いことを承知で、ピー・シー・エル映画製作所に入社したという。

春爛漫。愉しいカレッジライフも、卒業試験を残すばかり。落第をつづけ、とうとう二十八歳になってしまったエノモト（榎本健一）は、それでも、仲間の二村（二村定一）や如月（如月寛多）らと、歌ったり踊ったり、ときには隣の女子大の寮に侵入して、女舎監（武智豊子）からお目玉を喰らったりしている。

念願かない卒業すると、父（柳田貞一）が経営する会社に若社長として入社。しかし、当然ながら、学生時代のように愉快な毎日ではない。唯一の楽しみは、学生の時からの友だちであるリラ子（堤眞佐子）に、花束を持って会いにいくことだった。だが、彼女は伯爵（大川平八郎）と婚約し、エノモトの前から去ってしまう。

落ち込んだ彼を立ち直らせようと、父や姉（花島喜世子）が見合いの話を持ってくる。変わり身早く、美しいマチ子（千葉早智子）と甘い新婚生活を始めるが、訪ねてきたリラ子のことで夫婦喧嘩となる。憂さ晴らしに街に繰り出し、誰彼なしに喧嘩を吹っかけてみるが、相手にする者はいない。ところが、二村が経営するビアホールで、かっこうの喧嘩相手を見つける……。

昭和四年（一九二九）七月、浅草水族館に旗揚げされた劇団カジノ・フォーリーに端を発する「レヴュー式喜劇」は、東京の街に一大旋風を巻き起こしていた。その中心人物であるエノケンは、当時、浅草でもっとも大きな劇場松竹座を本拠に、劇団ピエル・ブリヤント（略称P・B／のちに、エノケン一座が正式名となる）を率いて人気を集めていた。最盛期には、座員百五十人、オーケストラ（P・B管弦楽団）二十五人を擁する日本一大きな劇団だった。作家の菊谷榮、大町龍夫、波島貞、和田五雄ら、編曲・作曲・指揮の栗原重一、振付の鹿島光滋等々の才能を得て、歌舞伎やオペラ、外国映画などに材を採った喜劇や、歌とダンスと笑いにあふれたショーを展開していた。

『エノケンの青春酔虎伝』は、原作・脚色エノケンP・B及P・C・L文芸部、演出山本嘉次郎、撮影唐澤弘光、録音早川弘二、装置北猛夫、音楽紙恭輔、栗原重一、振付鹿島光滋……とクレジット・タイトルに表されているとおり、ピエル・ブリヤントとピー・シー・エル映画製作所が、持てる力を結集した映画だった。

出演者も両者の混成チームで、主人公エノモトを演じた榎本健一以下、二村定一（二村）、中村是好（老事務員）、柳田貞一（エノモトの父）、如月寛多（如月）、森健二（森）、吉川道夫（エノモトの姉の良人）、大友純（暴力団長）、花島喜世子（エノモトの姉）、北村季佐江（花売娘）、宏川光子（タップを踊る女学生）、髙清子（女秘書）、唄川幸子（ヴォーカル・トリオの女A）、小村圭子（同B）、永井智子（同C）、浪木たづみ（女中）、武智豊子（女舎監）らがエノケン一党であり、千葉早智子（マチ子）、堤眞佐子（リラ子）、英百合子（エノモトの母）、堀越節子（トリ子）、藤原釜足（課長）、大川平八郎（伯爵）、岸井明（相撲取り）らがピー・シー・エル映画一党という構図になる。

築地小劇場出身の丸山定夫（タイトルには「堀先生」とあるが、作中、「あいだ先生」と呼ばれている）は、ピー・シー・エル映画製作所と専属契約を結んでいたが、ほぼ同じ時期の昭和七年秋から八年にかけての約一年間、福田良介の芸名でピエル・ブリヤントにアルバイト出演していた。病妻細川ちか子の薬代を稼ぐためであった。もともと浅草オペラ志望で、築地小劇場の研究生になる以前、根岸歌劇団の地方巡業に参加。この前後に、やはり無名時代のエノケンと出会い、ふたりは友情を育む。本作においては、二つの会社の架け橋のような存在である。

音楽映画の可能性

音楽担当の栗原重一はもちろんのこと、作家の菊谷榮をはじめ、ピエル・ブリヤントには、音楽的素養を身に付けた者が多かった。エノケン自身、初見の楽譜でヴァイオリンを爪弾くことができたし、抜群のリズム感を持ち、どんなに複雑なテンポの曲でも一度聴けば歌いこなした。そのエノケンとのコンビが受けていた二村定一は、かつて「私の青空」「アラビヤの唄」「君恋し」等の大ヒットを飛ばした、日本におけるジャズ・シンガーの草分けである。二村が歌手から俳優に転身するにあたり、エノケンが率いる一座に活路を見出したことでも、陣容の質が理解できよう。

『エノケンの青春酔虎伝』〔図⑤⑥〕の製作にあたり、エノケンや山本嘉次郎らが想い浮かべたものは、『ラヴ・パレイド』（一九二九年、アメリカ、昭和五年九月日本公開、監督エルンスト・ルビッチ）や『巴里の屋根の下』（一九三〇年、フランス、昭和六年五月日本公開、ルネ・クレール監督）、『会議は踊る』（一九三一年、ドイツ、昭和九年一月日本公開、監督エリック・シャレル）などの欧米の音楽映画だった。

冒頭の芝生が広がるキャンパスの場面では、モダンな制服を身に付けた男女の学生たちを、カメラが流れるように追い、東京宝塚劇場を舞台とするお見合いの場面では、劇場ロビーの階段を宝塚の大階段に見立て、エノモ

図⑤　『エノケンの青春酔虎伝』雑誌広告（『キネマ旬報』第501号、昭和9年4月）オモテ面

図⑥　同ウラ面

トとマチ子が、劇場スタッフが立ち並ぶ中、歩く姿を撮らえている。こうした絵作りは、『フーピー』（一九三〇年、アメリカ、昭和七年一月日本公開、監督ソートン・フリーランド）や、『四十二番街』（一九三三年、アメリカ、昭和八年六月日本公開、監督ロイド・ベイコン）、『ゴールド・ディガース』（一九三三年、アメリカ、昭和八年十二月日本公開、監督マーヴィン・ルロイ）などの傑作ミュージカルをものした、演出家兼振付師バスビー・バークレーの世界を意識したものと考えられる。

体型や容貌がどことなくエノケンに似ていた、エディ・キャンター（ブロードウェイの代表的劇団ジーグフェルド・フォーリーズの人気俳優）が主演した『フーピー』や『突貫勘太』（一九三一年、アメリカ、昭和八年二月日本公開、監督A・エドワード・サザーランド）などは、エノケンが目指していた「音楽喜劇映画」であり、使用楽曲にも強い影響が認められる。

ちなみに、昭和十年（一九三五）、加賀プロダクションが、鈴木傳明《でんめい》監督・主演、ベティ稲田、中川三郎出演による、『舗道の囁き』という音楽映画をつくっている（音楽服部良一）。こちらは、『空中レヴュー時代』（一九三三年、アメリカ、昭和九年五月日本公開、監督ソートン・フリーランド）をはじめとする、フレッド・アステアとジンジャー・ロジャースによるダンス映画の影響が見てとれる。

さて、『エノケンの青春酔虎伝』だが、クライマックスのビアホールを舞台とする乱闘場面は、細かなカット割りで構成することで、空間の広がりを感じさせる。ドタンバタンと乱暴な描写がつづくが、終わってみると、まるでダンスシーンを見ているようである。

映画ならではの演出は、ほかにも見られる。丸山定夫扮する教師の家へ、エノケン、二村、如月の三人が、卒業試験をパスさせてもらおうと泣き落としにいく場面。三人は応接室で、教師が現れるのをじっと待っている。座卓の上には、めいめいのお茶と、菓子皿に盛られた五切れのカステラがのっているが、場合が場合ゆえ手を付けにくい。とつぜん襖が開くと、小さな男の子が入ってきて、カステラを二切れつかんで出ていく。菓子皿に残った三切れのカステラを、二村がそっと整える。すると、またもや男の子が現れ、二切れつかんで立ち去る。三人が顔を見合わせる。思い余って、如月が一切れだけ残ったカステラに手をやるが、二村にたしなめられる。男の子、またやってきて、最後のカステラに手を伸ばそうとするので、エノケン、菓子皿ごと取り上げる。だが男の子、エノケンの頭をポカリ。カステラをつかんで部屋を出ていく……。

　無茶な相談にやってきた学生たちの心理が、たくみに描かれている。台詞はまったくない。カステラの数の推移が目視できなければ、つまり、映画でなければ成立しないギャグである。

　新妻マチ子との夫婦喧嘩の場面では、喧嘩の真っ最中、夫のエノケンは妻の手を振り払うと、カメラに向かって歩み寄り、「みなさんは、夫婦げんかをどのようになさるんですか？」と、観客に問う。すると、「やれやれっ！　猛烈にやれっ！」と、姿のない声と拍手が、エノケンに返される。演劇用語でいうところのメタシアターの変種だが、これなども、生のリアクションを期待することのできない、映像というメディアを逆手にとったギャグといえよう。

　『エノケンの青春酔虎伝』の翌月、昭和九年（一九三四）六月に封切られた『浪子の一生』も、ピー・シー・エル映画らしい都会的な音楽映画である。監督は『純情の都』の矢倉茂雄。徳富蘆花《とくとみろか》の原作『不如帰《ほととぎす》』は、明治時代の物語だが、脚本の小林勝は現代ものとして脚色している。胸を病んで子爵家から離縁され、最後は血を吐いて死んでしまう娘浪子を、伏見信子が演じているほか、汐見洋、英百合子らが出演。

　明治三十年代のはじめに、新聞に連載され、単行本がベストセラーになった『不如帰』は、これまで繰り返し映画化されているが、森岩雄も、かつてこの小説の映画化に関わっている。昭和七年（一九三二）五月に帝国劇場等で封切られた、オリエンタル映画社のトーキー『浪子』である。脚本森岩雄、監督田中栄三。出演は水谷八重子（初代）、大日方傳《おびなたでん》、汐見洋ほか。このときも、現代ものとして脚色していたようだから、『浪子の一生』は、森にとってセルフ・リメイクともいえる作品である。

以上、『只野凡児　人生勉強』正続篇が完結するまでの半年の間に、ピー・シー・エル映画製作所が公開した四本の映画を順に見てきた。この中で、音楽映画路線の一環として製作された『エノケンの青春酔虎伝』は、とくに重要である。

浅草の喜劇俳優榎本健一は、この映画によって、一躍、全国区のスター「エノケン」にのぼり詰めた。その様子を目の当たりにしながら、森岩雄は、ピー・シー・エル映画の新たな路線を切り拓くべく、動き始める。喜劇俳優や寄席芸人など、映画界の外で活躍する人々を迎えて、新しい喜劇映画をつくろうと考えたのである。

文人・森岩雄

『昭和新撰組』を皮切りに、『音楽喜劇　ほろよひ人生』『純情の都』の製作に、外部スタッフとしてたずさわった森岩雄は、昭和八年（一九三三）十二月、ピー・シー・エル映画製作所の創立に参加。同社の取締役支配人に就任して、取締役所長（社長）の植村泰二（植村澄三郎の息子）を支えた。昭和十二年（一九三七）、同社と親会社の写真化学研究所（P・C・L）、京都の株式会社J・Oスタヂオ、東宝映画配給株式会社の四社が合併し、東宝映画株式会社が誕生すると、戦後、昭和二十二年（一九四七）に公職追放の指定を受けるまで、常務取締役をつとめる。この間、東宝映画は株式会社東京宝塚劇場と合併し、東宝株式会社となる（昭和十八年）。昭和二十六年（一九五一）に復職し、小林一三社長のもと、顧問をつとめたのち、取締役製作本部長、専務取締役等を歴任。昭和三十七年（一九六二）、副社長に就任すると、映画部門を藤本真澄《さねずみ》に、演劇部門を菊田一夫に託し、東宝の黄金期を招来……。

右のとおり、映画製作者、企業人としての経歴が輝かしい森岩雄だが、もともと、映画評論家、映画研究家、脚本家として活躍していた人物である。

明治三十二年（一八九九）二月、神奈川県横浜市に生まれた森は、成蹊実業専門学校に学んだ。映画脚本家を志していたが、並行して筆を執っていた映画批評や研究の分野で注目を集める。中小の映画製作会社、映画輸入会社をへて、日本映画俳優学校（大正十二年創立。校長水口薇陽《みなぐちびよう》）の主事兼講師となる。同校の講師には、田中栄三（映画監督）、帰山教正《かえりやまのりまさ》（映画研究家、映画監督）、汐見洋（築地小劇場創立メンバー、俳優）らがおり、小杉勇（俳優）、島耕二（俳優、のち映画監督）、佐分利信《さぶりしん》（俳優）らが巣立っている。

新劇俳優の汐見洋は、その後、森が関わる映画にしばしば出演し、四歳年下の友を守り立てている。島耕二は日活で活躍したのち、森が製作した『純情の都』に出演、主人公の千葉早智子に毒牙をむく色魔を演じている。のちに監督に転身。代表作に、『風の又三郎』（昭和十五年）、『次郎物語』（昭和十六年）などがある。

根っからの映画青年であった森は、映画の地位向上のために、映画評論家でユーモア作家の東健而《ひがしけんじ》を中心に、久米正雄（作家）、田中三郎（『キネマ旬報』創刊発行人）、飯島正（映画評論家）らと「良い映画を讃める会」を結成。同人には、映画弁士として全盛を極めていた徳川夢声も加わった。のちに夢声は、『音楽喜劇　ほろよひ人生』をきっかけに、暗闇から明るみの世界に進出、芸界に独自の存在感を放つ。

だが、夢声との縁は、深く、複雑である。早い段階から日本映画のトーキー化を支持し、論陣を張っていた森に対し、夢声は弁士の立場から強硬に反対意見を述べ、両者は対立関係にあった。スーパー・インポーズがついた『モロッコ』が登場したことで、この議論にはあっけなく決着がついてしまうが、その後、夢声は森から、オリエンタル映画社『浪子』への出演を依頼される。声（ナレーション）のみではあったが、これが、夢声が出演

図⑦　初の外遊時、チャップリンと記念写真におさまった森岩雄（左、大正15年3月。森岩雄『私の藝界遍歴』青蛙房、1975年所収）

した初めての映画となる。トーキーに最後まで抗っていた夢声を、トーキーの世界に引っ張り込んだのが森だった。

　オリエンタル映画社は、昭和七年（一九三二）四月、アメリカのウェスタン方式をもとに、トーキーの製作を標榜して設立されたが、結局、同年五月、『浪子』を帝国劇場で封切っただけで、解散にいたった。日活の営業部長などをつとめ、日本劇場の創立発起人の一人であった西本聿造《いつぞう》や、のちにピー・シー・エル映画製作所を設立することになる植村泰二らが出資していた。

　大正十四年（一九二五）、日活の村田實監督によって、森のシナリオ『街の手品師』が映画化される（日活京都、出演近藤伊与吉、岡田嘉子）。これまでもマキノ映画などにシナリオを提供したことはあったが、大手の映画会社で自作が映画になるのは初めてだった。親しくなった村田と、この映画のプリントを一本持ち、欧米の映画演劇界を視察にいくことを思いつく。ベルリン、パリ、ロンドン、ニューヨーク、ハリウッド等を巡る、約八か月間の旅だった［図⑦］。ベルリンでは、当時、三菱商事伯林《ベルリン》支店に勤務していた秦豊吉の知遇を得、以来兄事する。各国のヴォードヴィルやレヴューのたぐいにふれる中で、大衆の求める娯楽がミュージカル形式に傾斜していることを実感する。

　帰国後まもなく、日活より現代劇のシナリオを頼まれる。自分ひとりの力では高が知れていると、信頼できる仲間に声をかけ、勉強会を開催することにした。「日活金曜会」と名づけられたこの集まりは、大正十五年（一九二六）七月から昭和五年（一九三〇）七月まで、まる五年間つづいた。日本映画俳優学校でいっしょに講師をつとめた田中栄三をはじめ、村田實、佐々木能理男《のりお》（映画評論家）、八田元夫（演出家）らが参加した。のちに、『音楽喜劇　ほろよひ人生』を撮る山本嘉次郎も、ピー・シー・エル映画のシナリオを書く小林勝も、メンバーだった。

日活金曜会は、『彼をめぐる五人の女』（田中栄三）、『椿姫』（森岩雄）などのシナリオを日活に提供する一方で、トーキーの研究と試作もおこなった。

笑の王国周辺

この間、森は、昭和三年（一九二八）、京王電気軌道（現・京王線）沿線の調布多摩川の遊園地、京王閣に開校された、日本劇場附属音楽舞踊学校の教壇にも立った。校長は、のちにオリエンタル映画社を設立する西本聿造だった。有楽町に建設中の日本劇場に出演させる踊り子の養成を目的とし、敷地内に演芸場も併設された。ところが、本体の日劇が資金難のために立ち腐れとなり、京王音楽舞踊学校と改称ののち、昭和七年（一九三二）の暮れに解散。森のほか、花柳壽二郎《はなやぎじゅじろう》（舞踊家・日舞）、河上鈴子（舞踊家・洋舞）、斎田治良《さいだじろう》（演出家）らが教鞭をとった。この学校からは、松竹少女歌劇団をへて映画界入りした江戸川蘭子のほか、ピー・シー・エル映画の専属となった堤眞佐子（オリエンタル映画社『浪子』にも出演していた）や、文学座で活躍した堀越節子（『エノケンの青春酔虎伝』では堤の友人トリ子役で出演）らが出た。

斎田治良と森は、昭和八年（一九三三）四月、浅草常盤座に旗揚げされる劇団笑の王国のスタッフ（文芸部）に、そろって名前を連ねることになるが、それより以前、昭和四年（一九二九）二月、新宿武蔵野館でおこなわれた、武蔵野ヴォードビル特別公演『博士の見世物』五場でも、顔を合わせている。徳川夢声の原作を、夢声と森が共同演出したレヴューで、当時、同館の演出部長だった斎田が舞台監督をつとめた。

笑の王国には前史がある。大正十五年（一九二六）十月、徳川夢声、山野一郎、大辻司郎ら、当代の人気弁士による、ナヤマシ会と名のる公演が、芝の労資協調会館でおこなわれた。のちに「漫談」と命名される、ユーモラスなおしゃべりや、物真似、落語、寸劇など、ふだんは暗闇の中で活躍する弁士が、明るい舞台に現れて余技を見せる、いわば素人演芸会であったが、映画スターの飛び入り出演もあれば、映画雑誌『映画時代』の編集者だった古川緑波が「声帯模写」の看板を掲げて出演するなど、映画ファンには楽しい催しであったようだ。とくにナンセンスな寸劇が評判だった。

ナヤマシ会は、昭和七年（一九三二）まで都合九回の公演を重ね、そのたびに大入りの成功を収めるが、この間、トーキーの嵐に見舞われる。失業状態に陥ったメンバーは、いきおいプロ化を標榜。名称を大東京カーニヴァルと改め、昭和七年十月、これまでよりずっと大きな劇場、新橋演舞場で第一回公演をおこなう。だが、興行的におもわしい結果が得られず、解散。同年十二月、カーニヴァル座と改称し、再度同劇場で公演をもつが、これも不入りに終わった。

昭和八年春、古川緑波のもとに、松竹座のピエル・ブリヤントに対抗する劇団旗揚げの企画が、松竹傘下の常盤興行より持ち込まれる。勢いを増してきたエノケンに対する、松竹の企業内牽制策だった。しかし、エノケンに匹敵する喜劇俳優など見つかるはずはない。そこで緑波は、ナヤマシ会の残党をはじめ、映画界、演劇界に声をかけ、顔ぶれのにぎやかさで勝負しようと考える。こうして四月、笑の王国第一回公演の幕が上がった。

大東京カーニヴァル、およびカーニヴァル座公演を仕掛けたのは、実は森だった。欧米への視察経験から、ナヤマシ会で演じられた漫談や寸劇が、これからの大衆に広く受け容れられるものであることを確信。徳川夢声に、より大きな規模で公演をもつことを提案した。森の肝煎りで、音楽家の堀内敬三（当時・日本放送協会洋楽主任）も新たに参加。興行の責任を、この三人で負うことも決めた。

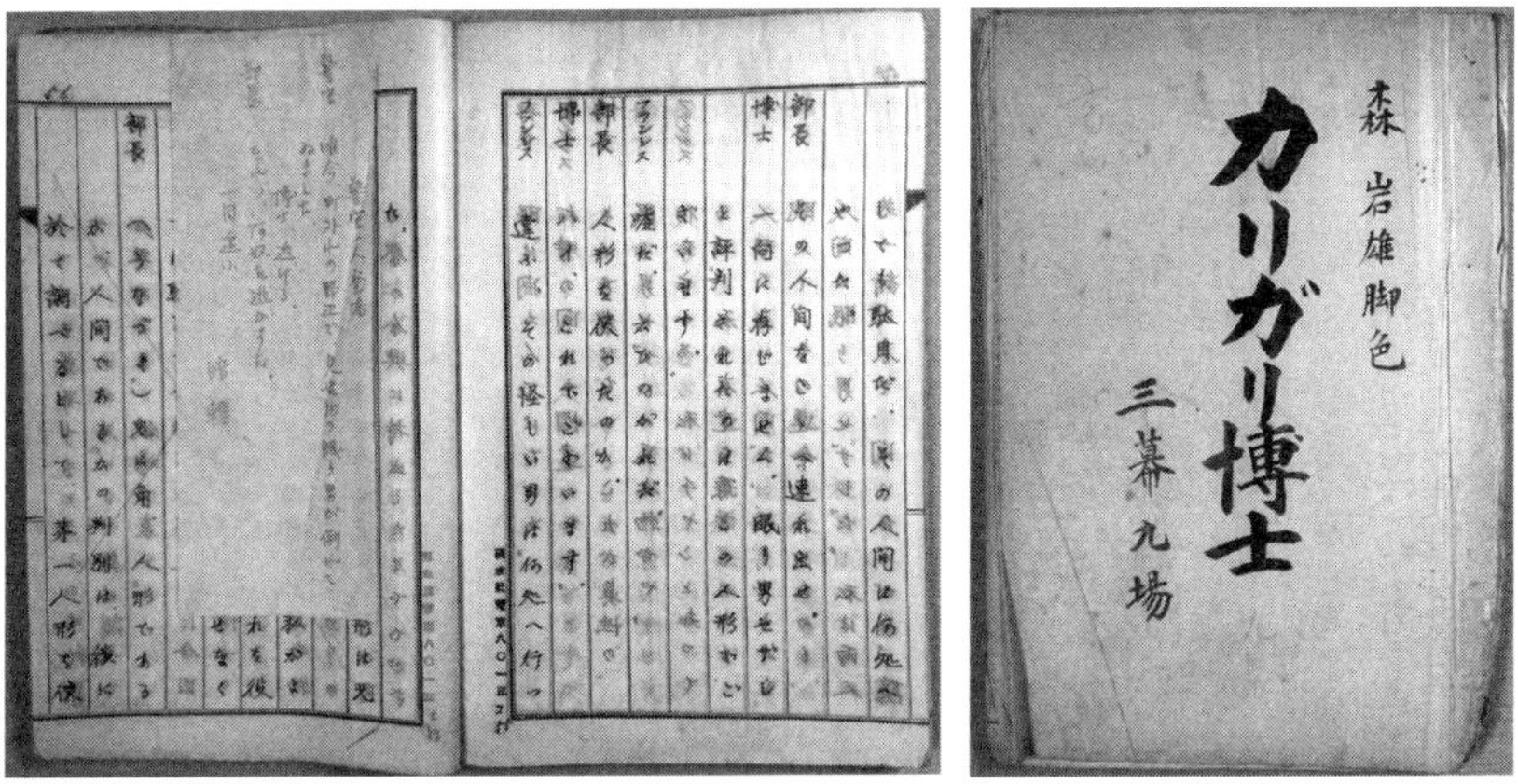

図⑧　森岩雄が「笑の王国」のために執筆（脚色）した『カリガリ博士』の台本。原作は1920年製作のドイツ表現主義映画。徳川夢声（カリガリ博士）、林葉三（眠り男セザレ）、生駒雷遊（アラン）らが出演した（昭和8年7月、浅草常盤座）

笑の王国は、ナヤマシ会から発展したカーニヴァル座の舞台を、浅草の観客に受け容れやすい形にアレンジし、たちまち人気劇団に躍り出た。これには、古川緑波の企画力とともに、常盤座の支配人川口三郎の見識が作用していた。川口は森岩雄を頼りにし、笑の王国の顧問格への就任を要請するが、森は映画に専心したいからと断った。

笑の王国には、ナヤマシ会の残党のほかに、渡辺篤、小杉勇、島耕二、岸井明、中根龍太郎、三益愛子、清川虹子らの俳優が参加。前記、日本劇場附属音楽舞踊学校出身の堤眞佐子らもメンバーに加えられた。文芸スタッフとして、森岩雄〔図⑧〕、斎田治良のほか、村田實、飯島正、松井翠声《すいせい》（もと弁士）、内田岐三夫（映画評論家）らが名前を連ねた。森がこれまで親しく交わり、信頼を寄せる者たちばかりだった。

森は、川口の協力のもと、「応援出演」の形で、俳優たちの出演を得た。徳川夢声や古川緑波、岸井明、堤眞佐子らが、初期のピー・シー・エル映画で大小さまざまな役を演じているのは、こうした理由による。

新しい喜劇映画のために

徳川夢声や古川緑波は、いまや喜劇俳優として絶大な人気を集めている。森岩雄が考える新しい喜劇映画に、これらの俳優たちが持っているセンスや知性、技量は欠かせない。

トーキーには、オーバーな演技は無用である。大事なのは、現代風俗のさらに先を行く、知的でスピーディーな話術である。それがこなせる俳優たちの源泉が、エノケンや夢声、緑波らが活躍の場としていたレヴュー式喜劇であり、横山エンタツ、花菱アチャコらの漫才や、柳家金語楼らの落語の世界だった。早い時期から近くで接していた夢声や緑波たちに、森はあらためて、映画への理解と協力をうながしたが、同時に、広く喜劇界や寄席演芸界を見渡し、有力な芸人たちを映画の世界に招こうと動いたのである。

注目すべき喜劇俳優が、もっと近くにいたこともわかった。藤原釜足と岸井明である。

『音楽喜劇　ほろよひ人生』に主演した藤原釜足は、ピー・シー・エル映画の俳優第一号ともいうべき存在である。スタートはエノケンや丸山定夫と同じく浅草オペラだが、その後、ピエル・ブリヤントを結成する前のエノケンとともに、レヴュー式喜劇の舞台で活躍していた。

一方の岸井は、日活所属の俳優をへて笑の王国の旗揚げに参加したが、二か月ほどで退団し、『音楽喜劇　ほろよひ人生』に出演した。当初は脇役が多かったが、みごとな体格と歌声で人気を集めていた。

二人は、アメリカ映画のお笑いコンビ、ローレル&ハーディの線を狙った「じゃがたらコンビ」として、新たに喜劇路線に加えられた。その第一作が、昭和十一年（一九三六）八月公開の『唄の世の中』である。

このようにして製作された主な喜劇映画は、次のとおり。同時期に公開されたピー・シー・エル製作の「エノケン映画」も、あわせて記す（◇＝喜劇映画、◆＝エノケン映画、◎＝その他）。

◆榎本健一主演『エノケンの魔術師』（昭和九年十月、監督木村荘十二、共演中村是好、藤原釜足、柳田貞一）

◇宇留木浩主演『坊っちゃん』(昭和十年三月、監督山本嘉次郎、共演徳川夢声、丸山定夫、藤原釜足)
◇堤眞佐子、リキー・宮川主演『すみれ娘』(同年五月、監督山本嘉次郎、共演藤原釜足、伊達里子、徳川夢声)
◇徳川夢声主演『三角旗ビルディング』(同年七月、監督木村荘十二、共演神田千鶴子、加賀晃二)
◇千葉早智子、宇留木浩主演『ラヂオの女王』(同年七月、監督矢倉茂雄、共演古川緑波、丸山定夫)
◇伊東薫主演『いたづら小僧』(同年九月、監督山本嘉次郎、共演藤原釜足、英百合子、神田千鶴子、高尾光子)
◆榎本健一主演『エノケンの近藤勇』(同年十月、監督山本嘉次郎、共演中村是好、二村定一、高尾光子)
◇宇留木浩、藤原釜足主演『人生初年兵』(同年十二月、監督矢倉茂雄、共演神田千鶴子、水上怜子、徳川夢声)
◇堤眞佐子主演『女軍突撃隊』(同年十二月、監督木村荘十二、共演宇留木浩、藤原釜足、神田千鶴子、細川ちえ子)
◆榎本健一主演『エノケン十八番　どんぐり頓兵衛』(同年十二月、監督山本嘉次郎、共演二村定一、高尾光子)
◇横山エンタツ、花菱アチャコ主演『あきれた連中』(昭和十一年一月、監督岡田敬、伏見修、共演徳川夢声、堤眞佐子)
◇大川平八郎、宇留木浩、北澤彪主演『求婚三銃士』(同年二月、監督矢倉茂雄、共演千葉早智子、清川虹子)
◇古川緑波主演『歌ふ弥次喜多』(同年三月、監督岡田敬、伏見修、共演徳山璉、藤原釜足、三益愛子)
◇徳川夢声主演『吾輩は猫である』(同年四月、監督山本嘉次郎、共演丸山定夫、藤原釜足)
◆榎本健一主演『エノケンの千萬長者』(同年七月、監督山本嘉次郎、共演二村定一、宏川光子)
◇横山エンタツ、花菱アチャコ主演『これは失礼』(同年八月、監督岡田敬、共演高尾光子、清川虹子)
◇藤原釜足、岸井明主演『唄の世の中』(同年八月、監督伏見修、共演神田千鶴子、宮野照子)
◆榎本健一主演『続篇　エノケンの千萬長者』(同年九月、監督山本嘉次郎、共演二村定一、宏川光子)
◇藤原釜足、岸井明主演『おほべら棒』(同年十月、監督岡田敬、共演清川虹子、英百合子)

◇永田キング主演『かっぽれ人生』（同年十月、監督矢倉茂雄、共演三条正子、リキー・宮川。永田キングの映画初出演は、昭和九年二月、太秦発声作品『爆笑王キング万歳』）
◎岸井明主演『からくり歌劇』（同年十月、監督大谷俊夫、共演杉狂児、高勢実乗《たかせみのる》、鳥羽陽之助、藤原釜足、神田千鶴子。日活多摩川製作の音楽喜劇映画。主演の岸井ほか、藤原、神田らが貸し出され実現。監督の大谷は、翌年ピー・シー・エル映画製作所に移籍。脚本菊田一夫、音楽古賀政男）
◇徳川夢声主演『彦六大いに笑ふ』（同年十一月、監督木村荘十二、共演丸山定夫、堤眞佐子）
◇柳家金語楼主演『武士道朗かなりし頃』（同年十二月、監督松井稔、共演小島洋々、高尾光子）
◆榎本健一主演『エノケンの吾妻錦絵　江戸っ子三太』（同年十二月、監督岡田敬、共演二村定一、山縣直代）
◇横山エンタツ、花菱アチャコ主演『心臓が強い』（昭和十二年一月、監督大谷俊夫、共演石田一松、堤眞佐子）
◇藤原釜足、岸井明主演『風流演歌隊』（同年二月、監督伏見修、共演小杉義男、竹久千恵子）
◇藤原釜足、岸井明主演『新婚うらおもて』（同年二月、監督山本嘉次郎、共演神田千鶴子、竹久千恵子）
◇藤原釜足、岸井明主演『うそ倶楽部』（同年三月、監督岡田敬、共演徳川夢声、英百合子）
◇古川緑波主演『ハリキリボーイ』（同年四月、監督大谷俊夫、共演三益愛子、藤原釜足）
◆榎本鍈一主演『江戸ッ子健ちゃん』（同年五月、監督岡田敬、共演榎本健一、堤眞佐子、柳田貞一、中村メイコ。榎本鍈一は榎本健一の長男。映画公開時満六歳）
◇古川緑波主演『見世物王国』（同年六月、監督松井稔、共演高峰秀子、岸井明）
◇藤原釜足、岸井明主演『東海道は日本晴』（同年七月、監督滝澤英輔、共演竹久千恵子、高尾光子、小林重四郎）
◆榎本健一主演『エノケンのちゃっきり金太　前篇』（同年七月、監督山本嘉次郎、共演中村是好、柳田貞一、市川圭子）

◆榎本健一主演『エノケンのちゃっきり金太　後篇』（同年八月、監督山本嘉次郎、共演中村是好、二村定一、花島喜世子）

◇横山エンタツ、花菱アチャコ主演『僕は誰だ』（同年九月、監督岡田敬、共演姫宮接子、清川虹子）

二つの路線のその後

昭和初年に定められたピー・シー・エル映画の二つの路線は、会社がより大きな規模に発展し、昭和十二年（一九三七）九月、東宝映画株式会社、昭和十八年（一九四三）八月、東宝株式会社となってからも継続された。太平洋戦争末期の昭和二十年（一九四五）一月には、森と仕事をつづけてきた喜劇俳優が総出演した『勝利の日まで』（監督成瀬巳喜男）を公開。もともと前線への慰問映画として製作された作品だが、「慰問爆弾」なるものを発明した徳川夢声扮する博士を中心に助手役の古川緑波、高峰秀子、横山エンタツ、花菱アチャコ、爆弾で戦地に送られる芸人として、榎本健一、広沢虎造、岸井明、川田義雄（のち晴久）らが出演。「アノネオッサン、ワシャカナワンヨ」で一世を風靡した高勢実乗も登場している。

翌昭和二十一年（一九四六）一月には、横山エンタツ、花菱アチャコ、古川緑波、柳家権太楼、石田一松による『東京五人男』（監督斎藤寅次郎）が封切られ、焼け野原から人々を立ち上がらせる力を、喜劇映画が備えていることを示した。

戦後派の喜劇俳優として、森繁久彌、フランキー堺、小林桂樹、三木のり平、ハナ肇とクレージーキャッツ等々が現れ、豊田四郎、久松静児、佐伯幸三、杉江敏男、市川崑、松林宗恵《まつばやししゅうえ》、古沢憲吾、岡本喜八……らの監督が、それぞれの喜劇手腕を発揮した。

音楽映画についても、『ジャンケン娘』（昭和三十年十一月、監督杉江敏男、出演美空ひばり、江利チエミ、雪村いづみ）をはじめ、植木等主演の「日本一の～男」シリーズ、「クレージー」シリーズ、加山雄三主演の「若大将」シリーズなどが製作された。だが、これらを、榎本健一と山本嘉次郎が『エノケンの青春酔虎伝』で試みようとした、「音楽喜劇映画」の発展型と考えるのはむずかしい。この分野に限っては、東宝も日活も松竹もなく、戦後の日本映画は、足踏みをしたままなのではないかと思う。

かねてエノケンが舞台ばかりでなく映画にも野心があることを知っていたので、秘密に交渉を重ね、舞台を休ませ、その代り一座を買って年数回映画に出演して貰う約束を取りつけることに成功した。エノケンはエノケンとしての映画に対する夢もあり、見識もあるので、尋常な監督ではこなし切れない。しかも莫大な出演費と製作費を要するし、日限もきまっているので、処理の拙い監督にも任せられない。その上に、この映画はいわゆる新派でも旧派でもない、音楽をいれた日本映画として新しい様式のものでなければならないなど、むずかしい問題が山ほどあった。

（森岩雄『私の藝界遍歴』青蛙房、一九七五年）

森岩雄は、昭和五十四年（一九七九）五月、八十歳で死去した。もし、まだ元気だとしたら、今日の日本映画をどのように見るだろう。音楽映画、とりわけ「音楽喜劇映画」の発展は、諦めてしまっただろうか。いいや、森のことである。何か新しい路線に踏み出すべく、走り回っているにちがいない。あらゆる英知と人脈を結集して――。

Ⅲ 浅草の興亡、丸の内の光芒

第7章

探偵小説家とレヴュー・ガール

江戸川乱歩と江川蘭子と江戸川蘭子

中野正昭

はじめに

作家の自己愛だろうか、昭和モダン華やかな頃、江戸川乱歩は自分の名に因んだ「蘭子」という人物をたびたび作品に登場させている。最初は合作小説『江川蘭子』（昭和五年）の主人公〔図①〕で、合作小説とは一つの話を複数の作家がリレー形式で書き継いだものだ。関東大震災後の復興機運にのって急速に発展・拡大したモダン都市化と大衆的モダニズムの波は、人々の感覚や生活を複雑化した。先の読めない合作小説は「カクテル」「モザイク」などと形容されたモダン都市ならではの流行物である。『江川蘭子』では乱歩はじめ横溝正史、甲賀三郎、大下宇陀児《うだる》、夢野久作、森下雨村《うそん》ら六人の人気探偵小説家が筆を競い合った。

しかし、さすがの彼らもまさか現実に『江川蘭子』に因んだ芸名の女性が、しかも二人、揃いも揃ってレヴュー・ガールで登場するとは予想できなかったようだ。一人目は浅草の玉木座プペ・ダンサントの不良少女としてモダン人種から熱狂的な支持を集めた「江川蘭子」、二人目は松竹少女歌劇の歌姫として老若男女に愛された「江戸川蘭子」である。ともに合作小説『江川蘭子』に触発されながら、二人の蘭子はその生い立ち、レヴュー・ガールとしての評価、ファン層等々の点でも対照的だった。

現実にあらわれた蘭子たちに刺激されたのか、乱歩もまた次々と作品に蘭子――『盲獣』（昭和六年）の「水木蘭子」、『人間豹』（昭和九年）の「江川蘭子」、『大暗室』（昭和十一年）の「花菱ランプ子」――を登場させた。

しかも最初の合作小説『江川蘭子』以外の蘭子たちは皆レヴュー・ガールで、その美しさ故に冷酷な怪人から恋慕われ、脅迫され、誘拐され、時に無惨にも命を落とす悲劇的ヒロインという設定になっている。蘭子たちに対する乱歩の自己愛はかなり歪んでいたようだ。そしてレヴュー・ガールへの眼差しもモダン都市の華やかな職業への単純な憧れとばかりは言えそうにない。

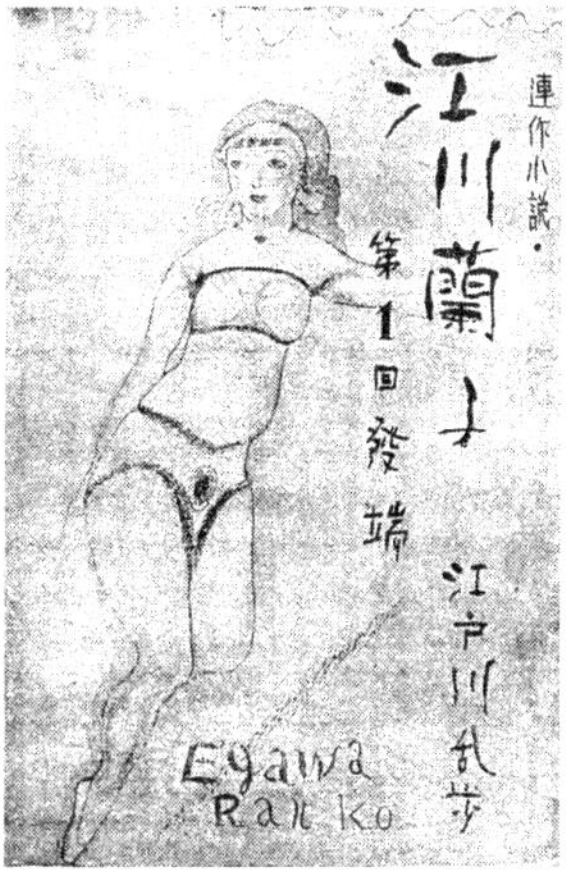

図①　『江川蘭子』第１回扉、竹中英太郎挿絵（『新青年』昭和５年９月号）

乱歩と現実の二人の蘭子の間には、直接の親しい交流はなかった。しかしそれぞれの蘭子たちは、新聞・雑誌の中で実に特色あるレヴュー・ガール像を紡いでみせた。本章では、世に持て囃された〝レヴュー時代〟を象徴したレヴュー・ガールが人々の目にどう映ったか、そのイメージの幾つかを、江戸川乱歩が創作した物語の蘭子たちと、現実へ躍り出たかのような二人の蘭子たちを交差させながらみてみよう。

一　人気作家の乱れた歩み

さて、先ずは江戸川乱歩である。大正・昭和に活躍した探偵小説家の多くが忘れられた今日でも、乱歩の作品は容易に書店で手に取ることができる。乱歩がこうした国民的作家の地位を確立したのは、作家の資質もさることながら、震災復興後に形成された大衆的な都市モダニズム――資本主義盛期の活況やエロ・グロ・ナンセンスの風潮に後押しされたところが大きい。なかでも大正十五年（一九二六）十二月から翌昭和二年（一九二七）二月にかけて東京・大阪の『朝日新聞』朝刊に連載した『一寸法師』の成功は、その後の作風に影響を与えた。

『一寸法師』は、連載中の山本有三『生きとし生けるもの』が病気休載となり、その穴埋めに急遽回ってきた仕事だったが、短編『二銭銅貨』（雑誌『新青年』大正十二年四号掲載）でデビューして三年目、短編から長編へ創作の軸足を移そうとしていた乱歩にとってはまたとない好機だった。しかし構成や推理を充分に練る時間がないこともあり、連載予告では「私が書きますものは（略）恐らく本格探偵小説といはれてゐるものには当らず、さうかといつて、最も新しい傾向である、いはゞモダン型でもなく、やつぱり私好みの古臭い怪奇の世界を出でないであらう(1)」と遠慮がちだ。デビューが二十八歳の遅咲きだったこともあり、三十を超えた彼は早くも自分の作風が時代遅れになりつつあると感じていた。

連載開始の月に元号は大正から昭和へと変わるが、『一寸法師』にも乱歩なりの新しい趣向がみられる。一寸法師は狡猾な頭脳と巧みな変装術で女性を脅したり、バラバラ死体を東京中にまき散らす凶悪な犯罪者だ。それまで乱歩小説の犯罪者といえば高等遊民的な人物が多かったが、『一寸法師』では社会に対し挑戦的で猟奇的な「怪人」が初登場する。同時に、怪人と対峙する正義の味方に、『屋根裏の散歩者』等で知られていた明智小五郎を再登板、しかも過去作品では頭脳明晰ながらも風采の上がらない書生風だった明智を、外国帰りのスマートな青年紳士へと変更した。悪の怪人対正義の名探偵による大活劇というお馴染みのフォーマットがここに誕生した。

苦労の甲斐もあってか、『一寸法師』は新聞読者の好評を博し、連載終了の翌月には直木三十五主宰の聯合映画芸術協会で映画化（志波西果・直木三十五の共同監督、明智小五郎役に石井漠）され、さらなる話題となる(2)。乱歩作品最初の新聞小説であり、初の映画化となった『一寸法師』は文字通り成功作だった。しかし、本格的探偵小説を理想とする乱歩にとって、読者の好奇心を煽る猟奇趣味や安易な勧善懲悪の『一寸法師』は「怪奇チャンバラ」に過ぎず「作品についての羞恥心、自己嫌悪、人間憎悪に陥り、つまり、滑稽な言葉でいえば、穴があればはいりたい気持ちになって、妻子を東京に残して当てもなく旅に出た(3)」のだった。以後、数度繰り返される休筆と失踪の幕開けである。
幸か不幸か、約一年の休筆から戻っても「怪奇チャンバラ」の需要が減ることはなく逆に講談社系の大衆雑誌を中心に原稿依頼は増えつづけ、昭和六年（一九三一）には平凡社版『江戸川乱歩全集』全十三巻を刊行するまでになる。この時乱歩は自ら宣伝広告に意見を出し、率先して販売活動に励むほど得意の絶頂にあった。が、一方ではこれを「虚名大いにあがる」と自嘲する気持も大きかった。とりわけ、古巣の『新青年』までもが編集方針をモダン路線に切り替えると、乱歩は完全に逃げ場を失った。

実は私を駄目にしたものは「新青年」なのである。横溝君〔当時編集の横溝正史〕の主張した所のモダン主義（主義ではないかも知れない）という怪物が、旧来の味の探偵小説を、誠に恥ずかしい立場に追い出してしまった。最早やルブランか然らざればリーコック、ウッドハウス、乃至はカミ、上品なところでは仏蘭西式コントに非ざれば、「新青年」に顔出しが出来ない空気が醸されてしまった。モダンは明るいのである。旧ロシア式陰鬱を軽蔑するのである。モダンはやけくそではない。それ故、世紀末的廃頽思想をも亦軽蔑するのである。即ち私の如き、やけくそな、自信のない鈍物は、昨日の幽霊の如く、はかなくも退場すべき時である。(4)

「モダン主義」の信条は現実肯定の楽観主義である。「やけくそ」ではない客観的な裏付けを持つ合理性、利便性、発展性が、現実的な理想を肯定する。金にもならない美学に浸り、実利性に劣る前時代の理想は「頽廃思想」として「軽蔑」の対象でしかない。見つめるべきは「明るい」未来であって、「陰鬱」とした過去ではないのだ。ここで切り捨てられようとしていたのは、決して古風な作家の後向きの文学的理想ばかりではない。

昭和初期の乱歩は大衆的な人気作家への道を着実に駆け上がる幸福な時を過ごす。彼は震災後の都市モダニズムの多大な恩恵にあずかった作家のひとりだ。しかし、その成功が大きくなるに従い、乱歩は自作を読者迎合の「怪奇チャンバラ」と蔑み、人気を「虚名」に過ぎないと卑下する自己嫌悪を募らせていった。江川蘭子が『新青年』に登場したのは、そうした葛藤に苦しむ頃のことだ。

二 合作小説『江川蘭子』――モダン主義という怪物の申し子

合作小説『江川蘭子』は『新青年』昭和五年（一九三〇）九月号から翌年二月号に連載された。乱歩の原稿が『新青年』に載るのは久しぶりで、合作小説は、書けない乱歩を誌面に担ぎ出すための半ば苦肉の策でもあった。先の展開や結末を気にせずに自由に書けるようにと、乱歩には第一回「発端」が任された。

『江川蘭子』は乱歩作品にしては珍しく女性が主人公で、しかも彼女は絶世の美少女にして稀代の悪女という魅力的な設定になっている。冒頭で乱歩は、江川蘭子が「悪魔の生涯」を送ることになった理由をこう記す。

ビヘイビアリズムの新心理学によれば、人間生涯の運命というものは遺伝よりも教育よりも、生後数ヵ月の環境によってほとんど左右されるものだそうである。で、女妖江川蘭子の悪魔の生涯も、おそらくは彼女の赤ちゃんであった時代の世にも奇異なる環境のせいであったに違いない。(5)

つづけて乱歩は、モダン都市の環境がどれほど危険かを読者に説明する。蘭子の第一の不幸は「有名な大アパートの七階」という「あまりに高所過ぎた」場所に生まれ育ったことだった。アパートの隣には製菓会社があり、日に三度鳴り響く会社のサイレンによって幼い蘭子は常に「音の恐怖」に晒された。また赤ん坊は何かに支えられることで安心感を得るが、蘭子の場合はアパートの「高速度リフト」（エレベーター）に乗る度に「心臓はリフトの床とともに、一刹那に百尺の奈落へと落ち込」み、繰り返し「支持の滅失」を体験した。結果、蘭子は騒音なくしては落ち着かず、他者との連帯感も育たなかった。

第二の不幸は「彼女の両親が若くて（父は二十三歳、母は十八歳であった）、はつらつとしていて感情を圧し殺す術に不慣れなために、絶え間なく無邪気な闘争が行われていたこと」だった。父親は「ダグラス・フェアバンクスとなって王侯貴族の生活をするか、でなければ第二世仕立屋銀次になりたい」が口癖、「すり・かっぱらい、その他類似の小悪事によって暮らしを立てていた」。そんな夫を讃美渇仰する母親も「悪事の助手を務めることはもちろん、夫の命令とあらば貞操でも売る美しい犠牲的精神を持っていた」。こんなモボとモガの間に生まれた蘭子は当然ながら道徳心が欠如していた。

図②　両親の死体で遊ぶ蘭子、竹中英太郎挿絵（『新青年』昭和５年９月号）

不幸はさらにつづく。蘭子が二歳の時、両親が何者かによってアパートで惨殺されたのである［図②］。犯人はついに発見されなかったが、「被害者に同情がなかったので、世間の騒ぎもさして大きくならず、いつまでも犯人が発見されずともだれも警察の無能をののしる者はなかった」。いかに乱歩が「モダン主義という怪物」を憎んでいたかが分かる設定だ。

養父母の江川夫妻に引き取られた蘭子は、やがて誰からも愛される美貌と明晰な頭脳、ずば抜けた身体能力を誇る美少女――理想的な近代女性へと成長するが、彼女には「妙な止むにやまれぬ衝動」があった。たとえば友達と遊びに行った帰り道、突然両国橋の上から隅田川へ飛び込んだり、百貨店の屋上から飛び降りようとするなど「本能的に、危険を、死と紙一重の離業を愛好」せずにはいられないのだった。美しく理知的なモダン都市の住人の心の底には、自己破壊的な狂気が宿っていた。

だから小学校を卒業した十四歳の蘭子が、躾の厳しい女学校へ入学させようと考えていた養父母の家を飛び出し、娘曲馬団に身を投じて空中ブランコの花形として旅から旅への生活を送るようになったのも自然なことだった。そして関西興行の際に「豚の様に肥え太った老資産家」をパトロンにすることに成功した蘭子は、阪神沿線にある老資産家の洋風邸宅で酒に酔い、これからの一夜を想像しては醜悪な不快感とぞくぞくするような好奇心を覚えるのだった。

「お爺さん、あたし、うれしくなっちゃったわ」

蘭子はパトロン老人にもたれかかって、うしろから手を回して禿頭をぴしゃぴしゃ叩きながら、溶けるような笑顔を見せた。

猥褻なる豚は昂奮のあまり、真っ青になった顔を妙にこわばらせて、黙ったままぬるぬるした唇で彼女を圧迫した。

やがて、蘭子は彼女の歯と歯の間に厚ぼったい唇を感じた。その気味悪さが、身震いの出る快感であった。

彼女は悪寒のため思わず歯ぎしりをした。

「ぎゃっ」

という悲鳴に驚いて飛びのくと、茶色の豚は唇からたらたら血を流して笑っていた。

「踊りましょうか。お爺さんうたってくださらない」

蘭子は上着をちぎり捨てて、部屋の真ん中へ飛んでいった。そして、いきなりジョセフィン・ベイカーの踊りを踊りぬいた。だが、踊っているのは黒人女性ではない。むしろ、気高いほど美しい桃色の日本娘だ。その不調和が豚を狂わせてしまった。彼は血のたれる唇をだらしなく開いて、三十年以上前の流行歌を怒鳴りはじめた。


アメリカ生まれのジョセフィン・ベーカーとルヴュ・ネーグル（ニグロ・レヴュー）が、パリのシャンゼリゼ劇場に登場したのは連載の五年前の大正十四年（一九二五）のこと。日本でも昭和四年（一九二九）には『ダンセ・パリ』（La Folie du Jour）と『モンパリ』（Mon Paris）の二つの主演映画が公開され、彼女の存在は既によく知られるようになっていた。『江川蘭子』連載と同年の『新青年』（昭和五年一月号）の小特集「近代英雄伝」の中では「彼女の本質は、オオケストラ・シンホニイと比較することによってジャズの本質を了解するように、バレエ・クラシックと比較することによって知られる」と最先端の舞踊家として紹介されている。ベーカーが新時代のアイドルだという認識は乱歩も同じだが、彼はそこに「モダン主義という怪物」の姿を強調してみせる。レヴューはバレエと比較されるべき新芸術ではなく、「気高いほど美しい桃色の日本娘」が踊るには「不調和」で「凶暴な舞踏」なのである。東京から関西へと拡大する「モダン主義」が、阪神沿線でベーカーのレヴューとなって結実する。ちょうど阪神間モダニズムと宝塚少女歌劇のようにである。「モダン主義という怪物」がいかに恐ろしいものか、乱歩は読者に警鐘をならすのだった。

第一回の最後を乱歩は「だが、彼女はまだ老い先長い十六歳の小娘だ。年齢とともに彼女の胸に咲き乱れるであろう悪の華が、いかに毒々しく美しいものであるか。年長じてどのような妖婦となり、年老いていかなる悪婆となるか。彼女が第一に行う大犯罪はそもそも何事であるか。また、この女悪魔を向こうに回して闘う者は誰か。あるいは翻然悔悟して、和製ヴィドック（フランスの盗賊上がりの名探偵）となるか。それともまた、江川蘭子は忽然姿を消し去って、まったく別の人物が舞台を占領するか。すべてすべて、この作者は何もしらないのである」と結び、次の作者に引き継いだ。第二回を担当した横溝正史は、老資産家が実は犯罪組織の首領で、その仲間に加わった蘭子が殺人の手伝いをするという物語を考え、第四回の大下宇陀児は、老資産家こそが蘭子の両親を殺害した犯人だったという探偵小説らしい展開を付け加えている。

三　プペ・ダンサントの江川蘭子——不良少女と呼ばれたレヴュー・ガール

現実にあらわれた一人目の蘭子、江川蘭子の登場は合作小説連載中のことだ。

暫くして、浅草のカジノ・フォリイに江川蘭子という踊子が現れた。誰かが合作の表題をそのまま踊子の芸名に使ったのであろう。蘭子の舞台姿は私も見物したことがある。岡戸武平君〔当時、博文館の編集者〕の案内で、楽屋で素顔を見たこともある。その蘭子が主役になって私達の「江川蘭子」を映画にするといって、ある映画会社から相談を受けた。「あれは合作なんだから新青年の編集部へ相談して下さい」と答えておいたが、その後どうなったか知らない。(6)

乱歩は「カジノ・フォリイ」と記しているが、正しくは浅草・玉木座のプペ・ダンサントである。『一寸法師』の聯合映画芸術協会が映画化の企画を立てていたが、実現にはいたってない。

浅草にあらわれた現実の江川蘭子は小説に負けない不良少女振りで評判を集めた〔図③〕。こんな逸話がある。蘭子に交際を申し込んでフラれた新聞記者が、偶然出くわしたバーで蘭子のことを口汚く罵った。と、次の瞬間、蘭子は咥えていた煙草を男の額に押しつけ、一生消えない不名誉な傷を負わせてみせた。ある大学の水泳飛び込み選手と蘭子が、高飛び込みの競争をした。素人の蘭子に勝ち目はなかったが、それでもなかなか勝敗は決まらず、とうとう周囲も危ぶむ程の高さになった。最後は、高所から飛び込んだ衝撃で蘭子が気絶し、大学生が勝利したが、その場の全員が蘭子の方に拍手を送った——小説から飛び出したかのような江川蘭子のファンには作家、映画関係者、スポーツマンなどが多かったとされる。

映画監督の竹内俊一は「江川蘭子と日活有志の手紙」（『映画時代』昭和六年九月号）の中で、日活映画関係者から送られてきた手紙の返事代筆を蘭子に頼まれた、としてその手紙の一部を紹介している。たとえば映画『東京行進曲』などで知られる俳優の一木礼二からはこんな手紙が届いた。

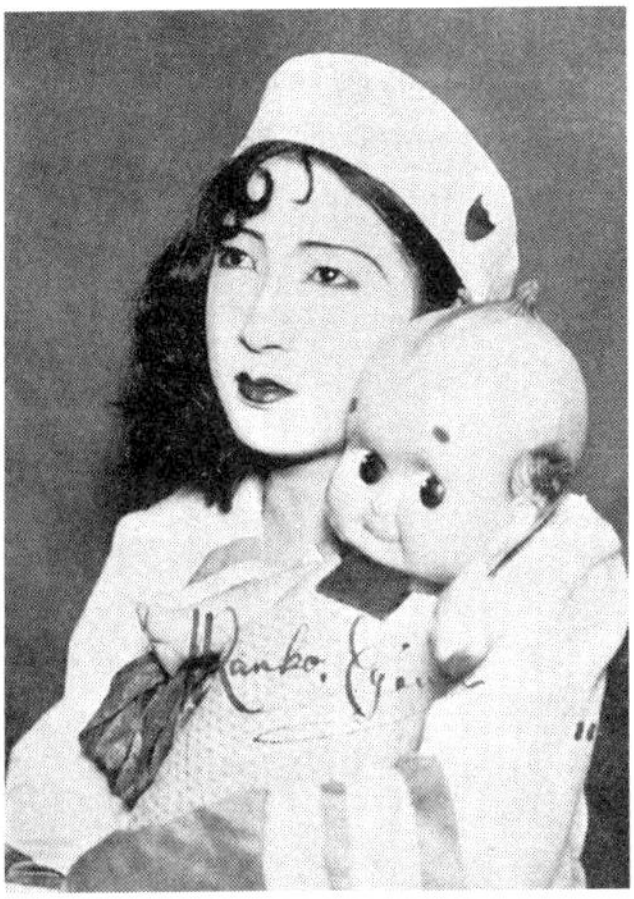
図③　プペ・ダンサントの江川蘭子（『レヴュー時代』昭和6年5月創刊号）

江川蘭子様。
銀色のビユーテイ・スポツトの妖星。
あなたはガソリンです。
僕はさあ——フオードです。
江川蘭子様。

恋の情熱をガソリンや自動車に譬えるあたりがいかにもモダン都市のスターとファンの関係らしい。女優では入江たか子、峰吟子、夏川静江、梅村蓉子、伏見直江らが蘭子ファンだったようだ。入江たか子は「貴方のおみ脚を是非一日拝借願ひたいものです」と蘭子の脚線美を賞め、伏見直江は「アイ口をぐつと抜いて、お身の肌にふれてごらんなさい。その冷たさは……貴女は最う男をご存じでいらつしやいますか」と蘭子に妖艶さの秘密を訊ねている。夏川静江の場合は清純派女優と評されただけあり、洒落た言い回しで、

仏蘭西人形のやうな感じのお方。
ギリシヤの彫刻をみるやうなプロフヰル。
貴女も矢張りスクリンのお方でございますわ。
ごいつしよに仕事する日が何時来るでせうか。

と、蘭子に映画への進出を勧めている。『東京行進曲』を監督した溝口健二からの手紙も掲載してある。「女性映画の巨匠」と賞讃された名監督らしく手短で威厳あふれる手紙だ。

溝口健二が大好きだと云つてる。

江川蘭子こと本名・熱田房枝は、明治の最後の年、最後の月である明治四十五年(一九一二)七月二日、東京浅草今戸に生まれた。房枝の実家は浅草で大きなガラス工場を経営しており、彼女は八人兄弟の末っ子として比較的裕福な暮らしをしていた。だが、関東大震災で工場が全壊し、苦労を知るようになる。兄の援助で国華女学校を卒業した房枝は、薬品会社の事務に就職するが、数ヶ月で退職する。先輩の女性職員から執拗な嫌がらせを

受けたのが理由だった。次に勤めたのは銀座のカフェのレジ係で、すぐに数人の贔屓客がついたが、今度は客の若い画家と恋愛沙汰を起こし馘首処分となる。

昭和五年三月、房枝は家族に内緒で東京松竹楽劇部の四期生に応募、(7)合格者二十五名の一人となり、歌とダンスの基礎を学ぶ。松竹では芸名「渥美芳江」を名乗り、生まれながらの美貌と運動神経の良さ、上達の早さで将来のスター候補を期待された。が、酒や煙草といった素行不良が原因で楽劇部を馘首されてしまう。もっとも房江自身によれば、楽劇部側から窃盗の嫌疑を掛けられたことが退団理由だという。(8)そして、暇になった房枝が実家の浅草周辺をブラブラしていたところ、当時榎本健一とコンビを組んでいたジャズ歌手の二村定一に声を掛けられ、十一月に開場したばかりの玉木座プペ・ダンサントに参加することになったのだった。

プペ・ダンサントは、後に石川県議会議員から衆議院議員となり、自民党の政務次官など要職を務めた興行師の大森玉木が組織したレヴュー団で、初期の浅草式レヴューの発展を語る上で欠かせない存在である。宝塚や松竹のように一から人材を養成するような手間のかかることをしないのが浅草流で、プペ・ダンサントは浅草オペラの残党を中心に、複数の劇団メンバーを寄せ集めた混成レヴュー団として始まった。開場時は浅草オペラの沢モリノ、清水金太郎・静子夫妻、木村時子、元カジノ・フォーリーの榎本健一、二村定一、柳田貞一、奇々怪々一座の中山呑海、水町玲子、シーク座の大友壮之介、田川淳吉（後の軽演劇作家・斎藤豊吉）、外崎幹子（恵美子）、他に歌手の淡谷のり子や和田肇、文芸部に内山惣十郎、サトウ・ハチロー、菊田一夫といった人物が名を連ねた。

房枝が加入したのは開場翌月の十二月、第五回公演からで、新しく芸名「江川蘭子」を名乗る。名付け親は文芸部のサトウ・ハチローだが、特に深い考えがあった訳ではなく、房枝が楽屋に挨拶にきた際に、ちょうど読んでいた『新青年』から命名したのだった。しかし小説との相乗効果もあってか、瞬く間に蘭子は注目を集め、半年後の昭和六年五月にその人気は一つの頂点をなした。

この五月、江川蘭子といふレヴューガールの人気は沸とうした。龍胆寺雄が、わざわざ逢ひにいらつしやる。吉行エイスケ君が僕に橋わたしをたのむ。日活の溝口健二、畑本秋一氏なども、彼女によせ書きをよこす。レヴューガールとしてはこの上ない面目をほどこした。蘭子の踊りは、まるでみていられない位下手だ。肩が怒り肩で、男みたいだ。それでゐて五月の人気を鯉のぼりと一緒にさらつて行つてしまつたのだから、不思議である。

（サトウ・ハチロー「浅草十二ヶ月」、『中央公論』昭和六年十二月）

ハチローが「不思議である」と記すように、江川蘭子の人気には少し特殊なところがある。当時の記事を読んでも、レヴュー・ガールに必携の歌やダンスに関する記述、本人へのインタビュー、座談、アンケートといったものがほとんどみられない。その代わり、前述のような小説染みたエピソードや蘭子ファンの著名人の話はとても多い。次の北村寿夫のエッセイは江川蘭子がモダン都市の中でどう受けとめられていたかを上手く教えてくれる。龍胆寺雄《りゅうたんじゆう》や吉行エイスケら新興芸術派の実質的な機関誌だった『近代生活』の小特集「時代の第一人者」で、「レヴュー・ガールの第一人者」を任された北村は、その方面に詳しい友達に尋ねた。

「さうだな。玉木座の江川蘭子だな。」

友達がいふ。と、側にゐたC子さんが、

「あら、あの人、金龍館に変つたのよ。」

「へへえ。」

まづ、聞くはうも答へるはうもこの位の知識の程度——で、まづ、ほかに知らないから、その江川蘭子を第一人者にきめといた。（いけ図々しいこと自分ながら呆れかへる）ところが、実に不思議だが、その翌る日、僕、偶然その江川蘭子嬢に不二家でお目にかかつてしまつた。お茶を飲んでゐると、女二人男一人のお客がはいつて来た。

「きれいな人だな。」

と、僕、その中の白いコスチュームの女を眺めてゐると、連れのH君が、あれが江川蘭子ですと教えてくれた。

「へへえ。あれが第一人者か。」

僕、はじめ、朝鮮の人かと思つた。少しけはしい美しい顔。

舞台でも、とても巧いし朗らかだし熱心だし、ともかく第一人者だらうと僕の友だちたちが担ぐから、僕も第一人者として推賞してをく。正直のところ、まだ、蘭子嬢の舞台を僕は見てはゐないのだが。

だが、僕にはちよつと不安がある。どうも、前述のやうな知識の程度の持主ばかりで、果して、不二家で見たのが江川蘭子嬢であつたかどうか。

或ひはもつともつと、蘭子さんはより美しい人であるかも知れない。無いかも知れない。

（北村寿夫「江川蘭子」、『近代生活』昭和六年九月号）

その場にいた誰もが「レヴュー・ガールの第一人者」に蘭子の名をあげながら、実は誰も彼女を詳しくは知らない。このように、江川蘭子を賞讃する文章には、どこか実体の伴わない、都市伝説めいた雰囲気がある。どれも「〜らしい」「〜そうだ」といった不確かな余白を残し、遊戯のように楽しげに彼女について語っている。小説の登場人物が現実の世界にあらわれる、その虚構の現実への侵食こそが江川蘭子というレヴュー・ガールの最大の魅力だったのだろう。そしてサトウ・ハチローが「この女はシェファードにそつくりである」[9]と犬のシェパードに擬えるように、房枝にはどこか相手の望みを汲み取って自己演出するところがあったようだ。房枝に小説『江川蘭子』のようなモダンな不良少女の要素があったのは間違いないだろうが、ハチローに言わせれば、それもまた他者の欲望を演じて見せた結果に過ぎなかった。

大変な人気者で、ギリシヤ型の顔と、少し気味の悪い微笑とで、学生連をうならせてゐるが、この蘭子などは目下流行の不良少女型である。彼女は、ちつとも不良ではない。おとなしい愛らしいムスメだが、街を歩いたり、大勢の人の中に出たりすると、すぐ不良少女がつて、煙草を吸つて空に煙をふいたり、足をくんで、

「ブランデーとジンジャエル」

てなことを言う変な癖を持つている。それを眺めて大勢の男が

「江川つていふ奴はたまげた不良だ」

とささやきでもすると、彼女は、ぞくぞくと嬉しいのである。彼女は不良少女という流行の服を、一寸羽織つて皆に見せたいのである。

（サトウ・ハチロー「不良少女の流行」、『改造』昭和六年五月号）

房枝は「不良少女という流行の服」を着るように、江川蘭子を演じていたのかもしれない。

四　『盲獣』の水木蘭子——浅草レヴュー界の女王

プペ・ダンサントの江川蘭子に刺激されるところもあったのだろうか、蘭子が浅草の舞台に立つ頃、乱歩は雑誌『朝日』の昭和六年二月号から翌年三月号に連載した『盲獣』で水木蘭子という登場人物を出した。彼女は「十年以前、浅草歌劇全盛時代に、少女歌手として売出し〔略〕今レビュー全盛の浅草に——浅草の中でもレビュー第一の帝都座に返り咲きをして、レビュー界の女王とうたわれ」る存在で、「すでに三十才を越した、あらゆる意味で、今を盛りと輝きわたる爛熟の花[10]」である。当然のように男性の恋人には不自由せず、女性の恋人——一座の中でも美貌を誇る十六歳の内弟子——も持っている。官能的な肉体と芳醇なエロスを備えた、成熟した大人の女性だ〔図④〕。


蘭子は舞台中央に進んで、にこやかな舞台顔を作り、手を上げて合図をした。

スルスルと巻き上がる緞帳、ムッとおそいくる人いきれ、ゴーンとはじまるピアノ伴奏。

「水木ーッ」「蘭子ちゃーん」「ラン、ラン、ラン、ラン、ラン、ラン」

図④　『盲獣』の水木蘭子、竹中英太郎挿絵（『朝日』昭和６年２月号）

不良少年や半纏着の兄さんたちの胴間声。
それらのものが、甘いお酒のように蘭子に作用した。彼女は見物の有象無象を脚下に見下ろして、いい気持ちになって踊りの第一歩を踏んだ。
やっとお尻を覆い隠す薄絹の衣裳。手も足もむき出しの原始踊り、ハワイあたりから発生して、世界の檜舞台を征服した、大昔の単調な夢幻的音楽、野蛮部落の盆踊り。それを日本化し、蘭子化した、一種異様の舞踊がはじまった。

彼女は踊りながら、嫋々たる南国の哀歌を歌った。物悲しく、投げやりで、しかも挑発的な、椰子の葉蔭の恋歌を歌った。いとしのジョセフィン・ベーカーが、お尻をふりふり、パリのミュージック・ホールで歌ったであろうように。

若い見物たちは、メソメソと泣きだしたいような、甘い陶酔にひたって行った。行儀のわるい不良少年も鳴りをひそめて、レビューの女王の一挙手、一投足に見入っていた。(11)


水木蘭子もジョセフィン・ベーカーの踊りを踊るが、必ずしも否定的には描かれてない。老資産家が狂わんばかりに興奮したのとは対照的に、浅草の観客はサディスティックな蘭子の歌と踊りに慰撫されるのだった。

乱歩作品のヒロインには人妻や中年女性が多く、乱歩の女性の好みがその辺にあったと思われるが、水木蘭子の場合は年齢もさることながら、大正から昭和へ、震災を超えて活躍する浅草の「レビューの女王」という点が重要である。エッセイ「浅草趣味」はじめ乱歩の浅草好みは有名だが、彼の小説やエッセイで描かれる印象的な浅草の事物の多くが大正時代から存在したものだ。浅草を綴る乱歩のノスタルジックな筆致は、今日読み返してノスタルジックなのではなく、既に昭和初期の当時にあってノスタルジックだった。これには彼の東京との関わり方が影響しているように思われる。

明治二十七年(一八九四)三重県名張に生まれた乱歩は、子供時代を名古屋で育ち、明治四十五年(一九一二)早稲田大学進学を機に上京した。大学卒業後、後から上京してきた弟たちと東京の団子坂(現・文京区)で古本屋を開業するなど職業を転々としながら、大正八年(一九一九)に結婚。しかし翌年秋には生活に困窮し、大阪の父の家に夫婦で身を寄せる。したがって大正十一年発表の『二銭銅貨』は、アイデアこそ東京時代からあったが、執筆は大阪だ。関東大震災の時も大阪にいた。再び東京在住となるのは大正十五年一月、『D坂殺人事件』の連載途中のことで、同年末には『一寸法師』連載が始まる。この間に短期上京を二度しているが、基本的に『二銭銅貨』から『D坂殺人事件』までの初期作品で描かれた東京の様子は、現実の東京というよりは、乱歩の記憶の中にあった震災以前の東京と考えていい。十代後半から二十代にかけて青春期の約九年間を過ごし、経済的理由から敗退を余儀なくされた東京に、乱歩は三十歳の新進作家として再び戻ってくる。が、そこで眼にした東京は、江戸の曲がりくねった道路や木造の町並みといった過去との連続性を断ち切り、自動車の行き交う拡張された道路、ガラスとコンクリートの高層建築、賑わうカフェやデパートなど近代化、合理化の進むモダン都市東京だった。行政は震災からの復興を首都改造の好機とみなし、楽観主義的に都市開発を強行していった。浅草は震災の被害が最も大きかった地区の一つだが、煉瓦と柳の銀座界隈が「復興」の名の下にシックな有閑階級のためのモダンな盛り場へ「変貌」したのに比べれば、浅草はかつての猥雑な娯楽地への「復興」が図られた場所である。それが以前からの乱歩の浅草好みを強固なものにし、決定づけたのだろう。『押絵と旅する男』（昭和四年）で実際には知りもしない明治の浅草を巧みなノスタルジアで描くことができたように、乱歩にとっての浅草は、現実の浅草というよりは象徴化された理想の〈過去〉なのである。

実際、水木蘭子のように大正期の浅草オペラで活躍し、昭和のレヴュー時代にも人気を保持した女優は僅かながらいた。プペ・ダンサントの木村時子はその一人で、添田唖蝉坊《あぜんぼう》の昭和五年の文章には「古い木村時子。三十いくつの、ママさん。そして今は生駒雷遊のナントカ、という評判である。だが、そんなことはどうでもいい。だらりと長い振袖を着た時子は、高らかに、ボッカチオ入りの安来節をうたう。それで興行価値満点だというから、祝福されている時子である」(12)と、相変わらず一部の根強い支持があったことが記されている。また川端康成も『浅草紅団』の中で「音羽座の木村時子は、『あんなにしやあしやあのづづうしい女つて世の中にあるでせうか。[13]」と、さすがの不良少女もあきれかへるほどの、全くづうづうしい若さなのだ」と書いている。

『浅草紅団』は『一寸法師』の二年後の『朝日新聞』、ただしこちらは夕刊に連載（昭和四年十二月～翌年二月）され、やはり川端康成の名を一躍世間に知らしめた。昭和五年は震災からの復興を祝う「帝都復興祭」が盛大に開催された年である。復興祭を目前に控え、川端は『浅草紅団』の中で「大正地震の後の区画整理で、新しく書き換えられた『昭和の地図』を拡げよう」と読者に語りかける。そして作品の中にカジノ・フォーリーと十代のレヴュー・ガール梅園龍子を登場させ、その人気に火を付けた。同じ頃、乱歩は合作小説『江川蘭子』を書き、『盲獣』に年増女の水木蘭子を登場させた。興味深いのは彼らの年齢で、昭和五年当時、乱歩三十六歳（明治二十七・一八九四年生）と川端三十一歳（明治三十二・一八九九年生）は五歳差、木村時子三十四歳（明治二十九・一八九六年生）と梅園龍子十五歳（大正四・一九一五年生）は約二十歳の差がある。プペの江川蘭子は十八歳だ。川端の少女趣味は有名だが、武田麟太郎や堀辰雄らカジノ贔屓の作家や一般の観客もまだ十代のレヴュー・ガールに声援を送ったのだから、宝塚歌劇同様に浅草の場合もレヴュー・ガールの生命は素人らしい少女性にあった。作家のレヴュー・ガールの好みでは、乱歩の熟女趣味はかなり珍しい。

『盲獣』で乱歩が試みたのは、親しみ深い浅草を介して「モダン主義という怪物」と和解を図ることだったといえる。生まれつき眼が見えない盲獣は、一寸法師同様に世間と健常者に鬱屈した感情を抱いている。「世の中に、なんと眼を楽しませるものが多いことだろう。点字の書物で読んだり、人の話聞いただけでも、ウズウズするほど眼のあるやつらが羨ましい。わしはわしをめくらに生んだ両親を憎んだ。神様を恨んだ」と。そこで盲獣は、眼で見る「視覚芸術」に代わって、手でふれる「触覚芸術」を創り上げることを思いつく。豊満な肉体の蘭子を誘拐して自宅地下室に監禁し、怪しげな「触覚芸術」の伴侶となることを要求する。近代が視覚の時代であるとする定説に従えば、盲獣の企みは近代そのものに対する挑戦である。「モダン主義」を「怪物」と怖れる乱歩が、自分を怪人の側に置いているのは明らかだろう。『盲獣』には、怪人の野望を邪魔する正義の主人公は登場しない。主人公は怪人なのだから。

乱歩は怪人に復讐の夢を託し、彼の憧憬物に「モダン主義」の花形職業レヴュー・ガールの「蘭子」を設定する。怪人が見事彼女を我がものとすれば、乱歩の「モダン主義という怪物」との葛藤も解消されることになる。とはいえ、陰惨な怪人は明るいモダンから軽蔑される存在である。彼の願いが簡単に成就するはずはない。

「お前さんには、このわしの切ない心がわからんのか。頼みだ。どうぞ、この通りだ」

悲しき盲獣は、両手を合わせておがみながら、かきくどく。

「わしをお前さんの奴隷にしてくれ。ふみにじってくれ。唾をはきかけてくれ。けとばされても、わしは小犬のように、喉を鳴らして喜んでいるのだ。決して怒りゃしないのだ。え、蘭子さん、頼みだ、頼みだ」

「いけないったら。畜生。お前なんか、ふんづけるのもけがらわしい」

主人に叱られた犬のように、腹を床にくっつけて、ソロソロと這い寄ってくる盲獣の進路から身をよけながら、蘭子は毒々しく言いはなった。

盲獣は、天涯孤独な一寸法師と異なり、大富豪の一人息子で結婚経験もあることになっている。父の死で莫大な財産を手に入れた彼は、世界中の女の肌に触れてみたいという欲望にかられて離婚、自宅の地下を女体の模造彫刻であふれさせ、触覚芸術の理想を追求する怪人となる。こうした父と子の関係は『人間豹』『大暗室』にも見られ、その意味では、蘭子作品の中の乱歩は、怪人自身であり、怪人を庇護する父親でもある。当時の新聞を飾った犯罪者の中には乱歩小説を愛読し、模倣する者も出て来たが、その点でも乱歩は一種の父親のような立場にあった。だからだろうか、暗い地下室で盲人さながらに暮らす蘭子は次第に視力を失い、やがて盲獣の申し出を受け入れ、触覚芸術のよき理解者となる。

「あたしは今までどうしてこんな楽しい世界を知らないですごしてきたのだろう。〔略〕おお可哀そうな眼あきさんたち、お前さんがたは、このなんともいえぬ不思議な、甘い、快い、盲目世界の陶酔を味わったことがないのだ。もし世の盲人たちがこのことを知っていたら、どんなにか、かえってお前さんがたを気の毒がることだろう。

ああ、私は今こそ、触覚ばかりで生きている眼のない下等動物どもの、異様な、甘い、懐かしい感覚がわかるような気がする。彼らは決して不幸ではないのだ。不幸どころか、彼らこそ、この世をお作りなすった神様の第一番の寵児なのだ」

眼で見る地上の明るい世界がいかに無味乾燥で、反対に、手探りで触れあう地下の暗闇がいかに原始的な甘美さと懐かしさに包まれた楽園であるかに蘭子は気づく。盲獣の、そして乱歩の勝利である。が、その勝利は長くはつづかない。サディスティックだった浅草レヴューの女王がマゾヒスティックな性的快楽に溺れるようになると、逆に盲獣は退屈を感じるようになり、遂には憎悪さえしはじめる。そして、蘭子が「さあ、もっともっとひどく、傷をつけて！　いっそ、そこの肉をえぐり取って！」と叫ぶと、最早用済みとばかりに彼女の四肢をバラバラに切り離す。水木蘭子は、大正時代にデビューしたことや同性愛趣味があることなど、実際の乱歩と重なる部分も多い。怪人と蘭子の関係は、「モダン主義」に軽蔑される者と憧憬される者、『一寸法師』で自己嫌悪へ陥る乱歩と「怪奇チャンバラ」の人気で気をよくする乱歩、作家の自己投影と自己愛の両方を反映している。古い時代に片足を置きながらも、新しい時代の花形としても輝き得る浅草のレヴュー界の女王という両義的なヒロインを設定することで、乱歩はモダン主義との和解を試みたが、満足はできなかったのである。

蘭子を失ったことで後悔の涙を流したものの、淫楽殺人に目覚めた盲獣は殺人行脚へと出発し、水木蘭子以上に妖艶な真珠夫人、若き美貌の麗子未亡人、鍛えられた肉体を持つ海女たち……と計七人を殺害するが、ここで留意したいのは、盲獣が標的とする女性が、東京から離れながら徐々に若くなっていることだ。モダン都市の明るさに瞼を閉じ、古さと新しさが同居する浅草の「レビューの女王」を手に入れたとして、それで「モダン主義という怪物」が消え去るわけではない。所詮それは妥協に過ぎないのである。乱歩が、心の中の複雑な葛藤を克服するには、正面から「モダン主義という怪物」を題材にする必要がある。怪人が獲物とすべきは、川端康成が梅園龍子を賞讃したように、若く美しい昭和の「レビューの女王」なのである。

五　熱田房枝とサトウ・ハチロー

客席から舞台へ、盲獣が見えない視線を水木蘭子に注ぐ頃、現実のプペ・ダンサントでも江川蘭子に特別な眼差しを向ける者がいた。文芸部員の菊田一夫だ。元々は萩原朔太郎のような詩人を目指していた菊田だが、詩ではどうにも芽が出ず、詩雑誌の編集で知り合ったハチローの家で書生のような生活をしていた。食うためにはやむを得ずとハチローの世話でプペ・ダンサントの文芸部に籍を置き、旧知のエノケンと楽屋で酒ばかり呑んで仕事をしない師匠ハチローに代わって脚本を書かされたのが劇作家としての始まりだったが、すぐに一座のヒットメーカーとして頭角を現した。詩人時代から知る児童文学の三木澄子は、当時の菊田の様子をこう記している。

ある時私はひとりで玉木座へ出かけた。いつものように菊田さんは、入口で待っていてくれた。もう物かげに隠れて待ち、こっそりと私を案内しなければならないような彼ではなくなっているので、私も大きな顔をして入っていくことができた。ところが、菊田さんはさも申訳なさそうに言った。

「ひどく混んで席を取っておけなかったんですよ。すみませんが暫く立って見ていて下さい。二階のほうがすいているから、二階に行きましょう」

その二階も身動きできないほどの超満員だった。

「いま出て来て踊っているのが、江川蘭子ですよ」

背が低い菊田さんは背伸びをして、人々の肩越しに舞台を見ながら、浅草の華のようにうたわれている踊り子を私に教えた。〔略〕一種の仄暗い妖気のような美しさを、顔にも肢態にも持つ女優だった。


（三木澄子『小説　菊田一夫』山崎書店、昭和四十九年）

次々とヒットを生み出す菊田には、貧乏詩人の卑屈さはなくなっていた。菊田はハチローを通じて蘭子に話を通してもらい、一座内で二人の間は半ば公然のものとして扱われるようになった。しかし蘭子の方はどうしても菊田の好意を受け入れる気になれなかったようだ。戦後ハチローに師事し、蘭子とも交流のあった童話作家の宮中雲子はこう書いている。


そんなある日、楽屋で、蘭子に馴れ馴れしい態度を見せた菊田に、蘭子はつい啖呵を切った。

「私は先生の女房ではないのです。馴れ馴れしくふるまうのはやめてください！」

劇団員の前で、大先生である菊田の面子をつぶすようなことをしでかした蘭子に、周囲の空気は冷たくなっていった。

（宮中雲子『うたうヒポポタマス』主婦の友社、昭和五十八年）

人気絶頂だった昭和六年秋、蘭子は追われるようにプペ・ダンサントを離れ、元プペの木村時子が一座を構える金龍館に参加、そのまま時子一座の東北巡業へ付いて行った。しばらく留守にすれば一座内の雰囲気も元に戻るだろうと彼女は思ったが、巡業を終えて戻っても周囲の態度は変わらなかった。何しろ菊田が彼女には端役しか与えないのだからどうしようもなかった。こうした菊田の執念深さや一人で女を口説けない小心さが、浅草っ子の蘭子には物足りなかったようだ。そしてその蘭子の心の穴を埋めたのが、彼女の「不良少女といふ流行の服」に気づいたサトウ・ハチローだった。

この間の事情についても、宮中はおそらく直接蘭子から聞いたのだろう、詳しく書いている。宮中によれば、踊り子の蘭子が月給三十円の時、文芸部長格のハチローはほとんど劇場に顔は見せないのに月給八百円を貰っていたが、既に詩や作詞、雑文で稼いでいたハチローは生活に困っている団員に自分の給与を補助的に分けていたという。そして蘭子が給与に不満を持っていることを知った菊田はハチローに相談するようすすめたが、「菊田は蘭子に「いやだったら断ってもいいんだよ」と謎めいたことを言ったという。ハチローと会うのは待合においてであった。／寝具の用意がある部屋に通されたとき、蘭子がその意思がないことを告げると、ハチローは、「いいんだよ」と言って、蘭子をそっとしておいてくれた。給与の補助はしてくれることになったが、無理にも踊り子を我が物にしようとする人ではないというところが、かえって蘭子を惹きつけることになった(14)」という。浅草レヴューの苛酷な現実を垣間見させてくれるエピソードだ。

作家の佐藤紅緑《こうろく》を父に持つハチローは、当時物書きとして売り出し中で、特に自身の体験を面白可笑しく書いたユーモア小説や軽いエッセイが人気だった。『新青年』がモダン路線に転じた際、毎号のように誌面を飾った一人がハチローだ。言うなれば、乱歩が「私を駄目にしたものは「新青年」」の「モダン主義という怪物」だと訴える、その「怪物」の代表がハチローであった。やんちゃ者の二世作家と、映画界も期待するレヴュー・ガールの恋となれば、マスコミが放っておかないのは当時からのこと。新聞・雑誌に様々なゴシップ記事が掲載され、なかには二人をモデルにした暴露小説、櫻木千雀「いまはしばし　別れの時なり——レヴュー・ガールの悲しき年代記」（『文芸倶楽部』昭和七年六月）まであらわれた。小説の中で熱田房枝は熱海芳江、江川蘭子は井川蘭子、サトウ・ハチローは横山三郎と名前を変えてあるが、記述内容は具体的で、二人をよく知る者に取材したのは確かだろう。地方巡業中の彼女が「『この旅が終つたら上海にでも行つてしまはう。』／いつぞや読んだニイチエの転落する石はどこまでも、なんていふ言葉が頭に浮かんだ」と、ニーチェを想起するあたりに江川蘭子の面目躍進といった感じがある。小説によれば、蘭子を再びプペ・ダンサントに呼び戻したのはハチローだった。

〔地方巡業から戻った〕蘭子は、いつか横山が言つた——いまはしばし別れの時なりといふ言葉が、なぜか思ひ出されてならなかつた。翌日、蘭子は、ひさしぶりに代々木にゐる父親の家へ出かけた。夜遅く帰つて来ると、

『今日もいらしたよ、元気でしたかつて心配さうに聞いておかへりになつたよ。』

『さうを。』

蘭子と横山は、かうして再び逢つた。横山のやさしさは昔と変らなかつた。座長の柳をはじめ、玉木座はすばらしい元気にみちみちてゐた。大きな身体をゆるがせて、横山が舞台のわきに、ぢつと腰かけてカントクしてゐた。

一年。もうあの時から一年である。

横山は、毎晩のやうに蘭子を送つてくれた。何も言ひ出さず、只黙々として、家まで送つてくれた。〔略〕

『さア、もう車の中で、誰もみてゐないから、僕のこれを着て行きたまへ、風邪をひくといけないから。』

と横山は自分の外套をぬいで、無理に着せたりした。

『先生が、お寒いでせう。』

と聞くと、

『僕にはアルコールがあるよ。』

とポケツトのウヰスキイをた丶いてみせた。一人で、ゆられて行く自動車の中で、蘭子は思つた。

『あの人は一年も変らずに、あたしを愛してゐてくれたんだ。然しあの人にはマダムがある。けれど、けれど……。』


安っぽいメロドラマのような、随分と甘い内容と文章だ。悲壮な乙女の蘭子や紳士然としたハチローの姿も何となくわざとらしい。掲載紙である博文館の『文芸倶楽部』は明治二十八年創刊の歴史を持つ文芸雑誌で、古くは樋口一葉『にごりえ』、泉鏡花『外科室』等を掲載したことのある純文学の雑誌である。大正期に大衆路線に転じ、乱歩も『猟奇の果て』（昭和五年）、『目羅博士』（昭和六年）といった「怪奇チャンバラ」を連載した。乱歩がモダンな大衆雑誌を嫌がった理由も納得される。

二人の恋が世間の注目を集めた理由には、当時ハチローが既婚者だったことも大きい。不良少年だった彼は父の薦めで十九歳で結婚、三人の子供をもうけた。が、それで落ちつくはずもなく、プペ・ダンサント旗揚げ直後には、少年時代から憧れていた元浅草オペラ出身の映画女優・歌川るり子と上野桜木町で同棲を始めている。先の暴露小説の筆名「櫻木千雀」は、桜木町に因んだものだろう。

桜木町の生活は決して甘くなかった。何しろ、るり子はハチローの二歳上で既婚者、加えて麻薬鎮痛剤ナルコポン・スコポラミン中毒者だった。たびたび禁断症状に襲われるるり子の側にハチローは二十四時間付き添い、時に怒声をあげて叱り、殴り、蹴り、喉を締め上げ半殺しにした。プペ・ダンサントに顔を出さなかった理由がこれである。苦肉の策として、ナルコポンの代わりに酒を飲ませたところ、るり子は大酒飲みになったが奇跡的に中毒から足を洗うことができた。

つまり地方巡業から戻った蘭子を迎えたハチローには、既に西巣鴨の本宅の妻子、桜木町の歌川るり子の二人の女性がいて、蘭子は三番目の女としてこれに加わったのだった。ハチローの尋常でない傑物振りは、本人自らこの二重生活、三重生活を近しい友人・知人だけでなく、広く新聞・雑誌で喧伝してみせたところだ。『サンデー毎日』（昭和八年二月十二日号）の「彼一流の手放しで――のろけられるの話　サトウ・ハチロー君の巻」と題した自宅訪問記事によれば、「下谷桜木町のお宅は、大きな字で「サトウハチロー」と書いてあつたからすぐ判つた。玄関へ入つたら女中さんが出て来た。名刺を出して「新らしいお嫁さんとお婿さんの話が聞きたいんです。聞かして下さい」つていつたら女中さんは黙つて奥へ引つ込んで〔略〕今度はきれいな女の人が出て来た。女中さんよりスマートだから、この人が新しいお嫁さんの「江川蘭子」つていふ人だなと思つて、ペコンとおじぎした。絵葉書で見てた感じと違ふな、と思つた」。つづけて記者は家の中に招かれ、二人のインタビューに成功する。ニコニコ顔のハチローは、煙草を吸いながら気軽に話に応える。

「女房つて、シメククリをつけてくれるんでい、ですね。【ウワーたまんないな。初つ端から奥様礼讃とおいでなすつたぞ！】ネクタイと猿又を僕がするやうになつたのは女房のお蔭です。「猿又をしなくちァいけない」つていふからするやうになつたが、ネクタイなんて、あんな窮屈なものないです」つて然し嬉しさうです。「僕は女房を貰ふまでは、仕事なんか頼まれても忘れてしまふことが多かつたです。ところが女房がゐると、働かないといけないし、取つたお金を費つてくれるから楽しみです」〔略〕さうだ。ハチローさんは酒がとても好きなんだつけ。「奥さんが飲んでいけないつて、いはないですか」つて聞いたら「いはない」つていつた。そして、「呑み過ぎる時もあるから困る。ピストルなんか射つて――でも弾丸が天井でカタカタ廻つてゐた時は面白かつたわね」つて奥さんがいつた。

最後は二人の写真を貰って帰り、それが雑誌に掲載されている〔図⑤〕。記事を読む限り、写真は事前に用意してあったようにとれる。記事中の「奥さん」とは江川蘭子のことだが、当然ながら、まだ蘭子は正式な妻ではない。桜木町の家そのものが、ハチローと歌川るり子の住まいだ。この記事の後、ハチローは文京区の大曲の近くにある武島町で赤煉瓦造りの「お蔵の家」を借り、蘭子と所帯を持つ。しばらくして蘭子は舞台の仕事を退き、江川蘭子から熱田房枝へと戻った。後年彼女は当時を振り返って、

図⑤　サトウ・ハチローと江川蘭子（『サンデー毎日』昭和8年2月12日号）

> 自宅からプペダンサントへ通っていた二十一才の私には、所帯道具など何もなく、それこそ、七輪一つ、鍋一つから始めた生活でした。ところが、困ったことに、私は七輪で御飯を炊いたことなかったので、まごまごしていますと、ハチローが、「こうやって炊くんだよ」と、それこそ炊きあがるまで七輪のそ

ばで、つきっきりで教えてくれました。〔略〕お釜がふいてくると、七輪の窓を半分にしめ、お釜に耳を近寄せて、ピチンピチンいいだすと七輪の窓をピシャリとしめて、「もうすぐおいしい飯が炊けるぞ」と言いました。

（佐藤房枝「お蔵の家の思い出」、『宝石』昭和五十四年十二月号）

と幸福な同棲生活を書き綴っている。同じ文章では「月賦で買ったピアノが届いた日は嬉しゅうございました」とも書いているが、このピアノはるり子にせがまれて購入し、不公平にならないようにと本宅と房枝にも買い与えたものだった。ハチローより二歳上のるり子は、ハチローより九歳年下の若い蘭子をひどくライバル視したようだ。大柄のるり子に対して、蘭子は小柄で、何よりもハチロー好みの浅草っ子だ。そこでるり子は、ハチローが贔屓にしていた芸者を落籍させて公認の愛人にし、蘭子を牽制した。つまり、一時期ハチローには四人の女と四つの家があり、それぞれに愛情を注いだことになる。陽気な性格と大胆な行動力で詩、作詞、小説、雑文、舞台と器用な活躍をみせ、『新青年』のモダン路線の顔となり、女たちに愛されたハチローは確かに「モダン主義という怪物」である。

昭和九年（一九三四）、ようやくハチローと本妻の協議離婚が成立する。そこでハチローは歌川るり子と籍を入れた。熱田房枝が、佐藤房枝を名乗るのはまだ先のことだった。

六　『人間豹』の江川蘭子と松竹少女歌劇の江戸川蘭子――少女歌劇の歌姫

『人間豹』は雑誌『講談倶楽部』の昭和九年五月号から翌年五月号まで連載された、明智小五郎登場作品の一つだ。人間豹に狙われるヒロインの江川蘭子は「都では、相対立する二大レビュー劇場が、あらゆる興行物を圧倒して、若人の人気を独占していた。その一方のレビュー団の女王と讃えられる歌姫」で、「日本人向きの色っぽい声、ずば抜けて美しい顔、全都の青年男女を夢中に興奮させる、不思議にも甘い微笑、十九の春のふっくらとした成熟した肉体、その満都渇仰の人気女優」である〔図⑥〕。名前こそ合作小説と同じだが、物語上の関係は全くない。文中の「二大レビュー劇場」は宝塚少女歌劇と松竹少女歌劇がモデルだ。

『盲獣』と『人間豹』の発表の間に東京のレヴュー勢力図は大きく変わった。それまで東京のレヴューは、大正二年（一九一三）結成の宝塚少女歌劇が年に一〜三回の東京公演でこのジャンルを開拓した他に、東京拠点のものに昭和三年（一九二八）に東京松竹楽劇部として始まった松竹少女歌劇、昭和四年（一九二九）のカジノ・フォーリーを祖とする浅草式レヴューの流れがあった。松竹少女歌劇は主に浅草松竹座で公演を行ったので、東京のレヴューは浅草が中心だった。昭和九年一月、小林一三《いちぞう》率いる東宝は日比谷に収容数二千八百の東京宝塚劇場を開場、これによって東京での活動拠点を得た宝塚少女歌劇は月替わりの東京公演を開始する。以後も東宝は有楽座、日本劇場、帝国劇場を所有して丸の内界隈に新たな劇場街を築いた。一方、同じ関西資本で、震災後にいち早く東京進出を果たしていた松竹は浅草松竹座や東京劇場、新宿第一劇場でこれを迎え撃ち、昭和十二年には収容数三千六百を誇る国際劇場を浅草に開場させる。大劇場を舞台に豪華絢爛なスペクタクルを競う「レヴュー合戦時代」である。

図⑥　『人間豹』の江川蘭子と「レビュー仮面」をつけた観客たち、嶺田弘挿絵（『講談倶楽部』昭和９年８月号）

　さすがの乱歩も、少女歌劇の歌姫にジョセフィン・ベーカーの踊りを踊らせるようなことはしていない。『人間豹』の江川蘭子は、銀座の大都劇場、レヴュー『巴里の花売娘』の花売娘役で喝采を浴びる。

十数人のコーラス・ガールの中に、ひときわ美しく着飾って、声も顔も仕草も群を抜いた一人、それがこの場面の主人公、江川蘭子扮するところの花売娘であった。〔略〕

彼女はしずしずと、コーラス・ガールの列を離れ、舞台の中央に進みいで、手荷物花籠を軽く揺り動かしながら、呼びものの「花売娘の唄」を歌いはじめた。

それが彼女の人気の泉となったところの、甘くて艶っぽい肉声が、管弦楽の伴奏とつかず離れぬ交錯に、或いは高く、或いは低く、或る時は怒濤と砕け、或る時はいささ川とささやき、曲節の妙を尽して数千の観客を魅了していた〔略〕

乱歩が宝塚や松竹の少女歌劇を観ていたかは不明だが、『人間豹』の江川蘭子のイメージは現実に登場したもう一人の蘭子である松竹少女歌劇の江戸川蘭子に似ている。江川蘭子が『巴里の花売娘』の花売娘に扮した場面は、『ウインナ・ワルツ』で花売娘を演じた江戸川蘭子を思わせる。『ウインナ・ワルツ』は『人間豹』連載の約半年前、昭和八年十二月に歌舞伎座で上演されており、ここならモダン嫌いの乱歩も観劇した可能性が高い。

ここで松竹少女歌劇の江戸川蘭子に触れておこう〔図⑦〕。江戸川蘭子は、プペ・ダンサントの江川蘭子の引退と入れ替わるようにしてレヴュー界に登場した。随分と似た名前だが、その生い立ちや評価は大きく異なる。江戸川蘭子こと本名・竹沢まち子は、熱田房枝より一つ下の大正二年（一九一三）十一月十三日、東京青山に生まれた。浅草生の八人兄弟の末っ子だった房枝に対し、まち子は年老いた両親がやっと授かった一人娘。文字通り目に入れても痛くないという子煩悩ぶりのなかで育てられた。父親が長年兜町の仲買店に勤めていたことから家庭は裕福で、幼い頃からまち子は子守や女中に世話され、三味線、生け花、茶道、裁縫といった習い事を嗜む山手の子女として育った。デビュー後の江戸川蘭子は奔放な明るさがファンに愛された反面、一部からは「我が儘」「エゴイスティックな娘」と非難されるところもあったようで、ある記者はそれを「彼女の幼い日の生活の影響であらう。その実、彼女は、とても淋しがりやで、弱虫なのだ[15]」と擁護している。

　青山師範附属小学校から府立第六高等女学校へ進学したまち子は、生来の快活さから「剣道、柔道、拳闘、相撲のほかスポーツなら、なんでも得意であつて、水泳は、学校時代選手であつたといふだけ、ちよつとほかの女の子たちよりもちがつて手におへないところのある、明朗な近代女性[16]」に成長する。昭和五年春、第六高女を卒業後した彼女は声楽家を夢見て日本劇場附属音楽舞踊学校に入学しスターへの第一歩を踏み出した――と、ほとんどの紹介記事にあるが、谷了太「憂愁の歌姫　江戸川蘭子純愛物語」（『冨士』昭和十三年三月号）によれば、卒業間際の一月に父が商売上の手違いで莫大な負債を背負い、親子は自宅を手放し親戚の家に身を寄せることになったという。時期と商売柄から、おそらく世界恐慌の影響だろう。しかしそれでも両親は「後にも先にもたつた一人の娘で、気随気儘に育て丶来た蘭子だけは、わざと親戚の家に連れて行かず、飯田町のさる知人の家に下宿させた」そうだ。熱田房枝も震災で父が経営する工場を失い苦労を味わうが、房枝とまち子の環境の差には、浅草と青山という土地柄の性格にも似た違いを感じさせる。

図⑦　江戸川蘭子（『エスエス』昭和9年12月号）

日劇附属学校で彼女は舞踊を石井漠、声楽を立松房子に学び、さらに本格的に声楽の指導を受けるため松山芳《よし》野里《のり》に師事する。同窓に春野八重子、堤真佐子がいた。日劇附属学校は予科半年・本科半年の計一年だったが、卒業しても肝心の日本劇場が未完成だったため、彼女は多摩川京王閣や新劇のテアトル・コメディに一時在籍した後、春野八重子に連れられて松竹少女歌劇部（ＳＳＫＢ）の十二期生として入団、翌昭和七年十一月東京劇場『ラヴ・パレード』でやや遅咲きの二十歳で初舞台を踏む。芸名「江戸川蘭子」は乱歩ファンだったまち子が自分で名付けたもので、「江川」ではなく「江戸川」としたのは、乱歩への敬意以外に、プペ・ダンサントの江川蘭子がいたからだろう。同じ松竹少女歌劇でも、そこを退団せざるを得なくなり、サトウ・ハチローから偶然「江川蘭子」の名を与えられた熱田房枝と、自ら「江戸川蘭子」を名乗り、実力派として華々しいデビューを飾った竹沢まち子の奇縁を感じさせる。

デビュー後の江戸川蘭子は持ち前の歌唱力を生かしタンゴ、ルンバ、マンボといったラテン系の音楽で早くも「歌姫」と賞讃を集めた。また、翌八年六月の待遇改善要求に端を発する「桃色争議」ではマスコミ対策係を務め、争議団の声明書を読みあげたり、記者たちと一問一答を試みるなど派手に闘った。争議は歌劇部員側の勝利に終わり、松竹は少女歌劇を本社直属の松竹少女歌劇団（ＳＳＫＤ）に格上、そして組織委員長だった水の江滝子を謹慎二ヶ月、蘭子を同一ヶ月の処分とした。しかし、謹慎が明けた蘭子はすぐに『ロメオとジュリエット』『タンゴ・ローザ』でつづけて大役を任され、特に『タンゴ・ローザ』の主題歌でスターの地位を確実なものにした。入団数ヶ月の新人で、しかも争議の首班メンバーだったにもかかわらず、蘭子が異例の大抜擢をされたため、劇団内では会社側のスパイだったのではないかとあらぬ嫌疑をかける者もいたそうだ。(17)

その後、江戸川蘭子は堤真佐子が活躍するＰ・Ｃ・Ｌ映画（東宝映画の前身）へ、さらに東宝へと移籍し、レヴューの歌姫から映画女優・舞台女優へと華麗な転身と遂げることにも成功する。戦前の興行界を飾る松竹、

P・C・L映画、東宝の三社と専属契約をした女優は江戸川蘭子が最初だとされる。

プペ・ダンサントの江川蘭子にゴシップがつきまとったように、松竹の江戸川蘭子にも色々と喧しい噂があった。ただし、それは内容も文面も随分と異なる。江川蘭子とサトウ・ハチローの同棲を報じた『サンデー毎日』に掲載された江戸川蘭子のゴシップ記事は、「女学生に恋された江戸川蘭子の勉強机　彼女は華麗なる花びらだ」（昭和十年六月二日号）とタイトルから華やかだ。記事によれば、ある日第六高女の女学生の間に江戸川蘭子が先輩だったことが知れ渡る。「あこがれの江戸川蘭子……それを先輩として持つことは彼女たちの誇りである」。

そして数日後、一つの事件が持ち上がる。


「大発見して来ちやつたのー」

×年×組の三田順子さん（仮名）は、ひどく得意だつた。

「なんなの、あわたゞしく」

お午の時間で、木蔭でレヴューの話をしてゐたファンたちは、一斉に眼を順子さんの方へむけたのである。

「――だけれども、わたし、とてもくやしいわ」

「謎みたいなことをいふのね？」

「全く、ナゾである。わが心は謎である」

「それは、恋？」

「イエース、ラヴ」

といつて順子さんは沈黙をした。よく見ると、全く悲しさうな声なのである。

「相手は誰なの？」

〔略〕

「それが、くやしいの、江戸川蘭子さんの机！」

「まあ！　江戸川さんの机！」

「どこ、そこどこのクラス？」

「うあ……」

黄色い奇声が、あっちにもこっちにも起つた。全く、これは、第六高女の歴史的な時間である。

こうして江戸川蘭子の机を巡る争奪戦が、休み時間毎に繰り広げられることになったという。レヴュー・ガールに対する世間のイメージのうち、プペ・ダンサントの江川蘭子が大衆的モダニズムの否定的魅力を象徴したとすれば、松竹少女歌劇の江戸川蘭子はその肯定的魅力を象徴する存在であった。

七　仮面時代の欲望

人間豹は、見た目は人間で年齢は三十歳ほどだが、妖しい燐光放つ青い眼、耳まで裂けた大きな口、牙のように尖った八重歯、毛むくじゃらの腕と鋭い爪、そして猫族特有のささくれだった舌を持つ。普段は紳士的だが堪え性がなく、自制がきかなくなるとたちまち野獣の本性を露わにする文字通りの怪人だ。しかし一寸法師や盲獣と異なり、彼には「恩田」という名前がある。そしておそらく父親と思われる謎の「恩田老人」の協力を得ながら、美しい女たちを誘拐するのだった。

乱歩にとって「モダン主義」がどのような「怪物」だったのかがよく分かるのが、次の「レビュー仮面」だ。

はじめは不良青年がおもちゃのお面を被って観劇にやって来たに過ぎなかった。が、しだいにそれを真似る人々は増えていき、遂には資本主義らしく「機敏な商人が「レビュー仮面」と銘うって、商標登録を申請し、同一型のセルロイド面をドッと売り出し」、劇場も入口に「レビュー仮面」の出張所を設け、切符と一緒に販売するようになった。お面で顔を隠してしまえば、心置きなく踊り子に黄色い声援を送ったり、野次を飛ばしたりできるからだ。

大劇場の観客席は、階上も階下も、まったく同じ表情をした、仮面の群衆によってうずめられた。見物席の何千人というお揃いの顔が、どんなすばらしい舞台よりも、一そうすばらしい見ものであった。

その上、「レビュー仮面」の表情というものが、又、実に巧みにできていた。それは、お神楽のお多福面をもっと男性化して、口を横に広くひらいて、ニヤニヤと笑わせた、単純な打ち出し面であったが、その笑い顔が、さもさもおかしそうな表情で、お面をかぶった同士が顔を見合わせると、お互いのお面の中で、クツクツと笑い出さないではいられぬほど、真に迫ってできていた。

お面の流行が、劇場内の空気をほがらかにしたことは非常なものであった。舞台の踊子たちは、いつもえがおを絶やさなかった。それに呼応するように、何千人の見物が、まったく同じ笑顔でニコニコ笑っているのだ。舞台も見物席も、別天地のように明るくなった。お面の噂にひきつけられて、レビュー嫌いの人々までも、続々と見物に押しかけてきた。どの劇場も、レビューとさえいえば満員であった。つまり、「レビュー仮面」は、もう今では劇場経営者のマスコットとさえなってしまったのだ。

いや、それればかりではない。劇場内の「レビュー仮面」は、やがて徐々に街頭に進出しはじめた。銀座の夜をそぞろ歩きする過半の人々が、同じ笑いの表情に変って行った。電車の中も、地下鉄の中も、同一表情の男女によってうずめられた。大げさにいえば、東京じゅうが、同じセルロイドの顔でニコニコと笑い出したのである。

レヴュー劇場から銀座へ、東京の町々へと広がるニコニコ笑顔。大量生産、大量消費が可能とする平等な社会で、皆が画一化された悦びを共有する。が、その笑顔の下はどうか。やがて「このお面が、悪漢たちの大っぴらな覆面として役立つことがわかってきた。仮面の万引き、仮面の空巣狙い、はては「仮面強盗」という名称さえも、新聞の社会面に現われはじめた」。モダン都市の人々は一見誰もが明るく朗らかな笑顔をみせているが、その笑顔の下で実は凶悪な犯罪が企てられている可能性もある。これ以上不気味で恐ろしいことはないだろう。そして、人間豹こと恩田もまた「レビュー仮面」をつけることで、江川蘭子の恋人の神谷青年に簡単になりすまし、終演後の彼女を連れ出すことに成功する。婚約指輪を渡し、向かった先は「劇場から程近い浜町の、とある意気な門構えの家」だ。

「ここ待合でしょう。おかしいわね。あたしこんな服なんかで、変でしょう」
断髪洋装のレビュー・ガールと待合の小座敷とは、いかにも変てこな取り合わせであった。

レヴュー・ガールとのデートでモダンな銀座から日本橋浜町の待合へ行く恩田の感覚はいかにも古くさい。ようやく仮面の下の正体に気づいた蘭子に、恩田は「君がエンゲージ・リングを受けてくれたので、僕はやっと安心したよ。まさか君は、その指輪を返そうとはいうまいね」と指輪を受け取った事実を楯に強引に承諾を迫る。部屋への唯一の出入口である襖には、用意周到にも「錠前」が付けてある。「蘭子はその時はじめて、この男が普通の人間でないことを悟った。けだものだ。人間の形を借りた猛獣だ」。

ゾーッと、からだじゅうの産毛が逆立ち、血管が逆流した。蘭子はもう無我夢中であった。何かしらえたいの知れぬ叫び声を発しながら、狂気の力をふりしぼって、立ち上がりざまに襖に向かって突進した。メリメリと恐ろしい音がして、襖に穴があいた。

蘭子は無理やりにそこを押しくぐって、廊下にころがり出した。

「誰か、助けてください」

悲鳴を聞きつけて、女中たちが駆けつけてきた。

結局、獣人恩田の企ては失敗におわった。彼はレビュー・ガールというものを、甘く見すぎていたのだ。一箇のダイヤモンドは充分彼女の貞操を買い得るものと誤解していたのだ。

それが案に相違して、蘭子の勢いがあまりに烈しく、ついに襖を蹴破る騒ぎに、さすがの恩田も辟易して、なにげなくその場を取りつくろい、無事に蘭子を帰宅させたのであった。


鍵を掛けた襖一枚で女性を軟禁できたつもりになるという発想はもはや滑稽である。ダイヤモンドの指輪一つで女性を自由に所有できたのは、『金色夜叉』の時代までだ。愛らしい笑顔の下に隠された近代女性の大胆な行動力を前に、すごすご退散する他なかった恩田の女性観は惨めなほどに古い。

蘭子は恩田を「人間の形を借りた猛獣だ」と言うが、恩田は人間の仮面をつけるのが下手だ。すぐに自制を失い、その下の獣性を露わにしてしまう。では、蘭子はどうだろう。待合の一件は確かに恩田の考えの甘さ、古さを示すものだ。しかし現実世界で桃色争議が起きた時、絢爛豪華なレヴューの下に隠れていた苛酷な労働環境が露わになった。世間の人々は可哀想なレヴュー・ガールたちに同情し応援したが、争議が本格化し、愛らしい笑顔の下の頑なな態度が目立つに従って、桃色に赤い嫌疑を持つ人が増えていった。水の江滝子から協力を要請された当時松竹専属の榎本健一は、一座を率いる立場なので応援できないことを釈明しつつも、協力できない理由の一つに「松竹レヴユーの楽手が、自分と合同興行の際好意を示さず、女生徒も自分等を軽蔑したこと」[18]をあげた。浅草式レヴューで成功したエノケンは、同じ「レヴュー」であっても、少女歌劇の人々は自分たちを「軽蔑している」と認識していた。近代女性の彼女たちを可愛いお人形か何かと思うのは「甘く見すぎ」なのだ。

人間の仮面をつけるのが下手な恩田だが、代わりに「変装」は得意だ。恩田から身を隠すため、田舎娘に変装した江川蘭子は「可哀そうな片輪者のお嬢さん」のいる屋敷へ女中奉公に出る。が、それは恩田と恩田老人が仕掛けた罠だった。着物姿のお嬢さんに変装した恩田は、蘭子を殺害し、遺体を神谷青年の元へと送りつける。そして神谷青年の依頼を受けた明智小五郎と恩田の闘いが始まるのだが、浅草の乞食に変装した恩田は、やはり変装の名手である明智をもたやすく欺してみせるのだった。

『盲獣』の水木蘭子に比べると『人間豹』の江川蘭子は、記号的な少女歌劇のレヴュー・ガールという感じだ。恩田が狙うヒロインは三人おり、最初は京橋のカフェ・アフロディテのウェートレスの弘子、次がレヴュー・ガールの江川蘭子、最後は明智の新妻の文代、しかも三人は顔がそっくりで、弘子の美しさと魅力を十倍に拡大したのが蘭子、さらに清楚さと知性を加えたのが文代となる。カフェからレヴューへ、モダン都市の華やかな女性を記号的に拡大した頂点に、名探偵夫人が位置するわけである。因みに『人間豹』の中で明智夫妻の新居は麻布竜土町に置かれている。銀座の大都劇場や江戸川蘭子の生家・青山と同じ、モダン都市の中心的空間だ。

さらに興味深いのは、恩田が彼女たちに目をつけた理由だ。蘭子の恋人の神谷青年は、元々は第一の犠牲者、弘子の恋人だった。神谷は「大学を出たばかりの会社員」で「父親が重役を勤める商事会社の調査課員で、これという決まった仕事もない暢気な身の上」、つまりモダン都市の理想的な男性像だ。恩田は、カフェで神谷と弘子が親しげに話す姿を見て、弘子に関心を持つ。恩田の求婚を断った弘子は、無惨に殺されてしまうが、数日後、失意の神谷は弘子と瓜二つの蘭子の存在を知り、やがて恋仲となる。と、再び恩田が現れ……恩田の恋愛対象は、神谷や明智を介して決定していく。これはルネ・ジラールの欲望の三角形――人間の欲望は他者の欲望を模倣することで発生する――を思わせる。恩田は自分の欲望からカフェの弘子やレヴュー・ガールの蘭子、明智夫人の文代を求めたのではなく、モダンな神谷や明智が彼女たちに欲望したその欲望を模倣したに過ぎない。乱歩が、恩田の行動原理には「偶然の嗜好の一致だけではなくて、神谷の熱愛するものを奪い取り、責めさいなんで、それを彼に見せびらかし、限りない苦悩を与えて、ひそかに快哉を叫ぼうという下心」があるのではないかと記すように、人間豹の真の欲望は、モダン都市の美しい伴侶を得ること以上に、モダン都市の立派な夫となること、モダン都市の理想的な男性像の勝者となることにある。しかし当然ながら、「われらが明智小五郎」の追跡を前に、人間豹の欲望が叶うことはないのだった。

八　『大暗室』の花菱ラン子――美しき怪人と男装の麗人

雑誌『キング』の昭和十一年（一九三六）十二月号から昭和十三年（一九三八）六月号まで連載された『大暗室』は、乱歩が「講談社での人気作家時代の最後の作品。私の連載小説のうちでは最も長くつづいたもの。このあとでも、講談社の雑誌に通俗連載ものを書いてはいるが、そのころはもう日支事変末期にはいっていて、世相が変わりつつあり、書く方も気乗りがしなかったし、ほとんど世評にものぼらなかった。したがって『大暗室』が多くの人に読まれた最後の作品」(19)であり、過去の自作品や敬愛するポー作品へのオマージュも盛り込んだ戦前の集大成的な作品だ。

『大暗室』の怪人は、『一寸法師』『盲獣』『人間豹』ら異形の者から一転して、容姿端麗、頭脳明晰、しなやかな身体を持つ二十五歳の青年大曾根竜次だ。『大暗室』は明智シリーズ同様に善／悪の構図の上で物語が展開するが、善の有村清と悪の大野木隆一（大曾根竜次の偽名）は容姿、頭脳、運動神経、経済力等あらゆる能力の点で互角となっている。ただ異なるのは、両者が才能を発揮する場だ。

有村清は東京大学史学科出身の秀才、柔道二段、剣道初段、射撃協会の会員、その上ヨット操縦の名手として聞えた青年スポーツマンであった。

大野木隆一は、赤岩曲馬団の出身、空中曲技の名手、奇術師としても一人前であったし、また自動車競走の記録保持者、その上に射撃の名手という変り種であった。そういう境遇にもかかわらず、大野木青年には、隠れた有力なパトロンがあって、日常生活はまるで貴族の若様のようだという、不思議な噂が拡がっていた。(20)

新聞の三面記事に連日のように自殺の記事が出るが、その半分は大曾根が運営する殺人事務所が手掛けた仕事だ。明るいモダン都市の裏側に蠢く隣人への殺意、それを巧みに利用し、資本主義経済の需要と供給に従って高収益をあげる。彼が自分の優れた能力を悪事にしか使用しないという点を除けば、大曾根竜次はモダン都市の理想的な青年紳士である。そして彼の悪の本能は、極悪人だった父親から受け継いだものだ。大曾根竜次は『一寸法師』『盲獣』『人間豹』と同じく「モダン主義」を憎む怪人であると同時に、合作小説『江戸川蘭子』のように、「モダン主義という怪物」が生みだした「悪魔の申し子」なのである。また『大暗室』に登場する異形の者――火傷で顔面の肉が焼け縮れ、眼球や歯が剝き出しの醜い顔をした謎の老人は、有村清を陰で助け、大曾根の犯罪を阻止しようとする善側の人物となっている。対する大曾根の手下には一寸法師がいる。『大暗室』の登場人物はこれまでの作品の美醜関係を踏襲しつつ、一部を逆転させる複雑な仕掛けがなされている。大味ではあるが、確かに『大暗室』は戦前の「多くの人に読まれた最後」を飾るに相応しい作品に仕上がっている。

それは乱歩が描く四人目の蘭子「花菱ラン子」にも言えることだ。彼女は本作でも「帝都随一の大レビュー劇場」で活躍する「レビュー・ガールの女王」に設定されている。ただし、今回はこれまでの蘭子たちとは少々趣向が異なっている［図⑧］。

それは竜騎兵将校と花売娘との恋を主題とした少女歌劇の一場面であった。レビュー・ガールの女王と謳われた花菱ラン子が、竜騎兵将校に扮して舞台の中央で歌っていた。

緋羅紗に金モールの胸飾りのいかめしい軍服の胸を張って、彼女は男のように大股に歩きまわりながら、勇ましく歌い終った。その余韻のように場内を揺るがす大オーケストラの奏楽、熱狂した観衆のわめき声、金切り声、そして、万雷の拍手。

純白の薄絹の装い、白鳥のように清々しいコーラス・ガールたちが、あこがれの瞳を輝かせながら、彼女たちのプリマドンナを取り囲んで円陣を作った。

図⑧ 『大暗室』の花菱ラン子、田代光挿絵（『キング』昭和12年7月号）

花菱ラン子は所謂「男装の麗人」だ。『盲獣』の水木蘭子の熟した官能的なエロスでも、『人間豹』の江川蘭子の可憐な歌姫でもない、中性的な美少女が『大暗室』の欲望の対象なのである。そして彼女を賞讃するファンもこれまでとは別物だ。水木蘭子は浅草の男性観客の性的な眼差しの上に君臨するサディスティックな「レビューの女王」、江川蘭子は老若男女が渇仰する可憐な「レビューの女王」だったが、花菱ラン子は「とっくに女学校を卒業して結婚を待つばかりの、六人の有閑令嬢」を委員とする「花菱会」が憧れる「レビューの女王」である。「劇場支配人の言葉も警官の注意も、この有閑令嬢たちにはなんら権威を持たな」い、何しろ「『花菱会』八千の会員がうしろに控えているのだ。ラン子さんは誰のラン子さんでもない、私たちのラン子さんだわ、という鼻息」の荒さだ。彼女たちは、怪人に狙われる花菱ラン子の護衛も率先して務めるほど勇ましい。津金澤聰廣の調査によれば、宝塚少女歌劇の機関紙『歌劇』の読者投稿欄の男女比は、大正期までは男性の方が圧倒的に多かったが、昭和八年（一九三三）にそれが逆転したという。これは観客の男女比にも通じ、女性ファンに支えられる傾向は関西よりも東京の方が顕著だったと指摘している。[21]乱歩は怪人が狙う欲望の対象を、同じ少女歌劇のスターである江川蘭子から花菱ラン子へ、女役から男役へと変化させることで、時代性を確保している。

レヴュー・ガールに対する観客の憧憬が、男性の欲望から女性の欲望へと変化したのに応じ、怪人側の犯行動機にも大きな変更がなされている。大曾根が花菱ラン子を狙う理由は、もちろん彼女が人々に愛される美しいレヴュー・ガールだからなのだが、これまでと決定的に違うのは、大曾根と花菱ラン子が僅かに変装するだけでファンをも欺けるほどに瓜二つという設定だ。明るいモダンの光を避けて暮らす異形の者が、美しさに憧れるのではなく、アンドロギュノスのように自らの失われた分身としてレヴュー・ガールを求めるのである。

さて、題名にある大暗室とは、繁栄を誇る東京の地下に大曾根が築いた「悪魔の天国」のことだ。巨大な大暗室には地上から誘拐してきた二百名以上の美しい男女が暮らし、電力会社から盗んできた電気が引いてある。大曾根は、地上世界への宣戦布告を報じさせるために新聞記者を誘拐し、彼らに大暗室の素晴らしさを饒舌に話して聞かせる。「僕の創造したこの世界をすばらしいとは思いませんか。こんな世界が地球のどこにあるでしょう。ただ詩人たちが、空想の中で歌っていた世界です。夢の国です。恐ろしいけれども、甘美この上ない悪夢の世界です」「僕はその電気を照明には使用しないことにしました。光線はわざと古風な篝火と松明に限ったのです。女たちに、口をきくことを禁じたのも、同じ僕の趣味からです。ほの暗い世界、声のない唖の世界、なんと悪魔の天国にふさわしいではありませんか」「僕は彼女たちの或る者には、羽根をはやして、人工の美女を作りました。或る者には鱗を着せて、人工の人魚を作りました。それから大蛇を作り、半人半獣の怪物をこしらえました。／いや、彼女たちばかりではありません。この地獄の国そのものが、すべて僕の創造した人工の世界なのです。この峨々たる岩山も、あの湯の池も、虚空のオーロラも、ことごとく作りものなのです」。

大暗室は、大曾根の父が建設半ばで断念した悪魔の遺産である。『盲獣』の地下の理想郷が、ここでは親子二代の夢を託す国として描かれる。半人半獣を理想とする世界であれば、『人間豹』の恩田も人間の仮面に囚われることなく暮らせただろう。「モダン主義」の繁栄を利用することで、怪人たちの理想郷が築かれる。

さらに大曾根は恐ろしい計画を語って聞かせる。大百貨店、銀行、富豪の邸宅、警察署など東京の主な場所の地下には大量の爆弾が仕掛けてあり、必要とあらば彼は東京の中心部を一瞬で破壊することができるのだ。

おわかりですか。もし地上からわれわれを攻撃しようとすれば、市内の最も賑かな場所にある九つの重要な建築物が、たちまち木葉微塵になるのです。そして大火災が起こることは必定ですから、東京市民の損害はどれほどにのぼるかしれません。まあ、先年の関東大震災の小型のやつがお見舞いすると考えてくだされば、大した間違いはないでしょう。〔略〕僕は地上からの攻撃が一日も早いことを望んでいるくらいですよ。その時こそ東京市が大震災を起こし、火焔の渦が全市の空を覆うのですからね。むろん僕は命を投げ出しています。命に代えて大都会の空一ぱいに燃え盛る悪の華を咲かせてみようというわけです。これが僕の夢です。
少年時代から僕の頭の中に渦巻いている幻想です。

乱歩は、大曾根に「関東大震災」の言葉を使わせ、はっきりと読者に震災の記憶を呼び起こそうとしている。『一寸法師』は退屈すると浅草の町に火を放ち、燃えさかる炎と逃げ惑う人々を見て狂喜乱舞した。それは震災下の浅草の再現である。『大暗室』の大曾根は関東大震災そのものの再現を企てる。大暗室が親子二代の夢だということを考え合わせれば、これは単なる破壊ではなく、もう一度東京を震災の時から始め直したいという過去と再生への希求であろう。あるいは、昭和十一〜十三年という連載時期を考えれば、ここには第二次世界大戦への予言も含まれているのかもしれない。関東で最初の防空演習が実施されたのは昭和八年（一九三三）のことだ。震災からわずか十年程の間に世間の人々は災害の恐怖や、復興の喜びさえ忘れはじめている。関東大震災のカタストロフィを好機と捉える楽観主義の上に今日の豊かなモダン都市東京の繁栄を築くことができたのであれば、一人の怪人が東京を再び焦土と化す夢を抱くことが許されない理由はないだろう。

これまでの怪人と異なり、大曾根は見事に花菱ラン子誘拐に成功し、彼女を大暗室の「花嫁」に迎えることに成功する。もちろんラン子の姿は、地上を我がもの顔で支配する人間ではなく、世界と人が未分化だった人魚に改造されている。そして大曾根自身も怪人の姿に変わって、半人半獣たちの尊敬と愛情をその身に受けるのだった。しかし、大暗室の電力が地上からの盗電で成り立っている点から分かるように、所詮は地上に寄生する地下世界に過ぎない。地上からの攻撃を望んではいるが、決して自ら攻撃することは不可能なのだ。怪人でありレヴュー・ガールでありそして父である乱歩の複雑に絡んだ葛藤は、理想的なモダン紳士の鏡像のような怪人が、自分とよく似た男装の麗人を花嫁とし、現実のモダン都市に寄生する理想郷に籠もることで一つの完成を夢想しながら、最後は明るいモダン主義の正義によって敗れ去るのだった。いや、レヴュー・ガールを花嫁に求める怪人の欲望が、男性の欲望ではなく女性の欲望の模倣とならざるを得なくなった時点で、蘭子たちに自己愛と憧憬を託そうとした乱歩の目論見は敗北していたと言って良いだろう。

実のところ、江戸川乱歩は『盲獣』『人間豹』『大暗室』いずれの怪人についても、その生死を曖昧にしている。バラバラ殺人で世間を騒がせた盲獣は人前から姿を消し、明智小五郎と対峙した人間豹・恩田もアドバルーンに摑まって遠く逃げ去る。自決を覚悟した大曾根竜次は叫ぶ。

「おれの味方はないのか。女どもはおれのあれほどの愛撫を忘れたのか。おれと生死を共にする者はついてこい」

呼び立てる声に、不思議や数人の美女が、或いは天女の翼をかなぐり捨て、人魚の鱗を脱ぎ捨てて、ほとんど全裸の姿で、狂気のごとく彼のあとを追って岩肌をよじ登るのが眺められた。

大曾根は最後まで地下世界の王として、一部の者から慕われつつ消え去るのである。オーケストラの演奏と五色の照明に飾られながら「邪悪の美」に没するのだった。が、その断末魔は「飛び出すかと見ひらかれた野獣の両眼、三日月型にキューッと引き吊った血まみれの唇。そのあいだからニヤニヤと現れてくる牙のような白歯。そのなんとも形容のできない無気味な表情が、みるみる、大きく大きく拡がって行って、やがて、人々の全視界を蔽いつくしてしまったのである」と、映画のクローズアップのように虚構が現実を覆い尽くして終了する。怪人の父親でもあった乱歩にしてみれば、地上を怖れ地下の大暗室を夢想する読者たちのためにも、怪人に一抹の希望を残しておきたかったのかもしれない。

九　探偵小説家とレヴュー・ガールの戦中・戦後

最後に、乱歩と現実を生きた二人の蘭子のその後を見ておこう。

昭和十四年（一九三九）、乱歩は突如警視庁の検閲担当から旧作「芋虫」の全面削除を命じられた。傷痍軍人とその妻を扱った内容が、総力戦体制の準備を進めていた当局の怒りをかったのだろう。事実上の発禁処分である。この結果、乱歩作品は売れ行きが好調だったにもかかわらず、各出版社が雑誌掲載や単行本発売・重版を見送るようになった。乱歩は別の筆名で児童用小説に挑戦したりもしたが上手くはいかず、隠居を覚悟した。

作家としての喜びは絶たれたが、市井人としては不思議と充実した一時を味わった。あれほど厭人的な生活を望んでいた乱歩だが、暇になった時間を利用して、自宅のある池袋の組合に顔を出すうちに防空群隊長を頼まれ、町内会副会長を引き受け、翼賛壮年団豊島区副団長を務めるまでになる。皮肉にも戦争のお陰で、五十歳を目前に世間並みの社交と責任感を持てるようになった。戦後、乱歩は自己嫌悪に苛まれた頃を懐古し、こう記した。

> 現在では身を以っては同感できない。第二次大戦後、私はひどく常識的な社交人になってしまって、右のような恥かしがり屋ではなくなっている。これは私にとって幸か不幸かわからないが、今の私となれば、これほどの自己嫌悪に陥らなかったであろう[22]。

華々しい活躍では松竹の江戸川蘭子は素晴らしかった。全国的な少女歌劇の歌姫となった彼女は、国家的非常時になると、戦時歌謡の歌姫として今まで以上に舞台、映画、ラジオ、レコード、そして慰問へと引っ張りだこになった。たとえば昭和十二年、ポリドール専属作詞家のサトウ・ハチローとビクター専属作曲家の乗松昭博はラジオ番組『国民歌謡』（ＪＯＢＫ）の企画で《千人針》を作り、蘭子が歌った。歌は好評だったが、作詞家と作曲家の所属レーベルの違いからレコード化は見送られ、新たにポリドールは長津義司の作曲と関種子の歌で《千人針》を、ビクターは佐伯孝夫の作詞に江戸川蘭子の歌で《街の千人針》と題して発売した。

表舞台から去り、江川蘭子から熱田房枝へ戻った女の人生は、愛した男が有名人だったため、引退後も度々世間の知るところとなった。ハチローの異母妹で作家の佐藤愛子はこんなエピソードを紹介している。戦況が激しくなると、ハチローはるり子と家族を疎開させ、弥生町の自宅に房枝と二人で暮らしはじめた。空襲で東京の町々が焼ける中、弥生町のハチロー邸周辺は不思議と火焔を免れていた。

弥生町の家を空襲の火から守ったのは蘭子である。一度、焼夷弾に見舞われた八郎は、それ以来警報が鳴るとそそくさと帝大の防空壕へ逃げ込んで行き、蘭子は一人で屋根から屋根へ飛んで火叩きを振って焼夷弾を消し止めた。この界隈が焼け残ったは蘭子のお蔭といえた。(23)

戦争が終わると、それぞれ日常を取り戻した。厭人病を克服した江戸川乱歩は少年探偵団シリーズで新境地を築くことに成功した。子供たちが慕う「乱歩おじさん」には、「モダン主義という怪物」への激しい葛藤は感じられなくなっていた。晩年の乱歩はパーキンソン病を患うが、家族に口述筆記をさせて執筆をつづけた。その執念と業績を讃え、作家たちは彼を「大乱歩」と呼ぶようになった。昭和四十年（一九六五）七月二十八日、大乱歩はクモ膜下出血で亡くなった。

江戸川蘭子の足元もまだ華やかだった。戦時歌謡の歌姫は、敗戦後もアメリカ向け親善興行団の一員に選ばれるなど第一線の活躍を誇った。しかしそれも長くは続かなかった。終戦から十年、昭和三十年（一九五五）十二月二十六日付の『読売新聞』記事「年の瀬の浅草を行く」に、こんな彼女の姿が報じられている。

足をのばして〔松竹の〕国際劇場をのぞけば、これまた大屋根から舞台、客席全部にわたる大変な改修工事で、高鳥支配人の話によれば「工事費は三千五百万円、暮の十六日間を休場する欠損を入れると大変な数字ですよ。〔略〕今年はじめて前売制度をとったのですが、これが上々です」ということだが、劇場前に並んだ観光バスの客は「東京さ来たのにレビューがみられないんで残念ス」と嘆いていた。〔略〕松竹演芸場、公園劇場も喜劇や女剣劇の不二洋子一座で正月の客を吸収しようと準備中だし、フランス座、ロック座、カジノ座はストリッパーたちを督励して精々お色気発散に拍車をかけるという。そうかと思えばかつて松竹歌劇のプリマドンナとして人気のあった江戸川蘭子が国際劇場前のキャバレーで歌っているなど悲喜交々の風景が展開されている。

しばらくして江戸川蘭子は結婚し、引退した。大宮まつ子が彼女の新しい正式な名前となった。表舞台を去ると、以前であれば絶対に活字にならなかったような下世話な暴露話も出るようになった。軽演劇作家の淀橋太郎は、喜劇役者の山茶花究《さざんかきゅう》から聞いた戦時中の話として「〔山茶花究は〕松竹歌劇出の、ある有名な歌手の男妾になって、手当を六十円貰っていた。彼女の一座に入って、四国を巡業しているとき、口説かれたのだという。／彼女のソノ道の好きさ加減は、並大抵でなく、さすがの究もタジタジだった」（淀橋太郎『ザコ寝の人生』立風書房、昭和四十七年）と記している。前後の文脈から、これは江戸川蘭子のことで間違いない。戦前・戦中の輝きが大きかっただけに、往年の歌姫の仮面下の素顔は人々の興味をひいた。

熱田房枝は、戦争が終わると弥生町のハチロー邸から追い出された。そして歌川るり子が病気で不自由になると、再び呼び戻された。理解し難い房枝の心理を、佐藤愛子は「蘭子は無口な女だ。だから彼女が何を考えているのか、誰にもわからなかった。るり子から女中のようにあつかわれても、八郎があちこちで浮気をしても、蘭子は黙って八郎の命令に従った。八郎は自分を必要としている、八郎が本当に愛しているのは私だ――その自負心が他人の目には彼女を冷たい女に見せた。冷たい女と見られ、誰からも親しまれないことは彼女には苦ではなかった。彼女の目には八郎の外は何も見えていなかったのだから[24]」と分析している。

熱田房枝がサトウ・ハチローの三番目の妻、佐藤房枝となるのは、るり子が亡くなった昭和二十二年（一九四七）、三十五歳のときだ。とはいえ、房枝は明治生まれの古風な女として堪え忍ぶばかりだった訳ではない。運動神経の良かった彼女は水泳やテニスに精を出し、正妻となった後はハチローの手ほどきで魚釣りを覚えると「女性沖釣り会」の会長に就任する腕前で、海外旅行では五十ヵ国以上を訪ねた。六十歳を過ぎてから始めたスキーも二級ライセンスを取得するほどだった。昭和四十八年（一九七三）、ハチローが亡くなると、弥生町の自宅に「サトウハチロー記念館」を開館し、館長を務めた[25]。

平成五年（一九九三）、八十一歳の佐藤房枝は、ある日喉に異物を感じた。若いときから吸ってきたタバコでポリープができたのだろうと気楽に思っていたが、年末には肺癌と診断され入院する。

その間に癌はあちこちに転移していたが、それに気づかぬほど無頓着だった。そのうち定期的な検査の結果、抗癌剤を使った方がいいという医師の意見で、新宿の鉄道病院へ入院したが、それでも元気を失うということはなかった。髪の毛が抜けはじめて、漸く気にし出したが、それも抗癌剤の副作用だと知っているから、

「いやあ、マイったわねえ……どんどん抜けて……ほらこんなに……ほら、ほら」

と見舞客に見せていた。人が来ると、

「肺癌なんだってさ」

とこともなげにいった。

「タバコだね。タバコはよくないよ。あんたたちも気をおつけなさいよ」

そういいながら、時々、煙草をふかした。

「いいのよ、人間は誰だって皆死ぬんだから」

といった(26)。

年が明け、二月に一時帰宅すると、彼女はスキーや小旅行を楽しんだ。スキューバダイビングを新たにはじめるつもりでパンフレットに目を通しては、あれこれと予定を考えた。春に再入院してからも、車椅子に酸素ボンベ持参で花見に出かけた。酸素ボンベの有効時間は二時間、それまでに戻らなければ命にかかわることになる、と医師は忠告したが、彼女は別段気にする風でもなかった。そして花見から一週間後の平成六年（一九九四）四月十二日、佐藤房枝は息を引取った。享年八十一。彼女の死は各新聞で報じられた(27)。皮肉にも、江戸川蘭子こと大宮まつ子はそれ以前の平成二年（一九九〇）十一月五日、七十八歳で亡くなったが、全国紙の新聞でそれを報じたものはない。早々に表舞台を退き、日蔭の女の道を選んだ蘭子がその死を報じられ、全国的な歌姫として愛された蘭子は市井人として静かに死を迎えた。

「モダン主義という怪物」への葛藤に苦しむ江戸川乱歩は四人の蘭子を作中に登場させた。それと絡み合うように現実の世界では二人の蘭子が時代を飾ってみせた。昭和モダン華やかな頃にレヴュー・ガールとして登場した二人の蘭子のうち、真に畏怖すべき「モダン主義という怪物」は、どちらの蘭子だったのだろうか。

房枝は戦前・戦中の苦労話を訊かれても「そうねえ、怖いと思ったこと、あんまりないわねえ」と、こともなげに言っていたという。

（1）江戸川乱歩「作者の言葉」、『朝日新聞』大正十五年（一九二六）十二月七日付。
（2）『一寸法師』の映画化は聯合映画芸術協会の他に、一九四八年に松竹『一寸法師』（市川哲夫監督）、一九五五年に新東宝『江戸川乱歩の一寸法師』（内川清一郎監督）の計三度されている。また二〇〇一年には石井輝男プロダクション『盲獣vs一寸法師』（石井輝男監督）が製作された。
（3）江戸川乱歩『探偵小説四十年』桃源社、一九六一年。復刻・新装版、沖積舎、一九九三年。
（4）江戸川乱歩「楽屋噺」、『悪人志願』江戸川乱歩全集・第二十四巻、光文社文庫、二〇〇五年。
（5）江戸川乱歩ほか『江川蘭子』春陽文庫、一九九三年。以下『江川蘭子』の引用は同書。
（6）前掲『探偵小説四十年』。
（7）宮中雲子『うたうヒポポタマス』（主婦の友社、一九八三年）はじめ、江川蘭子は松竹楽劇部の第三期生と記す資料が多いが、本章では『松竹百年史』等の松竹関連資料に基づき第四期とした。
（8）江川蘭子「幻の彼方に」、『レヴュー時代』昭和六年（一九三一）五月創刊号。
（9）サトウ・ハチロー「レヴュー・ガール悲歌」、『改造』昭和七年（一九三二）二月号。
（10）江戸川乱歩『盲獣』創元推理文庫、一九九六年。以下『盲獣』の引用は同書。
（11）同前。
（12）添田唖蟬坊「六区展望」、『添田唖蟬坊・添田知道著作集』第二巻、刀水書房、一九八二年。
（13）川端康成『浅草紅団』先進社、昭和五年（一九三〇）。
（14）宮中雲子、前掲書。
（15）瀧河保吉「スタア出世物語　江戸川蘭子歌姫日記」、『東宝映画』昭和十三年（一九三八）十二月上旬号。

(16)「女学生に恋された江戸川蘭子の勉強机　彼女は華麗なる花びらだ」、『サンデー毎日』昭和十年（一九三五）六月二日号。
(17)谷了太「憂愁の歌姫　江戸川蘭子純愛物語」、『冨士』昭和十三年（一九三八）三月号。
(18)『朝日新聞』昭和八年（一九三三）六月二十六日付。
(19)江戸川乱歩「自註自解」、『大暗室』創元推理文庫、一九九六年。
(20)江戸川乱歩『大暗室』創元推理文庫、一九九六年。以下『大暗室』の引用は同書。
(21)津金澤聰廣「大正・昭和戦前期の総合芸術雑誌『歌劇』（一九一八〜一九四〇）の執筆者群と読者層」、『復刻版『歌劇』執筆者索引・解説』雄松堂、一九九九年。
(22)前掲『探偵小説四十年』。
(23)佐藤愛子『血脈』中巻、文藝春秋、二〇〇一年。
(24)佐藤愛子『血脈』下巻、文藝春秋、二〇〇一年。
(25)「佐藤房枝のたどった生涯」、『谷中根津千駄木』第三九号、一九九八年。
(26)佐藤愛子、前掲書。
(27)佐藤房枝の歿日は、佐藤愛子『血脈』下巻では四月十四日とあるが、『朝日新聞』朝刊（一九九四年四月十四日付）には、十二日死去、十四日午後より告別式とある。本章では死亡当時に近い後者を歿日とした。

（付記）本研究はＪＳＰＳ科研費 26370114 の助成を受けたものである。なお、本章は論旨の関係上、拙稿「乱歩とランと子――江戸川乱歩にみるレヴュー・ガールへの憧憬と拒絶」（明治大学文学部紀要『文芸研究』第一一一号）と内容・資料の一部が重複する。

Ⅳ モダニズムの片影

第8章 秦豊吉と額縁ショウ

京谷啓徳

はじめに——昭和二十二年、新宿帝都座

終戦後間もない昭和二十二年（一九四七）の正月、新宿三丁目にあった映画館帝都座〔図①〕の五階に小劇場が開場した。その開場公演で、ミュージック・ショウの一景として女性の裸体が舞台に上げられた〔図②③〕。ボッティチェッリの名画《ヴィーナスの誕生》を模したこの部分は、当時の台本を見ると、「カーテン開く。中央の台の上に貝殻から生れたヴィーナスがボッティチェリの絵の様なポーズで活人画風に立ってゐる」とある[1]。演じたのは日本劇場のダンサー中村笑子《えみこ》で、当時の写真を見ると、下着を着けているものの、大きく肉体を露出した彼女が、ボッティチェッリ描くヴィーナスと同じ姿勢をとって、絵にあるような貝殻の書き割りの上に立っていることがわかる。場面はほんの十五秒ほど続いたに過ぎず、すぐに額縁のカーテンが閉じられ、その前でダンサーが踊ったのだが、初めて舞台上に見る女性の裸体に、当時の観客は息をのんだという。

図①　新宿帝都座

翌月、昭和二十二年二月の帝都座第二回公演でも同様の趣向による裸体が評判を呼んだ。今回はルーベンスの《アンドロメダ》〔図④〕が

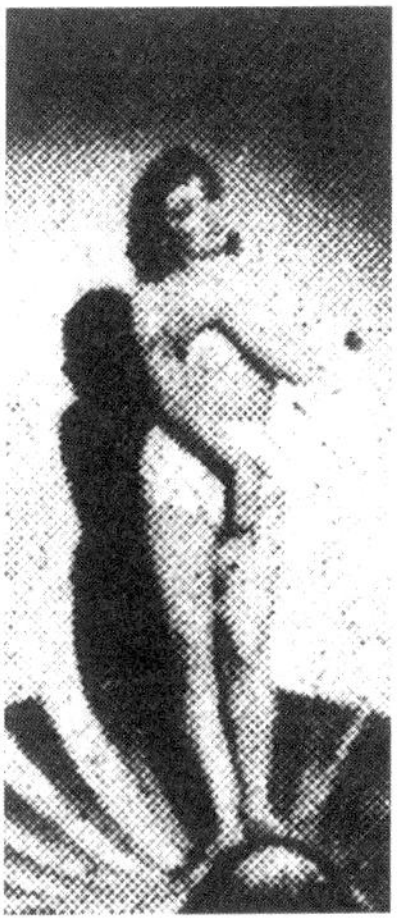

図②　額縁ショウ「ヴィーナスの誕生」昭和22年

図③　額縁ショウ「ヴィーナスの誕生」のパンフレット

取り上げられ、台本には、「カーテン開くと舞台中央に金の額があり、その中にルーベンスの「アンドロメダ」の絵、活人画で現る」と記される。[2] 先月のヴィーナスはブラジャーを着けていた上に、原作の絵にあるように胸を押さえるポーズをしていたが、アンドロメダを演じる日劇ダンサー甲斐美和は、上半身は何も身に着けず、さらに原作絵画同様、上の岩に鎖でつながれた手を挙げていたため、自ずと胸を張り出す形となり、形のよい胸部が強調された［図⑤］。この時も、裸体が見えたのはきわめて短時間で、すぐにカーテンを閉めて、その前で歌手が歌を歌った。

　その後も、第三回公演で腰をソンブレロで隠しただけの裸体の女性が登場し［図⑥］、第六回公演では、台本に「額縁「南風」といふつぼを持った女の絵を書いている絵描きが意にそわずうたたねすると幻想に女が額縁より抜け出し踊る」とあるように、裸体の女性が動き出し[3]［図⑦］、第九回公演では、ドガの名作《踊り子》を模した裸体場面が出された。

　これらが世に名高い「額縁ショウ」である。[4] 額縁ショウは昭和二十二年から翌年にかけて、都合十四回行われ、各

図④　ルーベンス《アンドロメダ》ベルリン、国立美術館

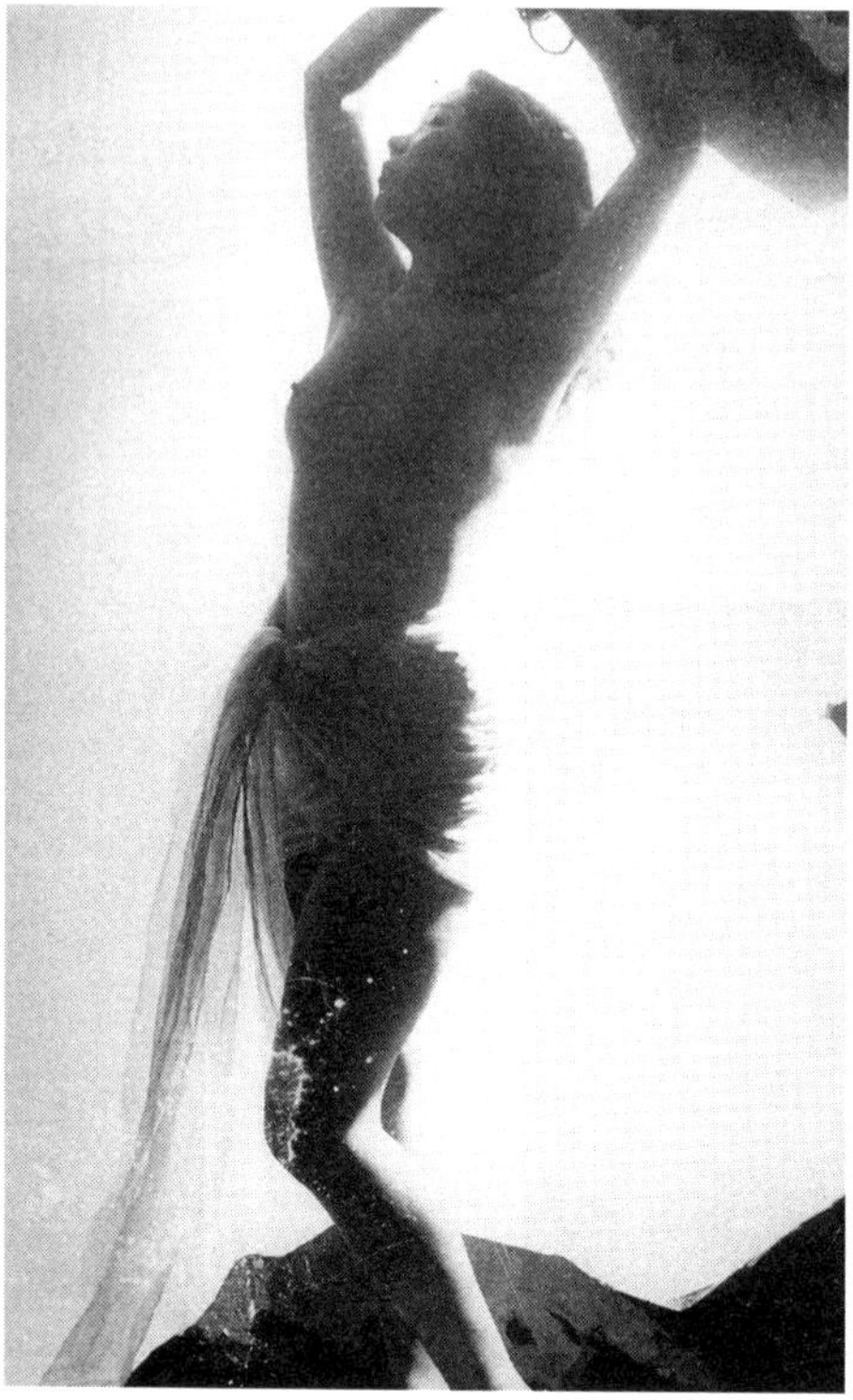

図⑤　額縁ショウ「アンドロメダ」昭和22年

回は一ヶ月程度の公演だった。「額縁ショウ」といっても、それは歌や踊り、コントをつなげたミュージック・ショウの中の一景に過ぎなかったことにまずは留意しておこう。

さて、額縁ショウの仕掛け人は秦《はた》豊吉《とよきち》（一八九二〜一九五六年）という人物である(5)［図⑧］。ゲーテやレマルクの翻訳者としても名を残すこの才人は、三菱合資会社社員として大正期に駐在したロンドン、ベルリン、そしてそこから足を延ばしたパリのレヴュー劇場で、裸体のあるレヴュー・ショウを楽しんだ。そして帰国後の昭和八年（一九三三）、小林一三《いちぞう》に引き抜かれ東京宝塚劇場支配人となった秦は、日本でも同様のものを上演したいと考えたが、検閲の厳しい戦前においてそれは不可能なことであった。ところが敗戦後の昭和二十一年、彼はＧＨＱ（連合国総司令部）によって公職追放の処分を受けてしまう。この浪人の身分を逆手にとって、秦が戦前からの夢を実現したのが、新宿帝都座の額縁ショウだったのだ。秦は公職追放中ゆえ表だった活動はできないので、彼と契約し帝都座責任者となったのは佐谷功《さたにいさお》であったが、実質的には秦が全面的にプロデュースした[6]。

本章では、日本におけるヌード・ショウ、ストリップ・ショウの嚆矢である秦の裸体ショウが、何故に「額縁」ショウたることを標榜したのかについて考えてみたい。実は秦の額縁ショウは、それが絵画の模倣という枠組を利用して裸体を展示してみせた点において、西洋のタブロー・ヴィヴァン（活人画）の衣鉢を継ぐものであ

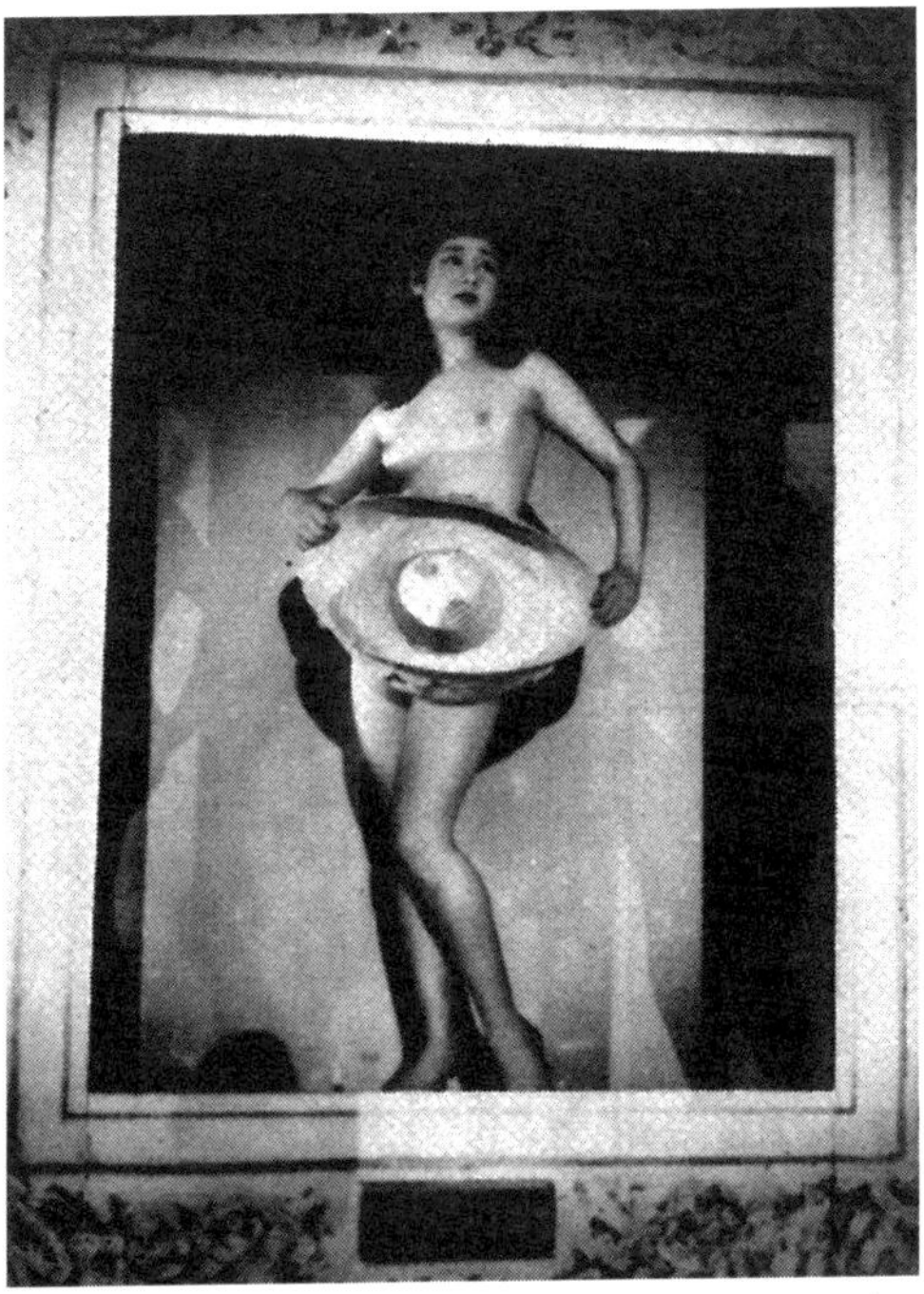

図⑥　額縁ショウ「ソンブレロを持つ女」昭和22年

図⑦　額縁ショウ、タイトル不詳

るといえるのだ。先に引用した額縁ショウ第一回公演の台本にも現れた「活人画」という言葉は、明治時代に作られたタブロー・ヴィヴァンの翻訳語だが、実際、秦自身が額縁ショウに関して活人画の語をたびたび使用している。それではこの「タブロー・ヴィヴァン」とは一体何なのか。次節では、秦の額縁ショウの前史ともいえる欧米のタブロー・ヴィヴァンについてまず考えてみることにしよう。

図⑧　秦豊吉

一　第二帝政期、パリのサロン

人が静止した状態で絵画を演じるタブロー・ヴィヴァン（活人画）は、初期近世の君主の入市式における同様の趣向を前史としつつ[7]、十八世紀後半に正式に歴史の舞台に登場する。当時流行の古代熱を背景とし、聖書や神話の物語場面を描いた著名な絵画を古代風の衣装で演ずることの多かったタブロー・ヴィヴァンは、まさに新古典主義の申し子であったといえる。そして、それがウィーン会議の際に重宝された余興であったことからも推測されるように、当初は、古代趣味と芸術的教養を共有する上流階級の高尚な娯楽であった[8]。

ところが、時代が下るにつれ、タブロー・ヴィヴァンは舞台上の女性そのものを鑑賞する場、果ては裸体見物の場に変貌する。公衆の面前で裸体をさらすことがタブーとされた時代、そのタブーをかいくぐるための口実として、タブロー・ヴィヴァンが用いられたのだ。

大衆を相手にしたショウ・ビジネスにおいて、タブロー・ヴィヴァンが裸体展示の口実として用いられるというのは想像に難くないが、そのような状況が現出したのは、タブロー・ヴィヴァンの大衆化より一足早く、第二帝政期（一八五二〜七〇年）のパリ上流階級の夜会においてであった。オスマン計画により大改造が行われるパリの市中、テュイルリー宮殿をはじめとする会場で、上流階級の紳士淑女たちがタブロー・ヴィヴァンに興じたのだ。当時のタブロー・ヴィヴァンの様子を知るにあたり、第二帝政下の世相を活写したゾラのルーゴン・マッカール叢書中の一冊『獲物の分け前』（一八七一年）が、小説のクライマックスにタブロー・ヴィヴァンの場面を置いているのと並んで、世紀末に至ってから第二帝政期の風俗を追想したピエール・ド・ラノの回想記『第二帝政期の仮装舞踏会とタブロー・ヴィヴァン』（一八九三年）がきわめて有益な情報を提供してくれる。(9)

ラノは、「タブロー・ヴィヴァンはたいへんな流行をみた。省庁やサロンがそれを奪い合うほどであった。〔略〕第二帝政下では、人々はポーズと裸体で寓話や歴史物語の主人公たちを再現しようとしたのである」（傍線筆者）と総括する。(10) この時期のタブロー・ヴィヴァンは、主に神話の神々や擬人像を主題とし、そのことが、登場人物が裸体であることの理由となった。必ず原作となる美術作品が存在するというわけではなかったが、多くの場合、その年のサロンで評判になった作品や、公園、庭園を飾る彫刻等をタブロー・ヴィヴァンとした。そしてそれらの作品の多くにおいては、登場人物は裸体で表現されていたのだ。タブロー・ヴィヴァンの原作の選択は裸体展示の口実探しにほかならず、それはサロンに裸体の神話画が多数出品された理由と同断であったともいえる。(11)

ラノによると、当時もっとも評判になったのは、《狩りをするディアナ》《ヴィーナスの誕生》《ダフニスとクロエ》《フリネ》《五大陸》《四元素》などであった。とりわけ人気があったという《五大陸》は、海軍省で催されたタブロー・ヴィヴァンである〔図⑨〕。ラノが記すように、これはリュクサンブール公園のマルコ・ポーロ庭園にある、カルポーほか四名の彫刻家による噴水彫刻をタブロー・ヴィヴァンとしたものである（ただし実際の噴水彫刻は五大陸ではなく四大陸(12)〔図⑩〕）。原作は噴水彫刻であることから、水盤（＝海）上の台座に諸大陸の擬人像を立たせたこの彫刻が、海軍省での夜会にうってつけのものであったことが推測される。ここで興味深いのは、原作であるリュクサンブール公園の噴水彫刻と、ラノの回想録に付された図版が示すタブロー・ヴィヴァンには大きな相違があることだ。すなわち、原作の噴水彫刻にあっては、下部の水盤からは八頭の海馬が前脚をあげて駆け出さんとしているのだが、タブロー・ヴィヴァンでは、海馬は裸体の女性たち（ナイアス）に替えられている。タブロー・ヴィヴァンは全体として裸婦水浴モニュメントとなっているといえようか。海軍省という会場を考え合わせるならば、海馬の勇姿こそふさわしいものだったと思われるが、それをすべて裸体女性像に変更したところに、裸体展示というタブロー・ヴィヴァンの真の目的が垣間見える。

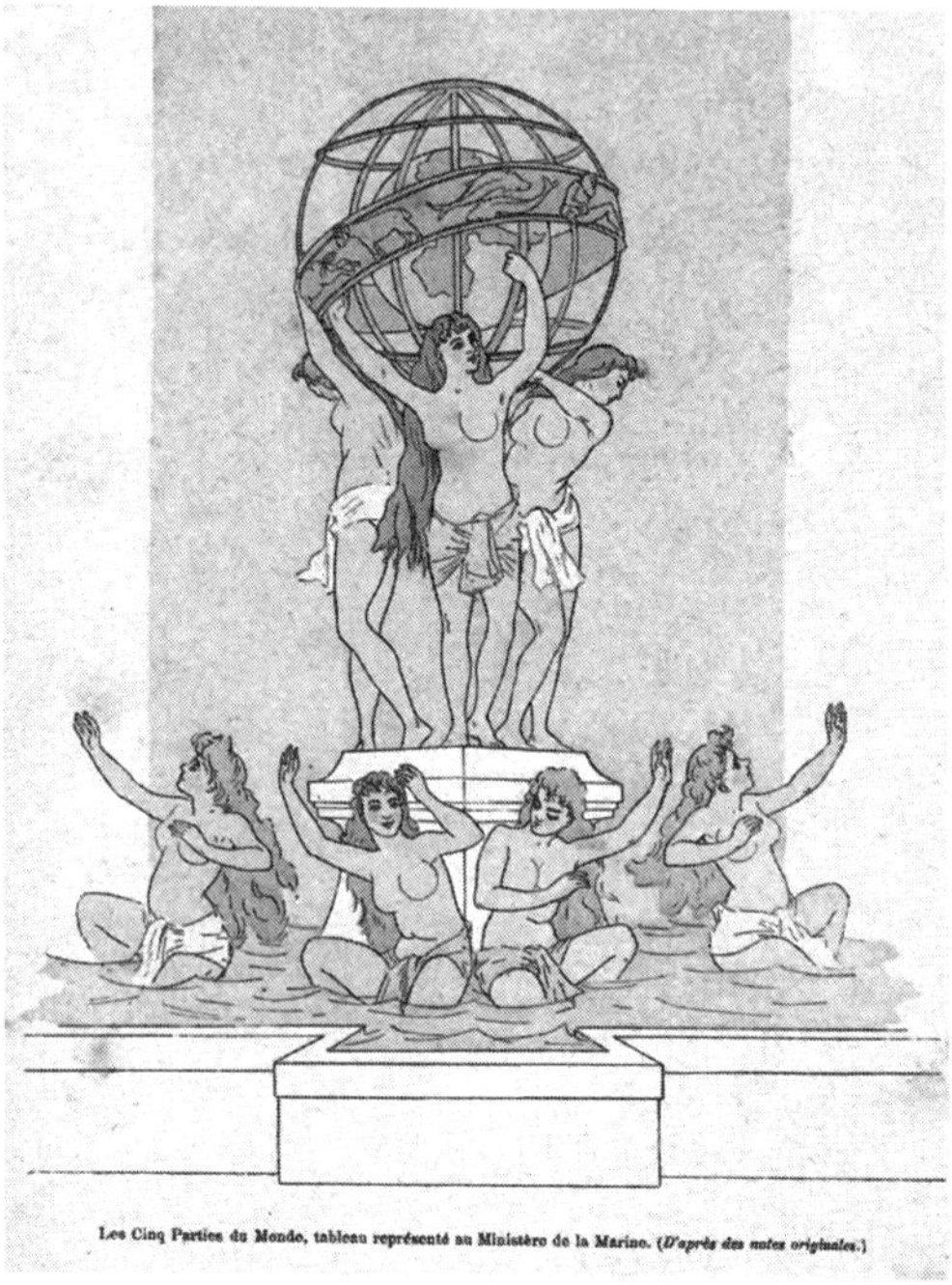

図⑨　「五大陸」（ラノ『第二帝政期の仮装舞踏会とタブロー・ヴィヴァン』1893年の挿図）

図⑩　カルポーほか《四大陸》パリ、リュクサンブール公園、マルコ・ポーロ庭園

ただしこの時期のタブロー・ヴィヴァンでは、原画・原作彫刻は全裸であっても、それを演じる際には出演者は腰布を巻いていたし、そもそも本物の肌を露出したのでもなかった。登場人物は肉体に密着する肌色の下着（マイヨ）を身に着け、わずかにまとった腰布も透けるような絹地であって、巧みな照明によって、あたかも裸体であるかのように見せかけていた。ラノは、これまた評判になった《四元素》のタブロー・ヴィヴァンに関して、「（四元素の擬人像の）各々は、マイヨを身に着けており、その結果、見た目には完全な裸体であるように見えた」と記している。[13]

また、先に触れたゾラの小説『獲物の分け前』は、成り上がり者のサッカールの屋敷で開かれた仮装舞踏会の様子を描く第六章において、《麗しきナルシスと妖精エコーの恋》と題した三幕のタブロー・ヴィヴァン上演の様子を描写することに紙数を費やす。そこでも、「舞台を照らすよう庭側の窓のひとつに巧みに配された電光のもと、これら全ての透ける軽やかな布地が裸の肩やタイツと一体となって解け合い、薔薇色を帯びた様々の白が生気を帯び、この貴婦人たちは造形上の真実を追究するあまり素裸になったのかと見まがうほどであった」。[14]

このように、第二帝政期のタブロー・ヴィヴァンでは、裸体展示の口実にふさわしい主題や、原作となる絵画彫刻を選び、そこに、ことさら裸体を強調する形で手を加え、巧みな照明も含め、本当の裸体であるかのように見える演出を施した様子がうかがえる。

ちなみにタブロー・ヴィヴァン上演の次第がいかなるものであったかというと、まず開幕前に奏楽があり、幕が開くと説明者によって主題や原作の絵画についての説明が加えられた。舞台上ではタブロー・ヴィヴァンが静止した状態で数分間演じられる。幕が閉じると、幕内では次の場面の準備に移り、その間、奏楽が場をつなぐ。そしてこれが数場面繰り返された。原作となる芸術作品の存在と、場面を説明する人物の登場により、それが芸術鑑賞であるとする体裁が繕われているわけだが、観客の関心は必ずしもそこにはなかった。それを証言しているのが、ラノの回想であり、ゾラの小説である。ゾラの『獲物の分け前』には、タブロー・ヴィヴァンの幕間《まくあい》に、紳士たちが喫煙室に集まり、出演女性たちの品定めをしている様子が記されているし、淑女たちの方も、舞台に登場した女性たちの化粧やドレスの採点やゴシップ談義に余念がない。

ところで、第二帝政期のタブロー・ヴィヴァンで興味深いのは、登場人物は男役であれ女役であれ、ほとんどすべてを女性が演じていたことである。ラノは、「そこでは女性だけが演じ、彼女たちは男性の役も演じたのだ。この見世物において、男性は観客であることしか認められてはいなかった」と証言している。(15) ゾラの『獲物の分け前』では、タブロー・ヴィヴァン《プシュケとアモール》上演の際、アモールの役は、サッカール夫人ルネのたっての希望で、彼女の継子にして愛人のマクシムに与えられたが、「マクシム坊やが本当の女の子のようでなかったら」この配役には絶対に同意できなかったと語る夫人もいたほどで、実際ほかの役はすべて女性によって演じられている。(16)

このように、第二帝政期のタブロー・ヴィヴァンは女性鑑賞の場、とりわけ、表向きはタブーであった女性裸体の鑑賞の場でもあった。紳士たちはそれをしかるべき視線で眺め、演じる女性の側にも、あわよくば新たなパトロンを見つけようという打算が働いていた模様である。

二　戦間期、欧州興行街

さて、以上に論じたように第二帝政下、上流階級の夜会の余興において、女性の裸体を見物するという紳士たちの欲求に対しても提供されていたタブロー・ヴィヴァンは、次第に大衆相手のショウ・ビジネスの領域に取り入れられていく。上流階級の夜会ではタブロー・ヴィヴァンを見る側も演じる側も同じ上流階級の紳士淑女であった。それに対して、大衆相手のショウ・ビジネスにあっては、舞台に立つのはプロの踊り子や芸人である。いまだ舞台での裸体が認められていない時期には、ヴァリエテのショウの大詰めに裸体のタブロー・ヴィヴァンが登場したというが、そこではやはり肌色のマイヨが用いられた[17]。モラルに厳しいビクトリア朝のイギリスでも、劇場やミュージック・ホールにおいてタブロー・ヴィヴァンが裸体展示の口実に用いられた。ロンドンのカンタベリー・ホールでは、ティツィアーノの《波間からあがるヴィーナス》等が上演されたという[18]。

その後、タブロー・ヴィヴァンの趣向は、より大規模なレヴュー・ショウに導入され、たとえばパリのフォリ・ベルジェールやカジノ・ド・パリといったレヴュー劇場の舞台を飾るようになる。パリのレヴューに裸体の踊り子が初めて登場したのは一八九四年のこととされるが、もはやタブーを回避する装置としての役割を終えてからも、絵画を模倣した裸体展示は、レヴューにおいて趣向として生き残った。とりわけ一九二〇年代から三〇年代のレヴューではありとあらゆる趣向を凝らして、舞台に裸体が氾濫したが、その趣向の一つとしてタブロー・ヴィヴァンが用いられたのだ。図⑪に挙げる一九二八年のフォリ・ベルジェールの舞台では、フランソワ一世に謁見するベンヴェヌート・チェッリーニの背景に、チェッリーニ制作の巨大金工細工が見え、その中でははみださんばかりの大勢のレヴュー・ガールたちが裸体を誇っている。

フランスやドイツでは一八九〇年代から舞台上に裸体が登場するようになったが、それに対してビクトリア朝以来、イギリスでは長らくマイヨを身に着けない舞台上の裸体は禁止されていた。そのような状況下にあって、第一次大戦後、ロンドンのウィンドミル劇場にて、芸術の模倣であることを標榜しつつ、マイヨなしの裸体タブロー・ヴィヴァンが出されたことがよく知られる（ちなみに、ウィンドミル劇場が裸体のタブロー・ヴィヴァンを出した顚末は、ジュディ・デンチが劇場主ヘンダーソン夫人を演じた『ヘンダーソン夫人の贈り物 Mrs. Henderson Presents』〔二〇〇五年〕として映画化された。レヴュー中のタブロー・ヴィヴァンのシーンも復元されており、一見の価値がある）。

図⑪「ベンベヌート・チェリーニのアトリエ」(1928年、フォリ・ベルジェールのレヴューの一景)

冒頭にも述べたように、秦は、駐在した戦間期のパリやロンドン、ベルリンで上述のような裸体のあるレヴューやショウを楽しんだ。秦の体験した戦間期のこのようなショウについて、彼自身の回想に耳を傾けてみよう。

「世界のレビュウの発展史からいえば、第一次欧州大戦後が、欧州で最もレビュウの全盛時代だろう。巴里の「フオリ・ベルジエール」とか「カジノ・ド・巴里」は、無数の裸体の美女を扇の柄に収め、象牙の彫刻になぞらえ、名画にはめ込み、あらゆる方法で女の裸を舞台に咲かせた。美しい女の裸、これこそレビュウの神髄である事は、美術における裸体画や、彫刻における女身像と同じであろう(19)」。

また曰く、「……「生きた大理石像」というのは、最も体の美しい女優さん達が、ギリシヤや羅馬や又は昔の物語の一節を、大理石の彫刻のつもりで、又は古代の大理石像を真似て、舞台で活人画になって見せるから、自然体には何も着けていないのです。〔略〕「生きた大理石像」という活人画を、私が初めて見たのは、一九二〇年頃でしたが、その時すでに珍しいヴァラエティの出し物ではなく、それが二十数年後でもまだ舞台に出ているのですから、いつになっても美しいものは滅びません。しかもロンドンばかりでなく、巴里伯林の多くのヴァラエティ劇場でも見物出来たし、観客の悦ぶこの出し物が、どうして日本では見られないのでせう[20]」。

この「日本では見られない」出し物を実現したものが、ほかでもない帝都座の額縁ショウであった。

三　ふたたび昭和二十二年、新宿帝都座

すでに述べたように秦は、欧米のショウで見られる裸体のある舞台を帰国後の日本で試みようとしたが、その実現は敗戦後に持ち越された。公職追放による浪人の身分を利用して、帝都座の額縁ショウをプロデュースしたのである。ただし、戦前に引き続き舞台における裸体の前に立ちはだかったのは官憲による検閲であった。日本で舞台に裸体をのせるには何らかの工夫が必要であった。それがかつての欧米において用いられたと同様のタブロー・ヴィヴァンだったのだ。

秦が裸体規制にどのように取り組んだのかについて考えてみよう。そもそも舞台上の裸体を検閲・規制する根拠は何なのだろうか。当時の刑法第一七四条（公然猥褻）の条文には、「公然猥褻ノ行為ヲ為シタル者ハ六月以下ノ懲役若クハ五百円以下ノ罰金又ハ拘留若クハ科料ニ処ス」とあるのみで、何が公然猥褻の行為にあたるのかについての具体的な記述はない。よって戦前においては、内務省による台本の事前検閲、および臨監席の官憲による中止命令、拘引、取り調べがおこなわれた。現場での監視・検挙の根拠は警視庁保安課の出したいわゆる

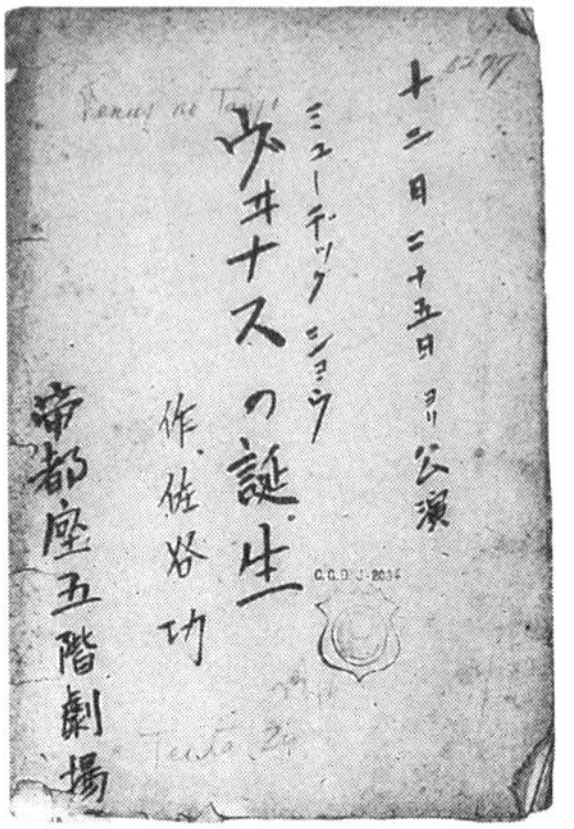

図⑫　額縁ショウ「ヴィーナスの誕生」検閲台本表紙

「エロ取締規則」であったが、(21) 実際には、それは一巡査の恣意的な判断によっていた。

それでは戦後、舞台上の裸体検閲について状況は変化したのか。額縁ショウがおこなわれた昭和二十年代前半は特殊な状況にあった。つまりこの時期は、ちょうど日本の戦後占領期にあたり、舞台検閲はＧＨＱの下部組織であるＣＣＤ（民事検閲局 Civil Censorship Detachment）が担当した。(22) ＣＣＤは、戦前の内務省と同様に事前の台本検閲をおこなった。ＣＣＤが検閲した第一回額縁ショウの台本が残されており、その検閲台本の表紙には、ＣＣＤの印と担当者のサイン、ローマ字によるタイトルの書き込みなどが見られる〔図⑫〕。しかし台本にはヌードの様子が詳述されているわけではない。先に紹介したように、そこには、「中央の台の上に貝殻から生れたヴィーナスがボッティチェリの絵の様なポーズで活人画風に立ってゐる」とあるのみである。また、ＣＣＤによる検閲は思想検閲が中心であったうえ、アメリカでは戦前からストリップティーズが一世を風靡したほどで、舞台上のヌードは問題にされなかったのであろう。

さて、実際におこなわれている興行を現場で取り締まるのは日本の警視庁だ。しかし占領期の支配者であるＧＨＱが規制しようとしないものを警視庁が取り締まることができようか。警視庁もＧＨＱの意向をはかる必要があり、裸体規制に関して当初は歯切れが悪かったという。(23) 警視庁は戦前の内務省のような台本検閲はできないし、臨監席ももはや存在しない。戦前からのエロ取締規則は存続していたが、戦後、民主主義・自由主義によってあらゆるものが解放されるべきだという建前もある。

秦が額縁ショウを手掛けたのはこのような時代だった。そして秦は、このような時代状況の隙につけ込んだとみることもできる。秦は戦前の検閲には相当恨みがあった様子で、「戦後に私が真先に、舞台に女の裸体を出したのは、十年に渉って骨身に泌み込んだ検閲のつらさのなくなった悦びが、幾分手伝ったようである」[24]とも述べている。

しかし、戦後まったく検閲がなくなったというわけではない。占領下という特殊な状況の中、すべてが曖昧で、想定される取り締まりという見えない敵を相手にしなければならなかった時代、当時の新聞にもあるように、「乳房は出しても露出しても構わないが、動いたら取り締まりの当局が黙っていない。絶対動いてはいけないことになっている」などの説がどこからともなくまことしやかに一般に伝わっていたという[25]。その際、活人画は、まさに動かない見世物である。裸体の女性が動かないでいることが合理化されるショウである。秦はそこに目を付けたのだ。

警視庁や世間に対しては、秦は活人画が芸術であることを標榜する。このショウが、「名画アルバム」と名付けられていたことが、このことを明瞭に物語っていよう[26]。そして原作もことさらに著名な泰西名画を選ぶ。西洋のレヴューのタブロー・ヴィヴァンでは、必ずしも原作となる絵画作品が存在していたわけではなかった。また先に秦自身の回想を紹介したように、秦が手本にした西洋の裸体ショウは、「生きた大理石」であり、台座に載った彫刻を模していた。

それに対して額縁ショウでは、多くの場合、原作となる泰西名画が存在し、特に当初はそれがはっきりしていた。額縁ショウの題材となった泰西名画は、既に見たように、第一回がボッティチェッリ《ヴィーナスの誕生》、第二回がルーベンス《アンドロメダ》で、ほかにもゴヤの《裸のマハ》やドガの《踊り子》、ロダンの《接吻》などが選ばれている。それゆえに、帝都座五階劇場のショウは、「名画ショウ」「名画アルバム」「生きた名画」などと呼ばれたのである。それに、「これは芸術である」という建前から、まずは日本の絵画ではなく、よく知られた「泰西名画」でなくてはならなかった。

そして公演パンフレットの表紙に原作をあしらい、その作品解説を付ける。第五回公演は第二回公演「ル・パンテオン」の再演だったが、そのパンフレットでは、ルーベンス《アンドロメダ》の図が表紙に大きく印刷され、傍らにはアンドロメダ神話の梗概と、「絵はルーベンスの筆になる鎖に繋がれたアンドロメダ」のキャプションがあった。(27) 秦は公演パンフレットという、形に残るもので芸術鑑賞の体裁を取り繕ったのだ。

ところで、秦がモデルにした西洋のレヴューのタブロー・ヴィヴァン的な場面では、必ずしも額縁は存在しなかった。また、先に述べたように、秦が直接的なモデルとして念頭においていたのは、裸体の女性が台座に載るスタテュ・ヴィヴァン（活人彫刻）が舞台上に配置されるというものであったから、そこには当然ながら額縁はなかった。

それに対し、秦の額縁ショウを特徴付けるのは、ほかならぬ額縁の存在である。台本にも額縁の存在が特記され、秦が毎回のパンフレットに寄稿した前月の舞台の感想講評でも額縁のことがしばしば言及された。そしてなによりも、それは「額縁ショウ」と呼ばれ、「額縁ガール」という言葉まで生まれた。(28) 当時の雑誌には「額ぶちの美人活人画」(29) と題する記事も見られる。いうまでもなく、額縁のあることが、それが絵画を模倣していること、ひいては芸術鑑賞の場であることを保証していた。(30) また実際的な面からすると、額縁があることにより、取り締まりがあった際に臨機応変にカーテンを開閉して対応できるという利点もあったかもしれない。

以上、官憲の取り締まりへの秦の対応について見てきたが、舞台上の裸体に対する規制は、実は当局によるものだけではなかった。出演者の側にも別の意味での規制と呼べるものがあった。秦は、他人様の前で裸になるのは恥ずかしいという踊り子を、まずは説得せねばならなかったのだ。第一回公演の中村笑子は日劇の踊り子だったが、額縁ショウの前後には日本劇場の通常のレヴュー公演に出演しており、そのような一流のダンサーが人前で裸になるということを恥ずかしく思ったのは当然だろう。実際彼女は、胸を出すことは断固拒絶し、結局下着を身に着けたかたちでの出演に終わった。初めて上半身の裸体を見せた第二回公演の甲斐美和は、この公演のみの出演となったが、その理由は、病気の叔父に叱られたというのである。(31)甲斐の後をついだ片岡マリも、新聞紙上で俳優座の小沢栄に叱られたといっておおいにしょげたという。(32)このような出演者に対して秦は、このショウが芸術であるということで説得をおこなった。秦は「額縁ショウ」が名画を模倣していることのみならず、美しい裸体を見せること自体が芸術であると縷々説いたという。

このように、動かなくともよく、芸術鑑賞との言い訳も可能な額縁ショウは、第二帝政期のパリにおいてそうであったように、敗戦後の日本においても、裸体展示のための格好のお膳立てであった。当局には「動かない」ことで対処し、同時に「芸術である」との言い訳ができるという予防線も張っておいた。また裸体になることを渋る出演者に対しては、「芸術への貢献」という理屈で説得しやすかったのである。(33)

さらに、額縁の中の腰布を巻いた裸体画を模していることによって、秦の考える日本女性の弱点を隠すことも可能となり、一石二鳥であった。秦曰く、「舞台でハダカを見せるというのは、どこまでも美しい体を見せるというのが建前のはずだが、日本の女性には民族的な致命傷があつて足が醜く、胴が長い。それだから私は、そんな見つともないものは見せないのがよいと思つて上半身だけを露出して、体を動かさぬ活人画を、お勧めした訳である」(34)。

さてここで、額縁ショウに選択された泰西名画についても若干触れておきたい。第一回公演に選ばれたのはボッティチェッリの《ヴィーナスの誕生》だが、愛と美の女神ヴィーナスはエロティックな場面を構築しやすいため、欧米のタブロー・ヴィヴァンでもしばしば用いられた。先に紹介したラノの言及するテュイルリー宮殿でのタブロー・ヴィヴァンでもこの主題は人気を博したものであったし、アメリカに移入されたタブロー・ヴィヴァンのマニュアル本である『家庭の気晴らし、またはタブロー・ヴィヴァン』（一八六〇年）にも《ヴィーナスの誕生》の場面の作り方が説明されている(35)。先にも触れたが、ロンドンでも、カンタベリー・ホールでのタブロー・ヴィヴァンの名物の一つがティツィアーノの《波間からあがるヴィーナス》であったという。ボッティチェッリのヴィーナスが額縁ショウに格好の泰西名画だったことは、理解しやすいといえるだろう。

図⑬　岡田三郎助《海辺裸婦》親和アートギャラリー

それに対して、第二回公演のルーベンス《アンドロメダ》は、名作とはいえ少々意外に思われるかもしれない。しかし戦前以来の好色本出版の文脈からすると、それは決して意外な選択ではなかった。もとより豊満な女性裸体像を描いた作品の多いルーベンスは、戦前の美術書においてしばしば検閲の対象となっており、検閲によりルーベンスの複製画集から作品数点が削除されるということもあった(36)。そしてそうであればこそ、戦前のエロ・グロ風俗雑誌そして戦後のカストリ雑誌等において、その種の出版物にふさわしい図版としてしばしば用いられた。戦前以来、日本では、ルーベンスの裸婦像は芸術であるとともに、エロティシズムの記号としても機能していた。額縁ショウの《アンドロメダ》は、泰西名画の三次元化であるとともに、その受容層を考えるならば、エロ・グロ雑誌のグラビアの活人画であったとも捉えられるのだ。そして秦豊吉こそ、丸木砂土《まるきさど》のペン・ネームで、その種の出版にも棹さしていた人物だった(37)。彼による好色文学の翻訳書が、検閲を受け発禁となることもたびたびであった。[38]彼は舞台検閲、出版検閲と、戦前から検閲には辛酸をなめてきたのである。繰り返すが、彼の「額縁ショウ」の原動力の一つは、戦前に苦労した検閲取り締まりへの反発であった。

このように額縁ショウでは泰西名画が原画として選ばれ、それは先に示したように本邦における泰西名画受容のもう一つの側面を物語っているといえる。ただし、額縁ショウは、日本人の女性が演じるのであるから、日本人の美しい裸体像を描いた作品が次第に求められていったのは想像がつくところである。実際、頃合いを見て原作絵画は日本物に移っていく。

その成功作が、岡田三郎助の《海辺裸婦》〔図⑬〕であった（残念ながら現在のところ、舞台の記録写真は発見されていない）。秦は、たまたまこの絵がある婦人雑誌の色刷口絵に出ていたのを見て選んだとのことだ。[39]日本女性が美しい上半身のヌードをみせ、先に触れたように秦が日本人女性一般として美しからずと考えた下半身は布で覆った岡田の作品は、額縁ショウには最適のものだった。実際秦は、額縁ショウの中でこれが最もうまくいったと回想している。また、写真家吉田潤による写真が残る図⑭は、原作となった作品が何であるか判明していないのが残念だが、書き割りも作り込まれ、たいへん上出来の額縁ショウである。[40]腰布を巻いた裸体の女性が桜の枝に手を伸ばしており、日本の洋

図⑭　額縁ショウ、タイトル不詳

画が原作と思われる。

思えば明治三十六年（一九〇三）、日本人による初の本格的活人画であった癸卯《きぼう》園遊会の活人画でもっとも評判になったのが、《秋《しゅう》色女《しきじょ》》であったが、それは江戸時代の女流俳人秋色女が高所の桜の枝に手を伸ばして文を結びつけるところを表していた(41)［図⑮］。かたや着物姿、かたや裸婦とはいえ、明治と昭和の日本活人画史の名作が、いずれも桜の枝に手を伸ばす美女だというのは、奇妙な符号といわねばならない。

図⑮　「秋色女」（明治36年、癸卯園遊会の活人画）

おわりに——昭和二十六年、帝国劇場

第二帝政期のタブロー・ヴィヴァン、二十世紀初頭の欧米のレヴュー、終戦後の新宿帝都座の額縁ショウと、そのいずれもが、絵画を模倣して、あるいは絵画の形式に当てはめて、舞台に裸体を展示した。既に述べたように、秦豊吉が直接参考にした欧米のレヴューの場合、その舞台は必ずしも厳密なタブロー・ヴィヴァンになっているというわけではなかったが、彼の地では、舞台上の裸体はすでにタブーでなくなって久しかった故、ことさらタブロー・ヴィヴァンに仕立てる必要はなかったのだ。それに対して、舞台に裸体をのせるということが戦前より禁じられていた我が国においては、官憲の取り締まりを想定し、場合によっては芸術鑑賞であるという言い訳を取り繕うためにも、それは何としても「額縁ショウ」でなくてはならなかった。

明治この方、西洋人の目を気にして日常生活や興行の世界から裸体を追放してきた我が国が、[42]絵画芸術という、これまた西洋の制度を利用しながら、舞台上の裸体の復権をはかるきっかけを作ったというのも、考えてみれば皮肉なはなしである。

さて、額縁ショウのその後はどうなったのだろうか。秦の予防策が功を奏したのか、結局、帝都座の額縁ショウは一度も中止されることはなく、逮捕者が出ることもなかった。そして、昭和二十三年（一九四八）九月の第十四回公演を最後に一座は解散された。この第十四回公演には、「東郷青児アルバム」等、有名になった額縁ショウの総決算がおこなわれたという。帝都座解散の理由は、帝都座の株式が東宝から日活に売却され、新たな家主である日活が劇場を映画館に転向させたためであったが、額縁ショウの陰に秦の名前がちらつきだして、このままではいつまでたっても公職追放が解けないという懸念もあったらしい。[43]昭和二十五年、ようやく公職追放が解除された秦は、直ちに帝国劇場社長に就任する。そして秦の活動の舞台も、以後帝劇に移るのである。

その一方、戦後の世相の中で、大衆はより大きな刺激を求めるようになり、裸体を見せる方もより大胆になる。その方向性は浅草のストリップ・ショウへと流れ込み、急速にエスカレートしていくだろう。そこではもはや裸体は静止してはいないし、腰布が取れるのも時間の問題だ。当然、額縁も無用の長物である。

秦豊吉は、自分の目指していたものとは異なる、このようなあけすけな裸体の見せ方には眉をひそめている。「動かない活人画から動く舞踊めいたものになり、今日のように何でも女がハダカになって、……これがストリップ・ショウと名をつけられ、私などが空想した、パリやニューヨークで見た、小さい美しい新しいショウとは、似ても似つかぬものになってしまいました」と秦は嘆き、[44]また、「昭和二四年から二五年にかけて、東京の小劇場には、西洋ならば、遊女屋の引きつけのように、ただ裸の女が続々と現れるという、バアレスクとも何とも名のつけられない、芸なしのハダカ・ショウが氾濫した。私の予想もしなかったことである」とも述べている。[45]

そして秦は、帝都座で試みた裸体展示の規模を拡大し、新たなホーム・グラウンドとなった帝国劇場で、日本人女性の美しい裸体を健全なエロティシズムを伴って見せる場面のあるミュージカルの制作に心血を注ぐのである。

新宿帝都座の「額縁ショウ」が解散してから二年半後の昭和二十六年（一九五一）二月、帝国劇場で秦豊吉作・演出の帝劇コミック・オペラ第一回公演『モルガンお雪』が幕を開けたが、その劇中に裸体の活人画シーンがあった。それは裸体活人浮世絵ともいうべきもので、大詰め、三段返しで浮世絵風の吉原の場になると、朱の窓の中、裸体の花魁たちが大きな髷《まげ》に結って立ち、活人画になっていた。この年の冬は厳寒に大雪で、帝劇の暖房は不完全で暖まらなかったというから、裸では寒くてさぞ困ったことだろう[46]。

（1）『the座』第二二号、こまつ座、一九九二年、五一頁。井上ひさしの芝居『日本人のへそ』のパンフレットもかねた当号は、「特集　ヴィーナスの誕生」と題し、額縁ショウについて貴重な情報を多数収載する。特に四八―五一頁には、第一回公演「ミュージックショウ　ヴォナスの誕生」の台本を完全収録する。ＣＣＤに提出した検閲台本［図⑫］に基づく復刻である。

（2）『the座』第二二号、三七頁。

（3）『the座』第二二号、四三頁。本章図⑦はこの時の写真ではないと思われるが、額縁前の階段の存在が、この後踊り子がステージに下りるであろうことを示唆している。

（4）額縁ショウに関しては以下を参照。篠原資明「活人画探し9　額縁ショー」、『未来』第三四七号、一九九五年、三八―四一頁。橋本与志夫『ヌードさん――ストリップ黄金時代』筑摩書房、一九九五年、九―二八頁。山本明『カストリ雑誌研究――シンボルにみる風俗史』中公文庫、一九九八年、九一―一〇二頁。菅野聡美「琉球レビューと額縁ショー」、『現場としての政治学』日本経済評論社、二〇〇七年、四一―六四頁。中野正昭『ムーラン・ルージュ新宿座――軽演劇の昭和

小史』森話社、二〇一一年、三四二―三四七頁。
（5）秦豊吉については、森彰英『行動する異端――秦豊吉と丸木砂土』TBSブリタニカ、一九九八年。
（6）秦は公演ごとのパンフレットに「帝都座さんへ」と題し、前回の公演の感想講評を執筆した。額縁ショウに関する秦の当時の考えが読み取れるものとしてたいへん貴重である。十回分の記事が、秦の『劇場二十年』（朝日新聞社、一九五五年）および遺稿集『日劇ショウより帝劇ミュージカルスまで』（秦豊吉先生を偲ぶ会、一九五八年）に収載されている。
（7）初期近世の君主の入市式におけるタブロー・ヴィヴァンを利用したページェントに関しては、以下で論じたので参照されたい。京谷啓徳「はりぼて凱旋門の語るもの――一六世紀の君主の入城式におけるアッパラートに関する覚書」、『西洋美術研究』第一二号、二〇〇六年、一二三―一三八頁、および、京谷啓徳「タブロー・ヴィヴァン考――君主の入市式におけるその使用をめぐって」、『西洋美術研究』第一五号、二〇〇九年、一六九―一八五頁。
（8）十八世紀後半から十九世紀のタブロー・ヴィヴァンに関しては以下を参照。B. Jooss, *Lebende Bilder. Korperliche Nachahmung von Kunstwerken in der Goethezeit*, Berlin 1999; Bernard Bouille, *Le Tableau vivant. L'orateur et le peintre*, Paris 2002.
（9）P. de Lano, *Les Bals travesties sous le Second Empire*, Paris 1893.
（10）*ibid.*, p.30.
（11）ラノ自身が、「この出し物の慎みのなさを断罪するのは大人げないことと思われる。何故ならそれは実際の芸術の行き過ぎを真似たに過ぎないのだから」と述べている（*ibid.*, p.33）。
（12）*ibid.*, pp.31-32.
（13）*ibid.*, p.32.
（14）ゾラ『獲物の分け前』中井敦子訳、ちくま文庫、二〇〇四年、三四〇頁。
（15）P. de Lano, *op.cit.*, pp.30-31.
（16）ゾラ『獲物の分け前』三三〇頁。
（17）*The Oxford Encyclopedia of Theatre & Performance, vol. II*, New York 2003, p.1312.
（18）*ibid.*
（19）秦豊吉『宝塚と日劇――私のレビュウ十年』いとう書房、一九四八年、一八九頁。
（20）秦豊吉『宝塚と日劇――私のレビュウ十年』一五三頁。

(21) 中野正昭「レビュー検閲とエロ取締規則――一九三〇年代の浅草レヴューにみる興行取締問題」、『演劇研究センター紀要』Ⅵ、二〇〇六年、二六三―二七〇頁。
(22) 占領期のGHQによるメディア政策に関しては、川崎賢子「GHQメディア政策と、戦後占領期の演劇上演をめぐって」、『芸術受容者の研究――観者、聴衆、観客、読者の鑑賞行動』平成二〇～二二年度科学研究費補助金(基盤研究(B))研究成果報告書)、三八―四四頁。
(23) 「近頃エロレビューが盛になって来た、我々としても昔の様な考えはもっていないが、しかしこれも限度の問題で、業者はもっと公共の利害を考え、良心的にやってもらいたいと思う。業者と観客の反省をうながすだけである。我々も国民の世論が高まれば取締まるが、目下の所出演禁止というような措置は考えていない。」(『日刊スポーツ』一九四七年五月)、「最近のアトラクション、レビュー、ショー、演劇等は自由をはきちがえて、とかく風紀上好ましくない傾向が強く、このほどGHQ民間情報教育部演劇班から自主的に粛正するようにとの注意があったため、興行組合では各組合員に対し「今後は風俗を害するいかがわしい内容の上演は絶対に禁止するよう、また宣伝については特に注意を払うよう願いたい」旨の通達を発した」(『日刊スポーツ』一九四七年七月)。いずれも橋本与志夫『ヌードさん――ストリップ黄金時代』四一頁に所収。
(24) 秦豊吉『劇場二十年』一二九頁。戦前の臨監に関する秦の愚痴は、「叱られる劇場」「検閲と暴力団」(同書、二一〇―二二一頁)および『日劇ショウより帝劇ミュージカルスまで』九六頁など。
(25) 橋本与志夫『ヌードさん――ストリップ黄金時代』三〇頁。
(26) 秦豊吉『日劇ショウより帝劇ミュージカルスまで』一四八頁。
(27) 『the座』第二二号、三頁。
(28) 西岡浩「レヴュウのハンラン」、『ナンバーワン』第二号、一九四七年(山本明『カストリ雑誌研究――シンボルにみる風俗史』九六頁に所収)。
(29) 『スクリーン・ステージ』一九四七年四月一日(森彰英『行動する異端――秦豊吉と丸木砂土』一五頁に所収)。
(30) ちなみに、明治三十六年四月に築地の水交社を会場として開催された癸卯園遊会の活人画でも、立派な額縁が準備された[図⑯]。これは日本人による初の本格的な活人画だったが、活人画に初めて触れる日本人たちにそれが絵画を演じていること、それも油彩による洋画を模していることを伝えるためにも、額縁は必須であったように思われる(本章図⑮は同活人画からの一景）。この活人画の制作・演出を担当したのは洋画家山本芳翠である。癸卯園遊会の活人画に関しては、以下で論じたので参照されたい。京谷啓徳「明治三六年の活人画——癸卯園遊会・歌舞伎座歴史活人画興行・東京美術学校紀念美術祭」、『文化資源学』第五号、二〇〇七年、一一一—一二六頁。

(31) 秦豊吉『芸人』鱒書房、一九五三年、一二八頁。

(32) 秦豊吉『芸人』一二八頁。

(33) 秦は、戦前に欧米で見た「生きた大理石像」の再現を目論んだとはいうものの、そもそも舞台上の活人画的趣向が好みであって、戦前の日劇においてしばしば活人画を出した。今日でも、芝居やショウの幕開きや幕切れが活人画となる趣向にはたびたび出くわすが、秦のショウはとりわけその傾向が強かったようで、それは本人が折に触れて語るところである。たとえば日劇の昭和十二年三月公演『明治維新七〇年レビュウ』の第九場では、東城鉦太郎の《三笠艦橋の東郷提督》を活人画にしてみたり、同第十三場「文展初まる」では、文展に出品された《鎧武者》《築地明石町》《ハンモックの女》を活人画で出した。この時《ハンモックの女》を演じた中村笑子は、後に第一回額縁ショウに登場することになる。

図⑯　癸卯園遊会活人画の会場

(34) 秦豊吉『芸人』一二九頁。

(35) J. H. Head, *Home Pastime; or, Tableaux Vivants*, Boston 1860 (repr. 2007), pp.7-8.

(36) 古沢岩美『RUBENS　画集と評伝』（梧桐書院、一九四三年）では「挿画三枚風俗壊乱の虞あり、同月風俗禁止、削除」として、《ヴィーナスとキューピッドとバッカス》《三婦図（細部）》《土と水の結婚》が削除された（『別冊太陽　発禁本』平凡社、一九九九年、一五〇頁）。

(37) 森彰英、前掲書。

(38) たとえばシュニッツラーの『輪舞』は戦前、警視庁のブラック・リスト入りの戯曲で、秦（丸木砂土）の翻訳（文芸春秋、一九二九年）、高橋昌平訳（木星社書院、一九三一年）がともに発禁になった。秦の訳では伏字にするべき箇所はすべて珍妙な中国語に翻訳されていた。検閲を想定した苦肉の策であるとともに、秦の面目躍如たるものでもある（城市郎『発禁本』桃源社、一九六五年、一八二―一八四頁）。

（39）秦豊吉『劇場二十年』一七五頁。

（40）『吉田潤写真集　戦後フォーカス二九三　夢の輝き』潮出版社、一九八三年、五六頁。

（41）京谷啓徳「明治三六年の活人画――癸卯園遊会・歌舞伎座歴史活人画興行・東京美術学校紀念美術祭」一三頁。

（42）宮下規久朗『刺青とヌードの美術史』ＮＨＫブックス、二〇〇八年、九三―九六頁。

（43）秦豊吉『劇場二十年』一七三頁。ちなみに、昭和二十四年三月十八日、解散した帝都座ショウが、新宿東宝五階の映画館を劇場にして、「セントラルショー」と名乗り、公演を開始した。額縁ショウのメンバーの一部（片岡マリ、東山ふさえ、真田千鶴子ほか）を中心に、東郷青児の構成による名画アルバム『誘惑』を復活したという（橋本与志夫『ヌードさん――ストリップ黄金時代』五〇頁）。

（44）秦豊吉『演劇スポットライト』朋文堂、一九五五年、八九頁。

（45）秦豊吉『劇場二十年』一八二頁。

（46）秦豊吉『劇場二十年』二〇二頁。当時のパンフレットには、第二部第三十場フィナーレの配役表末尾に「活人画　帝劇ビューティー・ガール」とある。

（付記）本章は拙稿「絵画を模倣する裸体展示――タブロー・ヴィヴァンから額縁ショウへ」（『西洋美術研究』第一六号、二〇一二年、一五四―一六八頁）の一部に加筆訂正を行ったものである。

Ⅳ　モダニズムの片影

第9章　国際劇場と日劇

昭和のグランド・レヴュー

神山　彰

一　「行ってみたい東京」の行方

昭和三十六年（一九六一）、修学旅行生の「行ってみたい東京」というアンケートの上位に、宮城、靖国神社、後楽園球場と並んで「浅草国際劇場」があるのを見ると胸が衝かれる思いがする。

私が足を運んだ国際劇場は、その八年後くらいで、小月冴子《おづきさえこ》はまだ出ていたが、川路龍子《りゅうこ》〔図①〕は見ていない。小学生だった一九五〇年代には、毎月、『読売新聞』に国際劇場の「東京踊り」の広告が出て、川路についてはその男装姿の強烈な残像があるのと、あとは銀幕のなかでそのカリスマ性に接しただけである。『燃える上海』の川島芳子役の身ごなしや物言い、表情、『踊る龍宮城』の浦島太郎役の踊りやタップダンスなどを見て、その渇を癒し、人気ぶりに想到するくらいしかできない。

図①　似顔の川路龍子（『夏のおどり』プログラム、昭和24年8月、浅草国際劇場）

戦時中に応召された長谷川一夫の入営の壮行会に駆け付けた多くの人々のなかで、「川路竜子（ママ）さんの男装が印象的でした」と長谷川は言う[1]。あの美貌の長谷川が見とれるほどの「印象」だったのである。

ともかく、私は昭和四十年代からしかレヴューは知らないが、私の育った環境では、レヴューといえば、国際劇場のＳＫＤか日劇のＮＤＴだった。宝塚ファンは周辺にいなかったからだろうが、昭和五十年代までの東京では、宝塚は年四、五回程度の公演で、数回は新宿コマ劇場で行われていた。日劇で「世紀の祭典」として、「日劇ダンシング・チーム（ＮＤＴ）」「梅田コマ・ミュージカル・チーム」「新宿コマミュージカル・チーム」「大阪松竹歌劇団（ＯＳＫ）」「宝塚歌劇団」が合同公演を行ったりしていたのである〔図②〕。宝塚だけがグランド・レヴューになった観のある現在だが、宝塚だけが自立し、特化されて論じられるのは、あまりに公平を失しており、実態や実感に即していない。もとより、「少女歌劇」は宝塚をもって嚆矢とするが、「都をどり」のイメージから作った「グランド・レヴュー」形式は松竹の方が先行する。向井爽也《そうや》が、松竹レヴューは「宝塚の向うを張ってという意味で出来たものではない[2]」と明言するのも頷けるのである。

図②　日劇での「世紀の祭典」公演。左より和歌鈴子（宝塚）、篝伊都子（新宿コマ）、瞳英子（OSK）、藤井輝子（NDT）、谷雅子（梅田コマ）（『日劇友の会』第37号、昭和38年7月）

松竹系レヴューは、大正十一年（一九二二）四月に大阪で「松竹楽劇部生徒養成所」を開設したのが始まり。「大阪松竹楽劇部」（後のＯＳＫ）が同年末に、中之島公会堂と京都南座で短期公演を行った。正式な公演は翌年で、洋画専門館・大阪松竹座の専属となるが、多くの評価を得たのは、大正十五年（一九二六）四月、松竹座三周年記念公演の『春のおどり』からである。その頃のOSKの印象を、長谷川一夫はこう語っている。

〔『アルルの女』『白鳥の湖』などの〕クラシックバレエ的なショーが多かったようです。その楽劇部に若師匠の長三郎〔後の林又一郎〕が特別出演しましたのは大正十四年で、七月に出ました「蜂」は特に評判になりました。〔略〕群舞がたいへん印象に残っております。弟子の私たちも楽劇部の生徒たちと激しいレッスンを受けましたが、男だけで構成された歌舞伎の世界から、いきなり若い女生徒の間に入りましたので戸惑いを感じました。群舞に乗せた振り付けも初めてでして大変むずかしく〔略〕長三郎師匠の「保名《やすな》」では、安倍童子に抜擢された三笠静子さん〔笠置シヅ子の前名〕とオーケストラで踊ったこともあります。(3)

その後、東京へ進出したのが、昭和三年（一九二八）、浅草松竹座での『虹の踊り』。その年、東京にも楽劇部が創設され、十二月に浅草松竹座で大阪楽劇部に参加出演した。東京松竹楽劇部の本格的な活動が評価されたのは、同四年十一月『松竹フォーリーズ』、十二月新宿松竹座での『松竹座ダンス』からで、高田せい子、青山圭《よし》男《お》の振付と指導の成果である。

昭和五年（一九三〇）、当時松竹経営だった帝劇に出演した『東京踊り』からは、評価も定着し、人気も高まり、翌年には、洋画封切館だった浅草松竹座をレヴュー専門劇場とするほどだった。なお、その名称、略称も組織改変により変わるが、本章では最後の略称であるSKDで統一したい。

東京での松竹少女歌劇は、浅草を舞台にしたので、下町文化の色彩で語られるが、大正八年（一九一九）、宝塚少女歌劇の東京進出の際、小林一三《いちぞう》が当初浅草を考えたが交渉が失敗して、日比谷に決着したことは大原由紀夫が詳述している。(4)関東大震災前には、やはり小林でも、東京の「国民演劇」の拠点を浅草に考えたわけで、

「東京宝塚劇場」が当初の目的通り、浅草に開場すれば随分違ったニュアンスで語られただろう。

　松竹歌劇団の大スター、ターキー（水の江瀧子［図③］）が脱退（昭和十七年）、引退公演（同二十八年）以後も、昭和三十年代はＳＫＤの第二期黄金時代ともいうべきもので、国際劇場は冒頭に述べた「行ってみたい東京」のランドマーク的存在だった。この間、ポール・アンカやニール・セダカの来日公演も国際劇場で行われ、その舞台を踏むのは、ある種のステータスだった。日劇で一世を風靡したウエスタン・カーニバルも、元来東宝の企画ではないので、日劇以前に、国際劇場でという話はあったというが、それを断った担当者に、先見の明なかったというほかはない。

図③　水の江瀧子（右）。『ジャズ東京』昭和８年11月、浅草松竹座

　当時はまだ集団就職の時代である。一九六〇年代の最大の青年組織は、マスコミが紋切型で取り上げる全学連でも全共闘系の組織でもなく、「就職列車」で上京し工場や商店で下働きをしていた人々の組織する「若い根っこの会」だった。当時、土方巽《たつみ》は東北の農民の労働と結びつけた身体論と身体運動で、知識人に多くの影響を与えた。しかし、土方を絶賛したのは、三島由紀夫、澁澤龍彦ら東京生れの帝大出の秀才であり、集団就職で上京した東北の人々が貪るように求めたのは、土方の身体でなく、国際劇場や日劇の踊り子の肉体だったのだ。

　松竹の映画監督だった篠田正浩の回想による

と、映画の脚本を依頼した寺山修司に会うと、それなら九条映子に会わせてくれと言われたという。「松竹歌劇団（ＳＫＤ）」から映画界に入ってきた彼女は、スターといってもまだ新人の一人。「なぜだい」と篠田が尋ねると、「青森から出てきたときに、浅草でＳＫＤの舞台を見てまぶしいばかりだった」と寺山は答えた。そこにこそ、「前衛」や「アングラ」などの関連では語れない、あの時代の寺山の真骨頂がある(5)。

私の記憶でも、昭和四十年代の国際劇場の三階席は、黒の詰襟の制服の目立つ修学旅行と思しき団体で埋まっていることもあった。ただし、後に述べるように、戦前の松竹歌劇団黄金期の客層とは随分と違ったようである。国際劇場や日劇のグランド・レヴューの魅力はどこにあったのだろうか。順不同で述べたい。

一つは、劇場の軍艦級の大きさにあった。日劇開場が昭和八年（一九三三）。欧州でもラインハルトの三千人劇場が話題になり、グロピウスが五千人劇場を計画する、世界的に大劇場の時代だった。翌年、東京宝塚劇場が開場。それに呼応して、松竹が国際劇場を浅草芝崎町に完成、開場したのが、昭和十二年（一九三七）である。大劇場の魅力については、本シリーズ『商業演劇の光芒』所収の拙稿「記憶遺産としての大劇場」を参照していただきたい。

もちろん、秦豊吉《はたとよきち》や戦前にダンス、レヴューの研究・批評家として著名だった中村秋一《あきいち》が何度も言うように、レヴューは元来、数千人も入る大劇場で公演する性質のものではなく、批判も多かった。しかし、高層ビルなどもちろんなく、戦後でも二階建の木造家屋が居並んでいた東京の繁華街の街並みを思うと、私には、あの劇場の大きさの魅惑に誘われた人々の心性を批判する気持ちになれない。

そして、二つ目に、あるいは筆頭に来るべきなのが、何より、ラインダンスの魅力である。ともかく、国際や日劇のラインダンスの数量的な圧倒性や、百八十度の視界に拡がる脚線美の迫力と匂いの魅惑である。こればかりは、当時を知らない人には説明し難く、過ぎし世を偲ぶよすがで見る映画のシーンでも、あの大きさと五感に響くような躍動感は感じ取れない。

中村秋一は「ソロ、デュエット、トリオなどの舞踊又はバレエに較べてチイム・ダンス、チイム・トルウプこそはレヴュウによつて創造された全く特意《(ママ)》な舞踊形式である」といい、古典舞踊やクラシック・バレエの「チイム・ダンス」とは「表現意向を異に」すると述べる[6]。

ともかく、つま先で、トントンと軽くリズムをとった数秒が続いた後、「ダンスィング○○（上演時の年の年数下二桁）」と、一斉に発声してから足が上げるまで、期待感を存分に高めたうえで、ラインダンスにかかるまでの時間。息を詰めていた観客が、百人もの踊り子の足が上がる瞬間に共有する解放感と陶酔は、大劇場のレヴューの真髄だった。

三つ目に、男役の身体の正面性への拘りである。私は、小月冴子が、上手や下手へ横向きにならずに蟹の横這いのような不思議に誘惑的なステップで退場していく形が眼に残っている。フィナーレで、銀橋《ぎんきょう》（舞台前のオーケストラボックスと客席の間にあるエプロンステージ）に下手から入る時も、横向きにならずに、正面向きの姿勢を保ったまま、左肩を落とした形でその空間へ掛るのが大好きで、その瞬間を楽しみにしていた。これは、男役は後姿というよりも、燕尾服を着ているとしても女性を感じさせる尻をみせないという「鉄則」によるのかもしれない。

しかし、現在の宝塚のフィナーレの場合、左肩を下げて銀橋に掛る動きは見られない。あの巨大な羽根をつけて登場するようになってから、それができないのかもしれない。私個人のフェティシズムであるが、あの左肩から入る姿と横ばいステップがほぼ消えてしまったのは淋しい。越路吹雪が日生劇場のリサイタルで、よく歌い出しに左肩の動きから入っていく瞬間に、見たこともない越路の宝塚時代の名残を勝手に想像していた。なお、横ばいステップで、舞台袖に入っていく動きは、ＳＫＤ出身者で、国際劇場時代の最後のスター、千羽ちどりや甲斐京子の舞台で、今でもたまさか偲ぶことができる。

四つ目の魅力は、国際劇場や日劇に行く時の、一種の「後ろめたさ」だった。

私がレヴューに通ったのは、一九六〇年代末から七〇年代である。その時代は、紋切型の語彙とお定まりの映像、写真で語られる。その頃、都内の私大生だった私は、レヴューの劇場に行くのは、どこか後ろめたい気持ちがあった。私は、当然のように、同時代の「アングラ演劇」にも随分足を運んだ。同じく夢と消えていく、無償の行為と思える舞台でも、アングラは後ろめたい気分はなかった。

私の家は昭和二十年（一九四五）の東京大空襲まで浅草田島町という国際劇場の近くにあったので、昭和三十年代の少年時にたまさか浅草に連れて行かれた。ただし、子供を六区には連れて行かないので、常盤座のデン助劇団やフランス座の看板と周辺の強い匂いを微かに憶えている位である。先に触れた新聞広告の川路龍子と小月冴子の姿に、ゾクゾクする魅惑を感じていたが、子供には、これが見たいと言いだせない、いかがわしさが感じられた。それもまた、レヴューの魅力だったのだ。

昭和五十年代には、赤坂の「コルドン・ブルー」でのショーも数度、見た。そこでも、一種の後ろめたさといかがわしさは魅力の一つだった。国際でも日劇でも、若くても、勤め人風の客も含めて、仲間意識なく、ひとりでポツンと見ている客が多いのもよかった。私は、大劇場の不思議にひっそりした感じが好きであった。そこには、些か時代遅れの懐かしい、オールドファッションの魅力を哀惜する感情があってよかった。

国際や日劇の魅力で最後に挙げたいのが、舞台の大仕掛けの面白さであるが、これは後の装置の章で触れたい。

二　ターキーと浅草そして「松竹楽劇団」――「レヴュウは考えてはいけない」

図④　昭和８年６月の「桃色争議」の真相発表会での委員長・ターキー

図⑤　帝劇裏にあった稽古場に入るターキー（昭和８年頃。『ターキー放談笑った、泣いた』文園社、1984年）

松竹歌劇団の東京での最大のスターが水の江瀧子（一九一五―二〇〇九）だが、その芸名の異同については諸説ある。自ら語るところでは、当初は別人が「水の江たき子」を名乗っていたが、その人が平仮名が多い芸名を厭がり、当初「東路道代」を名乗っていた本人がその名をもらって「水の江瀧子」と漢字に変えたというのである。その交換した相手が、後に「上海のマヌエラ」として名を馳せた和田妙子（一九一一―二〇〇七）だった。ターキーは数冊の自著やインタヴューで一言も触れず、蒲生重右衛門支配人の気に入りの人と言っているだけだ。和田自身の回想でも、「水の江」を名乗ったのは、正式にデビューする前のごく短期間だけという。[7] ターキーは、自分に次ぐ位置で人気のオリエ津阪にも触れないが、これは、昭和八年（一九三三）の有名な争議事件（松竹歌劇団員の待遇改善を要求しての争議［図④］）で、オリエが途中で会社側についてしまった事情があるのだろう。

昭和五年（一九三〇）九月、川口松太郎作『松竹オンパレード』の紳士役でターキーが断髪にしたこと、同六年十一月の『万華鏡』のカウボーイ役で「俺がミズノエターキーだ」という名乗りの台詞から、「ターキー」が通称になったのはよく知られている。ターキーに限らず、スターの人気は常に「時代の欲求」と密着しているだけに、後世から測ることは難しい。私の世代でさえ、ターキーにはNHKテレビ『ジェスチャー』のリーダー役や、インタヴューで一人称を「アチシはさあ」と語り出す無類の語り口の印象しかないのである。その絶頂時から「姿百、踊り七十、歌唱零」と評されたターキーの魅力は、夥しい数のブロマイドや雑誌の写真や、復刻版CDの一本調子が懐かしい魅力の声の調子、終章で触れる数本の映画から偲ぶしかないのだろうか。

中村秋一は、ターキーの歌や声についてこう述べている。

蘆原〔千津子―OSKのスター〕は背が低いからスターでないの、水の江は唄が下手だからスター・バリユウ（スターの価値）が尠いの、と云ふ考え方は全くの誤りです。〔略〕スター・バリユウと云ふものは、何か一つ特徴を持つて、それに徹底して居りさえすればよいので〔略〕スターと云ふものは欠点を持つてゐればこそ、スターになり得たのではないでせうか？　こゝにも又天才と名人の差があるやうに思はれます。(8)

これは一般論でもあるが、それではターキーの人気の源はどこにあったのか。森茉莉は、ターキーの不思議な吸引力をこう書いている。

カスタニエットの音の混るタンゴが流れる。タアキイが襟《カラア》を直す。一寸笑う。其処から愉快が揺れ上る。人気者特有の気の大きいこせつかない態度は私に彼女を一瞬にして好きにさせた。数多い踊子の中でタアキイ一人がレヴュウの妙諦に適《はま》っている。レヴュウは考えてはいけない。登場人物の一人一人が腹の底から暢気で愉快でなくてはならない。気の小さい事をかんがえている不景気な顔がその中に一つでも混じっていてはいけないのだ。タアキイのような人間が舞台に現われる時、笑う時、踊る時、引込む時、拍手は割れるように起らなくては嘘だ。(9)

当時のファンの肉声は、『タアキイ』『少女歌劇』を始め『オリエ』などのファン雑誌〔図⑥⑦〕の投稿・投書欄が一番それをよく伝えるのだが、この森茉莉のエッセイは、彼女たちが言葉にし難い情動性を実によく表現している。「考えてはいけない」「なくてはならない」という規定の反復は、実にファンの欲望と期待の地平を表わしている。しかし、これは、スターに対する残酷な条件だ。もちろん、何か「考える」方が容易だからである。この役は、脚本をしっかり読んで、こういう気持ちで演じますと実に安易なセールストークを語るのが、各ジャンルの凡庸な俳優なのだ。

図⑥　雑誌『少女歌劇』創刊号（昭和8年9月）

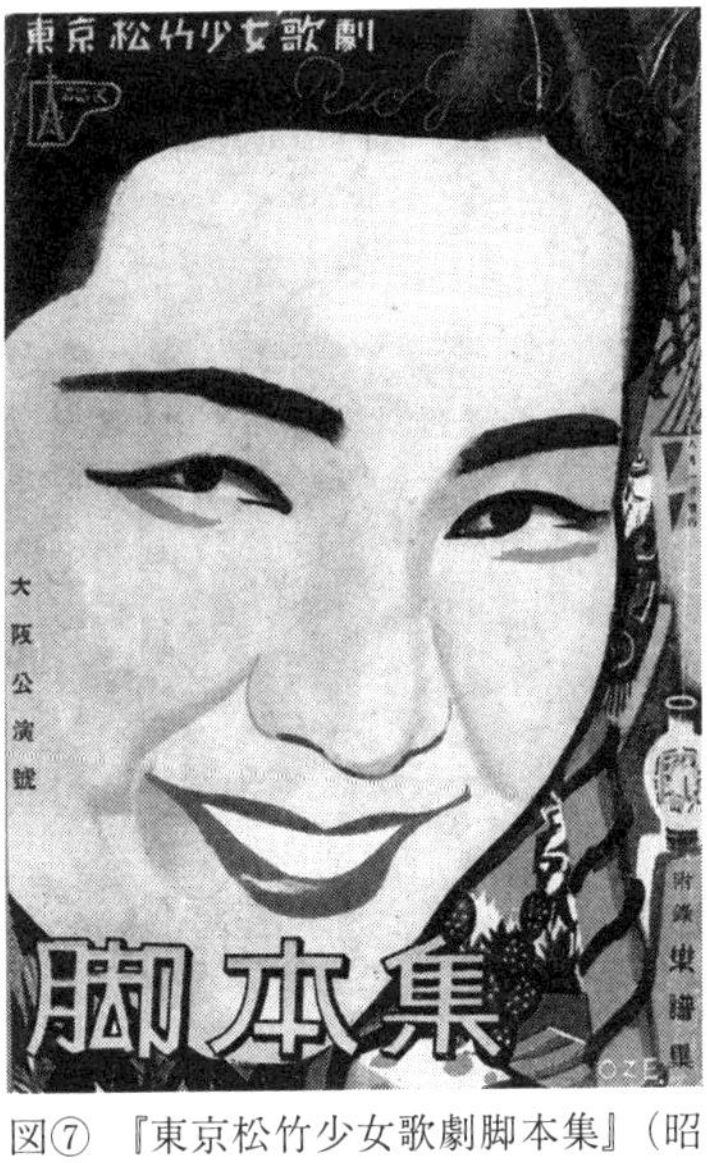

図⑦『東京松竹少女歌劇脚本集』（昭和11年8月）

ところで、森茉莉がこう書いたのは国際劇場でなく、当時の東京の本拠地、浅草松竹座のターキーである。小林一三の理想だった「国民演劇」に必要な大劇場主義による流れで、レヴューが、壮観なスペクタクルとなり、マスゲームとしての動きの魅力が主体となる時代である。城戸四郎は、「レヴューは集団芸術――特定のスターによって支配されるのは弾力性を失う[10]」と言うが、松竹歌劇団では、おりしも話題となっていた、「桃色争議」との関連もあった。

ターキー自身、浅草松竹座を最高の広さとして、国際劇場を嫌っている。「豪華絢爛、華やかさだけは増したけど、舞台が広大すぎて、歓声をあげたり、花束を投げたり、テープの雨を降らすみたいなことを観客がしにくくなっちゃった」「音響もよくない。てっぺんに行くと一拍ぐらい遅れるんですよ[11]」。

当時の雑誌や批評家やファンの声を読んでも、国際劇場の評判は芳しくない。国際劇場は、大空襲で焼失し、再建、再開場されてから、浅草の戦後復興の象徴として、あるいは、かつての栄光を偲ぶノスタルジアの対象として美化されたのかもしれない。

そして、国際劇場は、私のような戦後世代にとっては、浅草を代表した存在のように感じられるが、開場当時はそうとはいえなかった。逆に、「浅草オペラ」や六区の娯楽に代表される従来の「浅草」の猥雑なイメージから遠いところにこそ価値があったのである。

昭和七年（一九三二）に「松竹楽劇部」が「松竹少女歌劇」と名称変更した際に、蒲生重右衛門楽劇部長は、「十人中九人からは非難を受けることだろう」として、「松竹楽劇は余りにも浅草を目標として育ち過ぎて来た。浅草の雰囲気に包まれ過ぎて来た。浅草カラーにはぐくまれた松竹楽劇の古い殻を脱して、我々は松竹少女歌劇の名の下に、新しい前途に進んでいかなければならないのだ」と述べている[12]。

してみると、その五年後開場の国際劇場は、それを前提に、そういう目的で建てられたことになる。『少女歌劇物語――SKDの二十年』には、その改称についての男女のファンの非難や憤りが数多く紹介されている。今どき「少女歌劇」などとは時代錯誤も甚だしい、宝塚の真似をするなどという声が多く、実際、開場の三年後（昭和十五年）には、宝塚は「少女」をとって「宝塚歌劇団」と改称するのである（松竹が「少女」を外したのは、昭和二十年）。

高見順は、その代表作のなかでこう書いている。

国際通りへ出ると、おりから国際劇場の松竹少女歌劇の昼の部が撥ねたところらしく、そのお客らしい華やかな少女の群れが舗道をいっぱいに埋めて、田原町の方へと流れて行く。浅草的な雰囲気とちがったものを鮮やかに私たちに感じさせつつ、その絢爛たる流れは、まっすぐ、田原町の電車、バス、地下鉄の停車場へと流れていくのだ。

松竹少女歌劇は、浅草で巣立ったものであり、今も浅草にある国際劇場でやっているのだが、その現在のお客は、何か浅草に嫌悪と軽蔑の、そして幾分恐怖の背を向けて、――そのように、停車場と国際劇場の間を直線的に、さっさと脇目もふらず往復していて、六区の方へ一向にそれようとせず、足を踏み入れようとはしないのである。地下鉄田原町の出口に「国際劇場は、まっすぐにおいでください」と書いてあるが、全くそのとおり、まっすぐにおいでになって、まっすぐにお帰りになる。(13)

田原町駅のその掲示は昭和四十年代でも、私の記憶にある。少なくとも、戦前の国際の客は、俗悪な看板の乱立する六区には行かなかったろう。そして、同時に、国際劇場ができた頃から、浅草の繁華街としての地位が揺らいでいた。(14)

図⑧　笠置シヅ子（左より２人目）と共演したターキー（中央。昭和13年７月、帝劇。前掲『ターキー放談笑った、泣いた』）

永井荷風は、この頃、浅草の「オペラ館」にしきりに出入りし、自作を上演するに至る。松竹座時代は楽屋へも顔を出していたようだが、その後は松竹歌劇団文芸部長の安東英男の名のみ荷風の日記『断腸亭日乗』に登場するほかは、国際劇場には全く関心を向けない。荷風散人の求める浅草は、国際劇場にはなかったのだ。

戦後のことだが、後に見るように、福田恆存もＳＫＤは「浅草的でない」ものに挙げているのである。

ところで、是非触れておきたいのが、「松竹楽劇部（後の松竹歌劇団・ＳＳＫからＳＫＤと改称）」にくらべて、忘れられている「松竹楽劇団（ＳＧＤ）」の存在である。松竹は、前述のように浅草中心からの脱却を目指して、東宝の日劇と同じく、男女混成の楽劇団を作ったのである。

益田太郎冠者の五男・貞信（次郎冠者）がスタッフに加わり、中川三郎が抜群のタップ・ダンスを見せたことにより、洗練された舞台を展開したのは、瀬川昌久『ジャズで踊って』（清流出版、二〇〇五年）や乗越たかお『ダンシング・オールライフ　中川三郎物語』（集英社、一九九六年）に詳しい。

こちらの大スターが、ＯＳＫに所属した笠置《かさぎ》シヅ子だった［図⑧］。

国際劇場開場の翌年（昭和十三年）四月、帝国劇場で旗揚げしたＳＧＤは、紙恭輔《かみきようすけ》が指揮者、副指揮者に服部良一が就任した。「大阪松竹少女歌劇（ＯＳＳＫ、後にＯＳＫと改称）」から秋月恵美子らと抜擢された笠置を初めて見た服部は、当初「裏町の子守りか出前持ち」かと思ったが、その小娘が「オドッレ、踊れ」ともの凄い掛け声で動くスイング感に驚いたという[15]。

笠置は、双葉十三郎、南部喬一郎、野口久光らが、そのスイング感を従来の日本にないセンスと高く評価した。笠置と水の江は、昭和十三年（一九三八）七月帝劇の『ストロー・ハット』で一度だけ共演している。SGDは昭和十六年に解散。笠置は「笠置シヅ子とその楽団」を組織、水の江は翌年松竹から離れる。

笠置は戦後「ブギの女王」として一層活躍するので、戦後の声は我々の耳に残っているのだが、SGD時代の音声は復刻版の『大大阪ジャズ（GREAT OSAKA's jazz collection 1924-1941）』で、OSKの大スター芦原千津子や勝浦千浪のタップの音や、十六歳で入団間もない京マチ子の台詞と共に、その歌い癖を聴き取ることができる。

三　舞台美術にみる松竹歌劇のモダニズム

東西の松竹少女歌劇は、多くの著名女優を輩出したことで、現代では舞台より映画史の記述で目にすることが多いが、ここで扱いたいのは、松竹レヴューの舞台美術である。

演劇史は多くが戯曲と劇作家を中心に、あるいは俳優の動向が主体となって描かれるから、歌舞伎、新派、新劇等々と、レヴューとは無関係のジャンルのように思われている。

しかし、舞台美術というような視点から横断的に見れば、それらは連関している。

大阪松竹では、山田伸吉《しんきち》（一九〇三―八一）が構成派風の舞台装置で評判をとった〔図⑪〕。山田伸吉は、今では独特の松竹字体というレタリング中心にデザイン史で著名である〔図⑨⑩〕。松本茂章によると、最初の仕事は、二世左団次の野外劇ページェント『織田信長』のポスターであり、衣裳でも才能を発揮した[16]。舞台美術でいかに手際よく、才腕を振るったかは、『喜多村緑郎日記』を読むと、気難しい喜多村がいかに「山田の伸ちゃん」を信頼していたかわかる[17]。また、モダニズム期の重要な出版社プラトン社に関わる、小山内薫、川口松太郎との人脈も関連してくる。戦後は日劇の美術も担当した。

　また、早稲田大学の建築科に学び、舞台美術家を志していた、植草甚一の日記を見ると、村山知義の舞台装置を見るために、築地小劇場へ赴いた翌日には、やはり、村山が装置を担当している浅草国際劇場へ松竹歌劇団の舞台を見に行っている。後年の価値基準や「演劇史的意義」からすると、村山は築地小劇場の前衛的舞台を手掛けたことで評価されるが、当時の演劇青年・植草にとっては、築地小劇場の前衛とSKDのレヴューは等価であり、同量の重みを持っていたのである。私の記憶でも、国際劇場の魅力は目覚ましく変わる吊りものの装置、屋台崩し、本水の効果と切り離せない。その頃は多くは、三林亮太郎〔図⑫〕が、戦後は三輪祐輔も担当した。

　昭和八年の段階で、当時レヴューを研究し、評論する数少ない存在だった中村秋一は、三林の装置を例にこう書いている。

図⑨　ＯＳＫ『春のおどり』ポスター

図⑩　『松竹座バラエテ』ポスター

最早近代の（そしてレヴュウの）舞台装置は絵画でもなく、又描くべきものでもない。従って画家はまづ筆を折るべきである。新しい舞台装置は絵筆を折つた処から出発する。〔略〕デコオルは描くべきものではなく建築すべき家である。〔略〕全く別個の素材が頭を擡げ始めて来た。金属の滑らか

図⑪　ＯＳＫレヴュー（演目名不詳）山田伸吉装置（『道頓堀今昔――芝居画家山田伸吉の世界』関西大学大阪都市遺産研究センター、2012年）

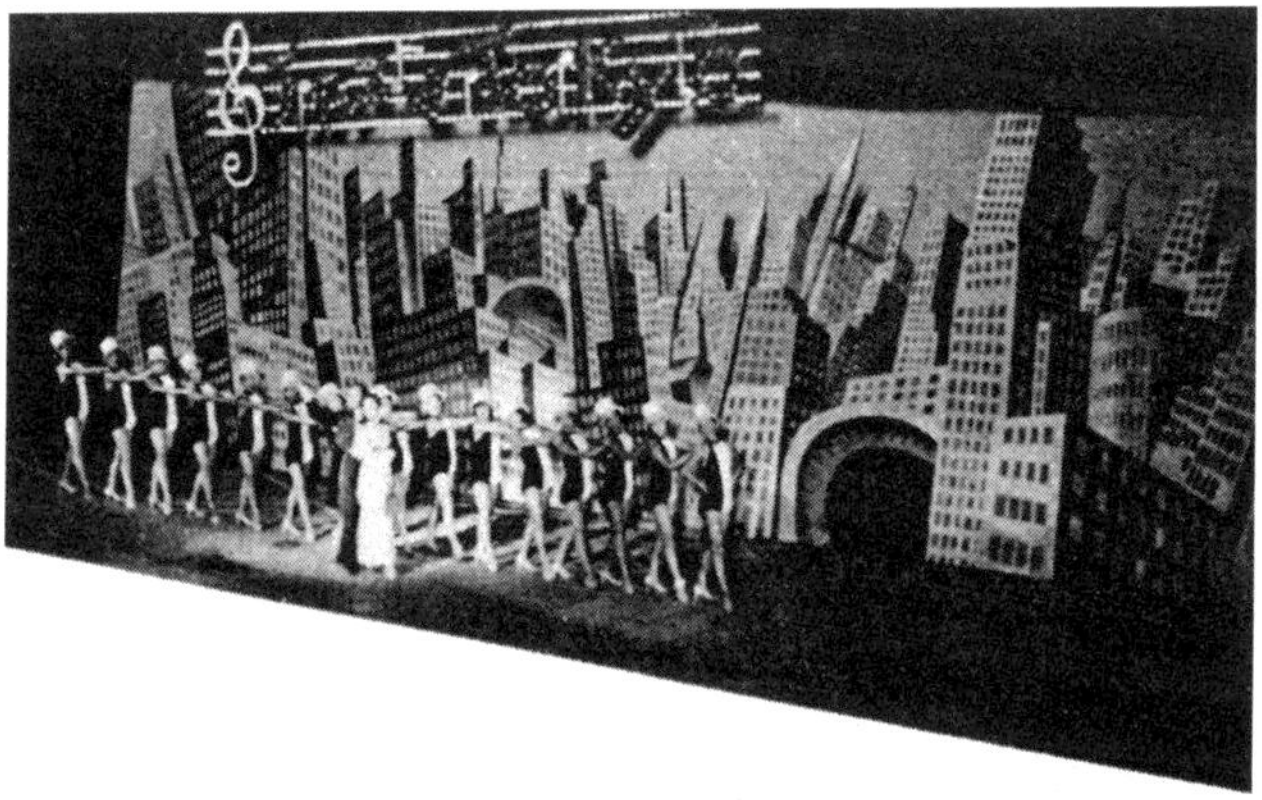

図⑫　『ジャズ東京』三林亮太郎装置（『松竹スウベニール』岡倉書房、1934年）

図⑬　『松竹フォーリイズ』坂田威夫装置（中山千夏『タアキイ』新潮社、1993年）

な肌から受ける感触、鉄とガラス及び飛行機の求めた美の対象、美の焦点は全く昔にはなかつたものである。いぶし銀と金属の肌─総じて云へば「銀を基礎とする階調」とでも云ふのかこの種の材料は三林亮太郎氏によつて既にレヴュウの中へ取り入れられている。[18]

近頃のレヴュウでは〔略〕金属やガラス類を多分に使用します。これはメカニズムの一つの現はれで、金属の肌の感触や、ガラスの明朗性、即物性など、いふ近代美学から弾き出された一種の流行です。[19]

これが、植草青年に足を向けさせた国際劇場の装置の特質である。まさにモダニズムの時代だった。ここでいうモダニズムとは機械文明を肯定的、積極的に利用する芸術表現のことである。その意味で、レヴューは、まさにモダニズムの典型的娯楽だった。詩人の平林初之輔が「工場の中に詩を見る」「モダニズムは機械から生まれた」と、これからは機械が山河のような自然環境になると言う時代である。

当時の国際劇場の装置は村山の他にも吉田謙吉も担当しており、実に先鋭的なセンスは同時代の「都市モダニズム」に共通している。「商業演劇」の大劇場の舞台美術〔図⑬〕を隠蔽して、「築地小劇場」だけが前衛的装置を担ったかのような制度的思考から、離れるべきである。

確かに、『思い出の東京』『思い出の銀座』などの写真で知られる師岡宏次や、浜谷浩、堀野正雄、木村伊兵衛ら著名写真家の撮影した当時の浅草国際劇場のレヴューの舞台写真などを見ると、白黒写真でも、その斬新さと見事さがわかる。

前述の松竹楽劇団でも、益田次郎冠者（貞信）の装置が斬新で眼を引いた。その洗練と新鮮さの水準は、瀬川の前掲『ジャズで踊って』に詳しい。

だから、SKDを評して「宝塚が洗練と引き換えに捨て去った土俗的なもの[20]」などという山口昌男の表現は、インテリにありがちな、劇場（現場）に足を運ばず、アタマのなかで自分の構図に合わせて作り上げたイメージの展開にすぎない。土俗的なもの、民俗芸能的な演目は、渡辺武雄の著名な宝塚のシリーズがあり、浅草が「土俗的」というのは、インテリの求める紋切型の大衆像に根差している。六区や仲見世を離れれば、浅草も久保田万太郎の世界のような地道に毎日を送る人々の生きるしんとした空間であった。

第一、地方からの上京客にとっては、憧れの洗練された舞台であった訳だし、浅草根生いの人間は誰一人自分たちを「土俗的」と思っていないだろう。

「レヴュウの変り目ごとに見に行くほどのファン」である谷崎潤一郎は、松竹楽劇部に比べて、宝塚は容貌、技芸ともに上と評価した上で、「臭味という点になると宝塚の方が余計に臭い」と指摘し、阪急電車で見かける生徒の「殺風景な制服」の「野暮くさい服装」に、大阪風の「モッサリした風」を見ている[21]。

繰り返すが、既述の写真家の舞台写真や、雑誌『ターキー』のレイアウトやグラビアなどを見ても、私には、その舞台美術は洗練としか思えない。

中村秋一が「ダンシング・トルウブの例」として紹介している『タンゴ・ローザ』『ジヤズ東京』などの写真を見て、洗練でなく「土俗的なもの」と思う人などいるだろうか。

昭和三十年代になっても、福田恆存は、こう書いている。

　国際劇場のショウは「圧巻」である。もちろん「浅草的」ではない。「庶民的」ではない。文字どほり「国際的」で「ハイカラ」なのである。浅草において唯一の本物が、浅草的なものでなく国際的「ハイカラ」なものだつたといふのは皮肉だ。それが本物である唯一の理由は金がかゝつてゐるといふことである。〔略〕

ミュージック・ホールほどでないにしても、その舞台のメカニズムといひ、照明といひ、国際劇場の歌劇にはその塁を摩するものがある。踊り歌ふのはみな少女だが、それが少女であることがさほど気にならない。〔略〕その役者の少女たちが、昔とちがつて今ではもう主役ではなく、物語や芝居を運ぶための下手なせりふや演技を奪はれ、完全に素材と化してしまつたからであらう。スペクタクルを動すものは、今や役者ではなく、メカニズムである。そこがさばさばしてゐて、また「ハイカラ」なのである。少女たちはいかにも浮き浮きと楽しさうに踊つたり歌つたりしてゐる。〔略〕新劇ファンに国際劇場の一見をおすゝめする。とにかくこれは本物だ。劇場も夜になると外人客が大勢つめかけるといふが、さうであらう。スペクタクルとしてこれだけのものは欧米にもさうざらにない。近頃、新劇でもよくスペクタクルなどといふ。古い新劇の殻を破らうといふ気もちは解らぬでもないが、国際劇場を観たら、まあ止めにしようといふ気にならう。スペクタクルなどといふものは金が無ければ貧弱で観られたものではあるまい。新劇はあくまで劇であつてもらひたい。新劇人にそんな野心を起させぬために、観客にその一見をすゝめる。(22)

「スペクタクルを動すものは、今や役者ではなく、メカニズムである」というのは、その時点でもまだ、福田のような存在にさえ、モダニズムの「美意識」は生きていたことを物語っている。実際、昭和三十年代には「日劇ミュージックホール」のストリップ・ショウの美術などは、「実験工房」の「前衛芸術」の人々が手掛けてもいるのである。

四　ダンスとジャズと新劇と——青山杉作をめぐって

戦前の浅草国際劇場、松竹歌劇団の演出の多くは、俳優座の青山杉作《すぎさく》（一八八九―一九五六〔図⑭〕）が行っていた。俳優座は、結果として、長命を保ち格段に著作の多かった千田是也のイメージを前景化して語られるが、戦後当初は全面的に青山、千田の二人三脚の形で行われていた。青山は著作が少なく早世したために、俳優座でも昭和ひと桁世代までしかその恩恵を蒙っていないために忘れられているのは、戦後の新劇を語る上で公平を失すると思う。先年、早稲田大学で行われた千田是也を巡るシンポジウムでも、青山の名を盛んに喚起し、その思い出を語ったのは小沢昭一だけだった。

しかし、青山の名が軽視されがちなのは、ＳＫＤのレヴューの演出、指導を長年にわたって行っていたからでもある。

図⑭　右より、青山杉作、ターキー、青山圭男（前掲『ターキー放談笑った、泣いた』）

俳優としての青山杉作の一面は、出演した映画作品で見ることができる。溝口健二監督『女優須磨子の恋』（一九四七年）の土居春曙《しゅんしょ》役は傑作であり、劇中劇の『人形の家』のヘルメルの演技を見ると、どういう役者だったか推察できる。また容貌からいうと、私には、上山草人《かみやまそうじん》と並ぶ怪優の印象がある。

松竹歌劇では、昭和五年末東劇での東西松竹合同公演『Ｘマスプレゼント』から、二十三年『シンデレラ物語』まで、十七年間の七十本を演出し、三木竜三の筆名も用い、数十の脚本を書いた。戦後は日劇で『白雪姫』を演出している。昭和八年（一九三三）十月東劇では、松竹歌劇の最高傑作といわれる『タンゴ・ローザ』を青山圭男振付、三林亮太郎装置、紙恭輔音楽という豪華なスタッフにより演出した。

しかし、残念ながら歿後刊行された『青山杉作』の年表に、その記載は一切ない。輝かしければ輝かしいほど、レヴューの経歴を排除し抹消するのが、「新劇」の論理だった。

青山のタクトを使う独特の演出法は戦前から評判だった。私はタクトを動きの指示に使うのかと思っていたが、現在でも青山の指導、演出を知る古老に聞くと、指導や稽古場でも台詞の調子やリズムを取るのにタクトを使ったのだというから、一種の奇観であったらしい。文学座の加藤武の直話では、俳優座に所用の際に裏から舞台を覗くと、舞台袖で本番中にタクトを振る青山の姿を見て驚いたという。

戦後、俳優座劇場開場公演の『女の平和』や新劇合同公演『フィガロの結婚』の演出は青山だが、当時の評は「レヴュー的」と批判されている。ここには、当時のインテリを自任していた劇評家たちに、青山がSKDに長年在籍していたことや、レヴューそのものへの蔑視があることが窺われて、実に厭な感じが拭えない。青山自身もSKD在籍を恥じていた節があるが、同じ俳優座の東山千栄子は、自身がSKDの演技指導を行い、一度は演出もしていたからでもあるが、さすがに、その点を擁護するどころか次のように評価している。

> 先生がレヴユウの手法から脱けきれないかのような批評をされた時、私は、そういう先入感からしかものを見られない人達の方を、むしろお気の毒に思わざるを得なかった。なぜなら、青山先生はレヴユウ時代の経験を、立派に御自身のものとして消化し吸収して、これを、新劇の創造面に立派に活用なさったのであったから。(23)

東山は正確なところを突いているが、換言すれば、「レヴユウ的」という評語が批判の文脈で使われるのは、それが「文学」や「演劇」から離れているか、無関係と考えられているからだろう。レヴューといえば、ダンスとジャズ（前述したように、洋楽の軽音楽すべての呼称としての）。それは、文学や思想と関係なく、「知性」と結びつかない。したがって価値が低い。そういう前提が、青山杉作の演出評価についてまわった。今でも、商業演劇や映画の出身者の価値は低く見るという点に、それに似た階層化は感じられる。

メイエルホリドやブレヒトの「前衛的」演出がいかに深く広い音楽的素養と結びついていたかは、さまざまな演劇書で強調されている。だが、青山の音楽重視のタクトを振る演出が軽視されたのは、いかに、日本の「新劇」が音楽の素養やそこから発する身体運動を重視しなかったかを実感させる。

「歌って踊れる」スターは、「歌うな語れ、踊るな動け」と言う小山内薫の「指導」を真に受けた人々にとっては、邪道だったのだ。中村秋一は「日本レヴユウ史」で「演劇風のレヴユウとして築地小劇場」の『人造人間』（北村喜八作）を挙げている[24]。同作は、邦楽座で東屋三郎、汐見洋、岸輝子に岩村和雄舞踊団によって上演されたものである。しかし、これ以降、新劇はレヴューと交差することは極めて少ない。もっとも、和田妙子の回想では、奇術の松旭斎天勝《しょうきょくさいてんかつ》一座に「築地小劇場の役者さんたちもやはり客員として参加していた[25]」し、丸山定夫や千田是也はエノケン一座に出演している。しかし、それはここでいう「レヴュウ」とは別の文脈である。

近代演劇では常に「内面」が自明に価値化される。築地小劇場以来の「ひとすじの道」を歩んだ女優の「アタマの解放」は価値であっても、ＳＫＤやＮＤＴの明治末から大正生れの踊り子たちの、あの生きいきとした動きや身体運動は「女性解放」の文脈では語られない。

時代の流れとともに、新劇同様、ジャズとダンスは当局の弾圧対象となる。青山杉作は、新劇、レヴュー両面でその対象となったことになる。昭和十五年のダンスホール閉鎖の前、昭和八年、銀座のダンスホールの取り締まりに「有閑マダム」が引っ掛かり、その中に医学博士・斎藤茂吉と侯爵・吉井勇両名の夫人がいた。北杜夫『楡家の人々』に、その頃の事情が窺われる。

図⑮　『タンゴ・ローザ』右より、オリエ津阪、渋谷正代、水の江瀧子（前掲『松竹スウベニール』）

戦前珍しく東京帝国大学法学部出のジャズメンだった紙恭輔は、帝国劇場の洋楽部から、近衛秀麿の「新交響楽団」、松竹歌劇団の楽長を経て、P・C・Lで戦前のミュージカル映画の音楽を担当、戦後は米軍に接収された東京宝塚劇場（アーニー・パイル）の音楽監督に就任するという、近代の軽音楽史を体現するような人生を送っている。水の江瀧子主演、江戸川蘭子の唄でヒットした、紙作曲の『タンゴ・ローザ』［図⑮］などは、戦後のある時期まで歌い継がれた。

　戦後になると、ダンスやジャズは、占領下の「自由」のイメージに繋がる。近年、「戦後日本のジャズ文化」は「研究対象」になるほどだが、昭和三、四十年代の映画では、ダンスやジャズは「不良の集まり」という「偏見」が消えずに形象化されている。もちろん、映画の中のスターは格好いい不良だが、あとは、チンピラか三枚目の役割である。それと対照的に、「うたごえ運動」やフォークダンスが「健全娯楽」として推奨される時代も「戦後」なのだ。

　確かに、日劇のレヴューやロカビリーに熱中する「成績優秀な秀才」は想像しにくいが、ダンスやジャズ（繰り返すが所謂「モダンダンス」や「モダンジャズ」ではない）が「知性」と結びつかないものとしてイメージ化されるのはヘンである。

新劇の劇作家でもあり、身体運動としてのダンスに理解と強い関心があり、レヴューの脚本も書いた三島由紀夫はこう書いている。

私はいつも制作に疲れているから、こういう深淵と相渉るようなたのしみ〔ここではクラシック音楽〕を求めない。

音楽に対する私の要請は、官能的な豚に私をしてくれ、ということに尽きる。だから私は食事の喧騒を流れる浅はかな音楽や、尻振り踊りを伴奏する中南米の音楽をしか愛さないのである。(26)

こういう感想は、三島が言うからこそ意味があるので、当時のロカビリーにうつつをぬかし、日劇や国際に通いつめているアンチャン、ネエチャンが言えば、「演劇」の視点からは、単に「官能的な豚」だとされる。そこからは、「喧騒を流れる浅はかな音楽」によってしか掬い取れない、あてどない人々の心性は排除されていたのである。

五　ランドマークとしての日劇

都市のランドマークであることも、劇場の大きな機能だった時代、日本劇場ほどその役割を見事に担った存在はないだろう〔図⑯〕。浅草の国際劇場、新宿のコマ劇場に比べても、古い日本映画を見るとき、そのロケーションを最大に生かした役割の多さは突出している。

建築としての日劇の魅力は、何といっても、浅草国際劇場と違う、周囲の景観の見事さにあった。特に省線

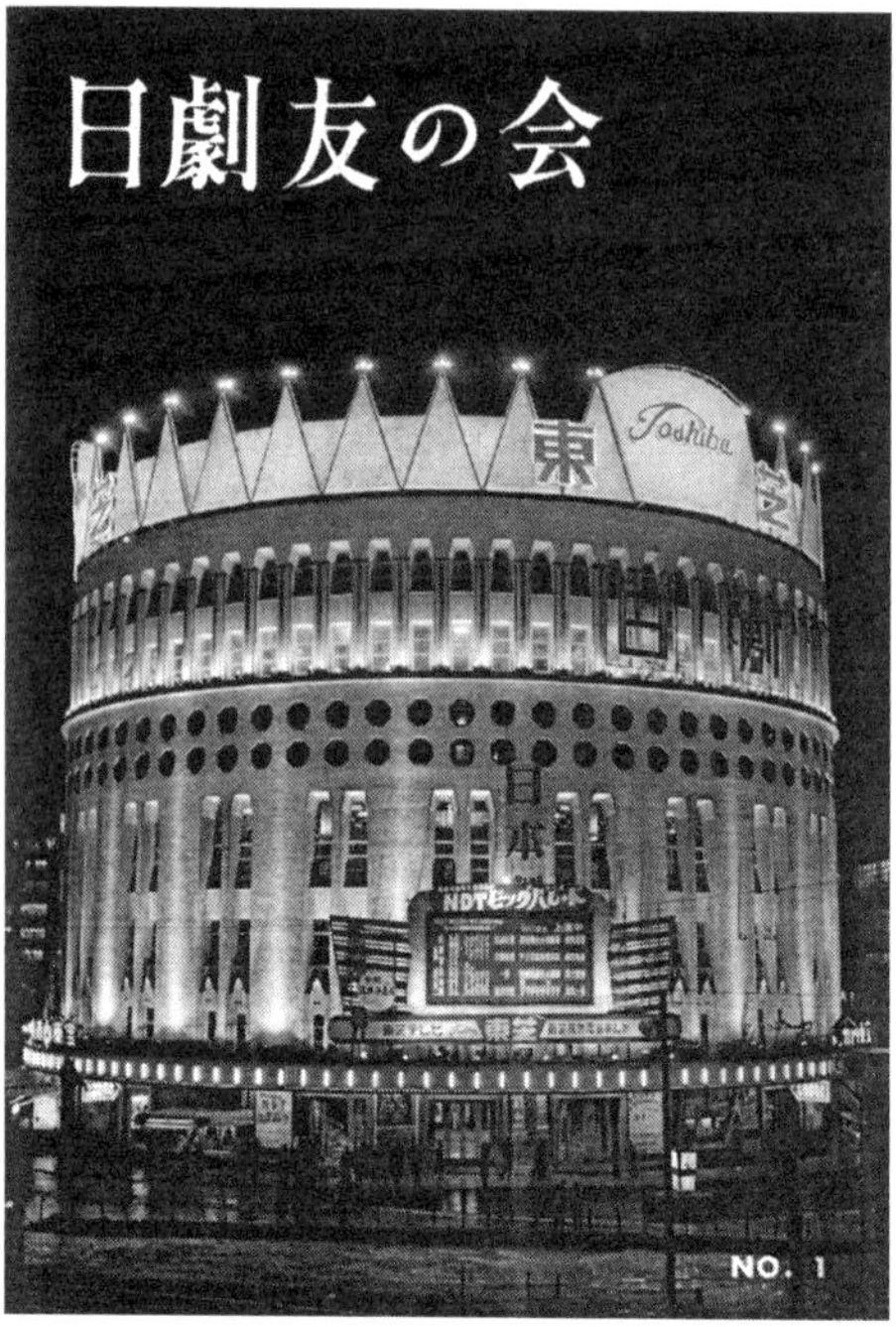

図⑯　『日劇友の会』創刊号（昭和34年10月）

（国電）や新幹線の窓外に眼をやる時、視野に流れるように入ってくるあの白い建物の佇まいは格別だった。銀座の街から見ても、ネオンの連続する向うに望む日劇の後方を新幹線の流線形の車体が流れていく眺めは、昭和三十九年（一九六四）から五十六年（一九八一）までの十八年間しかなかったと思えぬほどに、私の脳裏に定着した映像である。それは、数多くの映画で見慣れた背景の反復によるものかもしれない。

しかし、ニューヨークのロキシー劇場を模して渡辺仁が設計した日本劇場は、昭和初期から私が子供の頃まではまだ流れていた外濠の流れる数寄屋橋を眼下に望む、文字通り川端の劇場であり、電車は走っていても新幹線は想定していなかった。

日劇は昭和四年（一九二九）九月着工、途中中断して、同八年（一九三三）十二月開場。正式の呼称は「にっぽんげきじょう」らしい。地下三階、地上七階、高さ三十メートル、定員二千九百二十人は、当時としては威容で、「陸の竜宮」といわれた。十二月二十四日の開場式後、大晦日より、戦前最高のジャズダンサーの一人である川畑文子出演の『踊る１９３４年』のレヴューと、『ゴールドディガーズ』『カヴァルケード』の洋画二本立てで開幕する。[27]

その後、日活から、東宝に経営が移る経過、寺田寅彦がエッセイを書いた『マーカス・ショー』から、秦豊吉

図⑰　歌舞伎バレー『妖霊星』の二世猿之助とNDT（『日劇ダンシングチームアルバム』第3号、昭和13年10月）

によるダンシング・チームの募集、指導、昭和十六年（一九四一）の李香蘭（山口淑子）公演の「日劇七回り半事件」などは、ここでは触れない。

日劇ダンシングチーム（NDT）のレヴューにしても、戦後世代は、無意識に戦前のラインダンスなど大したことないように思いがちであるが、満映作品で李香蘭と榎本健一が共演している『エノケンの孫悟空』などで当時のNDTのメンバーのタップダンスを見ると、その水準の高さと、彼女たちが、どう計算しても、大正初め生れの女性たちであることに、改めて感慨を持つのである。NDTは二世猿之助（初世猿翁）の新舞踊でも共演し〔図⑰〕、松山樹子《みきこ》、谷桃子はじめ戦後のバレエ界で活躍する多くの逸材を輩出したことも忘れてはいけない。

昭和十三年（一九三八）七月『南十字星』は、高橋箒庵《そうあん》の息子・高橋忠雄演出である。十二月『タバコ・レビュウ』の演出は益田太郎冠者の息子・益田義信。その弟・貞信は松竹レヴュー作者である。財界人二世とモダニズムの娯楽であるレヴューやジャズとの関連は別の場で論じる課題だろう。

この頃の東宝宣伝部にいたのが、植草甚一で、日比谷映画、日劇、横浜宝塚のプログラムを作っていた。仕事中に好きな英米の雑本を読んでいても見逃してくれる秦豊吉とエロシーンの話題に耽るなど、興味深い回想を書いている。飯島正も、日比谷映画の一角にデスクを貰い、気軽な仕事をした回想を残している。(28)

六　戦後と日劇

昭和三十三年（一九五八）完成の「東京タワー」以前は、日劇が、東京の代表的ランドマークだったのは、戦前・戦後の映画を見れば実感できる。様々な読解がなされている『ゴジラ』のように、怪獣が、戦時末期は風船爆弾の工場にもなっていた日劇を壊す映画が、昭和二十九年に公開され、占領期が終わるのは象徴的である。

小林一三は当初、秦豊吉の日劇の路線を認めず、開場公演の際にも外遊してしまったのだが、昭和三十年（一九五五）五月二十四日の日記に、こう書いている。

東宝劇場は宝塚四ヶ月、長谷川十四郎君責任劇が四ヶ月、秦君責任劇が四ヶ月という目標にて進むこと、長谷川歌舞伎〔長谷川一夫の「東宝歌舞伎」でなく、長谷川十四郎担当の公演〕、秦歌舞伎の八ヶ月が不如意の場合は宝塚が上京してその穴をうめる事〔略〕長谷川カブキ秦カブキの中そのどちらかが優秀であり私の理想としている国民劇の資格を具備しているお芝居が成立つ見込みがついたならば、それを育て上げて東宝歌舞伎を大成せしむ事。日劇のアットラクションは日劇弐十年来の結晶であり東京の名物でもあり、他がマネをすることの出来ない東宝のお宝(29)

だが、昭和三十一年に秦は歿し、小林も翌年世を去る。そして、昭和三十三年は日劇にとって変化のあった年である。一つは「東京タワー」の完成、そして「ウエスタン・カーニバル」の開幕である。

これは、一つは「国民娯楽」がテレビの時代に移ることを意味するし、二つには、日劇が持っていた戦前以来の東京でのランドマークの地位が揺らぐことに繋がる。

とはいえ、映画は最高の動員数を誇っていたし、当時の映画でも東京を視覚的にイメージさせるのは依然として芝公園の東京タワーより、映像的に銀座に隣接する日劇が多い。地方の人々にとって、「東京」はまだ遠かった。その憧れをそそる装置として日劇は有効だった。

私はこの年、小学二年生で、ウエスタン・カーニバルはニュース映画やテレビの「芸能ニュース」で見たのをよく憶えている。当時、既に「陸の竜宮」のイメージは薄く、東芝はじめ雑多な看板で覆われた印象である。


夕刻、日劇の舞台稽古の一場面を見る。県洋二氏の振付、真木小太郎氏の装置で、ボレロの音楽で踊られるスペイン舞踊の一場であるが、県氏の振付のドラマテイックな力強さ、真木氏の装置の単純化された美しさは、今度の「夏の踊り」の中でも出色のものであらう。私はさまざまな舞台稽古のうちでも、レビユーのそれが一等好きだ。舞台上の照明が、音楽の入らぬあひだ、まだフルに使われてゐず、県氏の手拍子だけで踊り子たちが稽古をしてゐるとき、その逆光が踊り子たちの衣裳の線をクッキリ見せ、動きを象徴的にみせるのは実に美しい。〔略〕近くで見るフラメンコのヂユエットは、正に性交の美化そのもので、だんだん激しくなるにつれて、鼻息が荒くなつて鼻孔がひろがり、男が犬のやうに口を薄くあいて喘ぎ、女がだんだん眉を寄せて苦しげな表情になるクライマツクスは、世にも陶酔的な見世物であるが、日劇の踊り子たちが、いつもレビユーの性根を忘れず、口に商業的な微笑を漂はせつづけているのを見るのは悲しい。(30)

図⑱　重山規子『日劇友の会』第33号（昭和37年12月）

三島由紀夫がこう書くのは、昭和三十三年のことだが、当時八歳の私はあの巨大な建物の中で、こんなシーンが展開されているなど、知る由もない。しかし、『夏の踊り』『春の踊り』の、子供には煽情的でいかがわしげに映る大看板を見るのは、銀座へ行く愉しみの一つだった。

その頃の私にとって日劇・ＮＤＴのスターは、何といっても重山規子である〔図⑱〕。重山は、小学生の頃の私の好きな女優のひとりで、彼女が日劇に出演していることも知っていたが、まさか、小学生が親にそれをねだるわけにもいかない。今だに東宝の映画「お姐ちゃんシリーズ」で重山が見事な姿態を存分に披露して踊る姿を見ると、甘酸っぱい気持ちになる。そして、夥しい映画の背景にさりげなく登場する日劇の雄姿を見るだけでも、様々な思い出が甦る。

日劇のレヴューの魅惑は、秦豊吉が理想とした「大人のエンタテインメント」であり、三島が描いたような、官能的でデカダンな世界の現前にあった。もちろん、私が、三島のような高級な感想を持っていていた訳がない。重山のほか、私の記憶にある根岸明美は映画の「モンローのような女」のイメージから逆算して、記憶を作っているのかもしれない。確実なのは、立川真理、西川純代の世代からであり、鹿島とも子の名を久々に見たのがオウム真理教事件の際だったのは悲しい。

私が面白く思ったのは、ＳＫＤにはいない、男性ダンサーたちの動きや身ごなし、視線や化粧だった。後に、前述した赤坂の「コルドン・ブルー」で間近に見た時はもっとゾクゾクするような「気色悪さ」を感じたが、もちろんこれは悪い意味ではない。「気色悪さ」は芸術の必須要素だからだ。私は子供の頃から歌舞伎を見慣れていたので、女方のそれには「免疫」ができており何も感じなかったが、三島が「男が犬のやうに口を薄くあいて喘ぎ」というような不気味な官能性には、格別のものがあった。ソロはもちろんだが、男女のバックダンサーの振りも好きだった。

意味不明に躍動し、歌詞から離脱した奇妙な身振りに見られる不意打ちを喰わされたような面白みは、今ではミュージカルや商業演劇で活躍する真島茂樹や、ピーターのレヴューのバック・ダンサーたちのＮＤＴ出身者のそれで偲ぶしかない。

私にとって国際劇場の記憶が、国際通りにあった、とんかつの「河金」やジャズ喫茶だった頃の「フラミンゴ」と切り離せないように、日劇も有楽町近くの店の思い出に繋がる。それが劇場通いの醍醐味である。日劇というと、地下鉄丸ノ内線に「西銀座」駅のあった時代を思い出す。「エスカレーターのある喫茶店」で有名だった「白鳥」も懐かしいが、長じて通った頃には、「レバンテ」やスバル街にあったジャズ喫茶の「ママ」へも観劇前後に寄った。

隣接して地下にあった映画館「日劇文化」にもよく通った。狭いながらも紫っぽい色調で洗練された気配は、「アートシアター」時代の、若い学生客の多い「新宿文化」とは別であり、年配客の多い、些かあやしげで、シックな空気を漂わせて、同じ映画でも随分と違う効果をもたらしていた。

ただ、私の世代でも日劇は全盛を過ぎていたから、末期の新宿コマ劇場もそうだったが、安手な飲食店に囲まれた雑居ビル的な悲哀感が漂っていたことは否めない。建物の劣化を防ぐように飾られた、大看板や垂れ幕が年ごとに大きくなり、本体がほとんど見えなくなってしまったように記憶している。

それでも、日劇では、国際劇場のように修学旅行の団体などは見たことなく、いわゆる「つっかけ客」も多かった。そこには、ひとり、ポツンとした感じで遠い舞台に見入る、レヴューを、さりげなくあるいはひっそりと、愛する思いがあったように思う。

七　有楽町の闇と光――小林一三の本領

物事に裏表があるのが常だから、興行の世界がさらに深い闇と光があるのは当然である。

今では、宝塚のキャッチコピーのように使われる「清く正しく美しく」が、宝塚少女歌劇創設時でなく、小林一三が宝塚の東京進出を果たした、昭和九年（一九三四）一月の東京宝塚劇場開場公演の際に作られたことは重要である。

第一節で触れたように、阪急沿線の土地開発で名を挙げた海千山千の小林でさえ、浅草進出を阻まれる力があるのが興行の世界である。東宝劇場や日比谷映画（現シネマ・シャンテ）一帯の土地は、小林が一時社長も務めた東京電灯（現・東京電力）の土地だったが、それを買い取り、劇場を建設することと、そこで興行を打つこととは別の話である。

そこで、小林が話をつけたのが、有楽町界隈を握る「顔役」で、児玉誉志夫《よしお》率いる「児玉機関」の有力者・岡村吾一（一九〇七―二〇〇〇）だった。岡村の「暗黒街の顔役」ぶりについては、幾つかの関連書で知ることができる[31]。長寿を誇った岡村と宝塚・日劇との関わりは、その頃までは多くの人が知る関係だった。

岡村がいかに宝塚や日劇を愛し、関係したかについては、安倍寧『ショウ・ビジネスに恋して』（角川書店、一九九六年）に詳しい。また、明治期以来の築地の著名な料亭田中家の長女で、新派や東宝の名脇役で知られた樋《ひ》

田慶子《だ》（緋多景子）の自伝でも、「東宝の有楽町界隈を取り仕切っていた岡村先生」の横顔が触れられている。(32)

小林の「清く正しく美しく」はそういう文脈での逆説として捉えなくては、ただの教会の説教に過ぎない。小林は偽善者ではなく、芸術の明暗を知っていた。悪徳と背徳の上に、世にも美しい虚の世界が提示される。宝塚の昼の健全な世界の快楽を白井鐵造《てつぞう》に任せ、日劇の大人の知る夜の密やかな愉悦の世界を秦豊吉に預け、そして、その底部の闇の世界を岡村に託したのだ。

そこにこそ、小林一三の、松竹の大谷竹次郎と並ぶ、興行師の本領がある。

戦後、占領下にあって、ＧＨＱ本部（第一生命）のある日比谷・有楽町から新橋一帯にかけては、闇市の世界だったことは、当時のニュース映像や映画で知ることができる。戦後、日劇に笠置シヅ子が「ブギウギ」で一世風靡した頃、笠置のファンは「有楽町界隈のナイトエンジェル」も多かった。(33)その時代の客を仕切ったのも、岡村である。

「日劇友の会」のパンフレットは、戦後の日劇とＮＤＴ全盛時を偲ぶ貴重な資料だが、そこで、澁澤秀雄会長、奥野信太郎副会長に列して、岡村吾一が川喜多かしこととともに、「特別会員」としてメッセージを送っている。

私見だが、戦後の東京での「宝塚歌劇」のイメージを変えたのは、舞台表現では『ベルサイユのばら』かもしれないが、外面的には二度あったと思う。

最初は、日劇がなくなり、興行街の動線が切断された時である。私にとって、宝塚の「清く正しく」は、洗練されたストリップショーを見せる「ミュージックホール」を含む日劇の隠微な夜の快楽があるからこそ、その逆説として存在した。だから、日劇がなくなると同時に、宝塚という昼の明るい時間しかないような不足感を持ったものだ。

二回目は昭和九年（一九三四）開場の旧・東宝劇場が、平成九年（一九九七）になくなってからである。東宝劇場で宝塚歌劇が公演するのは年五、六回で、あとは東宝歌舞伎と女優主演の演劇公演を行う興行形態で、一月の宝塚歌劇は新宿コマ劇場で行っていた。まさに、前節で引用した小林一三のほぼ意志通りの形態だった。だから、私の宝塚歌劇の記憶は、長谷川一夫や山田五十鈴同様の東宝劇場に飾られたトップスターのペンキ絵の看板である。淀かおるも上月晃の顔もそのペンキ絵の形状記憶的笑顔の印象である。当時は日比谷映画のような一流のロードショー封切館でも、アラン・ドロンもピーター・オトゥールも、ペンキ絵の看板絵で描かれていた。つまり、そこには昔ながらの見世物小屋を思わせるいかがわしさと怪しげな空気が漂っていた。

ペンキ絵の看板、戦前の劇場建築も消え、隠微な快楽といかがわしさもなく、「清く正しく美しく」が逆説でなく語られる現代、有楽町・日比谷の興行街は、私には余りに「健全」「清潔」で、「水清ければ魚棲まず」といったいささか味気ない存在になってしまった。

八　映画のなかの日劇と国際

日劇や国際劇場の時代を知らない人は、是非、数多くの映像で往時を生動感あるものとして感じてほしい。ただ、相当数があるので、管見の範囲で、私の趣味に応じたものを取り上げておく(34)。

松竹歌劇団では、戦前では『男性対女性』(島津保次郎監督、一九三六年)で、ターキーはもとより、オリエ津阪や長門美千代の美形ぶりが堪能できるのが貴重。戦後では、『グランドショウ１９４６』(マキノ雅弘監督、一九四六年)はターキーの娘役が見られる珍品で、今の映像で往年のターキーの魅力を存分に味わえるのは、『花くらべ狸御殿』(木村恵吾監督、一九四九年)と合わせてこの三作以外にないように思える。川路龍子については冒頭で触れた。

川島雄三監督の『夢を召しませ』（一九五〇年）では、国際劇場を舞台に、ＯＳＫとＳＫＤ合同出演で秋月恵美子、芦原千津子、勝浦千浪、小月冴子が青山圭男の振付で踊るのを見られるのが魅力である。しかし、私の偏愛するのは、同監督の『お嬢さん社長』（一九五四年）である。国際劇場楽屋で、佐田啓二の舞台監督の周囲を行き交う踊り子の匂いと息遣いが伝わるようだ。美空ひばり扮する少女憧れのＳＫＤ男役スター江川瀧子が舞台袖から出るアングル、ファンの嬌声など、胸に迫る。

『泣いて笑った花嫁』（番匠義彰監督、一九六二年）は「松竹歌劇団総出演」とあって、オープニングからＳＫＤのラインダンスが楽しめる。「ダンシング・サーティセブン」と、昭和の年数でいう掛け声はいつまでだろうか。私の見た頃は、西暦年だった。フィナーレでの小月冴子の燕尾服姿の八頭身が素晴らしい。倍賞千恵子は踊りの動きはぎこちないところもあるが、『踊りたい夜』（井上梅次監督）でも鰐淵晴子、水谷良重（現八重子）とともに見せる脚線美はなかなかである。国際劇場屋上に倍賞が佇むシーンで、隣接の「新世界ビル」が見えるのも貴重な映像。倍賞千恵子が山田洋次監督の作品のイメージで規定されるのは残念でならない。その山田監督の『男はつらいよ　寅次郎我が道を行く』は、晩期の国際劇場が偲べる意味で重要だろう。番匠監督『抱かれた花嫁』（一九五七年）も浅草国際劇場の舞台・楽屋が楽しめる。

戦前の日劇ダンシングチームは、第五節で触れたエノケンの映画などで接することができる。『東宝ショウボート』（谷口千吉監督、一九四六年）、『東宝千一夜』（市川崑監督、一九四七年）では、荻野幸久の日劇でのタップが見られるというが未見。

一方、日劇がランドマーク的に「東京」の効果として使われる映像は、『君の名は』（全三部、大庭秀雄監督、一九五三〜五四年）をはじめ夥しいものがある。

『銀座の踊り子』（田尻繁監督、一九五〇年）は、日劇ダンシングチーム復活の見事なラインダンスが存分に見られるばかりか、戦傷兵と日劇ダンサーの悲恋で、彼女たちが主役である。

美空ひばり、江利チエミ、雪村いずみの「三人娘シリーズ」には、毎回のように、日劇か東宝劇場が登場するのも嬉しい。わけても『ジャンケン娘』（杉江敏男監督、一九五五年）は、当時のＮＤＴのダンスシーンが相当に味わえる。

前述のように、『ゴジラ』（本多猪四郎監督、一九五四年）では、怪獣が破壊するのは日劇だが、『モスラ』（同監督、一九六〇年）では、インファント島の住民の踊りは、ＮＤＴのチームが担当しており、モスラが襲うのは東京タワーであり、日劇ではない。作中、中央劇場として使われるのは日比谷公会堂である。東京のランドマークは、東京タワーに替わったのだ。

しかし、日劇についても、私が偏愛してやまないのは、『お姐ちゃんに任しとキ！』（筧正典監督、一九六〇年）である。有楽町からのロング・ショットで金持ち令嬢中島そのみのオープンカーが晴海通りを日劇に向う。重山規子のよく伸び、動く肢体は眼福で、振付の県《あがた》洋二の名前も懐かしい。日劇の舞台や楽屋も今では貴重。そこで自動車ラリーの抽選会あるのも、時代を実感させる。

『嵐を呼ぶ楽団』（井上梅次監督、一九六〇年）は、梅田コマ劇場の外観、舞台機構に加え、「梅田コマ・ダンシングチーム」のダンスと実力と魅力が味わえる貴重な映像が挿入されている。

また、『お月様には悪いけど』（堀地清監督、一九五四年）は矢田茂率いるヤダ・ダンシングチームのアトラクションシーンがあり、宝塚から日劇に移った中田康子主演『アスファルト・ガール』（島耕二監督、一九六四年）は矢田茂振付・真木小太郎衣裳で岩村信雄のような著名ダンサー出演が珍しく、嬉しい。

優れた舞台の記憶がおしなべてそうであるように、演劇はある時代の刻印を帯びていると実感できる時、最も鮮やかに肉感的な思い出として甦るのである。

（1）長谷川一夫『舞台・銀幕六十年』日本経済新聞社、一九七三年、一五九頁。
（2）向井爽也『日本の大衆演劇』東峰出版、一九六二年、七二頁。
（3）長谷川前掲書、四九頁。
（4）大原由紀夫『小林一三の昭和演劇史』演劇出版社、一九八七年。
（5）篠田正浩「時代の証言者」、『読売新聞』二〇一二年五月十七日。
（6）中村秋一『レヴュウと舞踊』三笠書房、一九三三年、三九頁。
（7）和田妙子『上海ラプソディー――伝説の舞姫マヌエラ自伝』ワック、二〇〇一年、二七頁。
（8）中村秋一『レヴュウ百科』音楽世界社、一九三五年、二六二頁。
（9）森茉莉「新劇界の宝石六つ」、『森茉莉全集』第八巻、筑摩書房、一九九四年、四八四頁（初出は『冬柏』一九三三年十二月）。
（10）城戸四郎「プロデューサーの立場から」、『キネマ旬報』一九三三年九月一日号。
（11）水の江瀧子『ひまわり婆っちゃま』婦人画報社、一九八八年、五六頁。
（12）西岡浩『少女歌劇物語――SKDの二十年』南風書房、一九五〇年、八二頁。
（13）高見順『如何なる星の下に』、『高見順全集』第一巻、勁草書房、一九七〇年、一八二頁（初出は『文芸』一九三九―四〇年連載）。
（14）堀切直人『浅草』（栞文庫、二〇〇四年）には、昭和十年代の小説、随筆類から、浅草近隣の人たちでも丸の内や銀座に、あるいは新興地の渋谷・新宿に出かける様子が、数多く引用されている。
（15）砂古口早苗『ブギの女王・笠置シヅ子』現代書館、二〇一〇年、三〇頁。
（16）松本茂章「モダンボーイ山田伸吉」、『大阪人』第五八号、二〇〇四年十月。
（17）『新派名優喜多村緑郎日記』第三巻、八木書店、二〇一一年、人名索引参照。
（18）中村『レヴュウと舞踊』五二頁。
（19）中村『レヴュウ百科』二一七頁。
（20）山口昌男『挫折の昭和史』岩波書店、一九九五年、一五頁。山口の言う意味とは全く違うが、松竹座時代は、場内の掛け声が女義太夫の如く騒がしく、「浅草気分」横溢という、宝塚より「卑俗」というバイアスのかかった評もある（荒川木

風「宝塚松竹少女歌劇公演」、『演芸画報』一九三四年八月）。
（21）谷崎潤一郎「私の見た大阪及び大阪人」、『谷崎潤一郎随筆集』岩波文庫、一九八五年、一一九頁。
（22）福田恆存「本物の人気」、『私の演劇白書』新潮社、一九五八年、一四七頁。
（23）東山千栄子「劇団新東京とその後」、『青山杉作』青山杉作追悼記念刊行会、一九五九年、一三二頁。
（24）中村『レヴュウ百科』一三六頁。
（25）和田前掲書、五五頁。
（26）三島由紀夫「小説家の休暇」、『三島由紀夫全集』第二十七巻、新潮社、一九七三年、九三頁。
（27）CD『川畑文子復刻シリーズ』全三作品（ブリッジ一八七―一八九）のブックレットの瀬川昌久の解説と写真が当時の様相を詳しく描いている。また、川畑の声だけでなく、タップも聴くことができる。
（28）植草甚一「なぜぼくは東宝の社員にされたか」、『植草甚一読本』晶文社、一九七五年、一七六頁。飯島正『ぼくの明治・大正・昭和』青蛙房、一九九一年、一六四頁。
（29）『小林一三日記』第三巻、阪急電鉄株式会社、一九九一年、六四五頁。
（30）三島由紀夫「裸体と衣裳」、『三島由紀夫全集』第二十八巻、新潮社、一九七三年、七九頁。
（31）猪野健治『興行界の顔役』（ちくま文庫、二〇〇四年）、『三代目山口組――田岡一雄ノート』（ちくま文庫、二〇〇〇年）、佐賀純一『浅草博徒一代』（新潮文庫、二〇〇四年）、山平重樹『神戸芸能社――山口組・田岡一雄三代目と戦後芸能界』（双葉文庫、二〇一二年）などで触れられている。
（32）樋田慶子『つまらぬ男と結婚するより一流の男の妾におなり』草思社、二〇〇〇年、九四頁。
（33）砂古口前掲書、九六頁。
（34）瀬川昌久「戦後の日本映画　ジャズで踊って」、『ジャズ批評』二〇一三年七月号。日劇については、和田誠『ビギン・ザ・ビギン』（文藝春秋、一九八二年）に詳しい。

V 世界のステージ・ショウ

第10章 チャールズ・B・コクランとロンドンのレヴュー

赤井朋子

はじめに

イギリスの劇作家ノエル・カワード（一八九九―一九七三）が、レイモンド・マンダーとジョー・ミッチンソンの『レヴュー――写真で見る物語』に次のような序文を書いている。亡くなる二年前の一九七一年のことである。

私は、「レヴューの黄金時代」と呼べる時代に、かなり多くのレヴューに関わり、その台本や音楽を書き、出演をしてきた。ロンドン、パリ、ニューヨークにおいては、一九一二年の『ハロー・ラグタイム！』から一九七〇年の『おお！　カルカッタ！』にいたるまで、話題性の高いレヴューをほとんどすべてこの目で見てきた。もっとも『おお！　カルカッタ！』の方は、前半の途中で、同席していた三人に小声ではっきりと、しかし失礼のないように「これは耐えられない！」と言って中座したのだけれども。(1)

『おお！　カルカッタ！』とは、イギリスの劇評家ケネス・タイナンが、既存の権威に対する一つの挑戦として考案したエロティック・レヴューのことであるが、カワードがこの作品に耐えられなかったのは、別に全裸の男女が登場していたからという訳ではなかった。彼にとっては、それよりも、ひねりのきいていない退屈なレヴューであったことの方が我慢ならなかったのである。
カワードは続けてこう書いている。

レヴューの台本を書くことは、レヴューを演出することと同様、難しく繊細な仕事である。そして、そのどちらもが、一九七一年の現在までにほとんど消滅してしまったと思われる。レヴューの寸劇《スケッチ》は、素早く、鋭く、可笑しい（あるいは感傷的な）ものでなければならない。そして、舞台暗転の前に本当に巧いと思わせる台詞で終わるのでなければならない。出演者が全裸であるのか衣装を身につけているのかはこの際重要ではなく、そのどちらにも同じルールが当てはまるのである。(2)

このようなことを述べていたカワードにとって、本当のレヴューを「書く」ことのできた最後の人たちは、一九六〇年に『周縁を越えて』を世に送り出したジョナサン・ミラー、ピーター・クック、アラン・ベネット、ダドリー・ムアの四人であった。デビュー当時まだオックスフォード大学とケンブリッジ大学の学生であったこの四人は、エジンバラのフリンジ・フェステバルで一躍有名になり、一九六〇年代の諷刺ブームの火付け役となった人たちである。またカワードは、本当のレヴューを「演出」できる最後の数少ない演出家の一人として、ロバート・ネスビットを挙げている。ネスビットのレヴューは、『周縁を越えて』とは対照的に、パリのムーラン・ルージュやリドに似たタイプのショーであったが、カワードはネスビットが、美しさと楽しさを兼ね備え、なおかつ全体の構成がよくできた、極上のエンターテインメントを提供していた点を高く評価していたようだ。
イギリスではこのように二十世紀後半に入っても優れたレヴューは生み出された。そして、広い意味でのレヴュー形式、つまり、全体を統一するストーリーを持たずに、歌やダンスや寸劇によるナンバーがつなげられた形式のものは、現在も存続していると言える。しかし、右の引用文に「一九七一年の現在までにほとんど消滅してしまった」と書かれていることからもわかるように、カワードの知るある種のレヴューは、ごくわずかの例外を除いて、この時すでに過去のものになっていたと言うことができるだろう。実際、イギリスにおいてレヴューが流行していた時代は比較的短く、大雑把に言って二十世紀前半に限られていたのである。

図① チャールズ・B・コクラン（Charles B. Cochran, *I Had Almost Forgotten*, London: Hutchinson, 1932）

カワードは日本では喜劇作家としてよく知られ、『私生活』や『花粉熱』などいくつかの戯曲が翻訳上演されている人であるが、彼にはすでに見てきたように通常の台詞劇以外にレヴューの台本作家としての顔もあった。また、台本を書いただけではなく、作詞や作曲も行い、自ら舞台に立って、歌や演技やピアノの演奏までこなす多才な舞台人でもあった。一八九九年生まれのカワードは、本人も回顧して述べているように、ちょうどレヴューの黄金時代にレヴューの上演と深く関わりながら演劇人としてのアイデンティティを形成していった人である。まだ一〇代であった一九一〇年代には、『ハロー・ラグタイム！』を始めとするヴァラエティ劇場系の一連のレヴューに親しみ、一九二〇年代になるとまだ無名時代の一九二三年に、フランス人興行師のアンドレ・シャルロ（一八八二―一九五六）から依頼を受けて初めてレヴューの台本を執筆し、それに主演している。そしてその後、イギリス人興行師のチャールズ・B・コクラン（一八七二―一九五一〔図①〕）に才能を見いだされて何作かのレヴューをヒットさせ、才能を開花させていくのである。

シャルロとコクランは、イギリスのレヴューが語られる時に必ず言及される代表的な二人の興行師であるが、カワードの場合、特に後者、つまりコクランとの出会いがその後の活動に大きく影響を与えている。そして、カワードとコクランが出会って何作かの名作を世に送り出したことは、イギリス演劇にとって、また、ミュージカル等の音楽劇の歴史にとっても幸運なことであったと言える。

冒頭からカワードの話ばかりになったが、本章ではこのカワードだけではなく、他にも数えきれないほど多くの才能を開花させ、イギリスのレヴューの発展に貢献した興行師チャールズ・B・コクランの制作したレヴューを中心に、世紀転換期から一九二〇年代のロンドンにおけるレヴューの変遷をたどっていくことにしたい。

その際、レヴューの主な二つのタイプ、つまり、視覚的な要素に重点を置いた大劇場の見世物的なレヴューと、時事諷刺を含んだ小劇場の知的なインティミット・レヴュー[3]の二つの対照的なタイプのレヴューが、互いにどのように関連し合いながらロンドンのレヴューの発展を促していったのかについても視野に入れることにする。また、英語の「レヴュー（revue）」の語源であるフランス語の「ルヴュ（revue）」には本来、時事的な論評や社会諷刺の要素が必ず含まれていたが[4]、イギリスでは、その「ルヴュ」の持つ本来の意味がどのように解釈されながらロンドンのレヴューが生み出されていったのかという点もあわせて視野に入れたい。

次節ではまず、コクラン以前のロンドンのレヴューに目を向けることにしよう。コクランが初めてレヴューを上演するのは一九一四年のことであるが、彼のレヴューは、当時流行していた主流のレヴュー、すなわち、大劇場における見世物的なレヴューとは全く対照的なタイプのレヴューであった。まずはそれらの先行レヴューを概観した上で、その次にコクランの、特に一九一〇年代のアンバサダーズ劇場時代と、第一次世界大戦後のパヴィリオン劇場時代におけるレヴューを見ていくことにする。

一　コクラン以前のレヴュー

1　イギリスで最初のレヴュー

いつ頃からイギリスで「レヴュー」が上演され始めたのかという問題は、何をレヴューと定義するのかによっても異なるため、答えるのが難しい。しかし、一般的には一八九三年のシーモア・ヒックスによる『時計の下に』（ロイヤル・コート劇場）という短い作品が、イギリスで最初のレヴューであったと言われることが多い(5)。ヒックスはパリのレヴューに倣って短い音楽劇を書いたのであるが、『時計の下に』は三本立てのうちの一本で、あとの二本が一幕劇とコメディ・オペラというプログラム構成になっていた。また、パリのレヴューに倣ったといっても一般社会の諷刺ではなく、当時の文学や演劇界の出来事などをパロディにしたものであった。俳優のヘンリー・アーヴィングやビアボム・トゥリーを真似てシェイクスピアをもじった台詞を語ったり、シャーロック・ホームズとワトソンのやりとりを滑稽に模倣する場面があったりしたのである。首から上のない等身大の人物画をいくつも舞台上に並べ、ヒックスと相方のチャールズ・ブルックフィールドが、その絵の背後から顔だけを出して様々な俳優の物真似をするという趣向も凝らされた。

特に、各場面の最後に「落ち」があったことと、取り上げる話題がその年の出来事であったことの中に、フランスのレヴューの影響が表れていた。また、当時のイギリスの観客には個人攻撃のしかたが冷淡で無慈悲に感じられたことや、逆に気だての良さから来るユーモアというものが感じられなかったことも、フランスからの影響によるものであった。しかし、そうは言っても、『時計の下に』は十九世紀のイギリスでよく上演されていたバーレスクの域を出るものではなかった。[6]

ロンドンの上演作品に対し最初に「レヴュー」という語が明確に使用されるようになったのは、新しい世紀に入ってからの一九〇五年のことであった。この年にヘイマーケット劇場で上演されたJ・B・フェイガンの『シェイクスピア対ショー』や、エンパイア劇場で上演されたジョージ・グロスミスの『浮浪者たち』の上演プログラムにレヴューという言葉が使われたのである。さらに翌一九〇六年には、ロンドン・コリシーアムで上演されたエンターテインメントに、その名もずばり『ザ・レヴュー』というタイトルが付けられた。パリ発のレヴューという語が、新鮮で洒落た響きを持つ言葉としてロンドンでも用いられるようになったのである。

ただ、これらの作品の場合、レヴューというものを本当に理解して使用していたかといえば、それは怪しかった。たとえば、『シェイクスピア対ショー』はレヴューと名乗ってはいたものの、音楽は全く使わず、どちらかといえば、一幕物の諷刺劇と言った方がよい作品であった。そもそもヘイマーケット劇場は、勅許劇場として正劇（台詞劇）を独占的に上演していたこともかつてはあった、正規の「劇場」であった。それに対し一九〇五年のもう一つの作品、すなわち『浮浪者たち』の方は、世紀転換期頃までに「ヴァラエティ劇場」と呼ばれるようになっていたミュージック・ホールのレヴューであった。つまり、劇場ではなく演芸場のレヴューだったのである。この『浮浪者たち』は、ヴァラエティ劇場で上演された最初のレヴューでもあったので、劇場に対抗して、こちらの方がイギリスで最初に上演されたレヴューであると主張する向きもあった。[7]

2　ヴァラエティ劇場のレヴュー

ヴァラエティ劇場とは、十九世紀後半から時代の変化に応じて進化・発展した新しいタイプのミュージック・ホールのことであった。特に、モス・エンパイアズ・リミティッドのような全国にチェーン展開をする巨大な興行会社によって経営された、規模の大きな演芸場のことをヴァラエティ劇場と呼んで、ヴィクトリア朝時代の伝統的なミュージック・ホールと区別するようになっていた。観客層も、興行会社の規模の拡大とともに、労働者階級からロンドン郊外に住む新しい中産階級へと拡大し、また男性だけではなく女性や子どもにも対象が広げられて、誰でも安心して通える、より健全で、より「劇場」に近いきちんとしたな娯楽場へとアップグレードされていった演芸場のことであった。

『浮浪者たち』を上演したエンパイア劇場は、ロンドンのウエストエンド劇場街の中心地レスター・スクエア界隈に点在するこのようなヴァラエティ劇場のうちの一つであった。(8) 十九世紀後半から、特にスペクタクル《レスペクタブル》性の高いバレエを寄席の演《だ》し物の一つとして上演していた、とりわけダンスを得意とするヴァラエティ劇場であったが、一九〇五年にいち早くレヴューを取り入れると、一九〇六年に『ヴィーナス』、一九〇八年に『おお、まさに！』、一九〇九年に『中へお入り』、一九一〇年に『ハロー、ロンドン！』と他のヴァラエティ劇場に先駆けて次々とレヴューを上演していった。

レスター・スクエア界隈に点在し、「ヴァラエティの殿堂」とも呼ばれた、客席数が二千〜三千ほどもある巨大なこれらのヴァラエティ劇場は、ちょうどフットボール・リーグのように、それぞれ名監督ならぬ名プロデューサーに率いられて、互いに演目や出演者、観客動員数等において競い合っていた。アルフレッド・バットのエンパイア劇場、アルベール・ド・クルヴィルのロンドン・ヒッポドローム、オズワルド・ストールのロンドン・コリシーアム、そしてアンドレ・シャルロのアルハンブラ劇場といった具合に。

イギリスにおいてレヴューが本格的に流行し始めたのは、そのうちの一つであるロンドン・ヒッポドロームが一九一二年に『ハロー、ラグタイム！』〔図②〕を上演してからのことであった。

『ハロー、ラグタイム！』を上演した興行主のアルベール・ド・クルヴィルは、それまでこのヒッポドローム劇場において一幕物のオペラやオペレッタ(9)を寄席の番組の一つとして上演するなど、多彩な演目で観客の興味を引いていた。しかし、その種の演し物はせいぜい六週間程度しか連続上演できなかったので、新たにジーグフェルド風の「大きな見世物的音楽ショー(10)」を舞台にかけることでロングラン上演の実現を果たそうとしたのであった。ド・クルヴィル自らアメリカへ視察旅行に出かけ、当時ニューヨークのいたる所で演奏されていたラグタイムの音楽を持ち帰り、ちょうど一年を振り返る十二月に、アメリカ風の明るく華やかなこのレヴューを鳴り物入りで上演したのであった。

ラグタイムとは、アーヴィング・バーリン作曲の「アレキサンダーズ・ラグタイム・バンド」(映画『ショウほど素敵な商売はない』〔一九五四年〕の中でも歌われている)に代表されるジャズの先駆となる音楽のことであるが、

図②　1912年の『ハロー、ラグタイム!』(Raymond Mander and Joe Mitchenson, *Revue: A Story in Pictures*, London: Peter Davies, 1971)

このアップテンポの軽快な音楽はロンドンにおいてもすぐさま熱狂的に受け入れられ、たちまち大衆の好みに合う主流の音楽と化したのであった。ロンドン・ヒッポドロームはまた、翌年の一九一三年にレヴュー『ハロー・タンゴ!』を上演した際に、衣装デザインをバレエ・リュスの舞台美術でも有名なレオン・バクストに依頼するなど、視覚的な面においても斬新でモダンなものを精力的に導入していった。

3　ヴァラエティ劇場のレヴューとアンドレ・シャルロ

それでは、ヴァラエティ劇場においてレヴューがどのように上演されていたのかを、当時のプログラムを一つ例に挙げることにより見てみよう。次に示すのは、『ハロー、ラグタイム！』と同じ一九一二年に上演された、『あの蝿を殺して！』というレヴューを含むアルハンブラ劇場のある日のヴァラエティ・プログラムである。[11] アルハンブラ劇場はこの年、フランス人興行師のアンドレ・シャルロを共同経営者の一人に招いたばかりで、シャルロにとっても『あの蝿を殺して！』はイギリスに渡って初めて手がけるレヴューであった。

一、序曲「ワーグナーの思い出」
二、スカリとスカリ　風変わりなアクロバット
三、イーディスとルピノ　ミュージカル・コメディの『ジプシーの求婚』から
四、映写機《ビオスコープ》「エトナ山の噴火」
五、「東部の娘」とテノール歌手　グランド・オペラで有名な
六、空中ぶらんこ　アメリカで最も速い空中の演技
七、エリーダ・モリス　と彼女の歌
八、オリジナルのラグタイム曲を　広く浅く
九、オーケストラ選集　ポール・A・ルーベンズの「サンシャイン・ガール」
十、新着レヴュー『あの蝿を殺して！』
十一、映写機《ビオスコープ》「猫のように、彼らは戻ってきた」

プログラム全体を眺めると、歌や曲芸などの寄席演芸、音楽演奏、映像など、一つ一つが独立した短い演し物の寄せ集めという形式になっていることがわかる。そしてその寄せ集められた演し物の一つとして、最後から二番目にレヴュー『あの蠅を殺して！』が加えられている。さらにこの短いレヴューの内容を見ると、それ自体が次の四つの場面より構成されていたことがわかる。

第一場　ニュー・パーク・レーン
第二場　「ロンドン劇場のステージ」
第三場　アールズ・コート
第四場　コスモポリタン・キャバレー(12)

このレヴューをプロデュースしたパリ生まれのシャルロは、フォリ＝ベルジェールやパレ・ロワイヤル劇場を含むパリのいくつかの劇場で制作の仕事に携わった後、英語が堪能であったこともあって、ロンドンに活動の拠点を移した人である。それゆえシャルロはパリのレヴューをイギリスに紹介することにおいて大きな役割を果たした人であったが、フランスのレヴューを移入する際には当然のことながらその足枷となるものもあった。その一つに劇場法の解釈をめぐる、外国人には複雑で不可解なイギリス独特の状況があった。ヴァラエティ劇場（ミュージック・ホール）は劇場法のルールの上では正規の劇場と明確に区別され、演し物の種類や長さに制限が設けられていたが、その一方で、寸劇のような対話劇については、劇場と同じように台本の事前検閲が行われるようになるなど、その時々の成り行きに応じて制限や緩和が行われていたのである。ロンドンに移り住んだばかりのシャルロは最初、比較的長めのレヴューを上演するつもりにしていたが、演し物をいくつも寄せ集める必要のあったヴァラエティ劇場においてはそれがかなわず、また、検閲があるために、政治家や王室のメンバー、宗教関係者等を、特定の個人がわかる形で諷刺することは不可能であった。『あの蠅を殺して!』も、時事性に富み諷刺的なからかいも随所に見られる作品でありながら、そのからかいの対象は当時流行していた優生学であったり、ニューヨークの警察官の訛った喋り方であったり、興行師のジョージ・エドワーズやチャールズ・フローマンであったりしたのである。

また、シャルロが最初に関わったイギリスのヴァラエティ劇場にはそれ独自の伝統もあり、特に『あの蠅を殺して!』の台本を書いたジョージ・グロスミスはその伝統を受け継ぐイギリス人であった。彼の書く台本は「ロンドンの人々がレヴューについて当時知っていたもの」を具現化したにすぎず、寸劇なども、ヴァラエティのスターたちが各自の持ちネタや得意な芸当を単純に繰り返せるように配慮したものだったのである(13)。

このようにシャルロがイギリスに渡って最初に行ったのは、大衆芸能の流れを汲むヴァラエティ劇場におけるスペクタクル性の高いレヴューの上演であった。彼は後には小劇場において、より文学性の高いインティミットなタイプのレヴューを多く制作するようになるのであるが、そのインティミット・レヴューをイギリスで最初に制作し上演したのは、シャルロではなく彼のライバル的な存在になっていくチャールズ・B・コクランであった。

二　チャールズ・B・コクランのレヴュー

1　アンバサダーズ劇場

一九一四年十月十七日、ロンドンのウエストエンド劇場街にあるアンバサダーズ劇場において、イギリスで最初のインティミット・レヴューと言われる『寄せ集め』が上演された。アンバサダーズ劇場はその前年の一九一三年に新築されたばかりの、ウエストエンドには珍しく客席数がわずか四百五十しかない小さな「劇場」であった。目抜き通りのシャフツベリー・アヴェニューから脇道を少し入った場所にあり、向かい側には演劇人や文化人の溜まり場として有名だったアイヴィ・レストランもあった。

その小さな劇場の小さな舞台ではじめてこのレヴューが上演された時、当時の観客はあまりにも飾り気のない、がらんとした裸舞台に拍子抜けをした。オープニング・シーンの舞台美術はテーブルが一つ置かれているだけで、出演者たちも舞台装置の出入口ではなく、劇場内の本物の通用口から登場してきたのである。

舞台美術をわざわざそこまで簡素なものにしたのには理由があった。一つにはこの年の八月にイギリスがドイツに宣戦布告をして第一次世界大戦に参戦したばかりだったからである。倹約じたいが当時関心の高い話題であった。上演プログラムには、「注意：チャールズ・B・コクラン氏からのお願いです。このレヴューを上演するにあたり、倹約を惜しまなかったことをご理解ください」と書かれてあった。さらにもう一つの理由として、コクラン自身、レヴューのエッセンスである「軽快さ、色、多彩さ、スピード」といったものを、舞台装置ではなく「台本と演技と歌」によって提供すべきであると考えていたこともあげることができる。(14) 若い頃からアメリカやヨーロッパ大陸を頻繁に訪れ、常に外国の演劇界と接触のあったコクランは、以前からパリのカプシーヌ座やその他の小さな劇場で彼自身が見て大いに楽しんだインティミットなタイプのレヴューをロンドンのウエストエンドで上演したいと考えていたのである。

レヴュー『寄せ集め』は、『アングロ＝フランコ＝ベルジャン・シーズン』と題された三本立てのシーズン公演の一本として上演された。この時代のイギリスでは一幕劇が多く書かれ、二本立てや三本立て公演も珍しくはなかったのである。あとの二本はいずれも台詞劇で、一本目が戦争の悲惨さを描いた『ルーヴァンから』という英語による一幕劇、二本目が恋の駆け引きを描いた『うぶな娘』というフランス語の一幕喜劇であった。それに続く三本目がこの『寄せ集め』で、半分英語、半分フランス語で書かれた「ミニチュア・レヴュー」と呼ばれるものであった。そのレヴューの内容は以下の通りである。

『寄せ集め』　ミニチュア・レヴュー　ハリー・グラタン作
作曲・選曲・編曲……エドワード・ジョーンズ　演出……ハリー・グラタン
ダンスのアレンジ……J・W・ジャクソン
第一場　シアター・ロイヤル・イースト・ダブズリー！！！
　第一話　「難民到着」
　第二話　「前《アン・ナヴァン》へ」
　第三話　「市長の招待」
　第四話　「ショーを行いましょう」
第二場　「夜のピカディリー」「ロンドン生活のいくつかのタイプ」
第三場　「誰かさんのハーレム」「トルコの速足馬」
第四場　「奥方様の部屋着姿」
第五場　「祖国と名誉」
第六場　「舞台の人気者」
第七場　「パヴロヴァの回想」

第八場　「フランスの詩人との五分間」
第九場　「国王も国家もあなたを必要としています」
第十場　「塹壕にて」
第十一場　「ギリシャの帯状装飾壁《フリーズ》」[15]
第十二場　「フィナーレ」

このレヴューのそれぞれのナンバーは、歌であったりダンスであったり、あるいは寸劇《スケッチ》であったりしたが、このようにいくつものナンバーがつなげられてできたレヴューは、一見ヴァラエティ劇場の寄席のプログラムに似ていると言えるだろう。しかし、レヴューとヴァラエティの大きな違いは、ヴァラエティが個々の芸人による単発的な演し物を並べただけであるのに対し、レヴューにはすべてのナンバーの台本（特にスケッチ）を書きそのナンバーをつなげて一つの作品にまとめる「台本作家」がいることであった。そして、レヴューの演技者は、役柄や衣装を替えながら複数のナンバーに繰り返し登場することであった。ヴァラエティからレヴューへのこのような変化はこの分野における「一種の近代化現象」[16]であったと言えるだろう。

　この『寄せ集め』を含む三本立て公演を『アングロ＝フランコ＝ベルジャン・シーズン』〔図③〕と名付けたのは、マックス・ディア

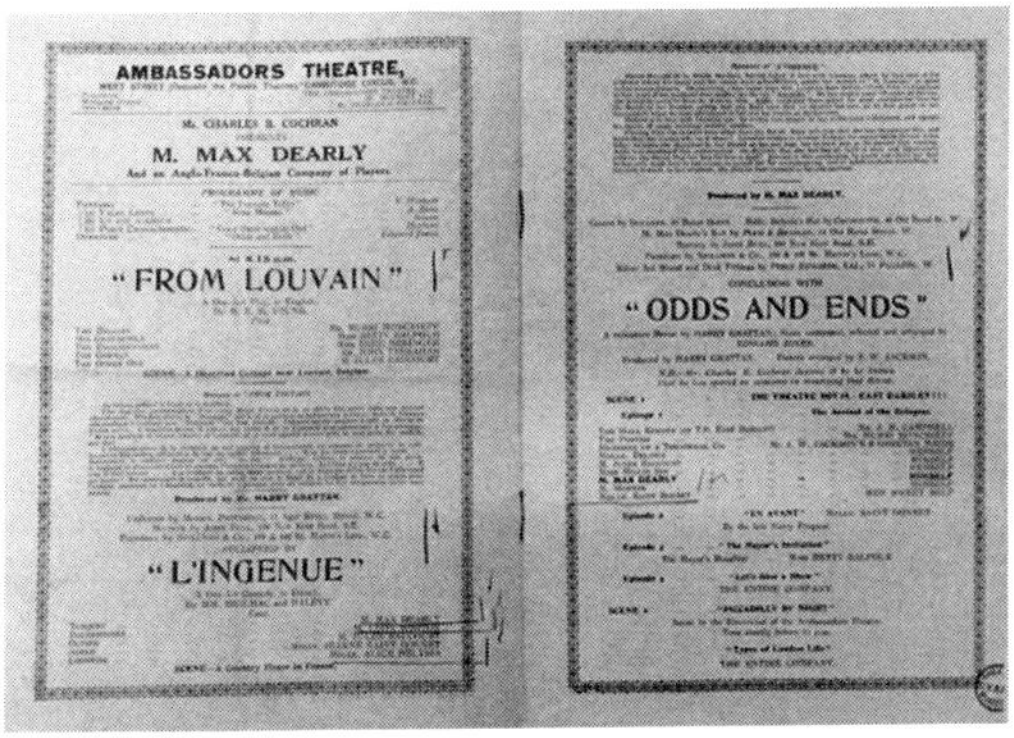

図③　『アングロ＝フランコ＝ベルジャン・シーズン』初日（1914年）のプログラム（V & A Theatre and Performance Archives, London）

リーというフランス人の俳優が率いる、イギリス、フランス、ベルギー三か国の俳優からなる劇団に、三作を通して出演を依頼したからであった。コクランは「時流に合ったレヴューを、多国籍的《コスモポリタン》なキャストで」上演することを考えていたのであるが、それは、そうすることによって「他所から来た人々が私たちに多く混じっていても、客席を魅了できる」[17]と判断したからであった。コクランは、生涯を通し世界中のアーティストを一同に集めてショーを行うことを得意とし、そのことにおいても特に有名な興行師であったが、その才能はインティミット・レヴューにおいても発揮されたと言える。

しかし、コスモポリタン・シティとしてのロンドンを意識したこの国際的なレヴューには、その一方で、自国の文化と外国の文化の違いを観客に強く意識させる側面があった。レヴュー『寄せ集め』のオープニング・シーンは、ある海辺の町のさびれた劇場という設定になっていた。そこへ、外国からイギリスに到着したばかりの俳優たちが登場し、レヴューのリハーサルが始まるのであるが、フランスのレヴューをそっくりそのままイギリスで上演することはできないことが判明し、たとえば、アリス・デリシア（フランスのレヴュー女優）が衣服を脱ぎかける場面に入ると、イギリスでは（検閲があるから）それは許されないと言ってリハーサルが中断されてしまう場面があるのである。また、誰もが理解できる言語はパントマイム（黙劇）しかないと言って、台詞のない寸劇を作ろうとする場面もある[18]。フランス人の俳優を使ってフランス風のレヴューを上演しながらも、フランス人を使ってフランス風のレヴューを上演することの困難さや不可能さをおもしろおかしく描いた自己言及的なものになっていたのである。

多言語使用の国際的な公演を行いながら、そうすることの困難さそのものを表現したこのレヴューは、レヴューというものの本質を見事に突いていたと言うことができるだろう。レヴューとは、フランス語の「ルヴュ」が意味するように、その時その場の出来事や話題を振り返り批評するものであるため、本来、ローカルな性質を持つものであった。観客と舞台の間で同じ経験や興味を共有する、きわめて地域性の高いジャンルなのである。したがって、パリのレヴューをそのままロンドンに移してもそれはただの借り物でしかなく、本当の意味におけるロンドンのレヴューにはなりえなかった。このレヴューに「祖国と名誉」や「国王も国家もあなたを必要としています」といった愛国的なタイトルのナンバーが盛り込まれているのも、観客の関心を外国だけではなく自国の文化にも向けさせるためであったと言えるだろう。

　コクランは『寄せ集め』を成功させると、その後さらに二本のレヴューをアンバサダーズ劇場において上演した。その二作品、つまり『もっと（寄せ集め）』（一九一五年）と『ごちゃまぜ』（一九一六年〔図④〕）の時には一晩に一本のレヴューのみ上演するようになり、ミニチュア・レヴューは長編のレヴューへと進化していった。舞台装置なども『寄せ集め』を上演した時ほど地味ではなく、しだいに視覚的な要素も加味されていき、トップ・スターのアリス・デリシアは何種類もの衣装を艶やかに着こなし、華やかさを増していった。コーラス・ガール（「コクランの若き貴婦人たち」と呼ばれていた）はヴィクトリア朝時代の伊達男《ダンディ》のように銀色のシルク・ハットと縞模様の蝶ネクタイを身につけ、身のこなしの正確さと衣装の端正な着こなしというコクランのレヴューの特徴をすでに見せ始めていた。

図④『ごちゃまぜ』（1916年）左がアリス・デリシア（*The Play Pictorial* May 1916. 表紙）

　ちなみに、このヴィクトリア朝風のナンバーについては、フランスのレヴューの女王、ミスタンゲットもパリからわざわざ見に訪れた。ミスタンゲットはパリに帰ると早速フォリ＝ベルジェールでそれに似たナンバーを再現したが、パリの他の劇場によってもそれは模倣され、その影響はアメリカにまで及んでいる。[19]

2　ロンドン・パヴィリオン劇場

第一次世界大戦が終結する一九一八年に、コクランは彼のレヴューの本拠地をロンドンのピカディリー・サーカスにあるロンドン・パヴィリオン劇場へ移した。ミュージック・ホールであったロンドン・パヴィリオンを彼自身のステージにふさわしく改築した上でのスタートであった。劇場の正面《ファサード》には「世界の中心」と書かれた電光掲示板が掲げられていた。

ロンドン・パヴィリオン劇場におけるコクランのレヴューは、アンバサダーズ劇場で上演されていたインティミット・レヴューからさらに進化した新しいタイプのレヴューであった。後にコクラン自身が次のように説明をしている。

私のインティミット・レヴューは新機軸を打ち出した。〔略〕インティミット・レヴューは、〈レヴューという〉言葉そのものが意味しているように今日的な話題性をより多く含むものである。むろんその要素は今ではかなり薄れてはきているが、それでも、小劇場のレヴューは、〈ルヴュ・ド・グラン・スペクタクル〉と較べると、より多くの時事的なコメントを含んでいる。〔略〕私はロンドン・パヴィリオンの経営を引き継ぐと、そのインティミット・レヴューとスペクタクル性の高いレヴューの中間に位置する折衷型のエンターテインメントを考案した。[20]

つまり、コクランは全く対照的な二つのタイプのレヴューを組み合わせるということをしたのである。すでにアンバサダーズ劇場において試みていた文学性の高いインティミットなタイプのレヴューと、舞台美術や衣装、ダンス等の視覚的な華やかさに依存するグラン・スペクタクル・タイプのレヴューの両方の良さを取り入れたものにしたのであった。劇場の大きさも客席数が千八十という、ちょうど大劇場と小劇場の間の中劇場程度の規模であった。コクランは一九一八年から一九三一年までの十三年間にこのパヴィリオン劇場において、『元へ戻れ』(一九一八年)、『ロンドン、パリ、ニューヨーク』(一九二〇年)、『ダンスを続けて』(一九二五年)、『コクランのレヴュー』(一九二六年)、『この恵みの年!』(一九二八年)、『コクランの一九三〇年のレヴュー』(一九三〇年)、『コクランの一九三一年のレヴュー』(一九三一年)と、次々に代表的なレヴューを上演していった。

すでに述べたようにコクランは外国から多くの芸術家や作家、俳優などを集めて国際的なショーを企画するのが得意な興行師であった。アンナ・パヴロヴァ、サラ・ベルナール、サッシャ・ギトリ、ディアギレフのバレエ・リュス、蝙蝠座《こうもりざ》、エレオノラ・ドゥーゼ等々、数え上げればきりがないほど多くのすぐれたアーティストをロンドンに招聘できる驚くべき才能を持った人だったのである。また、手がけるジャンルの幅の広さ、多彩さの点においても目を見張るものがあり、サーカスやボクシングから、オペレッタやレヴュー、イプセンやピランデルロの台詞劇にいたるまで、面白いと判断したものは何でもロンドンの観客に提供できる才能の持ち主でもあった。

レヴューは、多種多様なものが集まり、互いに無関係に見える短い歌やダンスやスケッチが、小気味よいテンポで途切れなくつなぎ合わされて一つの作品を構成するものである。あらゆる分野から才能を見いだし、あらゆる才能を組み合わせて舞台全体をまとめあげることが求められるレヴューというジャンルは、まさに八面六臂の活躍をしていたコクランの得意とする分野であり、特に二つのタイプのレヴューを合わせた贅沢なパヴィリオン劇場のレヴューにおいては彼のそのような才能が遺憾なく発揮されたと言える。(21)

ノエル・カワードが「私が関わったすべてのレヴューの中でも最高の作品だった[22]」と回想している一九二八年の『この恵みの年！』もそのようなレヴューのうちの一つであった。全体を通して二十四のナンバーから構成される『この恵みの年！』のプログラムは、次のようになっていた。

第一部

(1) 地下鉄の駅
(2) 夢見るメアリ
(3) 演劇案内　A「レッカー車」　B「母子の絆」　C「若きウッドリー」　D「ノエル・カワードの劇」
(4) あなたに夢中
(5) バス・ラッシュ
(6) ローレライ
(7) 雪玉
(8) 知らぬが仏　A「一八九〇年」　B「一九二八年」
(9) アラベスク（手のダンス）
(10) 眺めのいい部屋
(11) 歳の差なんて
(12) お婆さんのダンスを教えて

第二部

⒀　リドの海岸
⒁　イギリス版リドの海岸
⒂　バレエ　谷間の百合伝説
⒃　三の法則　A「バリー」　B「ロンズデイル」　C「フランスの笑劇」
⒄　踊りなさい、お嬢さん
⒅　蝙蝠座
⒆　ゴシック
⒇　愛することを学ぼう
(21)　法と秩序
(22)　スペインの幻想曲
(23)　キャスルトンとマック
(24)　フィナーレ(23)

冒頭の部分だけを少し詳述しておくと、オープニング・ナンバーの「地下鉄の駅」は、ロンドンの地下鉄駅構内を舞台にしたスケッチで、四十人以上のキャストを舞台に登場させて時々歌やダンスを挿入した、小さなミュージカルのようなナンバーになっている。誰かの吹いた口笛がきっかけとなって音楽が徐々に鳴り始め、それに合わせてホワイトカラーの乗客たちが踊り始めるが、曲のタイトルは「列に並んで待つ」で、歌詞の内容はイギリス人は誰でも何の疑問も持たずにおとなしく列に並んでいるというものである。それに続いて貴族の女性が二人、道路工事のためにやむをえず地下鉄を利用することになったと言いながら登場するが、切符の買い方もわか

図⑤　『この恵みの年！』（1928年）ジェシー・マシューズ（中央）とコーラス（Raymond Mander and Joe Mitchenson, *Revue: A Story in Pictures*, London: Peter Davies, 1971）

らないので、お札を無理矢理突っ込んだ自動販売機から大量の切符が飛び出してくる。最後にメアリという若い女性が友人とばったり出会って立ち話をするが、メアリはどうやら理想を追い求めすぎてボーイフレンドとすぐに喧嘩をしてしまうらしい。

二番目のナンバーでは、そのメアリだけが舞台に残り、コーラスとともに「夢見るメアリ」という歌を歌いながらダンスを踊る［図⑤］。ふんわりとしたロマンチックな衣装を身にまとったメアリ（トップ・スターのジェシー・マシューズが演じる）は優雅で可憐な魅力を放つが、コーラス・ガールたちの歌う歌はそれとは裏腹に「彼女はただの能なし／役立たず／空想癖を／わずらっている」といった辛辣な内容になっているのである㉔。

三番目のナンバーは、ロンドンで上演中の四本の劇をごく短い寸劇にしてコミカルに紹介するもので、最後の「ノエル・カワードの劇」は、野次を飛ばす客席の様子をほんの数十秒間再現しただけの短い寸劇になっていた。台本を書いたカワード自身が別の劇場で経験したばかりのことを題材にしたきわめて自嘲的なナンバーであった。

このように、一つ一つのナンバーの内容をパラフレーズすると、いずれもわざわざ取り上げるほどでもないような、たわいのない話ばかりであることがわかるだろう。特定の誰かを指すのは演劇を題材にする時だけで、現実の世界を題材にする時には不特定多数の人々に当てはまるごく日常的なことを茶化して笑いの対象にしているのである。

コクランがパヴィリオン劇場において折衷型のレヴューを試みたことはすでに述べたが、彼はその理由として、イギリスのエンターテインメントには諷刺がなじまない点も挙げていた。


この国には、レヴューから時事的・諷刺的な要素を取り除くのにおそらく手を貸していると思われる二つの理由がある。一つは、イギリス人自身がエンターテインメントに諷刺が含まれるのをそれほど望んでいないこと。もう一つは、誹謗中傷や名誉毀損に関する法律や、演劇の検閲といった規制があるために、実在する有名人に対する諷刺的な見解を表現できないことである。[25]

ロンドン・パヴィリオンにおけるコクランのレヴューは、それゆえ、特定の個人を攻撃するのではなく、たわいのない事柄を取り上げて今日性を持たせ、同時代のロンドンの世相を軽く諷刺するという形をとっていたのである。台本と作詞・作曲を担当したカワードも、時代の精神を敏感にとらえ、ロンドンの地下鉄駅構内や海水浴場など、さまざまな場所を舞台に、人々の生活の一部を巧みに切り取って喜劇的なスケッチや歌に仕上げていたのである。

一つ一つのスケッチはそれじたい瑣末なことを扱っていても、その瑣末な断片をうまく扱って、全体に見事な統一感を持たせることができる時、そのレヴューは傑作となるようである。たとえば、『この恵みの年！』に関する劇評にはこう書いてある。

ロンドン・パヴィリオンのコクランのレヴューほどすぐれたエンターテインメントは他にあるだろうか。おそらくないであろう。動きがきびきびしていて実に多様性に富み、活気があって可笑しく、ウィットに富んだ楽しいショー、しかも、ほとんどすべてが一流であるショーを、ロンドンの人々は再び味わうことになったのである。〔略〕二十四の場面はすべて短く鋭かった。そしてほとんどそのすべてにおいて、機知に富んだアイデアがぴたりと効果的に的を射ていた。(26)

この劇評の文章からは、アンバサダーズ劇場においてすでにコクランが重視していたレヴューのエッセンス、すなわち「軽快さ、色、多彩さ、スピード」や、カワードが述べていたすぐれたレヴューの条件、「素早く、鋭く、可笑しい」といったことが読み取れるであろう。

コクランは、アンバサダーズ劇場においてインティミット・レヴューを上演した後に、ロンドン・パヴィリオン劇場において折衷型のレヴューを編み出すことになった。演劇界や世相を軽く諷刺する要素はそのまま残しながら、視覚的な華やかさの要素も増やしていったのである。コクラン自身が述べているように、それは「知的で

楽しく、見た目にも美しい」エンターテインメントであった。(27)

イギリスでは、このようにレヴューという語の本来の意味が曲解されたり広義に解釈されたりしながら、レヴューの上演が行われてきた。フランスのレヴューに倣いながらも実態はバーレスクであったり、レヴューと名乗りながらもイギリスのヴァラエティと変わらないものであったり、まがいものと呼べるようなレヴューもかなり量産されてきたのである。その中にあってコクランは、できるだけ本場の「ルヴュ」に忠実なエンターテインメントをロンドンに根付かせようとしたが、結局は当時のロンドンの時流や風潮に合ったイギリス方式のレヴューを見いだしていくことになったのである。

（1）Noël Coward, Foreword, *Revue: A Story in Pictures*, by Raymond Mander and Joe Mitchenson (London: Peter Davies, 1971) vii.
（2）同書 vii.
（3）「インティミット（intimate）」とは「親密な」という意味を持つ英語であるが、少人数の観客を対象にした、スタイリッシュでウィットに富んだタイプのレヴューをイギリスでは「インティミットなレヴュー」と表現する。
（4）フランス語の「ルヴュ（revue）」は「再び見る」「思い出す」を意味する revoir の派生語で、元来、フランスでは一年の出来事を振り返る時事的なショーを「ルヴュ」と呼んでいた。
（5）Barry Day, Introduction, *Noël Coward. Collected Revue Sketches*, by Noël Coward (London: Methuen, 1999) xvi.
（6）バーレスクとは、イギリスでは、真面目な作品を滑稽に戯画化したものを意味する。
（7）たとえば、"The History of Revue in England," *The Encore* 23 Dec. 1915:59.
（8）エンパイア劇場はその後、一九二八年に映画館に建て替えられた。
（9）オペラでは、たとえばマスカーニの『カヴァレリア・ルスティカーナ』やレオンカヴァッロの『道化師』、オペレッタではファルの『永遠のワルツ』など。
（10）Albert de Courville, *I Tell You* (London: Chapman and Hall, [1928]) 95.

（11）一九一二年は、夏に異常気象で蠅が大量発生したため、ロンドンでは「あの蠅を殺して！」が流行語となった。このようにレヴューのタイトルにはその年の出来事や流行語が使用されることも多かった。
（12）"Alhambra 1912," Victoria & Albert Museum, London.
（13）James Ross Moore, *Andre Charlot: The Genius of Intimate Musical Revue* (Jefferson: McFarland, 2002) 35.
（14）James Harding, *Cochran: A Biography* (London: Methuen, 1988) 56.
（15）"Ambassadors 1914," Victoria & Albert Museum, London.
（16）喜志哲雄『ミュージカルが〈最高〉であった頃』晶文社、二〇〇六年、七〇頁。
（17）Charles B. Cochran, *Secrets of a Showman* (London: William Heinemann, 1925) 197.
（18）The Lord Chamberlain's Plays: 1914/33 *Odds and Ends*, British Library, London.
（19）Harding 58.
（20）Charles B. Cochran, *Cock-A-Doodle-Do* (London: J. M. Dent & Sons, 1941) 302-303.
（21）コクランの経歴とレヴューの多彩さとの関係については、拙論「両大戦間期イギリスのレヴューと興行師C・B・コクラン」（『近現代演劇研究』第一号、近現代演劇研究会、二〇〇八年）を参照。
（22）Barry Day, ed., *Noël Coward: The Complete Lyrics* (London: Methuen, 1998) 88.
（23）上演プログラムは、Raymond Mander and Joe Mitchenson, *Theatrical Companion to Coward* (1957; London: Oberon Books, 2000) 171-177 に基づく。
（24）Noël Coward, *Collected Revue Sketches and Parodies* (London: Methuen, 1999) 66-67.
（25）Cochran, *Cock-A-Doodle-Do* 301-302.
（26）Rev. of *This Year of Grace!* by Noël Coward, London Pavilion, London, *Era* 28 Mar. 1928: 1.
（27）Cochran, *Cock-A-Doodle-Do* 111.

V　世界のステージ・ショウ

第11章　宝塚を二度迎えたベルリーンの劇場

そのレヴューの歩み

萩原　健

はじめに

宝塚歌劇団はこれまでに二度、ドイツ・ベルリーンでの公演を果たしている。第一回は一九三八（昭和十三）年（当時は宝塚少女歌劇団）、第二回は二〇〇〇（平成十二）年で、前者は宝塚初の海外公演でもある。そしてこの二つの公演については、渡辺[1]や岩淵[2]、あるいは名取[3]による研究で、詳しく紹介・考察されている。ただしこれらの研究は、宝塚が公演を行った当時のベルリーン、および当地のレヴューについて、十分に言及しているようには思われない。二回の宝塚ベルリーン公演は、どのような社会史的・文化史的コンテクストのもとで迎えられたのだろうか。またこの二回の公演の前後に、あるいはその間に、当地のレヴューはどのような展開を経ていたのだろうか。こうした問いは、上掲の研究では、詳らかにされているとは言い難い。

またこの二回の公演が行われた劇場は、興味深いことに、第一回と第二回とで、場所こそ違うが、同じ劇場史の上にある。現在、フリードリヒシュタットパラストと称するこの劇場の歴史を中心に、本章では、日本語ではこれまで十分には明らかにされずにきている、二回の宝塚公演が行われた前後の、およびその間の、ベルリーンにおけるレヴューの展開を追い、そのうえであらためて、当地での宝塚による公演の内容と意義について、考察したい。

一　〈黄金の二〇年代〉からナチス・ドイツへ――一九三八年の宝塚客演まで

1　ベルリーンのレヴュー、その黎明と初期の展開

前段階――カバレットとグローセス・シャウシュピールハウス

ドイツ語圏では一九〇〇年前後から、時事諷刺的な語りや歌の供される小規模な舞台、カバレット（キャバレー）が発展を見た。〈文学寄席〉や〈寄席演芸〉と和訳されるものだが、マルレーネ・ディートリヒ出演の映画『嘆きの天使』（一九三〇年）の舞台のひとつになった場所と言えば、通りがいいかもしれない。

カバレットには、世紀転換期の当時、指導的な舞台演出家のひとり、ラインハルトも関心を寄せた。彼はベルリーンの各劇場で回り舞台や花道を活用した演出を展開する直前、カバレット〈響きと煙〉を一九〇一～〇二年に主宰し、ゲーテやシラーといった古典のパロディーを盛んに上演していた(4)。

そのラインハルトが、数々の演出で名を馳せたあと、第一次世界大戦後の一九一九年末に開場したベルリーンの劇場、グローセス・シャウシュピールハウス（大劇場）に、ここでは注目しよう。この劇場を意識して、宝塚大劇場はまさに建設され、一九二四年に竣工したのである(5)。

前身はベルリーン市初の屋内市場で、一八六七年に建設され、開場した。だが来場者数が伸びず、早くも翌年閉鎖され、七三年にサーカス座として再開場し（現在もこの場所の住所は「サーカス座わき（Am Zirkus）」という）、その後、何度か所有者が変わるたびに増改築され、第一次世界大戦の終結が迫った一九一八年、当時の所有者シューマンが建物を手放し、改築を経て、ラインハルトの持ち劇場として再開場した(6)。

図①　1919年のグローセス・シャウシュピールハウス内部（Welke 2009:12）

　またラインハルトは、大戦前からシューマン所有のサーカス座を使って『オイディプス王』ほかの上演を行ってもいた。グローセス・シャウシュピールハウスを手掛けた当時、彼の念頭にあったのは、「全市民の参加する古代の円形劇場と、近代の大都市大衆のための劇場という二つの理想を結びつけた巨大な劇場と大群衆劇[7]」だった。そして開場されたこの劇場は、別名「五千人劇場」とも呼ばれた所以の大空間に加え、鍾乳洞を思わせる内装も大きな特徴だった[8]［図①］。

　だが劇場はまもなく苦境に陥る。音響面での不備に加え、大空間を活かせる演目の不足という実情があり、また観客もラインハルトが思い描いたような協同作業に大きな関心を示さなかった。大戦後のインフレも影響した。一九二三年四月の『リア王』を最後に、同劇場で演劇の公演は行われなくなり、入れ替わるようにしてレヴューがやってくる。「市民参加の古典演劇の殿堂が挫折して、大衆相手の大スペクタクルレヴューの殿堂に変質することになった[9]」のだった。

レヴューの勃興と競合――シャレル、ハラー、クライン

グローセス・シャウシュピールハウスの窮状を救ったのは新劇場監督のシャレルだった。彼はベルリーンに来る前から現代バレエの旗手として知られていたが、[10]彼のレヴューが一九二四年以来、グローセス・シャウシュピールハウスで大きな成功を収めたのだった。当時ベルリーンに滞在中で、のちに東京宝塚劇場をゆだねられることになる秦豊吉《はたとよきち》いわく、「第一次欧州大戦後のドイツで、最も歓迎されたものは、ラインハルトの革命劇に次ぐに、シャレルのレビュウであった。音楽が舞踊と芝居と組み、総合芸術としてのレビュウが、花の如くに出現して、敗戦国の苦しいドイツの人を酔わした」[11]。その具体的な特徴は、異国情緒や官能性にあった。典型例は一九二五年九月開幕の『君のために』二十四景で、「エキゾチックな異国への夢をかき立てることによって、現実離れした世界を作る」このレヴューにおいて、「海外植民地を失ったドイツ人は、流行歌やレヴュー、オペレッタの世界でだけ、異国情緒の夢想にふけった」[12]。またジェラヴィッチいわく「伝統的な覗き見趣味的まなざしの、一番とんでもない(egregious)絵図のひとつ」[13]が示されもした。これは〈船乗りたちが夢に見るもの〉の場面で、ハンモックに寝そべるヌードの女性たちが、船乗りの衣装を着た男性コーラスの真上にいたのだった[図②]。

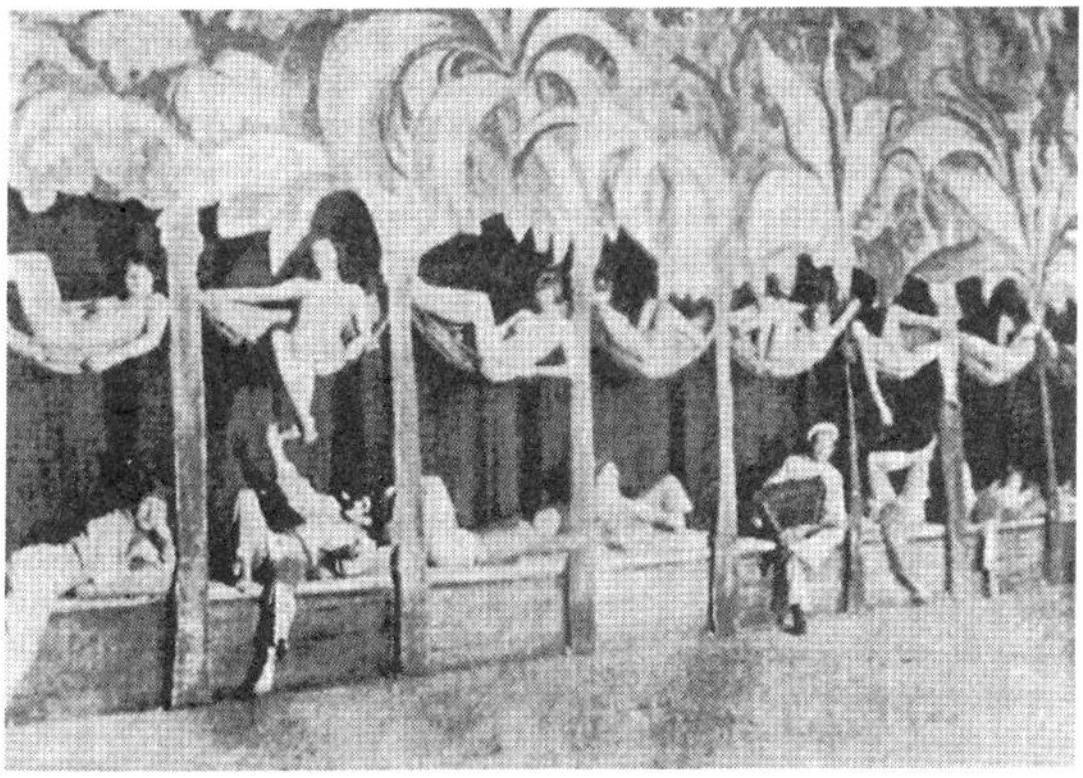

図② 『君のために』舞台写真(Jelavich 177)

ただ、ベルリーンのレヴューということでは、このシャレルに先んじて、「肌の露出度を売り物にする」[14]「大掛かりな肉体のパレードによって、スーパー・レヴュー時代を開いた」[15]先駆者たちがいた。ハラー

とクラインである。

ハラーは巨大な娯楽施設、アドミラールスパラストにあったスケート場を劇場に改装し、その根城としていた。なかでも特筆されるのは『もっともっと《ノッホ・ウント・ノッホ》』の公演（一九二四年八月～二五年三月）で、このさい、アメリカ発祥の〈ティラー・ガールズ〉——十人前後かそれ以上の、主に脚による体操的な動きを正確に揃え、いわゆるラインダンスを始めとしたダンスを行う、背格好の似通った女性ダンサーの一団——がベルリーンに初めて登場した。また同作は五十景を数え、「安定期のレヴューにおいては、まず「大量」消費による豪華さを競う傾向が、顕著な特徴となることを示唆している」[16]その典型例といえたが、これに続く『アテンション！　波長五〇五！』（一九二五年八月開幕）はさらに大規模で、全五十七景を数えた。これを観た秦によれば、各景は平均三分三十秒で切り替わり（「この早さこそ〔ママ〕映画の早さであり、現代の速力である」と彼は書き留める）、その間に「ガアルの一列舞踏、小びとの行列、カフカズ舞踏、ソロダンス等が取りかえ引きかえ一瞬も息を抜かずに間を縫って入り込んでいる」という進行だった[17]。

一方、クラインの拠点は、ハラーのアドミラールスパラストからほど近いコーミッシェ・オーパーだった（「コミック・オペラ座」。劇場はいまも存在するが、当時の場所は異なる）。クラインの演出も豪華絢爛が特徴で、たとえば『AからZ』四十六景では大勢の女性の衣装に毛皮が使われたが、緞帳までがチンチラ製だった[18]。あるいは全般的に、出演する女性たちの一部に関して、「裸の女性たちが〈技巧に富んだ（artful）〉タブローの数々にアレンジされ、これが彼女たちを、あたかもオーヴァーサイズの花々や宝石の数々、羽根でできた、扇の一部であるかのように出現させる」[19]と伝えられている。

またこのハラーやクラインのほかにも、同時代のベルリーンには、ヴィーンとベルリーンの二都市で活動したシュヴァルツ兄弟[20]や、「文学的カバレット・レヴューを作り出した[21]」作曲家のホレンダー、あるいは、同じくカバレットを基礎としたネルゾンのような担い手がおり[22]、当地のレヴュー・シーンは、まさに群雄割拠の様相を呈していた。

アンチ・レヴューとしての〈政治レヴュー〉

ところで、前出のシャレルがレヴューを手掛けていた時期のグローセス・シャウシュピールハウスでは、政治演劇の旗手、ピスカートアが、政治レヴュー『にもかかわらず！』（一九二五年）を上演し、大戦終結前後のスナップショットや記録映画を大量に使った演出を展開してもいる。また彼はその前年、別の場所で、ドイツ共産党の選挙キャンペーンの一環で制作された『赤いレヴュー』を演出しているが、これはブルジョアの日常を、労働者や傷痍軍人のそれと繰り返し対比するものだった［図③］。こうしてピスカートアは、レヴューの形式を応用して、レヴューを楽しむブルジョアをアイロニカルに批判した。数年後に開場した彼の持ち劇場〈ピスカートア・ビューネ〉のこけら落とし公演『どっこい、おれたちは生きている！』（一九二七年）でも、同様にして、居合わせたブルジョアの観客が批判の対象とされた。

図③　『赤いレヴュー』の一場面。退廃的なショーを楽しむブルジョアと傷痍軍人が対置される（Jelavich 212）

　またこの『どっこい』では、その準備作業に、渡独して間もなかった千田是也が関わっていた。千田はその後、労働者が組織する扇動・宣伝のための集団であるアジプロ隊（ドイツ共産党が支援していた）の一つ、演出家・俳優のヴァンゲンハイムが率いる〈赤シャツ隊《ローテ・ブルーゼン》〉で、帝国主義を批判する『レヴュー・インペリアリズム』を制作、そして彼らだけでなく、二〇年代後半から三〇年代初め、多くのアジプロ隊がレヴューの形式を応用した小規模な出し物を上演している（共産青年同盟第一アジプロ隊による、中国革命支援のためのレヴュー『中国から手を引け！』（一九二七年）ほか）。彼らもしばしば、皮肉を込めて同時代のレヴュー文化をからかい、そうすることで、豪奢なレヴューを支えている帝国主義的・資本主義的な文化的基盤を批判したのだった。またこうしたアジプロ隊はシュプレヒコール（言葉の合唱）を多用していたが、一九二八年からベルリーンに滞在していた宝塚の演出家、堀正旗《せいき》がこれを大衆の心に強く訴える形式として評価し、シュプレヒコールの歌劇化を追求していることは興味深い(23)。

図④　1930年代末の国民劇場（Hosfeld u.a. 22）

三〇年代とナチスの政権掌握後

堀は当時、ラインハルトが劇場監督を務めていたドイツ劇場の付属演劇学校に所属して演出の指導を受けていたが(24)、ラインハルトと縁の深いグローセス・シャウシュピールハウスではこのころ、シャレル演出の『白馬亭』（一九三〇年十一月初演(25)）が大成功を収めた(26)。これはレヴューの要素を盛り込んだオペレッタで、ティロールの湖畔にある避暑向けのホテルを舞台に、寡婦のホテル主と、彼女に心を寄せる客の弁護士や給仕頭が恋愛劇を繰り広げる内容で、同地方の歌や舞踊が多く使われていた。また一九三三年、前出の奏はアメリカ、ドイツ、フランスほかを視察で訪れ、パリで集中的にレヴューやオペレッタを観劇しているが、特にこのシャレル演出の『白馬亭』を評価している。[27]

ただしこの三〇年代、レヴューをめぐるドイツでの環境は一変した。ナチスが台頭して政権を掌握し、全劇場が接収・国有化されると、レヴューはいわゆる退廃芸術とみなされた。グローセス・シャウシュピールハウスは「国民劇場（Theater des Volkes）」へ改称し〔図④〕、レヴューはここから完全に姿を消す。また客席も減らされて（それでも三千三百席あったというが[28]）、鍾乳洞を思わせる装飾も三八年には撤去されてしまった。[29] レヴューという語はこのとき、多かれ少なかれ、ラインハルトを始めとするユダヤ人、あるいはピスカートアを始めとする共産党員を思い起こさせたに違いない。すなわち、ナチスの人々にとって、まず親しみをもって受け止められるものではなかった。

このような雰囲気のベルリーンへ、日本から宝塚がやってきた。

2　宝塚の一九三八年ベルリーン公演

「レヴュー」と「ガールズ・オペラ」に対する難色

一九三八年、宝塚によって行われたベルリーン公演は、日独伊三国同盟の締結後、ドイツとイタリアが満州国を承認したことに対し、謝意を表する目的で行われた。[30]「訪独伊芸術使節団」と称した彼らは、秦豊吉を団長とし、十月に神戸を出港、翌年三月に帰国、その間にドイツ、ポーランド、イタリアの二十六都市を巡演した。[31]

ただ、ベルリーン公演の実現までには多くの困難があった。ちょうど駐独日本大使が交代し、新大使が非協力的だったことに加えて、本来の受け入れ先だったはずのオペラ座に公演そのものを断られてしまう。おそらく先述のような背景から、「レヴュー」であるという点が毛嫌いされていた。またこのときの宝塚のパンフレットには、当時の「宝塚少女歌劇団」という名称に即した「ガールズ・オペラ」の記載があったが、これも先方には理解に苦しむ表現だったとみられる。(32) もしかすると彼らはティラー・ガールズを連想し、これとオペラが結びつけられていることが、まったく腑に落ちなかったのかもしれない。
また省庁間の対立もあった。州の文化行政を取り仕切っていたゲーリングと、宣伝相ゲッベルスの間のそれと言ってもいい。オペラ座は前者の管轄で、宝塚が掛け合った先の宣伝省からの交渉は進まず、最終的に代案として提示されたのが国民劇場だった。「この劇場はナチス支配下にあってユダヤ人演出家ラインハルトの盛名をおとしめるかのように格下げされて大衆向けの娯楽劇場にされていたため、皮肉にも宝塚が使わせてもらえることとなったらしい(33)」と川崎は記すが、実際、同劇場の今昔の変わりようを目の当たりにした秦の驚きは大きかった。彼は次のように書き留めている。

〔略〕「国民劇場」とは、昔のラインハルトの「大劇場」であった。私が初めて独逸に来た千九百二十年の春に、どこよりも先に馳〔ママ〕けつけて見たものは、五千人劇場と称せられた、このラインハルトの「大劇場」であり、〔略〕独逸演劇史の上で、第一流の戯曲と演出を感嘆したのである。私が宝塚上演の前に、この舞台で見たものは、極めて平凡なオペレッタであり、有名な鍾乳洞式の天井の装飾は取り除かれ、昔を想えば実に感慨無量というべき、宣伝省管轄の大衆劇場になっていた(34)。

「カブキ」としての紹介

「レヴュー」や「ガールズ・オペラ」といった語を用いない、宝塚少女歌劇団の名称について、秦は思案した。そして示されたのは、驚くべきことに「カブキ・タンツグルッペ・タカラヅカ〔歌舞伎舞踊団宝塚〕」という名だった(35)。

とはいえ、これにはしかるべき所以があった。それまでの宝塚は、歌舞伎と無縁だったわけではなく、むしろその逆だった。宝塚少女歌劇団が設立された一九一〇年代には、西洋のオペラ文化に匹敵するものを近代日本に打ち立てようと、歌舞伎に西洋の音楽や舞踊を取り入れて独自のオペラを生み出そうと考える人々がおり、宝塚はまさにそのような人々が集まった場だった。[36] また三〇年代になると、「歌舞伎レビュー」と銘打った『かたきうち』（一九三一年）や『忠臣蔵』（一九三二年）が、さらに三三年には『二人傀儡師』と『お國歌舞伎』が制作・上演され、ある確固としたジャンルが宝塚に形成されていく。[37] だが同じ三〇年代初め、宝塚が東京へ進出するにあたり、関西とは異なる観客の反応を想定して、「歌舞伎レビュー」の路線は排除されていたのだった。[38]

そして図らずも、団体名の上で、その排除された路線は、あるいは、少なくとも宝塚が培ってきた、歌舞伎に関わる、ないし歌舞伎にヒントを求めた伝統は、このベルリーンで再び日の目を見た。最終的なプログラムと出演者は次の通りである。

一、群舞　宝塚音頭　一同
二、舞踊　三番叟　天津
三、舞踊　川端―唐人お吉　雲野　唄　糸井　三味線　貫、牧
四、群舞　太刀の踊り　奈良、室町、月影、千村、打吹、草場、桜野、麗、月草、春日
五、舞踊　島の娘　秩父、月野　唄　糸井
六、群舞　大漁踊　室町、玉津、月影、打吹、草場、東雲、天原、春日、桜戸、大泉
七、群舞　かっぽれ　汐見、梅香、月影、花澤、千村、秩父、月野、麗
八、群舞　雪　久美、打吹、草場、糸井、若竹、桜野、月草、天原、春日、桜戸、大泉

九、歌舞伎　紅葉狩　鬼女（天津）維盛（奈良）姫（雲野）家来（汐見、室町、貫、牧）腰元（梅香、玉津、華〔ママ〕澤、千村、秩父、月野、銀、三代、麗、星影）

―休憩―

十、舞踊劇　棒しばり　大名（奈良）太郎冠者（雲野）次郎冠者（天津）棒（汐見、室町、千村、貫、草場、月草）

十一、舞踊「五人道成寺」（梅香、華〔ママ〕澤、秩父、月野、三代）唄　星影

十二、舞踊「豊年踊」（天津、汐見、玉津、月影、千村、麗）

十三、舞踊「お小夜」　久美　唄　若竹

十四、歌舞伎「曾我対面」十郎（奈良）五郎（梅香）祐経（室町）八幡（月草）少将（東雲）武士（打吹）武士（草場）腰元（華〔ママ〕澤、銀、麗、春日、桜野）

十五、舞踊「祇園小唄」　秩父、月野　唄　糸井

十六、舞踊「勢獅子」　汐見、貫

十七、舞踊「馬鹿ばやし」　天津、雲野

十八、群舞　東京音頭　一同(39)

一見すると、岩淵が言うように、「能あり日舞ありでカブキという名を冠するのはいささかおかしい(40)」。それはその通りだ。ここで宝塚は同時代に日本で行っていたレヴューの代わりに、日本の伝統芸能の、いわば概観を示した。主眼はおそらく、現地の観客に、総体的に日本の伝統芸能に親しんでもらうことにあった。だが、宝塚が日ごろ総体的に日本の伝統芸能を上演しているわけではもちろんない。そこで、数ある日本の伝統芸能のなかでも、宝塚と接点があり、現地の人々の一部も耳にしたことのある、「カブキ」が団体名のキーワードとして選ば

れたものと思われる。

何とか稽古入りした秦は、自分がかつてこの劇場で観劇していたころを振り返り、日記に感慨深げにこう記した。

この劇場は昔のラインハルトの大劇場なり。小生は幾度かこの見物席にあって「ダントン」〔略〕を見、「機織」〔略〕を見、「真夏の夜の夢」を見たり。嘗て大喝采に迎えられて、〔「機織」の作者〕ハウプトマンが挨拶に立ちたる同じ舞台に、今日は振袖美しき日本の少女が赤い鼻緒の舞子の列を見る。稽古なかばにして、未だ覚えある昔の座席に坐し、周囲を顧みて殆ど夢の如き心地す。(41)

さて「大入満員を占めた(42)」という公演の反響だが、そもそも親善公演であることに加え、「宣伝省がお墨付きを与えて上演されるものには、基本的に言えば批判される部分など存在しない(43)」といった同時代の政治的な状況もあって、大きな批評の対象とはならなかったように思われる。

二　敗戦、冷戦、東西分断、壁の建造と崩壊——二〇〇〇年の宝塚客演まで

1　激しく変転する劇場の姿

〈東側〉の劇場へ

右の宝塚ベルリーン公演は、先述のとおり、日独伊三国同盟を機に行われた。そして十か月弱が経った一九三

図⑤　1949年のフリードリヒシュタットパラスト正面（Welke 2009:14）

九年九月、ドイツはポーランドへ侵攻し、ここに第二次世界大戦の火蓋が切って落とされたが(44)、やがてドイツは敗戦への道をたどる。そして四五年五月に降伏、またその二か月前の三月、ベルリーンへの空襲で、国民劇場はほぼ完全に破壊された(45)。

だが早くも六月一日、『ベルリーナー・ツァイトゥング』紙は、劇場の改修、および翌月からの公演が可能であることについて報じた(46)。そして翌々年の四七年末、劇場はベルリーン市に引き取られ、新名称「フリードリヒシュタットパラスト」（以下「ＦＳＰ」）を名乗る(47)〔図⑤〕。

ただ、戦後の劇場の歩みは決して順調なものではなかった。一九四九年、ドイツ民主共和国（東ドイツ）とドイツ連邦共和国（西ドイツ）が成立すると、それまでソ連の占領地域にあったＦＳＰは前者に属することになり、いわゆる〈東側〉の劇場としての役割を担うことになる。当時について、ドイツ再統一後の九〇年代末にＦＳＰの劇場監督を務めたイリインスキイは次のように語る。

第二次世界大戦後、西ドイツでは娯楽文化の形式の数々が発展しましたが、これらは完全にあの過去〔一九二〇年代〕に〔略〕その出自を持っています。ドイツ民主共和国〔東ドイツ〕の娯楽文化はそれに対して、多かれ少なかれ、このジャンルに真の社会主義的な鏡をあてがうことを、ぎごちなく試みました。とはいえ、

ＦＳＰの責任ある人々の事情は大きく斟酌しなければなりません。彼らは当時、すべてがまだ瓦礫の山だったころ、すでに再建のことを考えて、素早く具体的な計画を提示してもいる。娯楽芸術はドイツ民主共和国でひとつの高いステイタスを手にしました。〔略〕五〇年代半ば、遅くともその末に、ここですべてがまた機能した。〔略〕ＦＳＰは再び娯楽芸術の主導的劇場になりました。また一九六一年まではベルリーンの西半分にとっても、そうでした。(48)

一九六一年とは、ベルリーンの壁が建造された年である。これによって同市の東西間の往来は突如として不自由になり、西側からのＦＳＰへの観客の足は遠のいた。そしてその後、七〇年代にかけて、壁の両側で東西の両陣営がいわゆる文化デモンストレーションにしのぎを削る。建築物としてよく知られるのはアレクサンダー広場のテレビ塔（東側）と国立図書館およびフィルハーモニー（西側）だが、ハード面に限らず、ソフト面でも同様の競い合いがあった。ＦＳＰでは通常公演に加え、チェコ、フランス、ソ連、アメリカほかからの、大規模な団体や著名なミュージシャンによる客演が盛んに行われた。(49)

新劇場の建設と東西ドイツ再統一

だが、第二次世界大戦終結の年に急いで改修された劇場は、構造面での問題を抱えていた。一九八〇年、ついに劇場は崩壊の危険から閉鎖され、これに代わる新劇場がフリードリヒ通り一〇七番地に新築されることになり、八一年六月、起工式が行われる。アンサンブルは新劇場が完成するまでの間、ベルリーンの他の複数の劇場で〔図⑥〕、あるいは東ドイツの諸都市で、あるいはポーランドやソ連といった国外で公演を行った。そして八四年四月に新劇場が開場、旧劇場は翌八五年から取り壊された(50)〔図⑦〕。

図⑥　1982年、別劇場での『白馬亭』公演時の旧劇場（Welke 1999:178）

図⑦　取り壊し中の旧劇場（Schumann 111）

新劇場のメインホールは約千九百席、舞台は間口二十四メートル、高さ十メートル、奥行き五十二メートルで「世界最大の覗き箱舞台」(51)を謳い、上下に稼働する直径十二メートルの盆は、スケートリンクや水槽、あるいはサーカスのアレーナとして機能するものだった(52)。前述の東西ベルリーン間の文化デモンストレーションの一環で、おそらくこの新生FSPにも最大限の資金が投じられていた。西ドイツ（当時）の週刊誌『シュピーゲル』は皮肉を込めて次のように記している。

このすべてにいくらかかったのか、さらにいくらかかるのか、それは国家機密だ。建設費の総額についての——またドイツ民主共和国でおそらく最高額の立方メートルあたり価格についての——西側の特派員たちからの質問に対する回答は、ごく短かった。「決算はまだです」。／総額は膨らむのか否か？　司会者の最後の最後の言葉は、あたかもレヴューの要約のように、次のようなものだった。「ドイツ民主共和国の市民であることは、楽しい[53]」。

案じられた通り、新劇場は間もなく危機に直面する。八〇年代末、つまりベルリーンの壁崩壊（八九年）の直前、観客数は減少し、交付金の減額が劇場運営を脅かし、劇場監督ほか、運営体制も流動化した。壁の崩壊、翌年のドイツ再統一を経て、九三年十月、元チーフ・ドラマトゥルクのイリインスキイが劇場監督に就任すると、運営はようやく安定し、観客数は再び上向いたのだった（またイリインスキイはみずから脚本を手がけもするが、そのコンセプトは、古典的なレヴューを演劇的要素と結合することだという[54]）。

その後、九〇年代末にイリインスキイがインタヴューに答えたところによると、六五パーセントの観客は旧西ドイツ地域（旧西ベルリーンを含む）からの人々で、毎晩多くの観光バスがやってくるという。またドイツ再統一は旧東側の観衆に他のものを観劇する可能性を開いたため、彼らの一部の足は遠のいたが、これらの人々がだんだんと回帰しているともいう[55]。そしてイリインスキイはこの九〇年代末の時点で、ＦＳＰの来し方行く末を見据え、次のように語っている。

独裁ではありましたが、それは私になお、驚くほど活動の余地をくれました。毎日首に縄をかけられて走り回っていたわけではない。その逆です[56]。いま私は、ドイツ民主共和国の体験なしで済ませたくはまったくありません。だから、かつて同じ国にいた人々に、こう言いたい。当時の対立によって呼び起された、あらゆる苦しみのもとで、実は私たちはある時代に入った、そしてその時代は私たち全員にとてつもない可能性の数々を提供してくれている。私たちはこれらの可能性をもちろん認識し、利用しなければならない。だれかの懐に何かが転がり込んだりはしない[57]。

2　宝塚の二〇〇〇年ベルリーン公演

復権した「レヴュー」

二〇〇〇年の宝塚ベルリーン公演が行われた劇場は、まさにこのイリインスキイが率いていたころのFSPである。ドイツ再統一から十年が経ち、FSPの運営も軌道に乗ったころで、また進取の気性に富んだイリインスキイのもとならではのことだったのだろう、公演はFSPとの共催だった[58]。ただもちろん、劇場そのものは一九八四年建設の〈東側〉の造りのままで、冷戦時の文化デモンストレーションの名残をとどめている〔図⑧〕。

公演は「ドイツにおける日本年」の催しのひとつだった。宝塚歌劇団理事長で、同公演のジェネラル・プロデューサーだった植田紳爾によると、出演者は五十一名、スタッフは三十八名で（舞台スタッフ二十一名、照明スタッフ三名、歌劇団プロデューサー、演出、音楽、振付スタッフ計十四名）、総勢八十九名、また市内の駅のホームの上に掲げられた公演広告には、和装の演者ひとりの上半身が示され、あわせて「タカラヅカ・レヴューテアーター（Takarazuka-Revuetheater）」と記されていた[59]。ここに「ガールズ・オペラ」の語はもちろんない（前回のベルリーン公演時は「宝塚少女歌劇団」を名乗っていたが、すでに名称は「宝塚歌劇団」だった）。そしてもちろん「カブキ」ではなく「レヴュー」を謳い、最初からFSPでの上演が前提とされていた。前回公演時に比べ、歌舞伎とは別物であることが現地の人々にはより明白だっただろうし、またナチス時代と比べて、ドイツにおけるレヴューの地位、とりわけFSPのそれは明らかに向上していた。

FSPを支えるその裾野の広さは、宣伝において如実に示された。宝塚歌劇団の第二制作室長で公演のマネージャーを務めた久保孝満によると、通し舞台稽古の取材に、日独あわせて七局八本のテレビカメラが入り、新聞社二十社、通信社六社、ほか報道関係者が約二百名いたという。さらに「劇場側が呼んだチケット・エージェン

図⑧　2008年時点のフリードリヒシュタットパラスト（Welke 2009:20）

シー関係者二百人、ベルリン市内のホテルのコンシェルジュ関係者四百名、劇場バレエスクール関係者二百名、劇場招待関係者二百名など、考え得る関係者を集めて満員の客席の状態[60]」だった。ＦＳＰは、メディアに加え、いわゆる口コミの力も重視し、また客席が満席か否かで昂揚感に大きな差が出るということにも注意を払っていた。

「タカラヅカ・レヴュー」として示されたもの

さてこの二〇〇〇年公演の演目だが、演出家の岡田敬二は意気込んで、「かつて62年前の昭和13年に我々の先輩達が、初めての宝塚の海外公演をベルリンで行った時は、日本物の作品のみで、いわゆる、洋物レビューは上演されませんでした。従って、私達の宝塚の洋物レビューが、果たして、ドイツで、ベルリンで、どんな反応を受けるか、演出家としては大いに楽しみでありました[61]」と語っている。そして、その「洋物レビュー」が第二部に配され、第一部の日本物に続いたプログラムというのが、次のものである。

◇第一部　オリエンタル・ファンタジー　宝塚　雪・月・花　16場
シーン1〜3「祭り（春）」
同4「さくら」
同5「花田植え（夏）」
同6「雨」
同7「大漁踊り（波）」
同8「七夕（灯籠）」
同9〜11「紅葉狩り（秋）」ABC
同12＋13「雪（冬）」a＋b
同14〜16「慶長の春（フィナーレ）」ABC

◇第二部　グランド・レヴュー　サンライズ・タカラヅカ　24場
シーン1〜2「オープニング（サンライズ）」
同3「サンライズ・タカラヅカ」
同4「ウェルカム・トゥ・タカラヅカ」
同5〜6「花占い」
同7〜8「フォークソング」
同9〜10「誕生」

同11「タカラヅカ・ナウ」〔宝塚の紹介映像〕
同12〜14「ハードボイルド」ABC
同15「間奏曲(1)」
同16〜18「キャリオカ」
同19「間奏曲(2)」
同20〜21「明日へのエナジー」
同22〜24「フィナーレ」(62)

「洋物レビュー」の上演に意欲を示していた岡田はさらに、右の第二部に触れて、「オープニングに、鴨川清作先生と司このみさんの傑作である「ヴァイブレーション」を選ばせてもらったのは〔つまり同作の一部がシーン1〜2に引用されている〕、この場面が、西欧人から見た、東洋＝オリエントの様々な要素を含んでいるからで、素晴らしい作品は二十五年の月日を過ぎてもいつ迄も輝いているとあらためて思いました(63)」と述べている。つまり「洋物」とされる演目でも、なお「東洋＝オリエント」が一部前面に出された。第一部の「オリエンタル・ファンタジー」と合わせて、全体を通じ、一種のオリエンタリズムが支配的だったように見える。

そしてこの公演の反響だが、フンボルト大学付属森鷗外記念館副館長のヴェーバーによると、批評の数々は「日本年に非礼にならない程度に適当に褒め適当に貶しているだけ(64)」だったという。親善公演だった一九三八年のときに、どことなく通じるように思われる(65)。

むすび――二十一世紀の宝塚とフリードリヒシュタットパラスト（三度目のベルリーン公演？）

これまでに二度行われた宝塚のベルリーン公演は、ともに公演当時の日本で盛んに上演されていた演目や内容をそのまま示しはしなかった。ともに多かれ少なかれ、日本での公演で前面に出しているものとは逆の傾向の、一種のオリエンタリズムに彩られていた。そしてそれは、受信者であるベルリーンの主催者や観客が求めていたものというよりも、発信者である宝塚歌劇団みずからが行った、自己演出的なオリエンタリズムだった。

同様のことが、もしも次回のベルリーン公演が実現した場合、三たび行われるのだろうか。

ここで注目したいのは、前出の植田の次の発言だ。彼は、宝塚の海外公演史上、初めて舞台装置の制作を当地の劇場に依頼したことに触れて、「洋物は本場だからともかく、日本物の微妙な色使いが、日本人以外の人たちの手で、我々の望むように出せるのだろうか？　という危惧や冒険が無かったというと嘘になる」と打ち明け、また「洋物の装置は、いかにもヨーロッパ的で流石にレビューの本場である。／充分以上に宝塚の雰囲気を醸し出していた」[66]と感想を述べている。彼の言う、レヴューの「本場」という表現は、ここで追ったFSPの歩みを顧慮したとき、果たして的を射ているのだろうか。FSPが冷戦期、文化デモンストレーションの一環で外国からの客演を多く招いたのとは違って、宝塚のほうがむしろ、いまや独自に確立されたレヴューの、その「本場」なのだと誇ってもいいのではないだろうか。また「ただのレビューであれば、西洋の「ホンモノ」に張り合って西洋物を上演するという戦略はとりにくいであろうが、今や宝塚は、世界にも類のない女性だけのレビュー劇団となっており、「男役」を売りにすることによって、十分に世界でアピールできる存在となっているから、西洋物でも勝負ができる」[67]という援護の声もある。[68]

「戦後は宝塚自体の舞台は戦前とは本質的に変貌しているのに、外国公演用の「よそゆき」の顔は相変わらず小林一三の枠から抜け出していない」[69]と岩淵が難じてもいるが、宝塚の外国公演の内容は、二十一世紀の現在、見直していいように思われる。実際、情報の流れという点での時間差は、たとえば日本とドイツの間で、もはやほぼ無きに等しい。言い換えれば、外国にいる観客を、日本にいる観客と同じようにとらえてもいいはずだ。あるいは、たとえば「クール・ジャパン」として話題にされる、漫画やアニメに代表される「日本」を前面に出しても、つまり、漫画やアニメが原作の作品、それこそ宝塚の代表作『ベルサイユのばら』[70]を上演してもいいだろう。また、それがむしろ、いま望まれているのではないだろうか。事実、現在のドイツ（ばかりでなく世界各国）で日本の漫画やアニメは大きな反響を得ており、『ベルサイユのばら』を始め、日本での宝塚の現在の公演演目については、たとえばベルントによる解説[71]で、日本語を解さない人々の知るところとなってもいる。

ただその一方で、受け入れる側の決断も必要だ。つまり、漫画やアニメに基づいた内容の公演に、FSPが関心を示すかどうか。かつて宝塚は、少女漫画の広がりを受け、これに即した演目の制作に踏み切ったが、同様の決断はFSPでも、これまでに同劇場が乗り越えてきた困難の数々に鑑みれば、ありえない話でもないように思われる。

（1）渡辺裕『宝塚歌劇の変容と日本近代』新書館、一九九九年。同『日本文化モダン・ラプソディ』春秋社、二〇〇二年。
（2）岩淵達治『水晶の夜、タカラヅカ』青土社、二〇〇四年。
（3）名取千里「タカラヅカの発展と戦後海外公演の歴史」、津金澤聰廣・近藤久美編著『近代日本の音楽文化とタカラヅカ』世界思想社、二〇〇六年、一九一〜二〇二頁。
（4）平井正『ベルリン——1918—1922　悲劇と幻影の時代』せりか書房、一九八五年、一七一頁。

（5）川崎賢子『宝塚――消費社会のスペクタクル』講談社、一九九九年、七三―七四頁。

（6）Welke, Roland: Sternstunden. 25 Jahre Neuer Friedrichstadtpalast. Herausgegeben vom Friedrichstadtpalast. Berlin: Henschel Verlag (2009), S. 10-11.

（7）平井、注4前掲書、一六一頁。

（8）また劇場の地下にはカバレット〈響きと煙〉が再開場した。大戦が終結し、検閲が廃止されたことがその背景にあった（平井、注4前掲書、一七一、一七六頁）。

（9）平井正『ベルリン――1923―1927　虚栄と倦怠の時代』せりか書房、一九八一年、四四頁。

（10）Albrecht, Wolfgang: Die Pioniere des Palastes. In: Hosfeld, Rolf / Rakete, Jim / Wörtmann, Rainer (Hg.) Friedrichstadtpalast Berlin. Europas größtes Revue-Theater. Hamburg: Helmut Metz Verlag (1999), S. 168-175, S.174.

（11）秦豊吉『宝塚と日劇――私のレビュウ十年』いとう書房、一九四八年、一六四頁。一方、これとほぼ同時期の一九二〇年代後半、日本でもレヴューが開闢を見ている。中野正昭によれば、一九二七（昭和二）年に宝塚少女歌劇団が『モン・パリ』を上演、これが本邦初の本格的レヴュー作品とされ（中野『ムーラン・ルージュ新宿座――軽演劇の昭和小史』森話社、二〇一一年、四二頁）、また一九二九（昭和四）年には日本初のレヴュー劇場と位置づけられるカジノ・フォーリーが浅草に開場する（中野、前掲書、四四―四五頁）。ただ、ドイツはこのさいに大きな範とはされなかった。渡辺が記すように、『モン・パリ』は「パリ留学から戻った岸田辰彌が自らの洋行体験をもとに構成した作品であったが、随所にちりばめられたパリ直輸入の唄と踊りが売り物であり、レヴューという形式自体、まさにパリの劇場での流行を直輸入したもの」（渡辺、注1前掲『宝塚歌劇の変容と日本近代』八八頁）で、これを嚆矢として、「宝塚や松竹の大資本はパリやニューヨークの劇場を手本にして本格的なレヴュー・スペクタクルを目指した」（中野、前掲書、四九頁）というのが定説である。

（12）平井、注9前掲書、二七三―二七四頁。

（13）Jelavich, Peter: Berlin Cabaret. Cambridge, Massachusetts: Harvard University Press (1996), P. 176.

（14）グロイル、ハインツ『キャバレーの文化史［I］――道化・諷刺・シャンソン』平井正・田辺秀樹訳、ありな書房、一九八三年、二六四頁。

（15）平井、注4前掲書、二八七頁。

(16)平井、注9前掲書、一八三―一八六頁。
(17)平井、注9前掲書、二七〇―二七一頁。引用は現代仮名遣いに改めた。
(18)平井、注9前掲書、二七八頁。
(19)Jelavich, op. cit., p.176.
(20)平井、注9前掲書、三四八頁。
(21)平井、注9前掲書、四三〇頁。
(22)グロイル、注14前掲書、二六五頁。
(23)市川明「宝塚歌劇とカイザーの『二つのネクタイ』――堀正旗が残したもの」、谷川道子・秋葉裕一編『演劇インタラクティヴ――日本×ドイツ』早稲田大学出版部、二〇一〇年、一六一頁。
(24)市川、注23前掲書、一六一―一六二頁。
(25)なおシャレルはこれに先立つ一九二六年秋、グローセス・シャウシュピールハウスでの『唇から唇へ《フォン・ムント・ツー・ムント》』(一九二六年九月〜二七年二月)の公演中、同劇場の監督を退き、拠点をパリへ移していた(平井、注9前掲書、三五四頁、Albrecht, a. a. O., S. 175)。
(26)平井正『ベルリン――1928―1933 破局と転換の時代』せりか書房、一九八二年、二九一―二九二頁。Welke, a. a. O., S. 13.
(27)森彰英『行動する異端――秦豊吉と丸木砂土』TBSブリタニカ、一九九八年、一三七―一三八頁。秦は後年、帝劇ミュージカルスを手掛けたさい、この『白馬亭』を日本風にアレンジし、『美人ホテル』の表題で上演してもいる(森、前掲書、一三七―一三八頁)。
(28)岩淵、注2前掲書、一五八頁。
(29)Welke, a. a. O., S. 13.
(30)川崎賢子『宝塚というユートピア』岩波書店、二〇〇五年、七八頁。
(31)森、注27前掲書、一八六頁。名取、注3前掲、一九一頁。
(32)森、注27前掲書、一八七頁。
(33)川崎、注30前掲書、七九頁。

(34) 秦、注11前掲書、四一頁。引用は現代仮名遣いに改めた。
(35) 岩淵、注2前掲書、一五五頁。川崎、注30前掲書、七九頁。
(36) 渡辺、注1前掲『日本文化モダン・ラプソディ』二五三頁。
(37) 渡辺、注1前掲『宝塚歌劇の変容と日本近代』一〇二頁。
(38) 渡辺、注1前掲『宝塚歌劇の変容と日本近代』一一六頁。
(39) 岩淵、注2前掲書、九九―一〇〇頁。
(40) 岩淵、注2前掲書、一五五―一五六頁。
(41) 岩淵、注2前掲書、一〇一頁。
(42) 秦、注11前掲書、四一頁。
(43) 岩淵、注2前掲書、八〇頁。
(44) この二年後、また太平洋戦争開戦直前の一九四一年秋、宝塚は――三八年のベルリーン公演の流れを引き継いで――ナチス・ドイツとの同盟をたたえ、ドイツの地理や気候、歴史ほかの情報を観客に伝える『新しき旗』を制作している(Robertson, Jennifer: Takarazuka. Sexual Politics and Popular Culture in Modern Japan. Berkley; Los Angeles; London: University of California Press (1998), p.120)。
(45) Welke, a. a. O., S. 13.
(46) Ebda.
(47) Welke, a. a. O., S. 14.
(48) [Mischke, Roland]: Der Chef. Roland Mischke im Gespräch mit dem Intendanten Alexander Iljinskij. In: Hosfeld u.a., a. a. O., S. 24-30, S. 28.
(49) Welke, Roland: Und alle großen Namen Kamen. In: Hosfeld u. a., a. a. O., S.176-182, S. 180: ders.: Sternstunden, a. a. O., S.16.
(50) Welke: Und alle großen Namen Kamen, S.182; ders: Sternstunden, S.17-18.
(51) Welke: Und alle großen Namen Kamen, S.182; ders: Sternstunden, S.17.
(52) Schumann, Wolfgang: Friedrichstadtpalast. Europas größtes Revuetheater. Berlin: Henschel Verlag (1995), S.110-111; Welke: Sternstunden, S.17. 注59書が紹介する「劇場沿革」によると、「客席数は1848席。間口25m、奥行き22m。／プロセニアムアーチの大きさ、

高さ11m、間口25m」（注59書、頁数なし）。
(53) *Der Spiegel* (1984, Nr. 19), zit. v. Welke: Sternstunden, S.17.
(54) Welke: Sternstunden, S.18.
(55) Mischke, a. a. O., S. 30.
(56) レヴューが東ドイツ当局から積極的な支援を受けたのは、ストレートプレイ（せりふ劇）などと比べ、体制批判的な表現が行われる可能性が比較的少なかったためかもしれない。
(57) Mischke, a. a. O., S. 30.
(58) 名取、注3前掲、一九九―二〇〇頁。
(59) 『ヴァーナル・プレゼンツ　宝塚歌劇団　ドイツ・ベルリン公演　写真集　2000 Takarazuka Revue in Berlin』阪急電鉄、二〇〇〇年、頁数なし。
(60) 阪急電鉄、注59前掲書、頁数なし。
(61) 阪急電鉄、注59前掲書、頁数なし。傍点原文のまま。
(62) 岩淵、注2前掲書、二五五―二五七頁。阪急電鉄、注59前掲書。
(63) 阪急電鉄、注59前掲書、頁数なし。
(64) 岩淵、注2前掲書、一六六頁。
(65) 公演がごくお祭り的な雰囲気のなかで行われていたように見えるのは、日本からのいわゆる「追っかけ」の観客が多かったことにも一因があるかもしれない。出演者を囲むファンの会が初日の晩から設定されており、「観客ごとの引っ越し公演の様相を呈していたようだ」（岩淵、注2前掲書、一六四頁）という。
(66) 阪急電鉄、注59前掲書、頁数なし。
(67) 渡辺、注1前掲『日本文化モダン・ラプソディ』二七一頁。
(68) ただし、これを記した渡辺はあわせて、「今や宝塚は、女性が男役を演じることを売り物にする特殊な演劇集団であり、少なくとも日本の伝統文化を代表する存在として捉えられることはないだろう」（渡辺、注1前掲『日本文化モダン・ラプソディ』二七一頁）とも書き留めている。
(69) 岩淵、注2前掲書、一四九頁。

（70）同作についてさらに言えば、「植田作品の底流には、戦後の近代主義の枠内でのナショナリズムやオリエンタリズムがある。それが『ベルサイユのばら』のオスカルや、『風と共に去りぬ』のスカーレットのように、「国を守る女」「大地を守る女」という型にはまると、むこう受けする作品になるのだが」（川崎、注5前掲書、二一一頁）という意見もある。また同作は疑いなく、日本でのフランス革命史受容の一例を示している。ヨーロッパの観衆にとって、実に興味深いはずである。

（71）Berndt, Jaqueline: Unrebellisch: Manga und Theater im heutigen Japan. In: Hahn, Annegret / Schuck, Berit (Hg.): Comic Meets Theatre. Theater der Zeit (2006), S. 40-49.［Engl.: Unrebellious: Manga and Theatre in Contemporary Japan. p. 74-79］

V 世界のステージ・ショウ

第12章

アメリカ合衆国のレヴュー

日比野啓

一　レヴューとは何か——名づけの政治学

アメリカ合衆国のレヴューと一口にいっても、狭義のレヴューと、「レヴュー形式」の作品を含めた広義のレヴューとがある。狭義のレヴューとは、『ジークフェルド・フォーリーズ』や『ジョージ・ホワイトのスキャンダルズ』といった、世紀の変わり目辺りから登場しはじめ、一九二〇年代に最盛期を迎え、一九三〇年代には早くも衰退してしまった幾つかの演目のことだ。しばしば興行師の名前が冠せられたこうした狭義のレヴューは、バーレスクやヴォードヴィルより「格上」のショーとして位置づけられ、入場料も高かったが、歌やダンスといったナンバーと、間に挟まる寸劇（スケッチまたはコント）によって成り立つ、というフォーマットはバーレスクやヴォードヴィルと共通していた（なお、ここでいうバーレスクは合衆国の演劇ジャンルであって、英国の同名のジャンルとは異なるし、合衆国のバーレスクの形式や内容も時代によって少しずつ異なっていた。あとで詳述する）。さらに言えば、バーレスクとヴォードヴィルの差も本来は曖昧なものだった。前者はストリップティーズの祖であり、その扇情的な出し物ゆえに観客は労働者階級の男性が大半だったとよく言われる。だが、一九二〇年代までの映画がヌードや下着姿の女性を映し出していた（とくにキネトスコープとよばれ、一九世紀末に広まったコイン投入式ののぞき穴から一人で見る形式のものが爆発的に流行した）のに対抗して、バーレスクもヴォードヴィルも露出度の高い女性を見せることにシフトしていった点は同様だ。バーレスクのほうが「格下」であったために、より

「過激」な方向へ進んだ、というだけに過ぎない。

バーレスク／ヴォードヴィル／レヴューの違いは「格」の違いであり、出演する芸人にとってみれば、バーレスクからヴォードヴィルへ、ヴォードヴィルからレヴューへと活動の場所を移すことは出世を意味した。(1) そのことをよく表しているのは、ミュージカル映画『雨に唄えば』（一九五四年）のナンバー「ブロードウェイ・メロディ」の場面だ。『雨に唄えば』は、『ジャズ・シンガー』（一九二七年）のヒットをきっかけとして、大手映画会社が雪崩を打つようにしてサイレントからトーキーへと乗り換えていった一九二〇年代後半の状況を背景としている。物語半ばで、ドン・ロックウッド（ジーン・ケリー）は、主演したサイレントの時代劇『王家の悪党』を『踊る騎士』という題名のトーキーのミュージカルに作り変える、それにつけて相手役のリナ・ラモント（ジーン・ヘイゲン）は悪声だから、自分の恋人キャシー・セルダン（デビー・レイノルズ）に吹き替えさせる、というアイデアをモニュメンタル・ピクチャー社長のシンプソンに説明する。その際「もう一つ撮影する必要がある」ナンバーとしてドンが紹介するのが「ブロードウェイ・メロディ」だ。

ケリー演じる若いダンサーが「成り上がる」さまを台詞のないダンスで表現するこのナンバーで、彼が最初に出演するのは『コロンビア・バーレスク』。ケリーは、赤毛のかつらをつけ、ダービーハットをかぶり、千鳥格子のだぶだぶのスーツを着たチャップリンを思わせる姿で太腿も露わなホットパンツ姿のコーラス・ガール八人を従えて登場し、ダンスも滑稽な仕草を強調する。次に出演することになるのは『パレス・ヴォードヴィル』。コーラス・ガールは同じくホットパンツ姿だが、星条旗を思い出させる星をあしらったノースリーブの白いシャツで『コロンビア・バーレスク』よりも上品な印象を受ける。ケリーも白のカンカン帽に星柄のリボン、赤と白の縦縞のジャケットに青色のパンツという派手な出で立ちだが、どことなく気品を感じさせる。それでもウィンクをふりまき、指を鳴らしながら踊るケリーは「やんちゃな兄ちゃん」の印象を残す。頂点を極めるのが『ジーグフェルド・フォーリーズ』。全身紫づくめのコーラス・ガールは巨大な羽根飾りのついた帽子をかぶり、金のスパンコールで縁取りされたオーガンジーのドレスで、上半身の肌は透けて見え、大きく割れたスカートからは太腿を覗かせる。ケリーはシルクハットをかぶり、燕尾服に白いボウタイをつけて、葉巻をふかしカフスボタンをいじる。三〇年代量産されたRKO映画のフレッド・アステア同様、いかにも洗練された姿で、激しく動き踊るかわりに、次々とポーズを決めていく。

面白いのは、作品中の三つの劇場では同じ曲が繰り返されて使われており、バーレスク／ヴォードヴィル／レヴューに本質的な違いはない、違いがあるとすれば出演者や観客がもたらす「雰囲気」の差であり、入場料の差だった、ということを作り手たちがほのめかしているように思えることだ。また、『コロンビア・バーレスク』も『パレス・ヴォードヴィル』も架空のものだが、『ジーグフェルド・フォーリーズ』は言うまでもなく実在するレヴューだ。虚構の物語にすら登場する『ジーグフェルド・フォーリーズ』こそ、狭義のレヴューを代表する演目だった。いや、もっといえばフランス由来の中劇場のレヴューを、大劇場の豪華な舞台装置を背景に、煌びやかな衣裳をつけた美しい女性たちが歌い踊る、という今一般的に流布しているイメージに変貌せしめたのは、一九〇七年からはじまった『ジーグフェルド・フォーリーズ』に他ならない。

以下では広義のレヴュー（的なもの）から狭義のレヴューがいかに生まれてきたか歴史的な背景をまず見ていく。とはいえ、レヴューという名称をどのような演目が、どのような理由を挙げて名乗るか（あるいは名乗らないか）ということをめぐる政治力学は相当複雑だ。フランスや英国といった当時の「文化先進国」の影響を匂わせつつ、先行する自国ジャンルであったバーレスクやヴォードヴィルからいかに差異化をはかったか、あるいはそれに対抗してバーレスクやヴォードヴィルはどのように自らの存在を定義づけていったか、を詳述していったら、いくら紙面があっても足りない。そこで単純化の誹りを覚悟のうえで、図式的にレヴューというジャンルを祖述する。つぎに、この狭義のレヴューが、ミュージカル・レヴューという名前になって「発展」し、一九三〇年代までに合衆国の音楽劇の主要な表現様式になったこと、一九四〇年代から五〇年代にかけてナンバーと物語が有機的に結合した「統合ミュージカル」（integrated musical）が盛んになり、レヴュー形式で書かれるミュージカルは影が薄くなっていったことを説明する。

二　合衆国初期のレヴューとその特徴

合衆国で初めて「レヴュー」と称したのは、一八九四年からはじまった『ザ・パッシング・ショー』だった。興行師ジョージ・レデュラーの手によるもので、一八八二年から一九三〇年までブロードウェイの三十九丁目辺りにあった劇場、カジノ・シアターの夏興行としてはじまった。とはいえ、この演目は当初レヴューを名乗らなかった。『ニューヨーク・タイムズ』の紹介記事では小見出しに「バーレスク風味のヴァラエティ・ショー」（A Variety Show with Some Touches of Burlesque in It）とあり、本文には「カジノ・シアター側はそれを「時事諷刺のエクストラヴァガンザ」（topical extravaganza）と呼ぶが、「時事諷刺のエクストラヴァガンザ」とは何のことかわれわれには解らぬ。彼らもわかってない」と書かれている。その後この作品はレヴューを名乗るようになったが、英語綴りの review を使用した。

この『ザ・パッシング・ショー』の小ヒットに刺激され、元のフランス語に戻した revue の商標をとって一九〇七年にフロレンツ・ジーグフェルド・ジュニアがはじめたのが『フォーリーズ』だった。他方、興行主としてジーグフェルドの好敵手だったシューバート兄弟は、一九一二年、『ジーグフェルド・フォーリーズ』の向こうをはって、由緒ある『ザ・パッシング・ショー』という演目名を借用してレヴューをはじめた。現在もブロードウェイの五十丁目付近にあるウィンター・ガーデン・シアターで、一九二〇年をのぞき二四年まで毎年上演されたこの新たな『ザ・パッシング・ショー』については、参加したスタッフ・キャストについてのさまざまな記録が残っている。たとえば『一九一六年のザ・パッシング・ショー』では、十七歳のジョージ・ガーシュウィンが「家出した僕の恋人」（"My Runaway Girl"）でブロードウェイデビューを飾った。もっとも、『ザ・パッシング・ショー』を代表する作曲家といえば、ガーシュウィンより十一歳年上のシグマンド・ロンバーグだった。後年オペレッタ『学生王子』（一九二四年）で有名になるこのハンガリー出身のユダヤ人は、一九〇七年に合衆国にやってきて、一九一四年からシューバート兄弟に雇われ『ザ・パッシング・ショー』のナンバーを多く作曲した。

話を戻そう。一八九四年の元祖『ザ・パッシング・ショー』では、レヴュー以外に「ヴァラエティ・ショー」「バーレスク」「エクストラヴァガンザ」という三種類の呼称が用いられていることを確認した。このことだけでも、ジャンルの定義が曖昧で新種のショーに適用することが難しかったことはわかるが、ひとまず一つ一つ説明しておこう。まず、ヴァラエティ・ショーだが、これは日本語で「寄席」と訳されることがあることからもわかるとおり、歌、ダンス、曲芸、奇術、寸劇などを次々と見せていくショーを指す一般名称で、多くの国に共通してみられる演芸の一形態だ。十九世紀半ば以降の英国ではこのヴァラエティ・ショーをミュージック・ホールという飲食可能な中劇場で上演したため、このヴァラエティ・ショー形式の演芸をミュージック・ホールというジャンル名で呼ぶようになった。合衆国でもミュージック・ホールと名乗った劇場もあったが、ジャンル名としてより一般的だったのは、ヴォードヴィルであり、バーレスクであり、レヴューだった(2)。

次に、ここでいう「バーレスク」は前述した合衆国の演劇ジャンルとしてのバーレスクというより、その元となった英国のバーレスクに近かった。イタリア語からフランス経由で入ってきたburlesqueという語の原義は「滑稽に物真似して笑いものにする」。もともと英国でバーレスクといえば、パロディや諷刺の意図をもって元ネタを作り替える文学ジャンルのことだった。英国演劇のジャンルとしてのバーレスクは、その時話題となっている文学作品や演劇作品（オペラ・オペレッタを含む）、ギリシア神話やシェイクスピアなどの名作、あるいは俳優や政治家といった有名人の行状を題材にして面白おかしく仕立てる作品のことで、一八三〇年代から九〇年代にかけて流行した。文学のバーレスクの精神を受け継ぎ、英国特有のミュージカル・コメディの形式だったパントマイムの器に盛ったものが英国のバーレスクだった。一八六〇年代後半に英国から合衆国に輸入されたバーレスクは、ミンストレル・ショー——ユダヤ人や白人が黒塗りして黒人のステレオタイプを演じた演芸——にとってかわるように人気を得るものの、九〇年代までにはその内容は卑俗化し、中産階級からは敬遠されるようになった。つまり、一八九〇年代半ばの合衆国におけるバーレスクには、この合衆国固有の演劇ジャンルと、英国のバーレスク由来の、高級文化を諷刺する傾向や作風という、二つの意味があったのだ。『ニューヨーク・タイムズ』が小見出しでバーレスクと名づけたのは、後者の意味だった。だがおそらくカジノ・シアターは前者の意味を惹起するのを嫌ったがゆえに、エクストラヴァガンザと銘打ったのだろう。

そのエクストラヴァガンザは extravagant（原意は「度を越した」）という形容詞から派生したことが示すように、英国で「とっぴで馬鹿げた」作風の文芸作品全般を指す言葉だが、十九世紀中葉からはとりわけ金のかかった衣裳や舞台装置で人目を驚かせる音楽劇を意味するようになった。だから——『ニューヨーク・タイムズ』の記事は呼称をめぐる暗闘があったことを示しているけれども——一八九四年の『ザ・パッシング・ショー』がどういうものだったかは大体想像がつく。(1)ヴァラエティ・ショー形式の演芸であったこと。(2)英国のバーレスクにならい、時事ネタを取り上げて諷刺したこと。(3)大劇場でのスペクタクルを売り物にしたこと。この三つの特徴こそ、希代の興行主で目端の利くことで有名だったジーグフェルドが目をつけ、レヴューという名前で定着させたショーの内実だった。

今でもＤＶＤで入手可能な映画『巨星ジーグフェルド』（一九三六年）、『美人劇場』（一九四一年）、『ジーグフェルド・フォーリーズ』（一九四六年）などを見れば、レヴューのこの第三の特徴はよくわかる。巨大で精巧な舞台装置、一流デザイナーの手による煌びやかな衣裳、整った顔立ちと美しい肢体をもった六十人前後のジーグフェルド・ガールズ。電気増幅の仕組みは当時なかったため大音量の、とまではいかないが、それでも生のオーケストラがオペラやオペレッタのさわりや最新流行のラグタイムまでを演奏していたから、レヴューの観客は視聴覚の饗宴というべきものを味わうことができた。様々な出し物が入れ替わり立ち替わり登場するという第一の特徴もまた、『ジーグフェルド・フォーリーズ』で見てとることができる。

時事諷刺というレヴューの第二の特徴はこれらの映画を見てもわからない。これらの映画が作られたのはレヴューの全盛期を過ぎてからのことであり、その頃までには『フォーリーズ』から時事諷刺の意味合いはほとんどなくなっていたからだ（ただし、一九三〇年代から四〇年代にかけては、『フォーリーズ』以外のレヴューでは再び時事諷刺が重要な要素となってくる）。だが二〇年代前半までの『フォーリーズ』は英国のバーレスクやフランスのレヴュー同様、諷刺や諧謔に満ちたものだった。そもそもfollyは「愚行、馬鹿騒ぎ」という意味で、『ジーグフェルド・フォーリーズ』はパリのベルジェール通り近辺にあったレヴュー劇場、フォリー・ベルジェールを意識してつけられた、というのが通説だが、『一九〇七年のフォーリーズ』をはじめ初期『ジーグフェルド・フォーリーズ』の作詞家・脚本家として参加したハリー・Ｂ・スミスの自伝『幾多もの初日と初版』（未邦訳）によれば、スミスがかつて新聞に執筆していたコラム「本日の愚行」（“Follies of the Day”）からとったものだという。『ジーグフェルド・フォーリーズ』は毎年出し物を変えて登場したから、「本年の愚行」という意味で時事ネタを扱ったわけだ。『一九〇七年のフォーリーズ』には、前年女性を監禁したかどで逮捕されたテノール歌手、エンリコ・カルーソに扮した人物が裁判で罪をごまかそうとアリアを歌い出す場面、メトロポリタン・オペラが同年上演したリヒャルト・シュトラウスのオペラ『サロメ』に登場する、風俗を紊乱すると非難された「七つのヴェールの踊り」をパロディにする場面などがあった。

「事件」を起こしたわけではない有名人も多数登場した。たとえば、まだ存命中だったマーク・トウェイン（に扮した俳優。以下同じ）が「バドワイザーは俺の友達」（"Budweiser's a Friend of Mine"）を歌ったり、「生まれ変わり」という主題で時の大統領セオドア・ローズヴェルトが（渾名に由来する）テディ・ベアに生まれ変わると言ったり、イエロー・ジャーナリズムの元祖、新聞王で共和党支持者のウィリアム・ランドルフ・ハーストが民主党員に生まれ変わると言ったりした。

スミスがフォリー・ベルジェールとの関係を否定したのは、全裸に近い格好のコーラス・ガールが登場して踊る、本家のきわどさと結びつけられることを恐れたからかもしれない。なるほど、二幕仕立ての『一九〇七年のフォーリーズ』の第二幕には海岸という設定でコーラス・ガールが水着姿で登場するし、歌詞にも扇情的な文句が並んだ。だが中産階級の「健全な」道徳観に縛られた合衆国で、初期レヴューができる限界はそこまでだった。「フランス風のお色気」をほのめかしつつ、ヴォードヴィルやバーレスクほど下品にならない――もっとも女優が動かない「額縁ショー」形式のヌードはその後の『フォーリーズ』で時々見られた――、というバランス感覚のよさが合衆国の「洗練された」（sophisticated）レヴューの本領だったし、ことにジーグフェルドはそういう計算に長けていた。『ザ・パッシング・ショー』によって review という英語綴りが定着したあとに、フランス語綴りの revue に戻したのも、初演時の劇場としてニューヨーク・シアターを選びジャルダン・ド・パリと改称したのも、「本場フランスのレヴュー」を観客が意識するための仕掛けだった。千席を超える大劇場だったフォリー・ベルジェールは例外として、パリのレヴューは円テーブル席を並べた飲食可能なキャバレーで上演されることが多く、ルーフ・シアターもまたそういうディナー・シアターだったからだ［図①］。

図①　『1907年のジーグフェルド・フォーリーズ』（ニューヨーク市立図書館、ビリー・ローズ演劇分館：ニューヨーク市立図書館・デジタル・コレクション）

『フォーリーズ』開幕にあたって、こうしたフレンチ・レヴューのフォーマットが採用されたのは、ジーグフェルドの（事実婚の）妻アナ・ヘルドの示唆によるところが大きかった。(3) ジーグフェルドは一八九五年、ヨーロッパ巡業の途上でロンドンのパレス・ミュージック・ホールに出演中のヘルドを見出して合衆国に来るように熱心に説いた。違約金千五百ドルを払ってフォリー・ベルジェールとの契約を破棄させ、自身のブロードウェイ進出作でもあった、チャールズ・ホイトのミュージカル・コメディ『安全《パーラー》マッチ』にチョイ役で出演させる。「砂時計」とよばれた彼女の体型、フランス語訛りの英語——もっとも彼女はポーランド生まれのユダヤ人だった——、そしてその嬌態《コケットリー》を喧伝したおかげでヘルドは来米前から話題となり、ジーグフェルドは違約金の元をとるどころか大きく儲かったが、彼が得たものは金だけではなかった。ヘルドは別の作品（『ミス・イノセンス』）に出演していたため『一九〇七年のフォーリーズ』に出演せず、その後妊娠してしばらく出演することはなかったが、最新のフレンチ・ファッションに身を包んだヘルドとコーラス・ガールたちは「アンナ・ヘルド・ガールズ」と呼ばれて『フォーリーズ』開幕以前から出演していたし、ヘルド抜きのアンナ・ヘルド・ガールズは『一九〇七年のフォーリーズ』にも登場した。

初期レヴューは時事諷刺の要素が濃かっただけでなく、プロットないしテーマで各場面を繋げる試みもされていた。たとえば『一九〇七年のフォーリーズ』の司会の男女——コムペー（compère）とコメール（commère）とこれもフランス風に称されていた——は、植民地時代の英雄ジョン・スミスと酋長の娘ポカホンタスに扮しており、現代に甦った二人が色々な有名人に出会う、というスタイルで上演された。エデンの園を舞台とする『一九〇八年のフォーリーズ』では、司会の男女はアダムとイヴという設定だった。もっとも、合衆国初期のレヴューがフランスのレヴューや英国のバーレスクから強く影響を受けていたことを示すこうした趣向はすぐに姿を消す。エクストラヴァガンザにあった大掛かりなスペクタクルを呼び物にし、ラグタイムやジャズのような自生の音楽を取り入れることで、合衆国のレヴューは次第に独自のものとなっていく。

三　合衆国中期レヴューの「変質」

『ジーグフェルド・フォーリーズ』の最盛期は一九一五年から二二年で、その中でもっとも成功を収めた『一九一九年のフォーリーズ』では、アーヴィング・バーリンによる作詞・作曲で、これ以降の『フォーリーズ』のテーマ曲となった「きれいな娘はメロディに似てる」（"A Pretty Girl Is Like a Melody"）、そして「マンディ」（"Mandy"）や「今の自分の部下は軍隊時代の上司」（"I've Got My Captain Working for Me Now"）など、ポピュラー音楽の歴史に残る名曲が並んだ。ジーグフェルド本人は音楽に無関心だったようだが、『フォーリーズ』の魅力といえば、金のかかった舞台装置や美女揃いのコーラス・ガールだけでなく、バーリンをはじめとする一流のソングライターたちのチーム——作詞家・作曲家が分かっているのは二十一曲（他に楽譜が行方不明な数曲あり）で、うち十曲をバーリンが、五曲をデイヴ・スタンパーが作曲し、クラシック・バレエのナンバー「ザ・サーカス・バレエ」はロンバークと並ぶオペレッタの作曲家として名高いヴィクター・ハーバートの手によるものだった——が競作するメロディアスなナンバーを、当代きってのエンターテイナーたちが歌い踊るところにもあった(4)［図②］。

図② 『1927年のジーグフェルド・フォーリーズ』（ニューヨーク市立図書館、ビリー・ローズ演劇分館：ニューヨーク市立図書館・デジタル・コレクション）。前列一番左はエディ・キャンター、その右で少し奥に立っているのがフロレンツ・ジーグフェルド・ジュニア、ピアノに向かっているのがアーヴィング・バーリン

もう一つ、「見立て」と「吹き寄せ」も『フォーリーズ』の魅力として忘れてはならない。何の変哲もない日常の事物を別のものに見立てたり、連想を通じて同類のものを吹き寄せて提示したりする、日本の古典芸能に備わる「遊戯性」――日本に「真面目な」芸術は育たなかったという主張に容易に転化する危うい定義だが――を説明するときにもしばしば用いられるこれらの技法は、そもそも舞台芸術一般と親和性が高いし、世界各地のヴァラエティ・ショー、そして合衆国のヴォードヴィルやバーレスクにもしばしば見られるが、とくにレヴューの「洗練」を評価する際、どれだけ突飛で理屈に合わない――当時の芸術思潮でいえばシュルレアリスティックな――奇想で舞台を埋め尽くすか、ということが基準になった。具体的な例を挙げよう。『一九一九年のフォーリーズ』の幕開きの「ザ・フォーリーズ・サラダ」は、レタス、スパイス、オイル、砂糖、パプリカ、鶏肉、塩とコショウというサラダの材料に見立てられたコーラス・ガールが、シェフ役を勤めるエディ・ダウリングによって混ぜ合わせられ、最後に勢揃いして行進するというプロダクション・ナンバーで、レタスは観客との関係、スパイスは性的魅力、オイルはオーケストラ、砂糖は感傷性《センチメンタリティー》、パプリカはウィット、鶏肉はコーラス・ガール、塩とコショウは食欲を増すための薬味、を表していた。ジーグフェルドその人を含意するシェフが、「少々ピリピリさせる」が「下品にならないよう」スパイスを、「潤滑な進行」のためにオイルを、「薬味／旬」（season）のために塩とコショウを

加える、といったように、いかにも「気のきいた」見立ての趣向に加え、言葉遊びをふんだんに取り入れた歌詞――コーラス・ガールは鶏肉同様、若くて肉が軟らかく（young and tender）、活気があり生き生きと（alive and kicking）していなければならない――、そして臆面もない自画自賛というこのナンバーの三つの特徴はそのまま、最盛期の『ジーグフェルド・フォーリーズ』作品に共通して見られるものだった。

そして容易に予想がつくように、こうした見立ての趣向や他愛のない地口、無邪気とすらいえる自己礼賛――一九二〇年以降、ジーグフェルドは自分のショーを「国民生活の一部」（"a National Institution"）とまで呼んだ――は遊び心に満ちているとはいえ、浅はかで子供っぽく、観客は次第に物足りなさを感じるようになる。それが後年の人気の翳りにつながるのだが、その点については後述しよう。一九一〇年代後半から二〇年代前半の合衆国の観客にとっては、そういう底の浅さがかえって「おシャレ」だったし、一度聞いたら忘れられないようなキャッチーな旋律と、陳腐ゆえに観客の想像力をかえって促す歌詞が組み合わさると生み出される深い情動が自分たちを捉えることになるのはまだ新鮮な体験だった。ファン・ダ・メルヴェは『一九一九年のフォーリーズ』のナンバーについて、以下のように述べる。

「「僕の可愛い人の腕」（"My Baby's Arms"）と「素敵な十六歳」（"Sweet Sixteen"）の」二曲が体現しているのは、『フォーリーズ』における感傷性の伝統で、この伝統こそ、ジーグフェルドのコーラス・ガールたちのパレードと格好の対となっている。歌詞に意味内容はないも同然だから、観客は目の前のスペクタクルに見とれながら、軽快なメロディに我を忘れることができたのだ。[5]

一九二〇年代までのレヴューの隆盛について思いめぐらすとき意識しておかなければならないのは、当時音楽は今ほど日常生活に浸透していなかった、ということだ。ＳＰレコードの一般発売は一九〇〇年代だが、蓄音機ともどもまだ高価なものだったし、商業ラジオ放送が開始されるのは一九二〇年代になってから。流行歌は、ブロードウェイの、ティン・パン・アレイと呼ばれた一角に密集した楽譜出版社が販売する楽譜の売上げが生み出すものだったし、バーリンら初期レヴュー・ミュージカルの作曲家は当初ソングプラガーと呼ばれ、ピアノでその流行歌を見本演奏して売上げの増大をはかるために雇われた。そんな環境にあって、レヴューは楽曲をたっぷり聞かせてくれるまれな機会を提供したのであり、音楽が生み出す情動が自分たちを揺さぶる、という体験は当時まだ非日常的で貴重なものだった。

どんな思想も哲学も感じられない軽佻浮薄さがレヴューの持ち味だとはいえ、『一九一九年のフォーリーズ』には、これ以降薄れていくことになる時事諷刺の要素がまだ残っていた。というのも、一九二〇年一月の禁酒法施行に先立ち一九年七月一日から戦時禁酒法——戦争協力のため穀類を節約するというのがその目的だったが、議会を通過したのは休戦協定後だった——が発効しており、お誂え向きの揶揄の対象となっていたからだ。「素敵な時間を過ごすためにはワインは必要ない」（"You Don't Need the Wine to Have a Wonderful Time"）では恨めしげに「酒がなくなるのでみんな気分が悪いが、かわいこちゃんは手に入れられる」とエディ・キャンターが歌う。ただし、もう一つのナンバー「ペット」（"A Pet"）同様、その諷刺に鋭さは見られない。「酒のかわりに女」という発想にしては色悪めいた雰囲気も余り感じられない。薄味の上品さ、といえば聞こえはいいが、表現としての生ぬるさは変わりゆく時代の趨勢に合わなくなっていた。

ある意味でそれは、いったん評価が定まり、集客に苦労しないようになった商業演劇がいずれ必ずたどる道だった。観客は必ずしも目新しさを求めて劇場に足を運ぶのではない。以前見たものと同じものを見て安心したがる保守的な観客の趣味に迎合し、「冒険」をせず、十年一日のような出し物を変わらず上演し続けていくことで次第に当初の勢いを失っていく、商業的に成功を収めたどんなジャンルの演劇・演目も陥る陥穽に『フォーリーズ』もまたはまっていった。とはいえ、全体を統一するプロットやテーマを欠いたごった煮のこの時期の『フォーリーズ』では、演目ごとに実験を試みることもできた。当時最先端のダンスだった、肩を細かく震わせて全身を揺らすシミーは、前年の「ジャズ・ダンスを習いたい」("I Want to Learn to Jazz Dance")でも示唆されていたが、『一九一九年のフォーリーズ』で「シミータウン」("Shimmee Town")と「シミー・シェイクにはお酒がなくちゃ」("You Cannot Make Your Shimmy Shake on Tea")と二曲に増えたのはそうした実験の一つだったろう。これらのナンバーの歌詞の中では、その(通説上の)発祥地であるハーレム——「シミータウン」もハーレムの謂いであることも明らかだった——やその振付に大胆にも言及して、流行にも敏感であることを示した。ハーレムのコットン・クラブが人気を博したのは一九二〇年代になってからのことだった。コットン・クラブの出演者は黒人のミュージシャンやパフォーマーだが、客は白人のみ、という人種差別的なものだったことはつとに知られている。それでもそれまで「下品」とされてきたアフリカ系アメリカ人の文化をヨーロッパ系アメリカ人の富裕層が公然と楽しむようになったことは大きな変化で、『一九一九年のフォーリーズ』はそういう傾向を先取りしたものだった。「シミータウン」はアイルランド系の兄妹コンビ、ジョニー&レイ・ドゥーリーが歌い踊ったが、戦時禁酒法を揶揄したナンバーでもあった「シミー・シェイクにはお酒がなくちゃ」は、唯一の黒人俳優として『フォーリーズ』に参加していたバート・ウィリアムズが歌った。

『フォーリーズ』はレヴューの興隆とともにあったから、ジーグフェルドはバーレスクやヴォードヴィルの古株を採用するよりも、新しい才能を発掘し育てることに積極的だった。それもあって『フォーリーズ』で育った人々は、レヴュー以外の舞台や映画、ラジオで活躍するようになる。『フォーリーズ』のコーラス、ジーグフェルド・ガールズ出身の女優は、新聞王ハーストの愛人となったマリオン・デイヴィス、ショート・ボブのヘアスタイルで有名なルイーズ・ブルックス、チャップリンの（事実婚の）妻となったポーレット・ゴダード、のちヴァンプ（毒婦）女優として有名になったニタ・ナルディなど、文字通り枚挙に暇がない。ジーグフェルドが『一九二二年のフォーリーズ』で用いた標語「アメリカ娘を輝かしい存在にする」（Glorifying the American Girl）はそれ以降『フォーリーズ』の代名詞となったが、彼女たちは文字どおりジーグフェルドによって輝かされたのだ。もっとも、ジーグフェルド・ガールズにアフリカ系アメリカ人女性が加わることはなかった。「アメリカ娘」とはあくまでもヨーロッパ系アメリカ人のことだった。

『フォーリーズ』はまた多くのコメディアン・コメディエンヌの登龍門でもあった。映画『ジーグフェルド・フォーリーズ』冒頭では、天国にいるジーグフェルドが、自分が生み出した偉大なスターたちが今でも歌い踊っているような気がする、と語ると、『フォーリーズ』に登場したスターたちの特徴をよく捉えた人形たち——製作したのは人形アニメの当時の第一人者ルー・ブーニンだった——が順番に登場する。マリリン・ミラー。インディアン娘の格好をしたファニー・ブライス。カウボーイの出で立ちで「さて何を話そうか。なーんも面白い話はないよ」（“Well, what shall I talk about? I ain't got anything funny to say”）とお決まりの文句を放つウィル・ロジャース。持ち歌の「スージーを知ってるかい」（“If You Knew Susie (Like I Know Susie)”）を披露するエディ・キャンター。ミラーは『パッシング・ショー』から移籍後、一九一八年と一九年の『フォーリーズ』に出演し、二〇年ジーグフェルド製作のミュージカル・コメディ『サリー』でその人気を不動のものにした彼の秘蔵っ子であり、ブライスは『一九一〇年のフォーリーズ』から『一九三六年のフォーリーズ』までほぼ毎回出演していた。ロジャースはチェロキー族の血を引き、カウボーイとして培ったロープ芸で一九一七年からの『フォーリーズ』に参加し、新聞のコラムニストやラジオのパーソナリティとして政治諷刺をして有名になった。キャンターも同じく『フォーリーズ』に参加したのは一九一七年からで、二〇年まで毎回出演し一九二三年と二七年にも出演したが、三〇年代以降はハリウッドでの活動が中心になる。

一九〇七年から毎年上演されていた『フォーリーズ』だが、二六年には上演されなかった。そのかわり、内容や出演者の顔触れは前年までの『フォーリーズ』とそう変わりはないレヴューを、ジーグフェルドは『ノー・フーリン』と題して上演した。人々がヴァラエティ・ショー形式の『フォーリーズ』に飽きてきたことは彼にもわかっていた。作品に統一感を与えるプロットやテーマを捨て、諷刺や揶揄も姿を消し、ただ耳と目に心地よいだけの洗練されたショーに濃密な「意味」を見出すことは難しい。すでに『一九二四年のフォーリーズ』でジーグフェルドはプロット中心のレヴューに戻ろうとしたが、その試みは中途半端なものに終わっていた。もっと本格的な改革は一年後再開された『一九二七年のフォーリーズ』の際に行われた。複数の作曲家・作詞家による競作というそれまでのやり方をやめて、バーリンが単独で請け負い、司会と間に挟まる寸劇をキャンター一人に任せたのは、ごった煮ではなくて、作品に統一感を与えるためだった。例年より遅く八月に開いた初日だったが、キャンターもコーラス・ガールたちも好意的な評価でジーグフェルドの試みは成功したかに思われた。だが九月になるとキャンターが病気になり、余儀なく休演することになった。一九二八年から三十年も『フォーリーズ』は上演されなかった。一九三一年、ジーグフェルドにとって最後の『フォーリーズ』が上演された。翌年、彼は胸膜炎で不慮の死を遂げるからだ。

ジーグフェルドの死後、シューバート兄弟はジーグフェルドの未亡人ビリー・バークから権利を買って三十四年と三十六年に『フォーリーズ』を上演した。『一九三六年のフォーリーズ』には、ファニー・ブライスのような常連に加え、十年滞在したパリから帰国したばかりのジョゼフィン・ベーカーやタップダンスの名手ニコラス・ブラザーズも参加したが、途中でブライスは病に倒れ、ベーカーはパリに戻った。『一九三六年のフォーリーズ』は、それまでの『フォーリーズ』と同様、地方巡業を行い、それは三八年まで続けられた。四三年に再びシューバート兄弟が『フォーリーズ』を復活させ、戦時下ということもあって五百回以上の公演を行ったが、装置も衣裳も安っぽく、昔日の影はなかった。一九五七年、五十周年を記念して最後の『フォーリーズ』が上演された。トライアウトが不評で、そのままではブロードウェイで上演されない最初にして最後の、そして唯一の『フォーリーズ』になりそうだったが、亡き夫の名を汚したくないバークのたっての懇願で、キャストやナンバーを一部入れ替えてブロードウェイで百二十三回の公演を行った。CBSラジオで三二年四月から六月と、三六年二月から六月にかけて放送された『ラジオ版ジーグフェルド・フォーリーズ』をのぞくと、舞台版『ジーグフェルド・フォーリーズ』は一九〇七年から五七年まで計三十回続けられたことになる。

四　レヴューの多様化――ミュージカル・コメディとの「交配」

『ジーグフェルド・フォーリーズ』の人気凋落がそのままレヴューの衰退を示すわけではない。一九二九年の大恐慌が、大劇場で豪華な舞台装置や煌びやかな衣裳を見せるかわりに入場料も高かった『フォーリーズ』や『パッシング・ショー』、『ジョージ・ホワイトのスキャンダルズ』や『アール・キャロルのヴァニティーズ』[6]に大きな打撃を与えたことは確かだが、不況下の一九三〇年代のレヴューはショーの規模を縮小し、新機軸を打ち出すことで演劇の他のジャンルよりむしろ繁栄した［図③］。

だから『フォーリーズ』の人気が凋落したのは、観客の感受性が大きく変わったことのほうが大きかった。上述したように、ジーグフェルドが形式上の改革を真剣に試みたのは『一九二七年のフォーリーズ』だったが、同じ年、彼は統合ミュージカルの嚆矢とされる『ショウ・ボート』の初演を手がけている。ジーグフェルドは『ショウ・ボート』の成功には自信がなかったようだし、統合ミュージカルがアメリカの音楽劇の主流になっていくには一九四三年『オクラホマ!』の初演まで十五年以上待たなければいけなかった。そうはいっても、興行主としての鋭い嗅覚がこの新しい劇構造に可能性を見出していたことは想像に難くない。

実際、一九二〇年代後半から三〇年代にかけて、レヴューは豪華な舞台装置や煌びやかな衣裳が作り出す華やかな雰囲気、美しいコーラス・ガール、それに情感に訴えかける歌を楽しんで帰る、無意味な形式だけのものから、もっと「中身のある」ものを志向するになることで、一九世紀末から細々とその命脈をつないできたミュージカル・コメディや、オペレッタに再び近づいていく。一九二二年初演の『四九年組』や二四年に英国からやってきた『シャーロットのレヴュー』は、そういう「新しい」レヴューだった。一方、当時「音楽入りの劇」程度の意味で用いられていたミュージカル・コメディは一九一五年以降、長い低迷期を乗り越えて盛り上がりはじめていた。スミス&リットンはこの時期に「新機軸が次々と打ち出され、若く新しい才能が現れる。それ以降の音楽劇に生じた多くのことの土台が築かれた」ことを説明している(7)。

その交点が「レヴュー」でも「ミュージカル・コメディ」でもなく、「ミュージカル・レヴュー」というこの時期にはほとんど見かけなくなった呼称を採用した、『私はむしろ正しくありたい』(一九三七年)だった。F・D・ローズヴェルト大統領

図③『1914年のパッシング・ショー』(ニューヨーク市立図書館、ビリー・ローズ演劇分館:ニューヨーク市立図書館・デジタル・コレクション)。左がエセル・アモリタ・ケリー、右がマリリン・ミラー。奇抜な衣裳に身をまとったコーラス・ガールたち

の緊縮財政を諷刺したこの作品は、リチャード・ロジャーズ作曲、ロレンツ・ハート作詞で、ジョージ・S・コフマンとモス・ハートが脚本を担当した。ロジャーズとハートがコンビを組んだのはシアター・ギルドによる二晩のみの募金興行がもとになった一九二五年と翌二六年のレヴュー、『ガリック・ゲイエティーズ』だったのだが、二五年の『最愛の敵』『ガール・フレンド』以降、二人の作品は「ミュージカル・コメディ」と称されていた。当時すでに「ミュージカル・コメディ」の作り手として認められていたロジャーズ＆ハートが、なぜ「ミュージカル・レヴュー」という古めかしい呼称を持ち出してきたのかは定かではない。モーデンは、

不正確にも「ミュージカル・レヴュー」と称された『私はむしろ正しくありたい』は、エピソードを連ねた脚本の劇化で、プロットといえるほどのものはなく、ただＦ・Ｄ・Ｒが国家財政の緊縮を際限なく試みようとするというだけだ。だが作品構造は確かにレヴューのようなところもある。小景と歌が交互に続いていき、一つ一つが大統領による探索という中心的主題に関係する。(8)

と説明するが、たんに「レヴュー」といわず「ミュージカル・レヴュー」とした理由の説明にはならない。もしかすると「レヴュー」の時事諷刺の要素がある「ミュージカル・コメディ」だから「ミュージカル・レヴュー」としたのかもしれない。

いずれにせよ、このような呼称の混乱はレヴューとミュージカル・コメディの境界が曖昧になったことを示している。アーヴィング・バーリンは一九二一年にプロデューサーのサム・ハリスとともに九百七十五席のミュージック・ボックス・シアターを建造してから『ジーグフェルド・フォーリーズ』からしばし離れ、この中劇場のためにレヴューを書いていたが、規模こそ異なるものの、『ミュージック・ボックス・レビュー』（一九二一年、

図④　『バンド・ワゴン』（1931年）の舞台衣裳を身につけたアデールとフレッド・アステア姉弟（ニューヨーク市立図書館、ビリー・ローズ演劇分館：ニューヨーク市立図書館・デジタル・コレクション）

二二年、二三年、二四年）は『ジーグフェルド・フォーリーズ』と同類のものだった。だがこの器用な作詞・作曲家は一九三二年の『甘んじて報いを受けよ《フェイス・ザ・ミュージック》』でプロットがあり、登場人物に心理的奥行きがある作品を試みて、以降は程度の差こそあれ、ミュージカル・コメディに近い作品を作るようになる。

このミュージック・ボックス・シアターで、大恐慌の半年前の一九二九年四月に開演したレヴュー『ザ・リトル・ショー』、そして同じハワード・ディーツ作詞、アーサー・シュワルツ作曲のコンビによる『三人だと仲間割れ』（セルウィン・シアター、一九三〇年）、『バンド・ワゴン』（ニュー・アムスターダム・シアター、一九三一年）もまた、レヴューと従来のミュージカル・コメディを橋渡しするものだった。『ザ・リトル・ショー』と『バンド・ワゴン』の脚本にはコフマンが参加しており、一九二〇年代から五〇年代にかけてのレヴューやミュージカルにおいてコフマン（と共同執筆者だったモス・ハート）が大きな役割を果たしていたことがわかる。また『バンド・ワゴン』は姉のアデールとともにフレッド・アステアが出演しており、翌年チャールズ・キャヴェンディッシュ卿と結婚するアデールの引退作となった［図④］。

五　「形式」としてのレヴューの独立

さて、一九三〇年代の多くのレヴューがナンバーとナンバーをつなぐエピソードの部分をふくらませることでミュージカル・コメディと「交配」していく一方で、その劇構造は、それまでのレヴューが持っていた属性――豪華な舞台、煌びやかな衣裳、美しいコーラス・ガール、情感に訴えかける歌、あるいは切れのいいダンス――と切り離して独立して用いられるようになる。かつてヴァラエティ・ショー形式とよばれたその構造は合衆国では一九三〇年代以降、レヴュー形式として捉えられるようになった。レヴューの数々の属性を切り捨て形式として純化したレヴューの中から、人気を博した作品を四つ紹介しよう。一九三四年五月に初演された『新顔《ニュー・フェイス》』は、ブロードウェイの新人を文字通り一人ずつ紹介するためのレヴューで、三六年、四二年、五二年、五六年、六二年、六八年と上演された。

一九三七年十一月初演の『縫い針と留め針《ピンズ・アンド・ニードルズ》』は国際婦人服労働組合員の素人たちによるプロパガンダ・レヴューで、二百九十九席のレイバー・ステージ――かつてミュージカル・コメディの劇場として歴史のあるプリンセス・シアターだった場所――でのロングランが話題になって八百四十九席のウィンザー・シアターに移り、一九四〇年六月まで上演された。一九三八年九月から四一年十二月までウィンター・ガーデン・シアターなど三つの劇場で上演された『ヘルザポピン』は、サーカス・レビューといった体で、贋物のヒトラー、ムッソリーニ、ルーズベルトがこの作品の出し物を紹介するニュース映画からはじまり、銃声が盛んに鳴り響き、舞台で自転車を乗り回し、観客席から舞台に梯子を運ぼうとして混乱が起きるなど、『縫い針と留め針』とは対照的な現実逃避の娯楽を提供した。

一九三八年、戦時中の一九四二年七月から九月にかけてブロードウェイで上演され、次いで全国を巡演した『これぞ陸軍』はアンクル・サム、つまり合衆国政府がプロデューサーとして挙げられている。実際には、愛国心に駆られ戦争協力に積極的だったアーヴィング・バーリンが作詞・作曲から全てをお膳立てしたもので、徴兵されて戦地に送られ俳優の数が少なくなっていたこともあって、数人のプロとともに三百人近い兵士たちが登場した。二百万ドル（現在の貨幣価値・為替相場で約三億円）の利益は陸軍緊急補助基金に寄付された［図⑤］。

興味深いことに、一九四三年にロジャースが新しくオスカー・ハマースタイン二世と組んで生み出した『オクラホマ！』によって統合ミュージカルの時代が本格的に始まると、統合ミュージカルとレヴューは対立した形式概念として捉えられるようになった。つまり、こういうことだ。ナンバーによって物語が進行する統合ミュージカルは、登場人物の「地の」会話によって語られた物語や状況をナンバーが再度「説明し直す」だけのそれまでのミュージカル・コメディとは異なり、物語がスピーディに進むという特徴を持っている。それまでのミュージカル・コメディでは、カップルはいかに自分たちが愛し合っているかを台詞で説明したあと、その気持ちをナンバーで歌っていた。統合ミュージカルでは、ナンバーが始まる前にすれ違っていた二人の気持ちが、ナンバーが終わった後は一つになっている。

図⑤　『これぞ陸軍』（1942 年）のポスター。「アンクル・サム提供、三百人の兵士のキャストが陸軍緊急補助基金へと行進する」とある（ニューヨーク市立図書館、ビリー・ローズ演劇分館：ニューヨーク市立図書館・デジタル・コレクション）

統合ミュージカルはリアリズムと観客の凝視や集中を要求する。観客は物語の展開についていき、登場人物の内面を想像するために、舞台を真剣に見入らなければならない。音楽劇が提供するはずの娯楽や気晴らしの要素が、統合ミュージカルでは薄れると憂慮する作り手や観客は、もっと「ユルい」作品を求める。ナンバーと物語がそれほど有機的に結びついておらず、ナンバーはナンバーとして楽しめる――すなわち、パフォーマーが物語の展開とは無関係にダンスや歌を披露し、観客は物語内容を忘れてパフォーマーの技術や

「芸」に魅了される——レヴュー形式は、そういう「ユルい」作品が依拠する格好のものになった。

だからレヴューが「衰退」した一九五〇年代以降も、レヴューの「名作」はしばしば生まれた。ボブ・フォッシーが振付を担当した『ダンシン』（一九七八年）。一九二〇年代から三〇年代にかけてのハーレム・ジャズの担い手の一人、ファッツ・ウォーラーの曲による『エイント・ミスビヘイビング』（一九七八年）。デューク・エリントンの曲による『ソフィスティケイテッド・レイディズ』（一九八一年）。振付師ロビンズのナンバーを組み合わせた『ジェローム・ロビンズのブロードウェイ』（一九九八年）。これらはいずれも、既存のナンバーや楽曲をもとにして再構成をはかった作品だ。ナンバーの中には、元の物語と緊密に結びついているものもあるが、こうした新作レヴューの中ではその結びつきは失われ、ばらばらに並べられた。統合ミュージカルとそのリアリズムがまだ勢いを持っていた一九九〇年代までは、レヴュー形式のミュージカルは統合ミュージカルが持つ緊密な構成と観客に押しつける緊張感に対する異議申し立てとして存在し得たのだ。

（1）このような出世の道を実際にたどり、バーレスクからはじめて『ジーグフェルド・フォーリーズ』に出演した俳優・コメディアンは、バート・ラー、ファニー・ブライス、エド・ウィン、アル・ジョンソンなど数多くいる。そのうちの一人がW・C・フィールズ（一八八〇—一九四六）で、一言も発しない曲芸から出発して一九三〇年代を代表する喜劇映画俳優となった彼は「バーレスクは演劇人がキャリアを積むにあたってよい訓練の場になる。一年かそこらでこの職業に向いているかどうかわかるはずだ」と述べている（Arthur Frank Wertheim, *W. C. Fields from Burlesque and Vaudeville to Broadway: Becoming a Comedian* [Palgrave Macmillan, 2014]）。

（2）合衆国でミュージック・ホールと称する劇場でもっとも有名なものは、ロケット・ガールのレヴューで現在でも有名なレイディオ・シティ・ミュージック・ホールだろう。レイディオ・シティほど有名ではないが重要なものの一つに、一八九三年ジーグフェルドの父親が地元シカゴに開場したトロカデロ・ミュージカル・ホールがある。同年の万国博覧会を当てこんで開いたはいいものの、すぐに経営不振に陥った劇場で息子のジーグフェルドが怪力男サンドウのショーを行って危機を救ったという伝説が生まれた場所でもある。他方、ミュージック・ホールと称したショーの代表格には、ファーバーの小説『ショウ・ボート』（一九二六年）にもその名が言及されるほど有名だったウェーバー・アンド・フィールズ（ジョー・ウェーバーとルー・フィールズというヴォードヴィリアンのコンビである）が一八九五年に作ったウェーバー・アンド・フィールズ・ブロードウェイ・ミュージック・ホールがある。モーデンによれば、ジーグフェルドは『フォーリーズ』をはじめるにあたってこのショーからもヒントを得たようだ（Ethan Mordden, *Ziegfeld: The Man Who Invented Show Business* [St. Martin's Press, 2008]）。なお、レイディオ・シティ・ミュージック・ホール開場時の一九三二年、ウェーバー・アンド・フィールズは四度目のコンビ再結成をし、最後のコンビ芸を見せた。

（3）ヘルドは前夫との婚姻関係を解消できずにいたため、ジーグフェルドと法律上の結婚はしなかった。一九〇八年ヘルドの夫は死亡するものの、〇九年以降ジーグフェルドがジーグフェルド・ガールズの一人だった当時十七歳のリリアン・ロレーンにのぼせ上がったため、二人の仲は冷え切った。その後ジーグフェルドはロレーンとも別れ、一九一四年に女優ビリー・バークと結婚し一九三二年に死ぬまで添い遂げる。

（4）Irving Berlin, ed. by Gene Buck, *Ziegfeld Follies of 1919: Complete Book and Lyrics* (Theatre Arts Press, 2014).

（5）Ann Ommen van der Merwe, *The Ziegfeld Follies: A History in Song* (Scarecrow Press, 2009).

（6）ジョージ・ホワイトが一九一九年からはじめ三九年まで続いた『スキャンダルズ』は大劇場レヴューとしては後発組に属するが、だからこそレヴューの変化の方向をいち早く示したといえる。自身もダンサーだったホワイトは、ジャズ・ダンスを売り物にした。アン・ペニントンやトム・パトリコーラらが、ホワイトとともにシミーやタップ、チャールストンを踊る『スキャンダルズ』の常連となった。『一九三一年のスキャンダルズ』ではエレノア・パウエルが、『一九三九年のスキャンダルズ』ではアン・ミラーが登場した。一九二〇年から二四年にかけて音楽を担当したのは一八九八年生まれのまだ若いジョージ・ガーシュウィンで、「天国への階段」（"I'll Build a Stairway to Paradise"）、「誰かが私を愛してる」（"Somebody Loves Me"）などのヒット曲を残した。ボードマンは、以下のように『スキャンダルズ』の特徴を説明している。

『ジーグフェルド・フォーリーズ』が第一次世界大戦以前の社会にあった優雅さ、雅量、気前のよさ、悠長さを反映しているとすれば、『スキャンダルズ』は狂乱の二〇年代の土台になっている気分や感じを確かに捉えていた。ジャズ色の強い音楽、騒々しいコメディ、高く足をけり上げて踊るコーラス・ガール、柔らかな素材と控え目な色合いを特徴とする、昔ながらの舞台装置や衣裳を使わなかったことなどに、幸福で、暢気で、無頓着な時代の心性が写し出されていた。（Bordman 79）

『スキャンダルズ』の映画は数多く作られたが、いずれも日本では公開されておらず、合衆国でもＤＶＤは入手不可能である（YouTube では一部視聴可能）。テレビシリーズ『インディ・ジョーンズ　若き日の大冒険』のうち、日本未公開のエピソード21は *Scandal of the 1920* と題され、インディ・ジョーンズが『一九二〇年のスキャンダルズ』の上演現場で働くという物語が展開される。ＤＶＤが入手可能。

興行師アール・キャロルが一九二三年からはじめ、三二年まで続け――一九二七年と二九年はのぞく――一九四〇年にも上演した『ヴァニティーズ』は、『フォーリーズ』『パッシング・ショー』などに較べるとヌードの女性を頻繁に登場させ、卑猥な冗談が飛び交う「下品」なショーだった。

（７）Cecil A. Smith & Glenn Litton, *Musical Comedy in America: From The Black Crook to South Pacific, From The King & I to Sweeney Todd* (Routledge, 1987)

（８）Ethan Mordden, *Anything Goes: A History of American Musical Theatre* (Oxford UP, 2015)

（参考文献）

注に繰り込んだ以外に数多くあるが、論文で言及しながら書誌情報を入れられなかった二冊のみ記す。とくに前者の筆者ボードマンは *American Operetta: From H.M.S. Pinafore to Sweeney Todd* (Oxford UP, 1981) および *American Musical Comedy: From Adonis to Dreamgirls* (Oxford UP, 1982) の三部作、四巻本の *American Theatre: A Chronicle of Comedy and Drama* (Oxford UP, 1994; 1995; 1996; 2001), *American Musical Theatre: A Chronicle* 4th edition (Oxford UP, 2010) など、アメリカの音楽劇について大部の書物を十数冊書いており、執筆にあたってはそれらを少しずつ参考にした。

Gerald Bordman, *American Musical Revue: From The Passing Show to Sugar Babies* (Oxford UP, 1985).

Harry B. Smith, *First Nights and First Editions* (Little, Brown, 1931).

V　世界のステージ・ショウ

第13章　「胡撒仔《オペイア》」力の台湾

大衆演劇の歴史と魅力

細井尚子

はじめに――台湾には「なんでもある」

台湾の魅力の一つは「なんでもある」ことだろう。料理なら台湾・中国各地、諸外国のものも食べられ、雑食度の高い私達には嬉しい。少し奮発すれば昔の建物を活かしたおしゃれなカフェで過ごす贅沢も手に入る。ネット環境も整っているのでＰＣを駆使して仕事もでき、カフェはちょっと休憩のエネルギー補充空間のみならず、「私の書斎」空間にもなる。台湾は芝居好きにも嬉しい土地で、台湾のあらゆるジャンルのみならず、様々なジャンルのコラボ、海外からの公演も多い[1]。このような台湾の「なんでもある」は、日常レベルで「今」と「昔」、「自」と「他」が混ざり合う世界なのだが、その背景には様々な土地から人々が生活文化をともなって来たという歴史がある。

本章タイトルの「胡撇仔」の近似音をカタカナで表記すると「オペィア」で、OPERAの音訳[2]とされる。その意味するところは、西洋発祥のオペラや浅草オペラのオペラ、あるいは中国の「戯曲」[3]の英語表記である「Chinese Opera」、そのいずれとも重ならない。この「胡撇仔」は台湾の歌入り芝居である「歌仔戯《ゴアヒ》」の一種の上演スタイルで、上演スタイルとしての枠は後ほど紹介するが、その文字が示すのは「あれもこれも入れて適当にやる」というニュアンスである。この「あれもこれも入れて」「適当に」というのは、実は娯楽市場で生きる大衆演劇にとっては非常に重要な資質だ。世の中の動きや観客の好みに合わせて自分を随時更新していく際に、

「今」「昔」「自」「他」を取り込み、「同じだが違う」「違うけど同じ」式でアイデンティティーを保つのである。

ここでは「胡撇仔」のやり方、それをできる力に注目して、「なんでもある」台湾世界の舞台の内、唯一の台湾産とされる歌仔戯を中心に眺めてみよう。

一 「いままで台湾の権力を握ってきたのは、全部外来政権でした」(4)

「台湾」は先住民族の言葉を由来とするこの土地の名称だ。十六世紀から倭寇の根拠地の一つとなったこの土地を、西洋が最初に「発見」したのは十六世紀中葉で、ポルトガル語の「Formosa」(フォルモサ―美しい)という名で呼んだ。最初に台湾を統治したオランダ(一六二四―六二年)は南部を、続けて来たスペイン(一六二六―四二年)は北部を占拠するが、いずれも貿易拠点を築くためだった。オランダが来た当時、この土地に統一政権はなく複数の先住民族が分散して暮らしていたが、(5)オランダは土地開発と農場経営も企図し、そのための労働力として中国大陸からの大量移住が始まった。以降、一六六二―八三年の鄭氏政権時代、一六八四―一八九五年の清朝統治時代、一八九五―一九四五年の日本統治時代を経て、一九四五年から現在に至る中華民国時代になる。

台湾を中華人民共和国は台湾省と位置付けているが、この土地には中華民国政府があり、独自の憲法を有する。中華民国行政院の統計によると、二〇一四年の人口は二三四三万人強で、漢族が九七%、先住民二%、中国大陸から移住した少数民族一%となっている。(6)台湾には民族による分類のほかに、一九四五年を境に、それ以前に居住していた本省人――河洛族群(福建省泉州・漳州出身)と客家族群、先住民――、以降に移住した外省人という分類もあり、漢族の九〇%強を本省人が占める。(7)

こうした台湾の姿は芝居にも反映しており、台湾の大衆娯楽研究の第一人者である邱坤良氏は、台湾の近代大衆娯楽について、(1)台湾の大衆娯楽に大きな影響を与えたのは中国と日本で、伝統物は中国、現代物は日本、(2)台湾の大衆娯楽は演者・観客とも女性が中心という二点を指摘する。(8) 台湾の近代は日本統治時代に重なるのだが、では、それ以前のこの地の芝居はどうだったのだろうか。一七一七年編纂の『諸羅県志』(9)に、

神仏の生誕日には必ずお祝いの芝居をする。二月二日の龍抬頭《リオンヤータオ》（中和節）、八月の中秋では特に土地廟の廟会が盛大だ。秋の収穫後も神仏に感謝する祭儀を行い芝居をし、これを壓醮尾《ディジウボエ》という。中元の盂蘭盆節は盛大に行い、僧侶に食事も用意する。神仏を祀る場所は華美を競い、毎回その費用は百貫を超える。神仏を敬う儀式が終わると芝居が始まる。

家の慶事、集落の集まりの際、お上は芝居を禁じ、まずは芝居人を禁じたが、やはりこの習俗は続いており、特に女性たちが芝居を好む。彼女たちは普段はケチで一銭も無駄にしないが、芝居を見るためなら惜しげもなくお金を出す。〔略〕芝居は昼夜分かたずやり、近隣に住む女性は自分で牛車や馬車を曳いて来て、舞台の左右に三々五々座って見る。数十里離れたところに住む女性たちは着飾って、夫や親が曳く車でやってくる。

（筆者訳）

とあり、禁止されてもやる・見るという熱気は十分に伝わってくるが、彼女たちが楽しんだ芝居が中国大陸から巡業に来たものなのか、この地にすでに一座があったのか、またどんな芝居だったのかなどは分からない。

諸羅県は一七〇四年に設置された行政区で、現在の嘉義《ガーイー》である。清朝統治時代は台湾への渡航制限があり、移住民は台湾を本籍地にできる制度はなく、また、いつ頃からかはっきりしないが、『諸羅県志』編纂時にはすでに女性の渡台は禁止されていた。一七二七年に台湾府が属す福建省の総督高其倬が台湾への家族の移住許可を建

言した際に、最も早くに移住した台湾県（現在の台南）の移住者のみが家族を伴い、他の三県（鳳山―現・高雄、諸羅、彰化―現・彰化および台中、南投、雲林の一部）は単身男性ばかりで妻子がいないため人口が増えず、開墾が進まないとある。ならば諸羅で芝居に夢中になっていた彼女たちはどうやって来たのだろう、女性は当時の諸羅では稀少で大切な存在だったのかもなど別の興味も湧いてくるが、ここまでにして芝居の話に戻ろう。とはいえ、清朝統治時代の台湾の芝居関連資料は乏しい。この背景には、台湾の風土病だったマラリアなどの熱帯病に対する恐怖と、清朝の官吏に対する大陸からの移住民の武力蜂起や出身地の別による争いが多発したため、清朝が治安維持を重点とする消極的な統治政策をとっていたことがある。

台湾の十九世紀

十九世紀は清朝が内政・外交ともに危機の臨界点に達し、数千年続いた中国の王朝体制が崩壊に向かう世紀、東アジアでみれば、中国の王朝を頂点とする互酬関係であった朝貢体制が崩壊する世紀である。では、台湾の十九世紀を簡単に追ってみよう。

清朝は一八五八年にイギリス、フランス、ロシア、アメリカと結んだ条約により台湾の四港――淡水（一八六二年）、基隆（一八六三年）、打狗（現在の高雄）、安平（共に一八六四年）――を開港し、台湾でのキリスト教の布教も認めた。一八七四年の日本の台湾出兵を契機に、清朝は百九十年にわたる消極的政策から積極的政策に転じ、大陸から台湾への渡航制限などを解いて移住民の台湾入植を奨励、行政区画の拡充や石炭の採掘、道路の建設などの台湾開発に着手した。一八八四―八五年の清仏戦争によって、台湾が軍事防衛上、重要な位置にあることを認識した清は、福建省から分離して台湾省を設置し、行政区分や機構を再編して人口調査・土地調査なども行い、鉄道敷設などインフラ整備も進め、一八九四年、首府を台南から台北に移した。しかしその数カ月後に始まった日清戦争に敗戦、翌年の講和条約で台湾で暮らす人々に知らせないまま台湾と澎湖諸島も日本に割譲した。台湾の人々は徹底抗戦を訴え、独立を求めて五月に台湾民主国を建てたが、その首脳部は清朝から派遣された官僚だったため、日本軍の上陸に前後して帰国してしまうなど、台湾民主国は約五カ月で消滅した。ここから台湾で暮らす人々の戦いが、出身地や民族の別、男女の別を越えて、ゲリラ戦で展開する。

二　日本統治時代——一八九五—一九四五年

日本が台湾を統治した五十年間は、一八九五—一九一五年・一九一五—三七年・一九三七—四五年の三期に分けて語られる。大雑把に言うと、日本の統治政策から見れば、最初の二十年は武力による抵抗鎮圧・調査による実情把握とそれに適した統治を行う特別統治の時代、次の二十二年は内地延長主義による同化政策の時代、最後の八年は皇民化運動の時代になる。台湾側から見れば、最初の二十年は大陸からの移住民を中心とする武力闘争の時代、次の二十二年は合法的な文化・政治闘争の時代、最後の八年は日本人として戦争に巻き込まれる時代になる。

この三期を言語や教育から見れば、最初の二十年は日本人は内地の教育令に基づき、台湾人は台湾教育令に基づく別学で、日本人が台湾語を、台湾人が日本語を学ぶ時代、台湾語を用いて日本語を教え、漢文も学べる時代。しかし台湾人が高等教育を受けるのを制限していた時代、次の二十二年は旧帝国大学の一つとして一九二八年に台北帝国大学（現台湾大学）が開校し、台湾人が高等教育を受ける機会が増えたものの、教育機関では漢文を学ぶ機会を圧縮し、強化した日本語普及運動に対して台湾語を守る運動が展開する時代、最後の八年は学校、書籍、新聞など言葉を学び、用いる領域すべてで漢文と台湾語を禁じ、日本語の使用を強制した時代になる。

では芝居から見るとどうだろう。日本統治時代になると、台北は統治機構の中心が置かれて首都として発展し、最初の劇場、最初の規制など、芝居関連の「最初」も台北からになる。薬の効果がでるのに時間がかかるように、政策・制度の変化が芝居に反映するには時差があり、少し区切りを変えて見る方が分かりやすい。

1　芝居の一八九五―一九一〇年代

まず調査して記録する

日本統治時代になって、台湾の調査報告や新聞によって、芝居関連の文字記録が出始める。一八九八年頃から『諸羅県志』のように各地の地誌で神仏の生誕日や節日に芝居を演じることなどが記録され、また調査報告書では、たとえば一九〇一年の『台湾慣習記事』「俳優と演劇」（第一巻第三号）は、大人が演じる芝居として乱弾、四平戯、車鼓戯、少年が演じる芝居として九甲戯、白字戯、指遣い人形劇の布袋戯の名を挙げている。一九一八年の報告になると「乱弾は江南から伝来したもので、正音（官話）を使い、曲調は二簧西皮（京劇などと同じ）で、昆腔（明代に形成された昆曲の曲調）も兼ねるが、今は演じる人も少なく、言葉が分からないので聞いて分かりにくい。四平は潮州から伝来し、粤（広東）調を使うが、乱弾より一段低く見做されている。七子班（梨園戯）は昔の芝居の風を遺し、泉州音を用い、恋愛物を演じる。（略）採茶戯は台北の芝居で一人の男と一人の女が互いに歌で応酬するが淫靡の風があり、お上が禁じる。（略）」（連横『台湾通史』第二十三巻（風俗・演劇）、一九二〇年。筆者訳）と単なるリストから商品説明になり、やっと見る者・見せる者、芝居のありようが分かるものになってくる。

一九二一年刊行の片岡巌『台湾風俗誌』の「台湾の演劇」には査某戯《ザモウヒ》、囝仔戯《インナ》、子弟戯《ズウディ》、採茶戯《ツアイデー》、車鼓戯《チャーゴ》、皮猿戯《ポイガオ》と人形劇の布袋《ポティ》戯、傀儡《ガーレイ》戯（糸操り人形）等の名があり、「戯の用語」では台湾語を用いる「白字」、台湾語と官話を用いる「九家〔九甲〕」、四坪〔四平〕」、官話のみ用いる「難華〔乱弾〕」、唱歌のみ用いる「歌戯《ゴアヒ》」があり、先の四種は唱歌と言葉を用いると記す。用いる言葉による分類は芝居の多元性と大衆との距離感を知る上で大いに役立つ。ところでこの報告の中にある「歌戯」は歌仔戯の前称とされるが、「歌仔戯」の名称が調査報告に初めて現れるのは一九二七年の台湾総督府文教局『台湾における支那演劇及台湾演劇調査』からだ。しかし新聞では早く、『台湾日日新報』[10]（以下文中で引用する新聞記事は『台湾日日新報』）の初出は一九一三年十月四日付の「圓山開運稲荷大祭典　玉替の催しあり」（七版）とする記事で、十月十七日の秋季大祭典の余興は「昼夜花火を打上げ角力、仁輪加、池の坊生花、盆景。八雲琴の神前奏楽、歌仔戯、人形芝居、広東仕掛け花火等あり呼び物の玉替は純金三匁の玉三個（一個二十円）にして角力の景品も沢山なり」とある。「圓山開運稲荷」は一九〇一年に落成した台湾総鎮守官幣大社台湾神社で、その跡地が現在の台北の圓山大飯店だ。前年は明治天皇崩御により余興をやめたためか、八雲琴までの日本物、歌仔戯以下の台湾物のだしものに加え、おみくじの一種である玉替や角力の景品など射幸心を煽る要素も揃って、なかなか楽しそうだ。しかしこの「歌仔戯」が現在の歌仔戯と同じでものである可能性は低い。それはなぜか。

歌仔戯の生まれ方

十九世紀は歌仔戯の揺籃期だが、資料が乏しく履歴書のようには表せない。台湾における研究に拠れば、もともとは福建から十七世紀頃に伝来した民謡（「歌仔」歌の意）[11]で、農閑期に農民が自分たちで歌って楽しみ、盲人が歌っていくばくかのお金を得ていた。徐々に同じく福建からきた竹馬戯、車鼓戯などの基本一人の男役と一人の女役が互いに歌い踊るものから曲調を吸収したとされる。それが身体表現術を獲得する方法には二つが想定されている。一つは歌の内容に合わせて簡単な身振りを付けるというもので、台北から東南へ長距離バスで八十分ほどの宜蘭ではこれを「本地歌仔」と呼ぶ。もう一つは台湾各地の民俗芸能である行列しながら歌舞を見せる車鼓陣頭にこの「歌仔」が用いられて「歌仔陣」となったもの。宜蘭ではこの二つが合わさって発展し、歌う内容がストーリー性のある長編になったものを「宜蘭本地歌仔」「老歌仔戯」と呼ぶ。さつま揚げを鹿児島では「さつま」揚げと言わないように、おそらくこの名称は別の地の同類との比較や、発展形が生まれた後につけられたものだろう。一九〇五年には宜蘭の「歌戯」が「其声淫其状醜」で「淫女私奔之情事」を演じると非難する新聞記事があるので（八月十八日付）、この頃には芝居の体裁になっていたようだ。

宜蘭本地歌仔は野外の、舞台として一段高いところではなく、見る者と見せる者が同じ高さに立つ空間で上演スペースを区切って演じる「落掃地」の様々な出し物の一種で、素人の男性が演じた。パレード型から一カ所固定へ。これは大きな変化である。やがて人気を得て専業化していくのだが、一九二〇年代に登場する劇場で上演した最初の歌仔戯専業一座は宜蘭産ではない。おそらく宜蘭のみでなく、台湾のあちこちで歌仔戯は発芽したのだろうが、揺籃期の歌仔戯が宜蘭とセットで語られ、宜蘭＝歌仔戯の故郷と言われるのは、一八二〇―三〇年に生まれたらしい「猫仔源」という人物が、福建から台湾南部に来て後に宜蘭に移り、アマチュアの一座を組織して弟子を育てたという演者間の口承があり、また宜蘭には歌仔戯の演者が多く、「老歌仔戯」と現在の歌仔戯が併存していることに拠る。

後発のものが成長するには先行のものを学び、模倣し、吸収するのが早道だ。歌仔戯の形成・発展は、そうした環境のある大きな町で担われることになる。

別々の演じる空間

この時期の台湾には日本人社会と台湾人社会があったように、芝居も別々になっていた。台湾人が楽しむ芝居は廟などの空き地を上演場所とし、廟会などの機会に上演するのを主としたが、日本人用は一八九七年に台北に開場した浪花座（一九〇六年朝日座に改称）を嚆矢に、翌年の台北座、十字館、一九〇二年栄座などの劇場と寄席——一八九七年開場の幸亭のほか、五光亭、元栄亭、吉川亭など多数——があった。日本人は、在台日本人による壮士劇、新派、歌舞伎などの一座の上演のほか、日本から来る落語、浪花節、歌舞伎、人形浄瑠璃、改良劇、新派、奇術など様々なものを、日本人用の演劇・演芸用の建物の中で楽しんだ。

特記すべきは高松豊次郎(12)（一八七二―一九五二年）で、台湾では当初映画の巡演、制作を行っていたが、一九〇八年から劇場建設と経営、制作・興行に着手し同仁社を設立する。高松は台北、台南、台中、基隆、新竹、高雄、嘉義、屏東など台湾各地に劇場、映画館を作り、日本人用には日本から演者を招聘した。一九一一年には川上音二郎、十二、一三年新派の中野信近、十三年十五代市村羽左衛門、十四年には近代劇協会、八代目澤村訥子《とつし》、十五年島村抱月、松井須磨子の芸術座など当時の日本の各ジャンルの代表的な演者の舞台が台湾で見られたのである。また、台湾人と日本人が一緒に楽しめるものとしては松旭斎天一、天勝一座や台湾の奇術、サーカス等を上演、さらには一九〇九年に「台湾正劇練習所」を組織して台湾人男女を募集、台湾語による台湾正劇の上演も行っている。羽左衛門の渡台時、台湾にはまだ「人喰ふ鬼がいるところ」というイメージがあったようだが（一九一三年五月七日付「羽左と東京」）、娯楽市場の日本物についていえば高松のおかげで、台湾と当時の日本の娯楽市場の先端との距離は意外に近かったのだ。

中国大陸や台湾の一座が劇場で上演した嚆矢は一九〇六年に福建の福州から来た三慶班で、日本人用として作られた台北座だった。台湾人用として最初に開場した劇場は一九〇九年に日本人によって作られた淡水戯館で、一九一二年には台南の大舞台が、続けて台北の艋舺《マンガー》戯園（一九一九年）、台北大舞台（一九二一年、後に永楽座）などが開場する。当初、こうした劇場で演じるのは大陸から来た一座で、台湾の一座の初演は一九一三年十二月に淡水戯館で演じた七子戯班の四同春小麗園になる。徐亜湘氏による、台湾で発行されていた新聞雑誌十一種の掲載集計では、一八九九年―一九三六年の間に限っても上海、福建、広東から十二劇種六十以上の劇団が台湾に来て上演活動を行っており、一九一〇年代に入ると、そうした芝居を台湾の一座が演じるようになった(13)。この四同春小麗園もそうした一座の一つである。

徐氏は台湾の演じる空間について、台湾が中国大陸のように野外から、飲食とおしゃべり中心で芝居はBGMのような位置づけになる「茶園」を経由せずに、いきなり観劇を主目的とする劇場になり、新聞による宣伝なども伴う常打ちになったことに注目し、台湾娯楽市場の都市化・商業化の特性を指摘する(14)。宗教的・民俗的に特別な日に上演するものから、特別な日でなくてもお金を払って楽しむ時間を買う・見せる興行へ、いきなり様式劇場で演じる商業演劇ベースの娯楽市場になったわけで、これを日本の芝居環境を例に乱暴かつ大雑把に言えば、江戸時代を抜かして安土桃山時代から明治になったようなものか。大陸から伝来した芝居群は台湾に根付き、地元の芝居の形成も助けるのみならず、このスキップを繋ぐ機能も果たしたと言えるだろう。

ところで劇場・寄席が登場し、興行による娯楽市場が歩みはじめるのに伴走するように、一九〇一年七月十四日台北庁令第十二号「劇場及寄席取締規制」、一九〇二年四月二十五日台北庁令第八号「演劇及寄席取締規制」、一九〇三年一月民警第百三十四号民政長官通達「演劇興行ニ関シ風俗上取締方ノ件」、一九〇四年五月十三日台北庁令第十七号「遊芸稼業取締規則」、一九一一年一月に内務局長通達「劇場並ニ寄席取締ニ関スル件」などが続けて出されており(15)、台湾の興行界は規則に合わせて成長することになった。

「芸妲を見ずに大稲埕を語るな」

台湾には清朝統治時代から港町や大きな町には花街があり、芸妲《ゲイドウア》（歌妓）がいた。芸妲は花街のみならず、神仏の生誕日などの神事活動や個人の葬礼などでも歌い演奏したという。前出の『台湾慣習記事』の「芸妓芝居の流行」によれば、特に台北の大稲埕《ドウアディウディア》、艋舺《マンガー》などの港町で盛んで、三年前まで「演戯」はしなかったが、台湾に来た日本の芸妓の舞踊が歓迎されたので、台湾の芸妲もそれに倣ったとある。台湾総督が一九〇〇年に開催した「揚文会」の余興では、日本の芸妓の出し物のほか、芸妲が京劇を演じているので、少なくとも一九〇〇年には「演戯」できる状態になっていたことが分かる。

台北で生まれた芸妲戯は人気を博し、台南、台中などの花街も追随した。当時は大陸から来る一座の中に女性がいる場合もあったが、芸妲戯は女性のみで演じることが魅力の一つだった。やがて芸妲というより演者としての養成も始まって彼女たちを女優として見るようになり、芸妲ではない女性が芸妲戯を模す査某戯の一座が登場する。一九二〇年代になると歌仔戯などでも演者に女性が増えて女性中心になり、一九一〇年代後半にピークを迎えた芸妲戯は徐々に衰退する。

2　芝居の一九二〇年代——一九三六年

「日戯演乱弾、夜戯演歌仔戯」

専業劇団化して大きな町で上演するようになった歌仔戯は台湾語を用いるために歓迎されたが[16]、大陸出自の芝居に比べて演目と演技術は弱かった。新興芝居で人気の歌仔戯とそれに押され始めた大陸出自の芝居は、互いに生き残るために同じ舞台で「日戯演乱弾、夜戯演歌仔戯」（昼の芝居は乱弾を演じ、夜の芝居は歌仔戯を演じる）という形や先に大陸出自の芝居を一場、続けて歌仔戯を演じる形で上演した。一九一〇年代には大陸出自の芝居と歌仔戯の両方を演じられる一座も登場している。

当時の昼の芝居は十三時から十七時、夜の芝居は十八——十九時に始まり二十四時には終わる。昼の芝居の方が格式があるというのは、昼は神仏の生誕など上演目的に沿ったもの、夜は余興という昔から続く感覚で、観客は夜の方が多く、昼は男性、夜は女性が中心だった。歌仔戲は演目や演技術、曲調など様々なものを吸収し、立ち回りなどの武場も演じられるようになるが、最も影響を受けたのは上海と福建から来た京劇である。上海は当時中国の演劇改良の中心地で、従来の聴覚的要素のみならず視覚要素も重視する海派京劇の一座は一九〇八年から一九二〇年代に数十が来台し、伝統演目以外に新しく登場した連続ドラマ形式の連台本戲や、仕掛けで動く舞台美術、合奏なども台湾に伝えた。つまり台湾の娯楽市場は、日本物のみならず中国物も先端との距離・時差がそれほど遠くはなかったことになる。

歌仔戲は一九二〇年代から演者が女性中心になり、一九二五年に歌仔戲の専業一座が初めて劇場で単独上演をして[17]、歌仔戲「内台」時代の幕が開ける。

内台戲

大陸から来る芝居は、台湾人用の劇場の数が増えるまで、露天に舞台を作って上演する「外台戲」を主とし、たまに劇場で演じる「内台戲」の形をとったが、劇場が揃い始めた一九二〇年代中葉以降に内台戲の道が拓けた台湾の一座は、内台戲専門と外台戲専門に分かれて発展するようになった。

地元の言葉を用いる内台戲専門の歌仔戲などの大きな一座は、上海や福建の京劇の演者を招聘して指導を受けたり、演目に京劇も加えたりして、大陸から来る一座と競う力を備えた。大きな町の台湾物・中国物の劇場の中には特定の一座と提携するところもあり、同じ場所で長期上演できる力をもつ一座が育っていたことを示す。一九三〇年代に入ると内台戲で舞踊、奇術、芝居を見せるバラエティー型の上演記録もあり[18]、自分を作るため以外にも「胡撇仔」力が動き出す。

演じる空間が変化しても、歌仔戯が台湾語を用いること、観客は女性中心、家庭劇や辛い思いをする女性を描く芝居中心、料金が安いことは変わらなかった。変わったのは背景幕などの舞台美術、照明の使用といった舞台機構関連の運用とに、「淫靡の風」に対する攻撃だろう。[19] 統治者である日本側の規制に基づく批判のみならず、歌仔戯は伝統的な観念を脅かすものとして、合法的な文化・政治闘争を目指す台湾知識層からの批判も激しくなる。当初は台湾知識層にも、日本人が先進で台湾人は後れているという文化的自虐感を克服するために、芸術的には優れているが大衆の普遍的な娯楽には不向きな京劇ではなく、歌仔戯を改良して人々の意識を変えようという声もあったが、実際に知識層で歌仔戯の現場に入る者はなく、一九二七年に成立した最初の合法政党である台湾民衆党[20]は、綱領に歌仔戯反対を加えた。

台湾知識層が人々の意識改革や啓蒙の機能を期待したのは、民族運動や社会運動の中で一九二〇年代に登場する新劇（文化劇）だった。同じような属性を持っていた日本の壮士劇や中国の文明戯は学び、吸収する先行形態と言えるが、いずれもすでに思想啓蒙のマスコミから、演劇革新を目指しつつ商業演劇の方向に進んでいた。台湾の新劇は歌仔戯と同時期に形成されるのだが、台詞劇で娯楽性に乏しく、商業ベースの娯楽市場に定着できないままアマチュアとして存続する。

一方、娯楽市場で徐々に優勢に立った歌仔戯は、それゆえに地域ごとに禁演されたらしく、一九二八年頃から台南、宜蘭などで歌仔戯禁演（なのにやっている）という新聞記事が増え、以降演者の品格が下劣、表情が猥褻など、歌仔戯攻撃はやや節操のないものになっていく。これは歌仔戯の人気を逆証明するもので、一九二八年には台湾の歌仔戯の一座である三楽軒が福建同安の白礁と厦門で上演して好評を博し、厦門の女性のみの小梨園一座が歌仔戯に替わり、以降福建に歌仔戯の一座が続々誕生する（現在は歌仔戯、薌劇《シアンジュイ》の名称を併用）など海外への伝播も始まった。

レコード、ラジオ、映画

一九〇〇年に日本人が一曲五銭で京劇のレコードを聞かせるなど、蓄音機とレコードは早くからその不思議さが新聞記事になっているが、一九〇〇年代は慈善会などで蓄音機によるレコード「演奏」を聴くものだった。一九一〇年十月設立の株式会社日本蓄音器商会は、翌十一月に台北出張所を設置して蓄音機とレコードの販売を始め、一九一四年から台湾音楽として台湾の演者による民謡や京劇、老歌仔戯など芝居の歌のレコードを制作・販売、蓄音機を買える少数の富裕層の間にレコードを聴くことが娯楽の一つとして拡がった(21)。台湾制作のほか、上海や香港で制作したものも販売し、一九二六年から日商特許レコード製作所も加わり、競うように台湾物をレコード化して販売、レコードは徐々に一般に親しまれるようになり、一九三七年までに二十を超すレコード会社が参入した(22)。

ラジオは一九二八年に正式放送を開始、人気抜群の歌仔戯はラジオ番組の重要なコンテンツで、スポンサーもつきやすかった。当初はレコードを流していたが、やがて内台戯の舞台録音やラジオ局に演者を呼んで生上演放送が行われ、ラジオ用の歌仔戯団も誕生した。ラジオ歌仔戯団にはラジオ局が組織したもの、番組提供スポンサーが組織したもの、演者や劇団自身がスポンサーを探してラジオ局に売り込むものなどがあった。ラジオ歌仔戯は声の表現力が勝負のため、唱法や曲調のみならず、本来口立で脚本がない歌仔戯はアドリブも芸なのだが、歌詞や台詞にも注意を払ったという。

台湾で最初の映画放映を新聞記事で見ると、幻燈の名では一八九六年の「新竹国語伝習所」の開所式(23)、活動写真の名では一八九九年米国イーテーシヨンギ社製の『米西戦争』(24)他の上映になる。一九一〇年代から映画専門館も登場し、一九二〇年代から教育・啓蒙目的ではない娯楽映画の上映が始まって台湾語の弁士が登場、一挙に娯楽市場に定着した。日本、欧米、中国（一九二四年まで）の映画が上映されたが、日本映画が七、八割を占め、時代劇が主だった。欧米映画はコメディー、中国映画は武俠物が多かった。一九二五年に台湾最初の映画製作・研究組織として台湾映画研究会が設立されると、台湾人による映画制作が始まる。映画は徐々に芝居を圧倒していくが、歌仔戯は内台、外台の二形式で発展して娯楽市場に着地し、他の芝居を圧して優勢に立つまで成長する。

3　芝居の一九三七―四五年

皇民化運動の芝居に対する影響は、日中戦争が勃発する一九四一年で分けて語られる。一九三一年の満州事変、一九三三年の日本の国際連盟脱退以降、日中間の緊張関係が高まるにつれ、台湾の同化政策はより強化された。一九三六年七月二十五日に総督府で「総督、長官臨場の下に、各部局長、各州知事、庁長、直轄官衙、学校長軍部、民間有力者等百三十余名参会」（一九三六年七月二十一日付七版）の民風作興協議会が開かれ、二十六日付十一版に答申と宣言が掲載された。昭和十一年七月二十五日付で出された宣言を引用する（原文は旧字体）。

我等は現下非常時局に鑑み全台湾を挙げて本来の日本帝国と些の相違なからしむるが為指導階級に属する先覚者の責務を痛感し内台人（日本人と台湾人）を通じ打□一団たる国民活動の顕現を期し教育、産業衛生、交通等社会の全般に亙りて真に改善、改良の実を挙げ以て同化の徹底と国民精神の作興に尽くさんことを誓う

右宣言す

答申は実施組織とその役割など六項目、その第六項目が民風作興運動の事項で、(イ)教化に関する事項、以下(ロ)同化、(ハ)弊風打破、(ニ)農事改良、(ホ)衛生の五つあり、(ロ)以外は細目が挙げられている。芝居に直接的に関わるのは(イ)の細目の国語の普及常用、宗教並に演劇講古の改善、(ハ)の細目の迷信打破、陋習改善、生活改善だった。し

かし、たとえば「百害ある台湾芝居」（七月三十一日付十一版）という記事では、台北南署が野外劇の上演を正月は一日、盂蘭盆は二日のみに制限する理由として、芸術的価値がないとか人心を堕落に導くというお決まりのものの他に「衛生、交通、風俗、騒音防止の見地から」と他項目にも拡げている。

外台戯は上演する場所・時が規制対象の宗教的・民俗的文脈にあったため、内台戯よりも強く圧迫された。一九三七年七月に盧溝橋事件が起きて日中戦争が始まるが、台中市員林郡では七、八月の盂蘭盆、中元節の際、以前はこの二カ月で三百余りの台湾芝居を演じたが、今年は民風作興と非常時局のため自粛して、人形劇を含めても三十くらいで「統治以来の新記録」[25]とか（「自粛」という表現がミソ）、台北州で「〔略〕公安風俗を害しなければという消極的な取り締まり方針より映画・演劇を通して本島人皇民化を目指す積極的指導方針を樹立〔略〕する興行指導委員会を組織するなど順調に進んでいるような報道とともに、[26]基隆では現有劇団を解散して適当な職を与え、新たに新劇団を招聘して「内地劇化する新劇」をやることにした等、[27]禁じた娯楽に替わるものをどうするかという問題も出ている。

一九三八年には台南で芝居の代わりに映画にしろと「役場、学校、組合、部落振興会」から来た六十五名を対象に社会教育係の書記が操作法などを講習し、「映画機械四十台（価格一万二千余円）」を買わせているが、[28]「台湾芝居の興行を許可し本島人の家庭では夜毎に台湾音楽のレコードをかけてたのしんでいる」ので取り締まれという花蓮発の記事[29]に類するものは各地から発信される。この頃、皇民化劇団の名も増え、嘉義では州市会議員も素人俳優として皇民化劇団に入り、[30]宜蘭の蘇澳では取り締まる側の保甲と男女青年団、保育園児一丸で皇民化劇団を作る。[31]「保育園児」から考えると、おそらく日本語を学ぶ環境にない者を集めたのだろう。翌一九三九年には皇民化劇の脚本公募があり、[32]一等一人二百円、二等二人各百円、三等三人各五十円、佳作若干名各二十円で、応募総数八十六編だった。二千六百年奉祝楽曲の公募（一九三九年四月十五日付四版）の賞金は一席一人千円、二席一人五百円。文芸作品の賞金は低額だ。結果は一等該当なし、二等・三等各三人、佳作六編で、二等のタイトルは「日の丸の心」「春秋床」「銃後に叫ぶ」。受賞者の居住地は台北、台中、高雄など全土にわたる。

一九四〇年十月十・十一日に『台湾日日新報』に掲載された竹内治の談話「皇民化劇の進むべき途」は、当時の状況がよく分かるので概略を紹介しよう。竹内は十二、三歳の少年少女も混ざった一座の「新劇」を見て「低級な大衆娯楽」と驚く。「流行歌を唄ったり、支那映画に取材した、低級な連続探偵物などで〔略〕僅一時間ばかりの劇中に二十幾場面が行われ〔略〕従来の台湾芝居の演出法で」「相当の俳優」も自分の演技が終わると「観客の方を眺め、唾を吐いたり、鼻くそをほじくったり」していて、「彼等の個人主義的観念」を「発見」してしまった竹内は、「一致団結、融和協力を主眼とする日本精神を植え込む」のに演劇の持つ「根本精神」が役立つのではと思う。また劇場を経営する日本人は、以前皇民化劇を上演したが全く駄目で、経営上やむなく「大衆娯楽本位」なものを上演している、「何とかして日本的な物であり、そうして本島人達にも判る様のものをと考え、歌舞伎や手踊り風なもの」をやったら興行成績は良かった、「意味が判らなくとも、美しく楽しめるものであれば」台湾人観客も来ると話した。

竹内は素人の青年団男女が学校長などの指導を受けて演じる青年劇も見るのだが、脚本と演出もまずく、出演者は日本語の台詞を間違えないように言うだけで精一杯で、ここでまた「個人主義的観念」を見る。「程度の低い」人々を「皇民化劇で教化する」にはどうすればいいのか、竹内の結論は「大衆娯楽としての皇民化劇」は「現在のところなかなか困難」なので、皇民化の過渡期である現在は経営面も考えて、一般大衆には「健実《〔ママ〕》」で十分楽しめる歌や踊りなど入れて意味が分からなくても楽しめるものにし、営利を度外視した「自己享楽の為のものではない青年劇」を奨励して広く公開すること、劇場は主要都市にしかないので地方では「慰安を求めることが出来ない」から、「誰々さんの息子が劇に出るそうだ……などと、自然老婆なども足を運ぶ様になるのではないか」と。

この談話からは当時の芝居状況のみならず、後に「台湾演劇史」(33)を執筆し、青年劇の指導的立場にも立つ竹内でも、演じ手に発見した「個人主義的観念」から、そのまま見せるもの・見る側の問題に飛躍するなど、急務なのにどうすればいいのか分からない状態が、どれほどだったのかも窺える。実際に、歌仔戯も含む「台湾芝居」は「新劇」「改良劇」等の名前で上演されていた。竹内が見た「新劇」は、流行歌を歌い、映画の舞台化だった点で、日本の演劇ジャンル名の新劇ではないが、台湾では十分「新劇」だったのである。

「ファイバー(壊把)」「スフ(酥胡)」

一九四一年四月、日本の大政翼賛会に類する台湾皇民奉公会設立、十二月に日本は第二次世界大戦に参戦、台湾では翌年、興行と劇団を掌握・管理するために、興行のソフトを配給方式にする台湾興行統制会社と台湾演劇協会ができた。台湾演劇協会の職員は日本人の行政・警察関係者を中心とし、職業劇団は審査を受けて協会員となり、審査を通らなかったものは解散させられた。協会員となった劇団は四十九、内訳は新劇(台詞劇)七、もと歌仔戯で新劇団・歌劇団として登録されたのは三十四、人形劇が七、影絵劇一で、審査を通らず解散した歌仔戯変じた新劇団・歌劇団は十一だった。戦時下日本と同じように移動演劇隊や地元青年団による演劇挺身隊も組織され、演劇を通じた皇民化運動が強化されていく。
芝居は「日本」であることを強要されたため、日本映画を参考に、和服を着て日本刀で戦う時代物や洋装して現代物を上演するが、やはり演じる方も見る方も日本語には困難があり、観客も来ない。そこで和服や洋装のまま台湾語でいつもの芝居を上演して、警察が来たら急に日本語の台詞を少し言う、流行歌と台詞劇のような写実的動作も加えて演じながら、時々歌仔戯の歌を混ぜるなど、為政者の要求に合わせて「あれもこれも入れて」

「適当に」やることでしのいだ。当時、こうした芝居を純正ではないという意味を込めて「ファイバー（壊把）」「スフ（酥胡）」と呼んだ。

野外では、たとえば一九四一年九月に新竹で「皇軍の武運長久並びに戦没勇士に対する感謝慰霊」のために「農村娯楽」として相撲大会を開いたら観衆五千、老人連中も飛び入り参加し、「時局認識、皇民錬成、体位向上、皇軍精神養成等総合的目的達成に効果がある上に娯楽問題解決にも資し得るもの(34)」とあり、どのような内容であっても観衆が集まるほど娯楽が乏しく、また時局に合った包装紙で包むことが重要だったことが分かる。

三　一九四五年以降

日本の降伏によって日本統治時代が終わり、台湾は中華民国の領土に編入された。「日本」を消し、「中国」を要求される時代が始まり、台湾の娯楽市場のソフトはいち早く復活する。一九四六年の台湾省劇団管理規則によって登録された職業劇団のうち、人が演じる甲種は百三十八、歌仔戯が最多で、新劇団、歌舞団のほか「高安爆笑劇団」などもある。一九四五年以降に人気ソフトに浮上するのが歌舞団で、最初の歌舞団は日本人主体の歌舞団を起点とする、新劇団の台湾芸術劇社直轄のG・G・S跳舞団（一九四六年設立）のようだが、台湾人のみで組織された最初の歌舞団は一九五二年設立の黒猫歌舞団で、以降、複数の歌舞団が登場する。黒猫歌舞団はその中の雄として、ジャズによる少女の歌舞やタンゴ、ラインダンスなどに笑劇、民謡などで構成したバラエティーショーを、台北で一カ月公演が打てるほどの支持を得ていた(35)。

この他、登録対象外の廟会で演じる素人芝居の子弟団も多数生まれ、その中から専業化するものも登場する。

歌仔戯の復活

歌仔戯は皇民化運動時期に「あれもこれも入れて」「適当に」やったものも武器として間口を広げ、従来のものを「古冊戯（古路戯）」、「ファイバー」「スフ」と呼ばれた形態は「胡撇仔」「胡撇戯《オペイアヒ》」と呼ばれるようになった。歌仔戯の上演形式の一種である「胡撇仔」「胡撇戯」は、狭義ではファイバー、スフ時代のように、和服を着て、日本刀で戦い、流行歌を歌うものだが、「あれもこれも入れて」「適当に」やった蓄積の結果、特定の時代設定がなく、衣裳は古装で、流行歌を歌うもの、しかもストーリーに「思わぬ」設定や展開があり、小道具や大道具などに意外なものが用いられたりして、観客を「あらま！」と思わせる奔放なタイプを指す。ゆえに、従来の古冊戯を胡撇仔でやることはできるが、胡撇戯を古冊戯でやるのはあり得ない。

歌仔戯は一九六〇年代まで、日本統治時代末期には百六十八あったという劇場を上演の場として、内台戯を中心に活動するが、以前とは異なり、力があれば内台戯、劣るものは外台戯になって、劇団間の熾烈な競争が始まった。勝ち抜くために歌仔戯団が歌舞を、歌舞団が歌仔戯を演目に加えたりする。そして舞台物以外に映画、テレビという強敵も現れる。ここでは台湾の娯楽市場の変化と歌仔戯の一九七〇年代までの状況を、芝居に最も影響を与えた言語政策とともに、たくさんの「最初」を生んだ拱楽社《ギョンロッシア》を例に見ていこう。

拱楽社——先手を取る陳澄三

拱楽社は雲林県の拱範宮で、三月の媽祖《マーソ》聖誕祭と六月の王爺《オンヤー》聖誕祭に伝統音楽の南管を用いた芝居を演じていた子弟団から始まる。一九四七年、歌仔戯の劇団として専業化し、「麦寮拱楽社歌劇団」として活動を始めるが、わずか一カ月で経営難に陥った。そこで、地主で材木業や雑貨商などをやっていた裕福な陳澄三（一九一七—九二）が単独オーナーになり、脚本・脚色スタッフを招聘、名優錦玉己姉妹とその養女たち（弟子）が加わって持

図①　拱楽社少女歌劇団（邱坤良氏提供。邱坤良『陳三澄與拱楽社　台湾戯劇史的一個研究個案』（国立伝統芸術中心籌備処、2001年より）

ち直すが、一九五二年に錦玉己は一族以外に楽師も引き連れて退団、自分の劇団を作る。困った陳は劇団活動を停止し、八、九歳から十四、五歳の少女を買って養女にし、芝居を教えた（当時の演者はこれが普通）。あらすじだけ伝えて台詞は演者が自作する口立式の歌仔戯を少女が演じるのは難しく、陳は脚本化を進めた（歌仔戯の脚本化の嚆矢）。

少女歌劇団と映画

一九五三年「拱楽社少女歌劇団」〔図①〕旗揚げ、『紅楼残夢』を上演した。陳は少女たちに西洋楽器や歌、ダンスも学ばせてラインダンスを演目に加え、公演前には隊列を組んで西洋楽器を演奏しながら町を練り歩いて宣伝させた。これが大人気となり、追随する「少女歌劇団」が多数生まれて乱立状態になり、一九六〇年代中葉には生き残るために歌舞団はストリップの方向に進む。

一九五五年、陳は少女歌劇団のメンバーと新劇の演者で歌仔戯の映画『薛平貴与王宝釧』を制作、人気上昇中だった映画界に進出した。この作品は台湾初の三五ミリフィルムを使った[36]、台湾初の台湾語映画で、この後台湾語映画ブームが起きる。劇場は映画館化が進み、芝居は劇場から屋外へ、追い出されていくことになる。

一九五〇年代から台湾語の使用は徐々に制限され、中国語の使用が強制されていくが、一九五六年には「言語の不統一は民族の団結に影響する」というスローガンとともに、学校や公共の場所では中国語しか話してはいけないという「説国語運動」が始まり、一九五九年には中国語の映画に台湾語で説明を付ける弁士が禁止された。

テレビ

一九六二年に台湾最初のテレビ局・台湾電視が開局すると、翌年「広播及電視無線電台節目輔導準則」で、ラジオ・テレビの番組に対して放送は中国語を主とし、方言の番組は五〇％を超えてはならないと規定されたが、経営上の理由から遵守されなかった。当初はテレビを視聴できる人口が少なく、影響力は限定的だったこともある。拱楽社はテレビの歌仔戲番組に進出、一九六四年作の十五本目の映画を最後に、テレビ番組に重心を移す。

陳は映画に出演した新劇の演者を基に、一九六一年拱楽社新劇団（後に拱楽社話劇団に改称）を設立した（一九六三年解散）。また、この頃から外台歌仔戲用に録音の使用を開始（いわば口パク）、現場の音響設備に関わらず一定の効果を担保し、楽隊不用による経費削減と移動の簡便化を獲得する。一九六六年「加強推行国語計画」が出て、台湾語など方言と外国語の映画は上映禁止になった。

図②　拱楽社電視（テレビ）歌仔戲団（邱坤良氏提供）

台湾電視に続き、一九六九年中国電視、一九七一年中華電視が開局すると、テレビ歌仔戲の影響力は増大し、既存の歌仔戲団のみならず、テレビ用の歌仔戲団［図②］も複数生まれた。高視聴率を取るテレビ歌仔戲の連続ドラマ形式は、視覚的・聴覚的により豊かな表現力を必要とし、セットの活用や流行歌を取り込んだ新しいテレビ歌仔戲曲調も生まれた。見せたい・見たいところをカットでつなぎ、アップも多用するテレビの編集では、従来の舞台上の約束事は通じない。展開を早くする必要から仕草や動作は省略され、歌も大幅に削減された結果、一般の時代物ドラマとの距離が近づいた。

劇団管理と養成システム

拱楽社は一九六六年の時点で七つの劇団を所有し、劇団管理や養成方法も松竹歌劇や宝塚歌劇を範に変革した[37]。もともと陳は興行とは無縁の素人で、この世界に入ってからは演者ではなくプロデューサーである。管理・経営に関しては大学を出て一般企業に勤める次男の忠義（後に社長に上り詰める）が企業的な財務・総務方式を導入した。勤務・給与などすべての面で明確な規則があり、団員はそれに従うことを厳格に要求された。養成方法では従来の少女を買って養女とし、演者として育成する形から学校方式に変更し、教師・学生共に厳しい規則を課して、系統的なカリキュラムで養成する形に変えている[38]。また、一九六九年には拱楽社のテレビ歌仔戯番組の出演者を養成する「拱楽社電視歌劇演員訓練班」（学費徴収）を設置、平日班と日曜班を設けた。

一九七〇年代——拱楽社の終焉

一九七一年に国連の中国代表権が中華民国から中華人民共和国に移り、中華民国は国連を脱退した。アメリカの経済援助にも変化が生じ、自力で経済成長を目指してインフラの整備拡充と重工業化を進めていく。それに伴う開発によって土地価格が高騰、比較的規模の大きい劇場は次々に消えた。

言語政策では一九七〇年三月に教育部が「加強推行国語運動辦法実施要点」を頒布、十一月には中華文化復興運動推行委員会がテレビ・ラジオは台湾語番組を減らし、中国語番組を増やすよう要求し、ついに一九七二年十二月一日、文化局から「改進電視節目水準」（テレビ番組レベル改革向上）として、十二月七日から台湾で最も話者が多い閩南《びんなん》語の番組は毎日、局ごとに一時間を超えてはならない。それを二回に分け、昼と夜に放送する。午後六時半以降のゴールデンタイムの閩南語番組は一局のみ放映とし、台湾電視、中国電視、中華電視で順番に放映すること、という規程が出された。歌仔戯は劇場とテレビ、二つの場をほとんど失うことになったのである[39]。

陳澄三はそれより早く、テレビも台湾での歌仔戯公演にも見切りをつけたかのように、一九六九年、海外公演専用の歌劇団を組織する[40]。中卒以上、十八～二十歳という条件で新聞に団員募集広告を掲載、契約は訓練機関も含めて三年で、バレエ、ラインダンス、カンカン、現代舞踊、民族舞踊、歌を中心に約九カ月訓練し、台湾全土

図③　三蘭歌舞劇団ポスター（邱坤良氏提供）

図④　拱楽社少女歌舞劇団『万寿舞』（邱坤良氏提供）

で巡演した後に香港、東南アジアで公演をした。演目構成は「芝居＋ショー」で、養成期間のレッスン内容から分かるようにショーが主体、芝居は演じる場面の歌を習い、簡単な動作を学んだだけという。(41) 芝居は台湾巡業では台湾語で歌仔戯の名場面を一場、海外では中国語で黄梅戯の一場を演じた。この海外公演専門歌劇団の構想には、松竹歌劇団(42)や日劇ダンシングチーム(43)の訪台公演、宝塚歌劇の影響もあるが(44)、同形態の芸霞《ゲイハー》歌舞団(45)の海外公演成功の影響もあるだろう。第一期の三蘭歌舞団〔図③〕、一九七一年募集の第二期、拱楽社少女歌舞団（芸虹歌舞団〔図④〕）を最後に、陳澄三は一九七〇年代後半には所有していた劇団の上演資格や舞台道具一式などをレンタルや売却の形で第三者に渡し、自身は一線から退いた。

外台戯――「日戯演歌仔戯、夜戯演胡撇戯」

歌仔戯をめぐる環境に合わせて、見せ方、見せる方法に「あれもこれも」付加して新局面を拓いた拱楽社・陳三澄は特別で、一般の歌仔戯団は「あれもこれも」付加して対応し、一九七〇年代には外台戯に移行した。しかし工業化は農村社会も変化させ、宗教的・民俗的文脈は生きているものの規模が縮小していた。ひらたく言えば外台戯で得られる収入が少なくなり、それに合わせて演者の数も抑えねばならず、上演するものにも影響を与えた。一方で規模の縮小は主役の比重をあげることにもつながり、スターを生みやすくもなる。

内台戯、映画、テレビで引き出しが増えた歌仔戯は、外台戯における乱弾（京劇）を圧倒し、その衰退をもたらす。かくして昼の芝居は歌仔戯、夜の芝居は胡撇戯という状況が生まれた〔図⑤～⑫〕。限られた外台戯の機会を多くの歌仔戯団が競い合う。もちろん胡撇戯同様、照明や背景幕、スモッグも駆使してパワーアップした布袋戯もライバルである。同じ時期にあちこちの廟会で演じる外台戯は、どれだけ観客を呼べたかによって冠軍（一位）が決まり、それが宣伝になって次につながった。外台戯は年末の十一、十二月と農漁業の繁忙期である四、五月はほぼ上演機会がなく、六、七月はまあまあで、残りの六カ月が稼ぎ時。半年で一年分稼ぐと思えば、また翌年につながる成果を挙げようと思えば、競争が熾烈になるのも当然だろう。歌仔戯には一九七〇年代からジャズなど西洋音楽が加わり、七字一セットの台詞が短くなるなどのテンポアップが図られ、狭い舞台で演じるために制限される大道具に替わって背景幕が派手になった。八〇年代になると衣装や髪飾りも綺麗というより、ギンギラを競う。

図⑤　胡撇戯（簡秀珍氏提供）。漢陽北管劇団『双王子復国』（歌仔戯）。2014年4月、玄天上帝生誕日・於羅東奠安宮前。サングラスをかける下男役

図⑥　同。左は下男役。伝統的に演じるなら道化役。こちらはiPadを持っている

図⑦　同。2007年、於羅東仁德里土地公廟前。右側の下男役は上のiPadを持っているのと同じ役。同じ劇団・演目でも全く違う扮装

図⑧　胡撇戲（簡秀珍氏提供）。同じ漢陽北管劇団『双王子復国』（歌仔戯）。2007 年、於羅東仁徳里土地公廟前。下女役

図⑨　同。2014 年 4 月、玄天上帝生誕日・於羅東奠安宮前。左から下女とお嬢様、お坊ちゃまと下男。下と比較してみてほしい

図⑩　同。2007 年、於羅東仁徳里土地公廟前。左から下男とお坊ちゃま、下女とお嬢様。上との扮装の違いが鮮明

歌仔戯の位置づけ

一九七一年の国連脱退を契機に、台湾の知識層に自分たちの文化に対する意識が高まり、八〇年代には歌仔戯に関する調査・研究や関連資料が出版され、歌仔戯の脚本創作などに知識層が参加するようになった。一九八二～八六年に行われた「民間劇場」プロジェクトは、「民俗技芸の擁護と発揚」を目的に年一回、政府・知識層・民間で行う外台歌仔戯の上演活動である。一九五二年から行われてきた「地方戯劇比賽（コンクール）」では、「胡撇仔」力のある歌仔戯は常に選外で、京劇が国劇であるという位置を確認していたが、一九八二年度には邱

坤良氏が、スローガン化した脚本や過度に京劇化したものではなく、また、脈絡もなく総統の言葉を引用したり国旗を持って愛国歌を歌うのではなく、自分たちの最も良いと思う作品で参加するよう提言した。政府側が実施主体のコンクールがどういうものだったのかがよく分かる。この年度は歌仔戯の明華園が優勝するのだが、案の定その「胡撇仔」力について批判の声が上がった。こうした段階を経て、歌仔戯を京劇基準で評価するのではなく、歌仔戯として評価する、芝居を政治的尺度からではなく芝居として評価する状況が整っていく。一九九二年に宜蘭県で公立の蘭陽歌仔戯団が設立され、九四年には国立復興劇芸実験学校（九九年、国立国光芸術戯劇学校と合併して国立台湾戯曲専科学校）に歌仔戯科が設立された。一九九九年に終了する「地方戯劇比賽」に替わって二〇〇〇年から始まった国立伝統文化芸術中心主催の「外台匯演（コンクール）」は参加団体に条件を課していないようだが、自治体などの公的機関と保安宮が主催する「文化場（公演場）」は、固定脚本があり、字幕を出し、登場人物が多めで背景幕も比較的整っている作品を求めている。

図⑪　胡撇戯（簡秀珍氏提供）。台北小飛霞歌劇団。2007 年 9 月、於新北市淡水竹圍土地公廟『三女配一夫』。後ろの赤い紙はファンからのお花を書いたもの

図⑫　同。カップルは、ほぼペアルック

　言語政策では、教育部国語推行

委員会が一九八三年に台湾語抑制をさらに強化した「語文法」を起案するが、八五年に行政院は民意を受けて制定を中止、翌八六年侯孝賢監督の映画『恋恋風塵』が九割以上閩南語を用いていたと問題になるなどの曲折を経て、一九八七年に戒厳令（一九四九年布告）が解除されて言語政策も見直しになり、台湾語の存在が認められた。歌仔戯は誕生から約一世紀、ずっと大衆娯楽として観客に愛されてきた。台湾語同様、知識層や為政者にその存在と価値が認められたのは一九八〇年代後半以降で、今は大衆娯楽の雄のまま、芸術的な洗練というベクトルも持つ。全方位に伸縮自在な「胡撇仔」力は、この先どんな舞台を生んでくれるのだろう。

おわりに――「胡撇仔」力

図⑬　金枝演社『胡撇仔戯――台湾女俠白小蘭』（金枝演社提供）。1996年12月、台北県二重埔疏洪道萬善同夜市初演以降、上演を重ねている

図⑭　同。「落掃地」で演じる

台湾の芝居は歴史や社会環境に合わせて「胡撇仔」力を発揮し、生きてきた。歌仔戯が自らを作るため、ライバルに勝つために発揮した「胡撇仔」力は、中国の越劇形成期にもあったが、大きな相違は歌仔戯が今も前身の「歌仔」時代の曲調を持っていることだろう。芝居にとっては致命的である言葉を奪われることやテレビの大衆化、それによって大打撃を受けた沖縄芝居を思うと、台湾の芝居の「胡撇仔」力の強さと同時に、台湾の人々の「同じだが違う」「違うけど同じ」と認知する許容範囲の広さを感じる。

図⑮　奇巧劇団『ROSE MAN　玫瑰俠』プログラム表紙（奇巧劇団提供）。2014 年 3 月、於大稲埕戯苑

また、その歴史が示すように、台湾には王政時代がなかった。つまり、国家的式典における式楽や国賓の応接などの宴席の芸能など、専業者による洗練された宮廷芸能がなかった。したがってそれが民間化する際に生じる芸能の階層化や、民間のものへの影響など様々な作用とは無縁のまま、「胡撇仔」力によって娯楽市場が形成されたのである。

「胡撇仔」力は現代劇ジャンルでも発揮されている。たとえば現在、高い評価と人気を得ている金枝演社〔図⑬⑭〕や奇巧劇団〔図⑮〕は、いずれも「面白くなきゃ芝居じゃない」「面白いだけじゃつまらない」を具現化する劇団である。現代劇の胡撇戯とされる金枝演社は強い社会性を笑いや流行歌、ダンスなどを活用して見せ、口に含むと甘く、あとからピリッと来るという癖になる味。奇巧劇団は歌仔戯や豫劇の演者を中心に、各々の芝居の曲調の歌以外にも民謡や現代音楽なども使い、演芸と演劇を両親に、愛されて育った子のようだ。いずれの舞台も多元的な要素で構成されたというより「そういうもの」、サラダではなくルウであり、彼らの舞台にはどの調味料も不可欠なのである。恐るべし、「胡撇仔」力。

（1）チケット価格は収入に比して高い印象がある。ジャンル、演者、上演場所などにより異なるが、歌仔戯の名優の劇場公演だと二千五百元、金枝演社のような人気のある劇団なら三千元ということもある。海外公演の例として、二〇一五年八月の宝塚歌劇第二回台湾公演は四千八百―千六百元。中華民国労働部の統計によれば、二〇一三年の平均大卒初任給は二万六千九百十五元（http://statdb.mol.gov.tw/statis/jspProxy.aspx?sys = 100&kind = 10&type = 1&funid = q0406&rdm = raafZa6q　二〇一五年一月二十七日十九時十分参閲）。

（2）河洛方言の発音によるもので、黒撇仔・黒盤仔戯・烏碟子戯・烏撇仔などとも表記する（陳幼馨、二〇一〇年）。

（3）京劇などのように演技に型がある、歌があるなど演技・演出スタイルによる分類で、時間的蓄積は問わない。

（4）中華民国第七代総統代行・第八・九代総統李登輝氏の言葉（司馬遼太郎『台湾紀行』朝日新聞社、一九九四年）。

（5）先住民族は現在、二〇一四年六月二十六日付で二民族が追加認定され十六民族（原住民族委員会 http://www.apc.gov.tw/portal/index.html　二〇一五年一月二十八日十七時参閲）。他に認定待ちの民族が複数ある。

（6）中華民国総統府ホームページ http://www.president.gov.tw/Default.aspx?tabid=1127#（二〇一五年一月二十八日十五時参閲）。

（7）行政院客家委員会二〇一一年「九九年至一〇〇年全国客家人口基礎資料調査研究」。

（8）邱坤良「台湾の「少女歌劇」的なるもの」立教大学アジア地域研究所主催公開講演会、二〇一三年六月。

（9）鈴村譲編『台湾全志』第二巻、台湾経世新報社、一九二二年、巻八（風俗志　雑俗）の原文は次の通り。

神誕必演戯慶祝。二月二日。八月中秋慶土地。尤盛。秋成設醮賽神。醮畢演戯。謂之壓醮尾。比日中元盂蘭會。亦盛飯僧。陳設競為華美。毎會費至百餘緡。事畢。亦以戯繼之。

家有喜。郷有期會。有公禁。無不先以戯者。蓋習尚既然。又婦女所好。有平時慳吝不捨一文。而演戯則傾嚢以助者。

〔略〕演戯不分晝夜。附近村庄婦女。輒駕車往觀。三五群坐車中。環台之左右。有至自數十里者。不豔飾不登車。其夫親為之駕。

（10）一八九八年五月一日発刊。日本統治時代の台湾で最も発行部数が多かった新聞で、前身は一八九六年六月十七日に台湾で最初に発行された『台湾新報』と一八九七年五月八日発刊の『台湾日報』。

（11）ほかに「相褒歌」「台湾雑念」「唸歌」「乞食調」などの名称もある。学術界では「錦歌」「雑錦歌」。

（12）明治法律学校在学中に三遊亭円遊に入門、その一方で労働運動に関心を持つ。一九〇一年初訪台。一九〇四―〇七年高松活動写真会として毎年約五カ月間、映画と台湾音楽の演奏、語り物、寸劇、マジックなどを組み合わせた演目で台湾巡演。

一九〇七年に台湾総督府の委託により『台湾実況紹介』の映画を制作し、先住民や芸妓、楽師を連れて東京博覧会に参加。一九一二、一五年に故郷福島県で国会議員選挙に出馬し落選、劇場経営にも困難が生じ、一九一六、一七年に本拠地を日本に移す（石婉舜、二〇一二年）。

(13) 一九二八年の台湾総督府文教局社会課『台湾に於ける支那演劇及台湾演劇調』には台北・新竹・台中・台南・高雄の各州、台東・花蓮・澎湖の各庁で正音班・四蓬・乱弾・九甲・白字戯・歌仔戯・布袋戯・傀儡の一座数の集計がある。最も多いのが布袋戯の二十八、次が乱弾の二十六、歌仔戯は第三位で十四。また、全種揃っているのは台南州のみで、台湾の開発が南から始まったことを反映している。歌仔戯の分布は台北一・新竹と高雄が二・台南が五・澎湖が三になっている。邱坤良氏は花蓮の歌仔戯の一座一が統計漏れになっていると指摘する（邱坤良、一九九二年）。歌仔戯史関連の資料では影の薄い澎湖の数が目を引く。

(14) 徐亜湘、二〇〇六年。

(15) 三澤真美恵、二〇〇二年。

(16) 他に現地の言葉を使うものとして客家改良劇、九甲戯も形成された。客家改良劇は採茶改良戯とも呼ばれ、乱弾など大陸出自の芝居の言葉が分からないため客家語を用いて演じたもの。九甲戯は福建の高甲戯の現地化で、高甲戯は梨園戯をベースに京劇化したものだが、九甲戯が梨園戯色が強い。

(17) 桃園清楽社の台南大舞台上演（徐亜湘、二〇〇六年）。

(18) 一九三一年、西螺共楽社、一九三二年、苗栗共楽社（徐亜湘、二〇〇六年）。

(19) 以下、歌仔戯に対する批判は徐亜湘、二〇〇六年に拠る。

(20) 台湾文化協会（一九二一年設立）が分裂して成立したもの。

(21) 徐亜湘「従『古倫美亞』京劇老唱片看日治時期台湾京劇史」「声影中的戯曲：京劇老唱片、老電影学術研討会」中国戯曲学院、二〇一四年十二月。

(22) 徐亜湘、二〇一四年。

(23) 『台湾日日新報』一八九六年十二月二十七日付「各直轄学校の近況（承前）新竹国語伝習所」（三版）「土人をして、文化の何物たるを感ぜしめ、将来向学の志望を鼓舞したり」とあるが、具体的な内容の記述はない。

(24) 『台湾日日新報』一八九九年九月八日付「活動写真」（五版）。

（25）『台湾日日新報』一九三七年十月八日付「ヂャンヂャカの台湾芝居頽廃の時来る　民風作興の力も偉大」（五版）。
（26）『台湾日日新報』一九三七年十月二十二日付「興行指導委員会を台北州で組織　近く実現の段取り」（n二版）。
（27）『台湾日日新報』一九三七年十一月二十二日付「支那式旧劇を廃止」（七版）。
（28）『台湾日日新報』一九三八年七月十三日付「台湾芝居は断然！禁止　農村の娯楽は映画」（五版）。
（29）『台湾日日新報』一九三八年五月六日付「皇民化運動をよそに台湾芝居を開演　当局の取締要望さる」（五版）、同五月二一日付「時勢に反した台湾芝居　取締の徹底を要望」（九版）。
（30）『台湾日日新報』一九三八年三月一日付「州市議会議員も素人芝居に　皇民化劇団を組織」（五版）。
（31）『台湾日日新報』一九三八年十一月六日付「芝居を利用して部落民を教化　皇民化劇団を創設さる」（五版）。
（32）『台湾日日新報』一九三九年一月二十二日付「皇民化劇の脚本を一般から募集」（七版）。
（33）浜田秀三郎編『台湾演劇の現状』丹青書房、一九四三年に収録。
（34）『台湾日日新報』一九四一年九月七日付「農村娯楽に一役　改良台湾芝居と相撲　竹東郡北埔で好成績」（n二版）記事中「改良台湾芝居」については言及されていない。
（35）団員数が五十名を超え経営難に陥り、オーナーが交代し金猫歌舞団に改称、再び黒猫歌舞団に戻るが一九七五年に解散。
（36）道上智弘、二〇〇九年。
（37）「消失的王国—拱楽社」一九九九年作ドキュメンタリー収録の陳三澄記者会見の発言、陳澄三子息陳忠義氏聞き取り調査（二〇一三年十一月四日）。
（38）陳忠義氏は二期生の養成から科目に設けた英語の授業も担当（聞き取り調査、二〇一三年十一月四日）。
（39）一九七六年一月八日公布の「広播電視法」では、ニュースおよび政令宣導番組・教育文化番組・公共服務（サービス）番組がラジオは四五%、テレビは五〇%を下回らないこと、大衆娯楽番組は中華文化の発揚、倫理、民主、科学を宣伝揚するもの、および教育意義のある内容を基準とする。各類の番組内容および時間配分は新聞局が定める（第三章第十六条）とあり、細則で中国語による放送はラジオは五五%、テレビは七〇%を下回ってはならない、とされた。
（40）陳忠義氏聞き取り調査（二〇一三年十一月四日）。
（41）一期生の楊金珠談（二〇一三年十一月三、四日、聞き取り）。楊金珠は「三朵蘭花」と呼ばれた三人のスターの一人で芸名は美玲蘭。

（42）戦後、この時期までの台湾公演は、ＳＫＤは一九六六年二月十八日のみ台北公演（『グランドレビュー』演者十名）、一九六七年九―十一月、台北・高雄公演（『日本の太鼓』『道成寺』『カルメン』等、演者二十名）、一九六九年十一月十一―十四日、台北公演（演目不詳、演者九名）、ＯＳＫは一九六〇年、日程・公演地不詳（『ビバ！　ＯＳＫ！』演者数不明）、一九六九年九―十二月、台北・台中・高雄公演（演目不詳、演者四十名）の五回。

（43）一九六一年十二月二日〜六二年一月二十九日、台北公演。公演時の名称は東宝歌舞団、演目『日本の四季』『日劇レビュー』。

（44）陳忠義氏聞き取り調査（二〇一三年十一月四日）。

（45）芸霞歌舞団は王振玉（一九一八―八〇年）が、実妹で舞踊家の王月霞（一九三〇―八七年）、舞踊家で南星歌舞団を作った林香蕓を指導者に、一九六〇年に組織した蕓霞音楽舞踊劇団が前身。一九六一年、日劇ダンシングチーム台北公演を見て啓発され、一九六一年に蕓霞歌舞団として新生公演を行い「台湾宝塚」と呼ばれた。翌年林香蕓が退団し芸霞歌舞団と改称、以降毎年六、七カ月間を公演期間として台湾を巡演、残りは稽古と新人養成に当てる形が定着した。人気を得るに従って団の規模も大きくなり、公演活動は台北公演組と巡演組に分かれて並行して行われた。団員募集は十七―二十二歳で中卒以上、保護者の同意書提出を条件とし、必要に応じて家庭訪問をするとしている。一九六〇年代後半には演者は百名余り、スタッフを加え百五十名弱の規模となった。芸霞歌舞団の公演は約三十分の「芝居」（歌仔戯の一場面）と一時間ほどのショーで構成され、音楽は流行歌を用いた。台湾での上演を照準にしていたが、設立八年目に最初の海外公演として香港公演を行い、以降も香港、東南アジア公演を行っている。当時のプログラムに拠れば、上演時間は約二時間、演目はカーテンコールを含め二十三―二十七本を用意しているが、歌仔戯の演目は一本（一場）のみである。芸霞歌舞団は創設者王振玉が一九八〇年に逝去、王月霞も指導が難しくなったため一九八三年に休団状態に入り、一九八五年に人気絶頂の中で解散した（芸霞歌舞団公演プログラムおよびドキュメンタリー『芸霞年代』晴典文化映像有限公司、二〇〇九年）。

〈主な参考文献〉

陳幼馨『台湾歌仔戯的異相世界――「胡撇仔」表演芸術進程』台北市：稲郷出版社、二〇一〇年
林鶴宜・蔡欣欣『光影・歴史・人物――歌仔戯老照片』台北市：国立伝統芸術中心、二〇〇四年
林鶴宜『台湾歌仔戯』台北市：行政院新聞局、二〇〇〇年
呂訴上『台湾電影戯劇史』台北市：銀華出版部、一九六一年

石婉舜「高松豊次郎与台湾現代劇場的掲幕」、『戲劇研究』第十期、三五—六七頁、台北市：国立台湾大学戲劇系、二〇一二年
石婉舜「搬演『台湾』——日治時期台湾的劇場、現代化与主体型構（一八九五—一九四五）」台北：国立台北芸術大学博士論文、二〇一〇年
邱坤良『飄浪舞台——台湾大衆劇場年代』台北市：遠流出版、二〇〇八年
邱坤良『陳澄三与拱楽社——台湾戲劇史的一個研究個案』台北市：国立伝統芸術中心籌備処、二〇〇一年
邱坤良『日治時期台湾戲劇之研究（一八九五—一九四五）』自立晩報、一九九二年
劉南芳「試論台湾内台『胡撇仔戲』的発展途徑及其創作特色」、『歌仔戲的生存与发展——海峡两岸歌仔戲芸術節学術研討会論文集』厦门大学出版社、二〇〇六年
李雄揮「台湾歴史各時期語言政策之分析比較」台東大学語言人権与語言復振学術研討会、二〇〇四年
三澤真美恵『殖民地下的〈銀幕〉——台湾総督府電影政策之研究（一八九五—一九四二年）』台北市：前衛出版社、二〇〇二年
徐亜湘『日治時期台湾戲曲史論——現代化作用下的劇種与劇場』台北市：南天書局、二〇〇六年
徐亜湘『日治時期中国戲班在台湾』台北市：南天書局、二〇〇〇年
楊馥菱『台閩歌仔戲之比較研究』台北県：学海出版社、二〇〇三年
張帯金「国民小学客語生活学校教育政策執行之研究——以高雄市為例」屏東市：国立屏東教育大学教育行政研究所碩士論文、二〇一〇年
菅野敦志「台湾における『本土化』と言語政策——単一言語主義から郷土言語教育へ」、『アジア太平洋討究』第一二号、二二三—二五〇頁、東京：早稲田大学アジア太平洋研究センター、二〇〇九年
道上知弘「台湾語映画の黎明期と歌仔戲——香港製厦門語映画との関係の中で」、『慶應義塾大学日吉紀要（中国研究）』第二号、一二七—一五四頁、横浜：慶應義塾大学日吉紀要刊行委員会、二〇〇九年

（付記）本稿執筆にあたり、台北芸術大学伝統音楽系簡秀珍副教授には写真提供および貴重なご助言を賜りました。厚く御礼申し上げます。写真をご提供くださった各位、各劇団ならびにサポートしてくださいました台北芸術大学戲劇系主任林于竝副教授に心より感謝申し上げます。なお、本文中の漢字は日本語字体で表記しました。

京谷啓徳（きょうたに よしのり）
九州大学大学院人文科学研究院准教授　専攻＝西洋美術史
『ボルソ・デステとスキファノイア壁画』（中央公論美術出版、2003年）、『もっと知りたいボッティチェッリ』（東京美術、2009年）

神山　彰（かみやま あきら）
明治大学文学部教授　専攻＝近代日本演劇
『近代演劇の来歴——歌舞伎の「一身二生」』（森話社、2006年）、『近代演劇の水脈——歌舞伎と新劇の間』（同、2009年）

赤井朋子（あかい ともこ）
神戸薬科大学准教授　専攻＝英国近代演劇
「両大戦間期イギリスのレヴューと興行師C・B・コクラン」（『近現代演劇研究』第1号、2008年2月）、藤岡阿由未編『ロンドンの劇場文化——英国近代演劇』（共著、朝日出版社、2015年））

萩原　健（はぎわら けん）
明治大学国際日本学部准教授　専攻＝現代の舞台芸術（主に日本とドイツ）
エリカ・フィッシャー＝リヒテ『パフォーマンスの美学』（共訳、論創社、2009年）、「ベルリーン、一九二二年——遊学中の観劇体験にみる、原風景としての混沌」（岩本憲児編『村山知義　劇的尖端』森話社、2012年）

日比野啓（ひびの けい）
成蹊大学文学部准教授　専攻＝演劇理論・演劇批評
神山彰編『商業演劇の光芒』（共著、森話社、2014年）、遠藤不比人編『日本表象の地政学——海洋・原爆・冷戦・ポップカルチャー』（共著、彩流社、2014年）

細井尚子（ほそい なおこ）
立教大学異文化コミュニケーション学部教授
専攻＝演劇学・中国表演、東アジア比較演劇
「東アジア演劇世界と宝塚歌劇」（吉田弥生編著『歌舞伎と宝塚歌劇——相反する、密なる百年』開成出版、2014年）、「近代大衆戯劇和伝統文化——以沖縄芝居為例」（《戲劇學刊》第22期、臺灣・臺北藝術大學戲劇學院、2015年7月）

［編者］
中野正昭（なかの まさあき）
早稲田大学演劇博物館招聘研究員、明治大学兼任講師
専攻＝近現代演劇・芸能史、演劇世相史
『ムーラン・ルージュ新宿座――軽演劇の昭和小史』（森話社、2011年）、遠藤不比人編『日本表象の地政学――海洋・原爆・冷戦・ポップカルチャー』（共著、彩流社、2014年）

［執筆者］（掲載順）
吉田弥生（よしだ やよい）
フェリス女学院大学文学部教授　専攻＝近世文学、演劇学
『芝居にみる江戸のくらし』（新典社、2009年）、『歌舞伎と宝塚歌劇――相反する、密なる百年』（編著、開成出版、2014年）

濱口久仁子（はまぐち くにこ）
早稲田大学演劇博物館招聘研究員、立教大学異文化コミュニケーション学部兼任講師、文京学院大学外国語学部非常勤講師、歌舞伎イヤホンガイド解説員　専攻＝日本舞踊
「歌舞伎――家・人・芸」（『役者絵を読み解く楽しさ』淡交社、2005年）、『坪内逍遙書簡集』（共著、早稲田大学出版部、2013年）

倉橋滋樹（くらはし しげき）
宝塚市立西公民館長　専攻＝宝塚地域の近代史
『少女歌劇の光芒――ひとときの夢の跡』（共著、青弓社、2005年）、「地方都市宝塚と宝塚歌劇」（『タカラヅカという夢――1914～2014　100th』同、2014年）

杉山千鶴（すぎやま ちづる）
早稲田大学スポーツ科学学術院教授　専攻＝近代日本洋舞史、舞踊技法（モダンダンス）
「文字の世界で踊り続ける――1920年代浅草の女王・河合澄子」（瀬戸邦弘・杉山千鶴編『近代日本の身体表象――演じる身体・競う身体』森話社、2013年）、「序章Ⅱ　帝国劇場歌劇部から浅草オペラへ／第2章　静けさを愛する心を糧に　小森敏（1887-1951）」（片岡康子監修『日本の現代舞踊のパイオニア――創造の自由がもたらした革新性を照射する』新国立劇場情報センター、2015年）

原健太郎（はら けんたろう）
大衆演劇研究家　専攻＝軽演劇史、喜劇評論
『東京喜劇――〈アチャラカ〉の歴史』（NTT出版、1994年）、東京喜劇研究会編『エノケンと〈東京喜劇〉の黄金時代』（共著、論創社、2003年）

ステージ・ショウの時代

近代日本演劇の記憶と文化 3

［監修＝神山 彰］

発行日……………………………2015年11月25日・初版第1刷発行

編者………………………………中野正昭

発行者……………………………大石良則

発行所……………………………株式会社森話社

〒101-0064 東京都千代田区猿楽町 1-2-3

Tel 03-3292-2636

Fax 03-3292-2638

振替 00130-2-149068

印刷………………………………株式会社シナノ

製本………………………………榎本製本株式会社

ISBN 978-4-86405-085-2 C1374